LOS REYES CATÓLICOS Y SUS LOCURAS

César Cervera Moreno

LOS REYES CATÓLICOS Y SUS LOCURAS

la esfera ⊕ de los libros

Primera edición: febrero de 2024

© César Cervera Moreno, 2023, 2024
© La Esfera de los Libros, S. L., 2023
Avenida de San Luis, 25
28033 Madrid
Tel.: 91 443 50 00
www.esferalibros.com

ISBN: 978-84-1384-759-7
Depósito legal: M.35449-2023
Composición: Versal CD, S. L.
Impresión y encuadernación: Cofás
Impreso en España–*Printed in Spain*

Índice

Para Ana Moreno,
la mejor tía del mundo entero.

Introducción
EL INVIERNO LLEGA A MONTIEL

Dios declaró que Caín, el primogénito de Adán y Eva, estaba maldito y colocó sobre él una marca como señal de que el que osara matarlo o lastimarlo provocaría la ira de Dios.

GÉNESIS, CAPÍTULO IV

Una conspiración repta por las sombras de Montiel. Al rey de Castilla le sale vaho de la boca y sudor de las sienes cuando se escabulle, de puntillas y amparado en la noche, del castillo donde permanece acorralado desde hace días por los ejércitos de su hermanastro Enrique de Trastámara. Ambos llevan toda su vida con las armas en alto, peleando por la corona de su padre y por su propia supervivencia. Pedro I, al que unos llaman «el Cruel» y otros «el Justiciero», acude confiado a la tienda de un capitán rival que por un buen saco de oro le ha prometido sacarlo de aquel cerco en el que, derrotado y abandonado por sus aliados ingleses, espera la llegada de un milagro. Las palabras del mercenario francés Bertrand du Guesclin se desvanecen pronto en la oscuridad, y la traición cobra vida.

Bien custodiado por su ejército, Enrique se aparece en la noche y se encara con su hermano, recordándole su amistad con los judíos:

—¿Dónde está ese judío hideputa que se nombra rey de Castilla?

Pedro y su hermano bastardo corren el uno contra el otro para abrazarse en un choque que produce un ruido metálico. Destellan los aceros en la noche pálida. Los luchadores ruedan por el suelo con las dagas desenvainadas hasta que queda el rey de Castilla encima, a punto de vencer, pero entonces Bertrand du Guesclin toma partido por quien le llena los bolsillos de monedas. El francés pronuncia las palabras que, cual hechizo, habrían de poner fin a dieciocho años de guerra familiar, a dieciocho años de llamas y barro en Castilla:

—Ni quito ni pongo rey, pero ayudo a mi señor.

El rey cae al suelo tras la zancadilla del francés, al tiempo que Enrique lo apuñala con insistencia.

Aquella noche castellana de marzo de 1369 selló con la sangre de dos hermanos el destino de una dinastía marchita y floreció la de otra llamada a dominar no solo Castilla, no solo España, no solo buena parte del Mediterráneo, ni siquiera los límites conocidos. El globo iba a ser la única unidad de medida posible para las ambiciones de los Trastámara y sus descendientes. La enorme sacudida del Renacimiento los auparía a cotas impensables para mentes medievales, pero, como si su pecado original estuviera tatuado debajo de la piel, la caída resultaría igual de estrepitosa. La marca de Caín acompañó los doscientos años de gloria y traición de una estirpe acostumbrada a tirarse tierra a los ojos y a morderse en la pantorrilla por encima de la media palaciega, que siempre ha sido muy elevada. Como le ocurriría a los Austrias y, sobre todo, a los Borbones, los mayores antagonistas de los Trastámara no serían sino otros Trastámara. Otros fratricidas.

La maldición solo pareció saciada con la unión de las dos principales ramas de la familia, la castellana y la aragonesa, en la figura de los Reyes Católicos a finales del siglo XV. Este matrimonio estuvo precedido de una larga lista de extrañas muertes, varias de ellas de sangre Trastámara, que aseguraron un cambio de rumbo definitivo para la historia de España. El amor, o la conveniencia política, según se quiera ver, dio la última posibilidad de supervivencia a esta casa y brindó al país una bacanal de oportunidades de ir más allá. Más allá de los mares. Más allá de lo conocido. Más allá de su pasado. Para España, tal vez, era incluso demasiado pronto, pero para ellos era demasiado tarde, condenados a caer contra el suelo por la gravedad familiar y a ver que todo lo logrado en los despachos y los campos de batalla lo iban a llorar en el lecho. Las lágrimas sustituyeron a la sangre en los últimos días en la tierra de los hijos de los hijos de los asesinos de hermanos.

1

LOS REYES QUE NO AMABAN A SUS HERMANOS

Esta historia empieza por el final, por un final. El inesperado fallecimiento de Alfonso XI de Castilla, en 1350, a causa de la peste negra, entregó la corona a su hijo Pedro, un imberbe adolescente que había vivido hasta ese día resentido y desplazado por la otra familia de su padre. El rey difunto había aupado a su amante Leonor de Guzmán por encima de su legítima esposa y colmado de atenciones a sus diez hijos naturales. La fortuna cambió de sitio de la noche a la mañana, y ahora que reinaba su hijo la reina madre se vengó por tantos años de desplantes, apresando a Leonor, que fue torturada y ejecutada en Talavera. La muerte de la que era «en hermosura la más apuesta mujer que había en el reino» despertó la primera de las revueltas de los bastardos del rey, encabezados por el conde de Trastámara, quien fingió olvidar pero no perdonó nunca el crimen contra su madre.

Enrique de Trastámara y Pedro de Borgoña se enzarzaron en una serie de conflictos intermitentes que implicaron a todos sus familiares, a naciones extranjeras, algunas tan resonantes como Francia e Inglaterra, y a fuerzas militares que devastaron Castilla a una escala desproporcionada.

La mayor víctima de la refriega familiar fue, con permiso del magullado pueblo, la propia corona. La guerra murió y resucitó a conveniencia de los grandes magnates del reino durante casi dos décadas en las que ningún bando escatimó violencia. Si el mayor o menor nivel de intimidad entre combatientes es el mejor medidor de hasta dónde están dispuestos a mancharse el alma los guerreros, en el caso de un pleito entre hermanos los límites resultaron atroces. No es que fuera personal, es que la guerra era una cuestión de supervivencia.

Pedro I se ganó a pulso el título de cruel con hechos tan poco lustrosos como consentir el asesinato de su madrastra o la ejecución del hermano gemelo de Enrique, Fadrique Alfonso, al que algunos dicen que mató con sus propias manos en el patio del Alcázar de Sevilla cuando acudió de buena voluntad a hablar con el rey. En 1359 el monarca cruzó todas las líneas de la inhumanidad al liquidar de golpe a otros dos hermanastros, apenas adolescentes, que permanecían presos en Carmona. Sus partidarios, en cambio, vieron en el pulso firme del rey una gran virtud, al tiempo que elogiaron su obra como legislador. Tan grandes soberanos como Isabel la Católica o Felipe II invocarían la memoria de el Justiciero, a pesar de pertenecer a otras dinastías, como ejemplo de alguien que no se achicó frente a los abusos de los grandes nobles.

Los Trastámara ganaron al final la partida, más por insistencia que por buena estrategia, en una última fase marcada por la entrada en la contienda de compañías de mercenarios franceses e ingleses. Los británicos se cansaron pronto de los pocos escrúpulos de Pedro y, descontentos con los agujeros de sus bolsillos, lo dejaron a solas con la legión de enemigos que había cosechado en la península. Las compañías blancas francesas, llamadas así por lo impoluto de sus ropajes, no hicieron tampoco gran cosa por el conde de Trastámara, pero sí su capitán Bertrand du Guesclin, «un hombre de cabeza enorme, cuerpo grande, piernas cortas, ojos pequeños, aunque de mirar vivo y penetrante», según lo describió un cronista de la época. La fealdad no fue estorbo para su enorme éxito con las damas, ni tampoco para su habilidad con las armas. Pasaría a la historia en España por su papel de hacedor de reyes en Montiel.

Tras su derrota y muerte, Pedro I cayó en las brumas de la historia, donde están los villanos y los perdedores, mientras Enrique se elevaba como el iluminado fundador de una dinastía regia llamada a hacer grandes cosas en el planeta. Sin embargo, lo primero que separaba a la nueva familia real de sus ambiciones eran las muchas deudas contraídas en tantos años de caro combate. Enrique era un rey de espadas sin espada que esperaba, sobre todas las cosas, ganar autoridad para la Corona y que, en cambio, contribuyó a todo lo contrario con sus decisiones. Su apodo, «el de las mercedes», da cuenta de la elevada factura que hubo de pagar a los que decían ser sus aliados.

La marca del Caín castellano

Enrique II aparece en las crónicas como un personaje ambiguo y hasta contradictorio, capaz de tragar al principio con las extravagancias y los abusos de su hermanastro y de ponerse al servicio del hombre que había orquestado o, como mínimo, consentido el asesinato de su madre. Esperó con frialdad la oportunidad de levantarse contra el rey curtiéndose como mercenario en Francia y Aragón. Experiencia militar y resentimientos acumulados que lo prepararon para que, cuando los nobles y varios reinos rivales lo usaron contra Pedro, no solo se prestara, sino que literalmente sujetara la daga que traspasó el corazón de su hermano. Bajo las venas no tenía sangre, sino hielo.

Pero si todas esas fuerzas rebeldes pensaban que el primer Trastámara iba a ser barro entre sus manos, quedarían con la boca desencajada con el puñetazo que dio en la mesa. La península se dividía en cinco reinos: el de la Corona de Aragón, con una poderosas escuadra surcando el Mediterráneo; el de Portugal, que ya miraba de reojo hacia el Atlántico; el de Navarra, sumido en sus soliloquios culturales; el de Granada, último representante del poder musulmán, y la extensa Corona de Castilla. El nuevo monarca no solo ajustó cuentas con estos vecinos que pensaban erróneamente que iban a repartirse los despojos de aquel asesino de reyes, sino que inició la expansión internacional de su dinastía mediante alianzas matrimoniales entre sus hijos y los de sus antiguos enemigos.

Más dificultad tuvo en apagar las lejanas llamas que llegaban de Inglaterra, donde dos poderosos príncipes casados con las hijas de Pedro I, el duque de Lancaster y el duque de York, se consideraban legítimos sucesores al trono castellano y no dudaron, como los propios reyes del país, en llamar bastardos a los Trastámara como quien nombra a un perro callejero. Las excelentes relaciones del Fratricida con la corte francesa y los insultos ingleses condujeron al reino de forma inexorable a esa guerra llamada de los Cien Años, por decir una cifra, que ensanchó y estrechó, según el año, el canal de la Mancha. Que los castellanos no eran enemigos deseables quedó nítido con las victorias navales endosadas sobre los ingleses y, especialmente, con el humillante picotazo que Fernando Sánchez de Tovar propinó sobre el Támesis en el verano de 1380. Tras saquear e incendiar las localidades ribereñas, los barcos castellanos se quedaron a pocos kilómetros de avistar Londres.

No había terminado Enrique con los ingleses cuando en casa le empezaron a crecer los enanos. El rey recompensó con generosidad a una serie de familiares y amigos íntimos a los que concedió tierras en la periferia queriendo que ellos vigilaran las fronteras por él, mientras que a una nueva nobleza, que daría pie a tan notorios linajes como los Mendoza, los Álvarez de Toledo, los Velasco, los Manrique, los Zúñiga, le encomendó los principales cargos en la corte y los servicios más galantes. Una estrategia que por el momento calmó las aguas, pero que, al cabo de los años, se reveló como una bomba de relojería para el resentimiento, cuando los primeros, agraviados por la distancia, iniciaron un trágico desafío de Trastámara contra Trastámara.

Enrique murió en Santo Domingo de la Calzada (La Rioja) a los cuarenta y seis años. Dejó en el mundo de los vivos a tres hijos legítimos tenidos con la hija del célebre magnate y escritor don Juan Manuel, autor de *El conde Lucanor*, y, como era tradición familiar, a un ejército de bastardos muy correosos. En un último intento por remediar sus errores, el rey trató en su testamento de retornar las tierras concedidas a los nobles al patrimonio real. Era demasiado tarde para que sus acreedores accedieran a dar marcha atrás. El incendio había empezado.

Juan I, el rey que perdió su caballo

El segundo Trastámara, Juan I, reinó durante once años en los que su linaje siguió pagando las facturas del pasado. Además de la lucha contra Inglaterra, el soberano de estampa frágil, pálida, y de barba cerrada renovó la refriega con Portugal. Sus ambiciones de ser monarca allí lo llevaron en 1383 a invocar los derechos dinásticos de su segunda esposa, la portuguesa Beatriz, para establecer un protectorado sobre el reino vecino. Juan y Beatriz fueron reconocidos como rey y reina de Portugal por la nobleza, pero con la oposición del maestre de Avís, fundador de la poderosa dinastía que reinaría en esta corona en sus años de oro.

El levantamiento en favor de Avís ganó adeptos y terminó involucrando a los ingleses. En un momento dado incluso la regente Leonor, madre de Beatriz, se distanció de su yerno para apaciguar a los revoltosos, un acto de desobediencia que Juan resolvió recluyéndola en un monasterio de Tordesillas, como un siglo después le ocurriría a la célebre Juana la Loca. Los Trastámara eran una familia de tradiciones férreas. Pero ni con la violencia ni cumpliendo el sueño de tantos de deshacerse de su suegra se acercó el rey a sus objetivos. Castilla sufrió una de sus mayores catástrofes militares en una colina cercana a Aljubarrota. En total, murieron cerca de 10.000 hombres del ejército de Juan, quien salvó su vida por un pelo.

Cuando una flecha enemiga mató a su montura, el rey vagó desesperado por el campo de batalla hasta que el capitán del ejército castellano le entregó su caballo. El monarca ordenó a su general que subiera a la grupa para escapar ambos, a lo que González de Mendoza contestó: «No quiera Dios que las mujeres de Guadalajara digan que aquí quedan sus hijos y maridos muertos y yo torno allá vivo». El idilio entre la casa de los Mendoza y la Corona se selló con el sacrificio del aristócrata, uno de los muchos castellanos que no volvió a casa. La leyenda de la panadera Brites de Almeida ilustra el odio que se desató entre los lugareños, que se negaron a dar cobijo a los huidos. Esta mujer, cuya panadería se encontraba a once kilómetros del escenario bélico, halló a siete soldados castellanos (el número varía según la versión) escondidos en el horno del pan y, usando la pala con la que sacaba la comida, los fue matando a golpes según iban huyendo de su improvisado refugio.

Enfermo y agotado, Juan I descendió a caballo por el Tajo junto a los supervivientes del combate. Sin recursos económicos ni humanos para continuar la campaña, el rey inició una estrategia defensiva para prevenir un contraataque. De la pujanza hacia el exterior, se retrocedió de golpe en Castilla al tiempo de mirarse el ombligo. Mientras el rey se dejaba el pellejo en la guerra contra ingleses y portugueses, sus tíos, hermanastros, primos y otras especies Trastámara se revolvían cual serpientes para boicotear a Juan. Hasta los hubo que aspiraron por su cuenta al trono luso. Los que debían proteger las fronteras fueron, dicho sea con suavidad, unos guardianes entre bizcos y sordos.

Alfonso Enríquez, hijo primogénito pero bastardo de Enrique II, fue el peor de todos los intrigantes, un rebelde sin causa que quiso emular a su padre en sus desafíos reiterados a la corona. ¿No era acaso la manera en la que llegó al trono el primer Trastámara?

Se suele citar como el origen de su guerra contra el mundo que le prometieran con una bastarda del rey portugués, cuando él aspiraba a casarse directamente con Beatriz, la que sería esposa de Juan. Hinchado de resentimiento, Alfonso Enríquez se dio a la fuga para evitar el enlace, lo que provocó un conflicto diplomático y el desaire de la niña portuguesa, que, a pesar de sus once añitos, elevó su voz ronca para aclarar que «si el conde no consentía en casarse con ella, ella tampoco consentiría en casarse con él». Al final, la pareja se unió en contra de la opinión de ambas partes y no se desunió más por eso mismo. Tan grandes temperamentos terminaron congeniando, de manera que Alfonso Enríquez se vio libre para continuar con sus vilezas en asociación con su esposa. Juntos planearon el asesinato de su hermanastro, siguiendo al pie de la letra las más sagradas, o malditas, costumbres familiares. Estas maldades dieron con sus huesos en prisión antes de que terminara el reinado.

Tras sus muchos pesares, Juan, hombre muy piadoso, sopesó la posibilidad de abandonar el poder para centrarse en el aseo de su alma. Lo frenaron a última hora sus funcionarios más allegados y el hecho de que su sucesión no estaba ni mucho menos resuelta. De su primera esposa aragonesa contaba con dos hijos de escasa salud: uno de ellos reinaría en Castilla y el otro lo haría en Aragón; mientras que de la portuguesa Beatriz, con la que se casó cuando ella solo tenía diez años y apenas estaba capacitada para consumar el matrimonio, no tenía vástago alguno.

El destino dictó sentencia antes de que el primero de su nombre tuviera tiempo de añadir más leña a la sucesión. El rey falleció de manera inesperada el 9 de octubre de 1390 cuando, galopando por campos recién arados de Alcalá de Henares, resbaló de la silla y fue arrastrado por el animal en un afeitado de piel bastante salvaje. Bien pudo pronunciar por segunda vez en su vida aquella shakespeariana frase de Ricardo III: «Mi reino por un caballo». Juan I tenía treinta y dos años y ningún bastardo para martirizar a su here-

dero Enrique III, pero sí muchos primos, hermanastros y familiares
con ganas de aguar la fiesta.

No es reino para enfermos

Enrique III, conocido como el Doliente por su mala salud, sumaba
solo once primaveras y muchos enemigos, la mayoría de su misma
sangre, cuando accedió al trono. Le habían casado dos años antes
con una hija del duque de Alencastre (la manera castiza de los cronistas de llamar a Lancaster) pensando en poner fin a la interminable rivalidad con los ingleses, y se le otorgó para tan alta ocasión el
principado de Asturias, arrebatado precisamente al revoltoso Alfonso Enríquez. Un título que hasta hoy reciben todos los herederos al
trono español. Y eso es todo. Un principado y una mujer un poco
más madura fue lo máximo que su padre pudo hacer por él antes
de que una lluvia de problemas atropellara al crío. Siguiendo las es-
cuetas instrucciones de Juan, demasiado joven como para preparar
un testamento en condiciones, se formó un consejo de regencia
de pocas cabezas en el que, en cuanto fue liberado de sus grilletes,
trató de medrar Alfonso Enríquez.

No fue fácil contener las fuerzas en colisión con la hacienda
hambrienta y las guerras llamando a la puerta de Castilla, pero los
hombres fieles a Juan I salvaron para su heredero la fortaleza de la
Corona y, aunque fue necesario adelantar su mayoría de edad a los
catorce años, Enrique III no engrosó la abultada lista de príncipes
lelos secuestrados en su infancia y parte de su edad adulta.

La reina consorte, Catalina de Lancaster, era algo mayor que
Enrique, aunque no lo suficiente como para imponer su voz en la
turbulenta regencia. La larga década que tardó el joven matrimonio
en llenar el mundo de herederos, dos niñas y un niño, despertó un
mar de especulaciones entre los entrometidos cronistas, que por
una vez no lo atribuyeron a la famosa mala salud de Enrique, sino

a la falta de templanza en la comida de Catalina, convertida en una ballena varada en la meseta castellana. «El gran talle del cuerpo de la reina estaba acompañado de robustez de humores y gran fuerza de calor natural que la incitaba a tomar más alimento en las comidas de lo que es regular en las mujeres», anotó el poeta y cronista Fernán Pérez de Guzmán. Esta nieta de Pedro el Cruel, de gran estatura, muy rubia y sonrosada, responsable de los genes vikingos de los Trastámara, tuvo un papel nulo como consorte, limitándose a comer y parir, a engordar y callar.

Enrique se sobrepuso a los malos consejos y, con tenacidad y energía, sacó adelante medidas que iban a cambiar la melodía de Castilla en el siguiente siglo. Su estrategia centralizadora tuvo muchos puntos en común con la posterior de los Reyes Católicos. El monarca demostró en 1395 que le sobraba temperamento incendiando Gijón, última posesión de su díscolo tío Alfonso Enríquez, al que exilió a Francia para siempre.

El mote de el Doliente, entre afectuoso y lastimero, le fue encasquetado a última hora al rey, en otros días llamado el Joven o el Justiciero, coincidiendo con el final de un siglo en el que la peste provocó un descenso de la población europea de cerca del 30 por ciento (en Castilla el efecto fue más reducido). Se sabe que el rey no acusó esta pandemia, pero se desconoce cuándo y por qué empezó la fragilidad por la que pasó a la historia. Las endebles fuentes ponen el origen de su precaria salud a los diecisiete años, cuando comenzó a sufrir delgadez, mal color y desarrolló un carácter irritable y melancólico, como si fuera consciente de que no le iba a sobrar el tiempo. Hoy, la teoría más aceptada es que fue víctima de la tuberculosis, enfermedad que desde la Antigüedad recibía nombres como tisis o languidez y que, sin tratamiento efectivo, terminaba matando al paciente de forma lenta y dolorosa. Los remedios deslizados se movieron entre lo desesperado y lo patético, lo que incluyó, según el médico de la época Hernán Alonso Chirino, darle de comer al rey mermelada de esmeraldas molidas, hierro y manteca, al tiempo que unos galenos «le juzgaron cocido y otros asado; unos tiraron de los pies y otros de la cabeza (...) unos calentaron, otros enfriaron, unos humedecieron, otros desecaron».

La mayoría de estos médicos tan despistados era de origen judío, pero no hay forma de relacionar su creativo afán por torturar al rey de Castilla con las matanzas que sufrió esta minoría durante el reinado. Básicamente porque fueron los Trastámara quienes intervinieron para frenar las persecuciones que, a diferencia de otros países europeos, habían sido escasas en Castilla hasta que se extendieron motines desde Sevilla a todo el territorio en 1391. Las epidemias y la hambruna de un siglo terrible situaron a los judíos en la diana de los discursos apocalípticos. La corona tomó las medidas necesarias para salvaguardar la vida de los judíos, que pagaban impuestos directamente al rey, aunque aquello repercutió en su mayor aislamiento social. En 1393, Enrique III ordenó, pensando en su protección, la obligatoriedad de que los judíos residieran en barrios señalados y la generalización del uso de la rodela bermeja para marcarlos.

En cualquier caso, el apodo regio de Enrique se quedó muy corto para definir a un rey que hasta se permitió mirar más allá de sus fronteras. Durante su reinado acaeció el encuentro más exótico en la historia diplomática de Castilla. El rey envió dos embajadas a la lejana corte del gran Timur Lang el Cojo, Tamerlán para los europeos, señor de media Asia, con el objetivo de abrir mercados y combatir el incipiente poder otomano. No iba desencaminado el Trastámara al considerar a Tamerlán el único capaz de aplastar bajo su bota a la nueva potencia emergente como si fuera un imperio de liliputienses. Justo coincidiendo con la visita castellana, los ejércitos de el Cojo derrotaron y capturaron al sultán Bayaceto, al que encerraron en una jaula hasta que se volvió loco. Retrasaron así medio siglo la caída de Constantinopla que tantas pesadillas ocasionaría en Europa.

Tamerlán agasajó a los embajadores cada vez en un palacio, cada vez en un jardín diferente, cada vez con un atuendo más barroco. Los invitó a espléndidos banquetes en los que era obligatorio beber hasta perder la consciencia. O, al menos, eso entendieron los acongojados diplomáticos. Los europeos buscaban una alianza, pero solo hallaron ricos obsequios, borracheras e historias que, como le había ocurrido a Marco Polo, resultaban inverosímiles para los oídos occidentales, empezando por la existencia de un imperio de tal magnitud. Los castellanos fueron testigos de los últimos días de vida del gran señor de Samarcanda. «Y esto hacían ellos porque el señor era muy flaco, y había perdido el habla, y estaba en punto de muerte, según les fue dicho por hombres que lo sabían cierto», escribió en su crónica Ruy González de Clavijo sobre el final de este portentoso Gengis Kan musulmán. La gravedad de la explosión que iba a desencadenar su muerte hacía recomendable que González de Clavijo y sus compañeros salieran con mecha corta de la zona de la deflagración. Cuando volvieron a pisar Castilla, el Cojo ya había muerto.

El Doliente falleció un año después, en 1406, cuando se preparaba para atacar el Reino de Granada. A diferencia de su padre, Enrique III sí dejó instrucciones detalladas sobre cómo debía ser su sucesión. Más le valía si se tiene en cuenta que su hijo, el futuro Juan II, tenía dos años y nunca pasó de esa edad mental.

Juan II: mejor fraile que rey

La sucesión dividió el reino en dos regencias con el Sistema Central como cuerda para que los púgiles no se engancharan a puñetazos. Una estaba encabezada por Fernando, el hermano pequeño del anterior monarca, con el heredero Juan a su cargo, y otra por la reina madre, que a falta de hijo debió conformarse con el tesoro real. La medida de separar al bebé de la madre era cruel, y contra ella se revolvió Catalina de Lancaster, pero estaba pensada para alejar el oro del ya de por sí acaudalado tío, al que tampoco le hizo ninguna gracia el arreglo.

Fernando de Antequera, conocido así para la posteridad tras arrebatar esta localidad malagueña a los musulmanes, creyó que iba a heredar el trono de su hermano, que no tuvo hijo varón hasta dos años antes de su muerte. Cuando se vio de pronto con el premio menor de la regencia, hizo oídos sordos a los cantos de sirena que le pedían a él, hombre de gran ambición y gigantescas rentas, que asumiera la corona entera. Entendía el sensato Fernando que tirar piedras contra la legitimidad de su sobrino era tirarlas contra la suya propia.

Rematadamente hábil en el manejo de los tiempos, el regente prefirió atesorar notoriedad, poder y riquezas exprimiendo Castilla en vez de desgastarse en impopulares guerras contra su sobrino y su madre, mientras el pequeño Juan II crecía bajo su correa y, por pura inercia, surgían en el camino posibilidades de hacerse con otros cetros. Cuando la muerte del monarca sin herederos legítimos de la Corona de Aragón abrió la lucha por ese trono, Fernando se postuló como el candidato más sólido y, según él, con más derechos. Bien se callaron sus lugartenientes de Castilla en señalar que, en todo caso, sería su sobrino quien ostentaba mayor legitimidad…

Sea como fuere, el desembarco en Aragón fue el primer salto con éxito de los Trastámara, una expansión que se hizo en detrimento de la hacienda castellana. No conforme con reinar en Aragón, donde nunca abandonó ni las costumbres ni los consejeros castellanos, Fernando rodeó a Juan II de sus propios hijos, los llamados infantes de Aragón, una nueva remesa Trastámara más traviesa si cabe que los anteriores moscones, y prometió al heredero con su hija María de Aragón. Por si quedaba alguna duda de quién cortaba el bacalao en Castilla, Fernando incluso se llevó consigo la diadema de quince marcos de oro con zafiros, perlas y esmeraldas que usaban los reyes castellanos para coronarse. Catalina se la entregó sin rechistar para su ceremonia en Zaragoza y ya nunca retornó. Desde entonces ningún rey fue coronado en Castilla, que se limitó a proclamar a sus nuevos soberanos en actos rebosantes de sobriedad.

La reina madre, descrita para entonces como mujer de semblante enfermizo, algo tullida y con un sobrepeso tan sobrecogedor como grandes accidentes geográficos, tuvo pocas oportunidades antes de su muerte en 1418 de mover los hilos de la marioneta que era Juan II, el niño que le habían arrancado de sus brazos cuando era un lactante. El heredero puso fin a la regencia al fallecimiento de Catalina de Lancaster, aunque la realidad es que la tutoría solo cambió de manos. El rey de Castilla creció entre la admiración y el recelo hacia su tío, resignado por la rutina de ver que otros mandaban por él mientras disfrutaba de todo lo que le podía ofrecer el ocio medieval. Al refinado Juan II le fascinaban la música y la danza, leía libros en latín de filosofía y poesía, era un cristiano devoto y gastaba un sinfín de virtudes humanas antítesis de la alta política.

A su imagen y semejanza, se multiplicaron los hombres de letras y de arte en su reino, mientras languidecían los hombres de Estado. En el mejor de los casos era un elemento decorativo en su gobierno, alguien con un «grande y hermoso cuerpo, blanco y colorado mesuradamente, de presencia muy real; tenía los cabellos de color de avellana mucho madura: la nariz un poco alta, los ojos entre verdes y azules, inclinaba un poco la cabeza, tenía piernas y pies y manos muy gentiles». Era algo afeminado en sus modales y, a decir de Fernán Pérez de Guzmán, «nunca una hora sola quiso entender, ni trabajar en el regimiento del reino». Otro escritor de la época con todavía menos pelos en la lengua afirmó que «ni tenía otro cargo, salvo comer».

Todo el reinado estuvo presidido por la anarquía. Nobles contra nobles. Trastámara contra Trastámara. Aragoneses contra castellanos. La debilidad del monarca atrajo a las peores alimañas de la península. No pretendían reinar ni que cayera el amable Juan, simplemente anhelaban el máximo número de cargos y rentas públicas que les cupieran en las manos. El único límite a su poder lo marcaban los otros magnates, que balanceaban sus lealtades en busca de que nadie se hiciera demasiado poderoso. «Querían justicia y más que justicia contra sus contrarios; pero contra sí y contra los suyos ninguna… queriendo vivir sueltamente y a voluntad», se percató el cronista Alvar García de Santa María, testigo de excepción del largo chantaje que sufrió la corona.

No hay mayor metáfora sobre el cautiverio perpetuo del rey que el hecho de que, cuando algún noble no estaba conforme con el dictamen de la corona, cogía y encerraba a Juan II en su castillo como quien sale a cazar la cena. En 1420 se produjo el primer secuestro físico del adolescente rey en Tordesillas a manos del infante Enrique, uno de los inquietos hijos de Fernando de Antequera. A expensas de su primo, el rey debió entregarle un señorío y la mano de su hermana.

Álvaro de Luna, compañero de la infancia del rey, fue quien organizó la fuga del monarca de manos del infante Enrique y quien defendió en 1429 Castilla de una invasión aragonesa. Ante las reiteradas agresiones a la corona, el rey encontró su mejor escudero en este hijo bastardo de un sobrino del papa Benedicto XIII (el aragonés irreductible conocido como papa Luna). Sus enemigos afirmaron que la forma en la que mangoneaba a Juan, al que llevaba un puñado de años, no se diferenciaba gran cosa de lo hecho por otros nobles, y hasta que lo engatusaba con juegos sexuales desde la juventud, pero resulta innegable que este valido luchó más que nadie, incluso más que el rey, para que la corona recuperara la batuta.

Para remediar definitivamente la sombra perniciosa de los parientes del monarca, el condestable y parte de la aristocracia les hicieron frente en la primera batalla de Olmedo, ocurrida dos años después, un combate que hoy en día se considera más un torneo caballeresco que una refriega armada y donde solo murieron veintidós personas, entre ellas, eso sí, el infante Enrique, a consecuencia de una mala herida. Aquello supuso el cénit del poder del condestable y el declive en Castilla de los primos del rey.

La nobleza levantisca y los infantes de Aragón intentaron durante años echar el lazo a la cabeza del condestable, que vivió algún que otro alejamiento de la corte, pero siempre se las arreglaba para encontrar el camino de vuelta. Sus adversarios solo pudieron dar en el blanco recurriendo a un caballo de Troya. La caída en desgracia del valido empezó a maquinarse tras la desconcertante muerte de la reina María de Aragón, que, según el cronista Alonso de Palencia, fue envenenada por una dama contratada a sueldo de Álvaro de Luna. El condestable pensó para reemplazar a la esposa del rey en la inofensiva Isabel de Portugal, nieta del fundador de la dinastía Avís, en una estratagema para alejar Castilla de la telaraña de aragoneses y navarros que habían tejido los hijos de Fernando de Antequera. Con las arcas vacías era, además, una manera rápida de pagar al reino vecino por su ayuda militar contra esos mismos infantes.

La relación entre Isabel y Álvaro se presuponía al principio excelente, como celestino que era de la real pareja, hasta que empezaron a protagonizar fuertes discusiones de puertas para fuera. Se dice que el valido llegó a apuñalar a Isabel con la afilada amenaza del «yo os casé y yo os descasaré». Suficiente como para herir el aparatoso orgullo de la joven de sangre azul, que cocinó a fuego rápido su venganza. Al olor del animal herido, nobles, Trastámaras y hasta el primogénito de Juan II, el lampiño Enrique, colaboraron con la reina para procurar la ruina de Luna. Al valido se le acusó de haber robado rentas reales y Juan, presionado en su misma cámara, decretó, sin garantía judicial alguna, la ejecución de este caballero bastardo que había cosechado tantos éxitos incontestables como destierros sonados, tantas victorias en el campo de batalla como conjuras en palacio. Con una capa negra y un sombrero austero, el condestable subió altivo al cadalso situado en la plaza Mayor de Valladolid para morir decapitado el 3 de junio de 1453.

En clave de romance se cuenta que el noble caído le reclamó al verdugo que se asegurara de que el puñal estuviera muy afilado, a lo que este respondió que lo estaba y que todo, incluido una escarpia clavada en un madero para luego exhibir su cabeza, se encontraba listo para el acto final. «¡Hagan del cuerpo y de la cabeza lo que quieran!», replicó Álvaro de Luna, que encontró dolorosamente gracioso que el pregonero real errara, presa de la excitación, al proclamar que el rey le mandaba degollar «en pena de sus maldades y servicios», cuando en realidad debía decir en sus «deservicios». «Bien dices, hijo. Por los servicios me pagan así», lo consoló encantado de sí mismo el condenado.

El primer marqués de Santillana, uno de los impulsores del Renacimiento en Castilla, hizo jolgorio en verso de la cruel muerte: «De tu resplandor, oh Luna, te ha privado la Fortuna». Las nuevas canciones de la cultura habían llegado a España en el siglo de la celebración de la vida, el renacer, pero aún no se habían marchado los viejos chillidos de la política, los de la muerte y la peste pasados. Aunque tan odiado como amado, lo que quedó en la retina castellana fue la imagen del condestable enfrentándose con dignidad a una muerte terrible. Un final que ninguno de los numerosos vándalos del reino había sufrido, ni siquiera los que habían pisoteado la autoridad del monarca de manera reiterada. Por razones desconcertantes, Juan II se había puesto tremendo con el hombre que más leal le había sido. Eso sí, el rey se marchó de Valladolid antes de la ejecución, dejando que fueran otros quienes cumplieran sus órdenes.

Álvaro de Luna ordenó que lo enterraran en la capilla más suntuosa de la Catedral de Toledo, donde instaló un autómata de bronce que, gracias a ciertos engranajes, se incorporaba al comenzar la misa y luego volvía a su posición yacente, para que nadie pudiera olvidar el poder alcanzado en vida (y en la muerte) por el condestable. Por desgracia el ingenio desapareció al cabo de los años, según los términos de una historia que a todas luces parece apócrifa.

El monarca murió al año siguiente que su amigo, no de pena, ni de desamor, ni siquiera del susto por ver al muerto levantándose con cada misa, sino de fiebres cuartanas. Antes de irse a la tumba, Juan II confesó que «más me valiera haber sido fraile del Abrojo que no rey de Castilla». Su testamento nombró, como no podía ser de otra forma, heredero universal a su primogénito Enrique IV, pero reclamó que no se descuidaran la educación y las rentas de los dos hijos que había concebido en su segundo matrimonio. Esos huérfanos de padre se llamaban Alfonso e Isabel.

La impotencia nada transitoria del oso Enrique IV

Entre las difamaciones y lo inescrutable de su comportamiento, la personalidad de Enrique IV sigue envuelta en una niebla tan trágica como espesa. No porque pareciera tan frágil de carácter como su padre, sino por lo contrario. En muchas ocasiones asumió y defendió con firmeza decisiones que evitaron conflictos armados a costa de su dignidad real. «Bien parece que no son vuestros hijos los que han de entrar en la pelea ni vos costaron mucho de criar», le reprochó a un belicoso obispo que le reclamaba que se arrojara a sangre y fuego contra todos sus adversarios. Tendencia a la concordia que la sociedad de su tiempo interpretó, tal vez con razón, como un síntoma de debilidad y que políticos con más hambre que él emplearon en su beneficio. Lo mismo ocurrió con su alergia a la pompa real y los grandes actos, que algunos vieron como un signo de pobreza y mediocridad.

De gran estatura (cerca de 1,85 metros), desgarbado, caderas anchas, pelo rubio, piel clara, nariz achatada a causa de una caída en la niñez y voz suave como una flauta, Enrique nunca fue lo que se dice un rey feroz, no como se esperaba de todos los monarcas salidos de la Edad Media. Accedió al trono con veintinueve años, cosa rara en la familia, por lo que contó con tiempo más que suficiente para resabiarse en los tejemanejes de la política. No supo aprender las lecciones adecuadas y jamás encontraría apoyos como los de su padre. A pesar de que empezó su reinado tendiendo manos a diestro y siniestro, pronto salió a la luz una personalidad desconcertante para el periodo. Los cronistas más afines lo dibujaron como alguien ingenioso, de buen corazón, generoso con las mercedes, sencillo, modesto y deseoso de conciliar a sus nobles, al tiempo que reconocían su querencia por la soledad, sus inseguridades y lo poco que le «placían» las compañías, fueran buenas, malas, regulares, masculinas o femeninas. A menudo contestaba con arrebatos de rabia a las malas noticias y, en otras ocasiones, se sumía en periodos depresivos de los que costaba varios días sacarlo.

Sobre sus aficiones y preferencias existe un abismo entre lo que escribieron sus partidarios y lo que gritaron sus enemigos. Para unos fue amigo de acogerse a lugares retirados, con poca gente, y para otros se complacía solo en fiestas tumultuosas y en la extraña empresa de reunir fieras en los refugios reales, auténticos zoológicos protegidos por rufianes rudos y salvajes de su confianza, entre ellos un enano y un etíope con puestos fijos en su corte. Oso para unos; mono para otros… En lo que coinciden fuentes opuestas es en que era cantor hábil, tañedor de laúd y amigo de músicos, como su padre; buen escribano, magnífico lector y experto latinista en un tiempo donde «el que latín no sabe, asno se debe llamar de dos pies», según proclamaba el humanista Juan de Lucena.

A la muerte de su padre, Enrique se vio libre de entregar el poder de Castilla a sus propios secuestradores. Frente a la redundante debilidad de la Corona, una docena larga de clanes se erigieron dueños y señores del reino. Estos magnates crearon ejércitos privados para defenderse de la rapiña de los otros y, una cosa no quita a la otra, enriquecerse como depredadores. La supervivencia familiar dependía de extender las rentas y el número de lanzas al mismo ritmo que el vecino. Nadie tuvo tanto éxito en esta empresa como aquellos nobles que comprendieron que lo mejor era estar en medio, entre la corona y su oposición, entre la lealtad y la traición, sin decantarse del todo por ningún bando. No ayudaba a apaciguar la situación el carácter español de la época, que se tomaba en serio hasta el más mínimo improperio hacia su fe, su honor o su persona. «Son inclinados a las armas, acaso más que ninguna otra nación cristiana, y aptos para su manejo por ser ágiles, muy diestros y sueltos de brazos; estiman mucho el honor, hasta el punto de que por no mancharlo, no se cuidan generalmente de la muerte», advirtió el florentino Francesco Guicciardini tras conocer a fondo la naturaleza de los españoles.

El más habilidoso funambulista de los que se movían en esta cuerda de las gracias y las desgracias era Juan Pacheco, marqués de Villena, valido llamado a teledirigir al rey durante años. Natural de Belmonte, Pacheco entró en la corte muy joven como doncel de Enrique a instancias de Álvaro de Luna, con cuya prima se casó durante el primero de sus tres matrimonios, a cada cual con mujeres de apellido más rimbombante. Ni una cosa ni la otra frenaron a Villena para apuñalar por detrás a su antiguo valedor, que era casi un ritual de iniciación en Castilla. Su siguiente oficio tras ser paje fue el de sujetar el cuchillo de la mesa del príncipe Enrique, gallardo privilegio que lo aupó, y no porque el acero estuviera cerca del cogote real, hasta las cimas del gobierno. Este maestro del disimulo siempre se las apañó para aparentar deseos de concordia, cuando justo vivía de la discordia, ocultando sus verdaderas intenciones tras una sonrisa sardónica y unos ademanes de embaucador. Le temblaba la voz a causa de una enfermedad de juventud, pero jamás le ocurrió lo mismo con sus escrúpulos.

No se andaba a la zaga de Villena su tío, el ambicioso arzobispo de Toledo Alfonso Carrillo, señor de la segunda diócesis más rica de la cristiandad, solo por detrás de la de Roma. Los 19.000 vasallos de su arzobispado y los 21 castillos bajo su control obligaban a Enrique a escuchar con atención su voz grave. El prelado recibió una profunda formación dentro de la corte italiana del papa Eugenio IV antes de entrar lanza en ristre en la turbulenta política castellana. Como prácticamente todo el reino, también Carrillo fue un día aliado de Álvaro de Luna, con el que estaba emparentado y del que se distanció en el momento justo. En lo que sí se diferenció de otros políticos chaqueteros es que, más allá de su vanidad, su obra buscaba alcanzar «la nación hispánica» a través de la unión de Aragón y Castilla, aunque para ello hubiera que pisotear coronas y esqueletos. Tenaz, orgulloso, con un aparatoso olfato para las tormentas políticas, impulsivo, Carrillo era, sobre todas las cosas, un hombre de acción que adoraba galopar al frente de sus mesnadas en batalla.

Tío, sobrino y otros de la misma calaña protagonizaron escenas hirientes de corrupción e irresponsabilidad que malograron el prometedor comienzo del reinado. La firma de las paces con Aragón y Navarra dejó las manos libres a Enrique para hacer la guerra a los moros de Granada, por cuyas tierras pasó el rey en 1456, talando su vega. De las espadas desenvainadas se pasó a incursiones melladas, campañas de desgaste sin lustre, y finalmente a la apatía. Justo Carrillo torció sus tratos con Enrique a propósito del escaso apoyo real a la conquista de Málaga, que le había sido encomendada al prelado. El rey mostraba querencia por las costumbres musulmanas vistiendo y comiendo a la usanza de esta cultura, así como montando a caballo al modo árabe, lo cual era algo bastante extendido entre los nobles cristianos. Se hacía, además, proteger por una fiel guardia mora venida del sur, lo que le dibujaba como el arquetipo de la degradación moral de la cristiandad.

La propaganda de los Reyes Católicos deformó los muchos logros de un reinado con diez primeros años buenos y diez últimos dantescos. Algunos méritos que se atribuyen a monarcas posteriores, como la introducción de la Santa Hermandad a modo de cuerpo de vigilancia rural o el aumento en importancia de los corregidores, representantes de la corona en los municipios, contaron con la firma primera de Enrique. La propia economía mostró síntomas de florecimiento gracias a las millonarias exportaciones de lana castellana con dirección al norte de Europa. De puertas para fuera, el castellano estuvo muy cerca de ser nombrado conde de Barcelona, título que le ofreció en bandeja de plata la Generalitat para librarlos de la tiranía del rey de Aragón, o de reinar en Navarra, posibilidades que se diluyeron todas ellas por culpa de una aristocracia que impidió a Enrique tener un minuto de calma. Los asuntos privados engulleron a los públicos en un reinado recordado por el sexo o, más bien, por la falta de este.

En 1440, el todavía príncipe heredero se casó con Blanca de Navarra, la hija de la reina de este territorio pirenaico y de su tío el infante Juan de Navarra, a la postre rey de Aragón. Pero demasiado pronto el castellano comprendió la importancia de aliarse con Portugal, como pretendía también su padre, y le dijo a la navarra algo así como que si te he visto por el lecho conyugal no me acuerdo. A los tres años de matrimonio le hizo el vacío cortesano, le retiró las asignaciones económicas y hasta colocó algún que otro macizo bien engrasado en su cama para que rompiera a ojos de Dios la relación. Ella se negó a participar en su propia calamidad. Después de trece años de matrimonio sin consumar, Enrique logró que las autoridades eclesiásticas anularan el vínculo, pues Blanca era tan virgen como cuando había nacido.

Enrique intentó ahorrarse el escarnio público adjuntando en el documento el testimonio de varias mujeres públicas de Segovia, con nombre y apellido, con las que supuestamente había retozado en esos años y sugiriendo que había sido víctima de un maleficio contra su virilidad que solo afectaba al coito matrimonial. Para que no cupiera duda, una de las supuestas prostitutas dijo del heredero que «tenía una verga viril firme y daba su débito y simiente viril como otro varón». Más valía reconocer esos datos íntimos antes de sembrar dudas sobre su herramienta para hacer hijos. El obispo de Segovia dio por finiquitado el matrimonio con el endeble argumento de que el joven era incapaz sexualmente, pero solo en el lecho matrimonial, y se procedió a devolver a la esposa a Navarra como quien deja un paquete en la puerta, llama al timbre y luego sale corriendo.

Blanca volvió sobre sus pasos, sin dote ni futuro, para vivir en Navarra otra pesadilla a costa de la sucesión de este reino. Y es que su padre Juan, que miraba con recelo a los hijos que había tenido con la reina de Navarra, también llamada Blanca, la consideraba un inoportuno obstáculo en sus planes de hacerse con el control total de esta corona. El padre la desheredó, la recluyó y la forzó a irse a Francia, junto a su hermana Leonor, quien finalmente reinaría en Navarra tras mostrarse lo mansa que el resto de hijos de Juan no fueron. Antes de su muerte bajo extrañas circunstancias en Bearne, a los pies del Pirineo francés, la desdichada Blanca intentó ceder sus derechos al trono navarro a su exmarido Enrique, lo que da cuenta del triste desamparo que vivió una mujer que se acordó del hombre que le había hecho tanto daño con tal de combatir la mano de su propio padre. A hijas desesperadas, medidas desesperadas.

Dejar por escrito que era impotente a ratos fue para Enrique IV como recoger leña para su propia hoguera o como decir que era tonto, pero solo por etapas. El asunto no se solucionó con el segundo matrimonio del rey, que se acordó a través de unas millonarias capitulaciones en favor de la prometida. Un depósito previo de grandes cantidades de oro fue la garantía, o más bien la indemnización exigida por la corte lusa para poner a una de sus princesas bajo la custodia de un rey con tan malos antecedentes. En 1455 Enrique se enlazó con Juana de Portugal, una joven de dieciséis años que, una vez más, salió de su noche de bodas «tan entera como venía, de que no pequeño enojo recibió de todos», en palabras del cronista Galíndez de Carvajal. El rey se negó incluso a enseñar la sábana real manchada de sangre, prueba medieval de que la esposa había dejado de ser virgen.

A diferencia de la anterior consorte, esta portuguesa de armas tomar no era lo que se dice discreta. Muy bella —a decir todos los cronistas—, alegre, coqueta y también caprichosa, pero para nada silenciosa. Su actitud altiva incomodó a la austera corte castellana, que no veía más que escándalo en su afición por los bailes y por el maquillaje. Ya en aquella época las mujeres se teñían los cabellos de rubio y se intentaba blanquear la piel con ungüentos, pues la blancura era símbolo de belleza. La reina no era muy piadosa ni interesada en las artes, aparte de que un ruidoso círculo de mujeres igual de llanas que ella la acompañaba a todas partes. A la guerra de Granada acudió la corte entera a lanzar flechas simbólicas en un ambiente de guateque y escotes con más peligro que las armas de los soldados.

Una de estas damas, Guiomar de Castro, «de belleza singular», mantuvo según los rumores tratos eróticos con el rey con tanto descaro que, cuando se lo afeó la reina, la joven no se achantó, no hasta que la arrabalera de la monarca la agarró del pelo, le destrozó el vestido y la remató golpeando con su calzado de madera en la cabeza. A partir de entonces, el rey ordenó instalar a su amante a dos leguas de la corte, estuviera donde estuviera, con una buena dotación económica para tenerla a mano en sus frecuentes incursiones nocturnas sin que su mujer la confundiera con su zapatero.

Pasaron otros siete años sin que el rey fuera capaz de dejar embarazada a su festiva esposa. Se dice que recurrió como remedio desde a oraciones y ofrendas, pasando por brebajes y pócimas con presuntos efectos vigorizantes enviados por sus embajadores en Italia —por aquel entonces considerada la metrópoli de la ciencia erótica—, hasta la financiación de expediciones a África en busca del cuerno de un unicornio, que era algo así como el Santo Grial de los impotentes en el siglo XV. Nada pareció funcionar hasta el nacimiento de una niña el 28 de febrero de 1462, que en un principio celebraron con total normalidad los aristócratas encabezados por Villena, padrino del bebé. La pequeña, llamada Juana, nació en la madrileña iglesia de San Pedro el Viejo estando este noble, el arzobispo de Toledo y otros grandes nombres presentes en el parto, donde la reina se colocó en cuclillas para facilitar la salida del bebé. Cuando el rey convocó Cortes, el arzobispo Carrillo se encargó de llevar en sus manos a la frágil niña para que uno a uno los grandes, el alto clero y los procuradores de las ciudades la juraran como heredera al trono.

Villena albergaba ya entonces sus reservas sobre lo ocurrido en el útero de la reina y antes de las cortes declaró en un documento secreto, firmado ante notario, que no creía que Juana fuera hija del rey. El que fuera todopoderoso favorito había sido desplazado hacía poco del poder por varios advenedizos de orígenes humildes, que copaban las mercedes reales por su buena sintonía con el monarca y quién sabe si por sus talentos ocultos. En estos intrépidos destacaba un hombre humilde llamado Beltrán de la Cueva, mayordomo mayor de palacio, de galante presencia, al que elevó Enrique en esos días a conde y prometió entregarle el Maestrazgo de Santiago. Por influencia de Villena, Carrillo y otros nobles envidiosos del rápido ascenso de este antiguo paje, surgieron por Castilla atrevidos cantares que apodaban a la niña como la Beltraneja, en referencia a que había sido el nuevo favorito del rey quien había preñado a la reina.

Primero entre susurros y luego sin pudor, Enrique IV fue acusado de sodomía y de instigar con gusto las relaciones extramatrimoniales de su segunda esposa con hombres de baja estofa. Difamaciones tan gruesas que impidieron hasta siglos después hacer un diagnóstico riguroso de los posibles problemas del monarca para tener hijos. El prestigioso médico Gregorio Marañón creyó encontrar la solución al misterio en una displasia eunucoide, o bien en los efectos asociados a un tumor hipofisario (la parte del cerebro que regula el equilibrio de la mayoría de hormonas), que le habría causado rasgos propios de un «perturbado sexual». No obstante, el urólogo Emilio Maganto Pavón, en su obra *Enrique IV de Castilla (1454-1474). Un singular enfermo urológico*, consideró que el diagnóstico del célebre médico es incompleto y señaló que el origen del desorden hormonal pudo estar en un tumor relacionado con la hormona del crecimiento y la prolactina.

El estudio de la momia de Enrique IV, conservada sin pelo ni cejas pero con la piel íntegra en el monasterio de Nuestra Señora de Guadalupe, sirvió para corroborar las graves carencias hormonales que mostraba el castellano. Tras años de búsqueda infructuosa, un peón halló por casualidad en 1946 el ataúd, junto al de su madre, en un sitio de difícil acceso entre el retablo y la pared maestra del ábside de dicha iglesia. Avisado Marañón, el erudito constató que el monarca tenía una frente amplia, que las manos tenían largos y recios dedos y que uno de los pies era valgo (desviado). Esos guantes de manos pudieron originar la fobia al contacto humano que las crónicas identifican como un rasgo de su antipatía y de los problemas para relacionarse. A su vez, la deformación de uno de sus pies explicaría, según la obra de Marañón, la torpeza de movimientos del monarca descrita en los textos. De todos esos defectos físicos vendría su timidez sexual y sus muchas dificultades para dejar prole.

De lo que no existen pruebas serias es de la homosexualidad del rey, y hasta se sabe por boca de sus enemigos que tuvo varias amantes femeninas. Aparte de la dama Guiomar de Castro, el cronista Alonso de Palencia se atreve a nombrar a varias mujeres con las que mantuvo amores «vanos» (curioso adjetivo para recordar que el rey disparaba, si es que llegaba a apretar el gatillo, con pólvora mojada) y muy turbulentos. De una tal Catalina de Sandoval cuenta que Enrique, sintiéndose celoso, ordenó degollar a otro hombre que la frecuentaba para evitar comparaciones odiosas y quedarse con la dama. Luego, envió a sus secuaces criminales a que «violasen a mano armada» la clausura del monasterio de San Pedro de las Dueñas de Toledo para desalojar a todas las monjas honestas y coronar allí como abadesa a su amante, quien ni siquiera en el sagrado templo dejó de recibir al monarca para sus pretensiones de coito. Resulta evidente por lo escabroso del relato que el ácido de Alonso de Palencia, a la postre cronista de los Reyes Católicos, no tenía en gran estima a Enrique IV, el hombre que le había abierto las puertas de la corte.

Tampoco hay forma de negar que Juana la Beltraneja fuera hija del rey. Entre la infinidad de auxilios empleados por el monarca para ahogar su infertilidad, el viajero alemán Jerónimo Münzer sostiene que usó una precaria fecundación in vitro, la primera de la que se tiene constancia en la historia. Según especifica en sus textos, el monarca «tenía un miembro viril que en su origen era delgado y pequeño, pero luego hacia el extremo se alargaba y era grande, de manera que no podía enderezarlo. Unos médicos hicieron una cánula de oro que se colocó a la reina en la vulva, para ver si a través de ella podía recibir el semen; sin embargo no pudo. Hicieron como un ordeño de su miembro viril [lo masturbaron] y salió esperma, pero acuoso y estéril».

Si este artilugio de ordeñar hombres ideado por el principal físico de la corte, el judío Shamuya Lubel, cosechó éxito o no es el enésimo de los misterios que rodean al rey que entró a la historia de manera inevitable como el Impotente. Pocos meses después del nacimiento de la deseada heredera, la reina anunció que estaba de nuevo encinta, en esta ocasión de un varón que se malogró a los siete meses. No era un problema irreparable. Las leyes castellanas permitían que las mujeres pudieran reinar antes de recurrir, como en Aragón, a la siguiente línea sucesoria en busca de varones, de manera que Juana cumplía con todos los requisitos para gobernar de pleno derecho. Sin embargo, esto sirvió de poco para evitar la rebelión que un grupo de nobles, encabezado por Villena y Carrillo, inició en el verano de 1464 en torno a la legitimidad de los hermanastros del rey, a los que imaginaban como candidatos al trono todavía más manejables que Enrique y con más derechos que la Beltraneja.

Sensible a las provocaciones de la aristocracia, el rey ordenó que sus hermanos acudieran a la corte para tenerlos vigilados e inertes, aunque lo único que consiguió fue acercarlos a los conspiradores y dar la razón a quienes los cantaban como pobres niños atrapados en la red de maquinaciones de Enrique. Congregada en Burgos, una imponente liga nobiliaria y eclesiástica se decidió el 28 de septiembre a firmar un manifiesto a favor de los niños y contra el mal gobierno de Enrique, presentado como un «secuestrado» por Beltrán de la Cueva y por una guardia mora que menoscababa, con su mera existencia, a la Iglesia católica. El texto se cuidaba, en apariencia, de no atacar directamente al castellano, pero terminaba proclamando algo tan grave en el periodo como que era un cornudo, «pues a vuestra señoría y a él [Beltrán de la Cueva] es bien manifiesto ella no ser hija de Vuestra Señoría».

A partir de aquella frase tan imposible de ignorar, el reinado descarriló. Luego vendrían las escaramuzas, los levantamientos, las falsas treguas y las lesiones contra la figura del rey que impidieron que la corona impusiera su superioridad militar, económica y demográfica, al menos la que sostenía sobre el papel, en la Península Ibérica. El prometedor futuro de Castilla habría de esperar a que se resolvieran los problemas de alcoba de los Trastámara. Los españoles querían comerse el mundo, pero de momento debían contentarse con devorarse entre ellos.

2

HIJA DE UNA LOCA

El rey viste de luto y está ataviado con una corona, un bastón y una espada real de aspecto rudo, pero no ha muerto nadie de la familia real ni ese día ni los anteriores. La triste figura ni siquiera es la del rey, sino la de un pelele, un muñeco sentado por sus enemigos en un enorme tablado de madera en las murallas de Ávila. La ciudad de las iglesias y de los altos caballeros contiene el aliento y la carcajada ante una escena patética presidida por el arzobispo de Toledo, Alfonso Carrillo, y su sobrino el marqués de Villena. Primero se celebrará una misa, luego vendrá la vergüenza.

Villena se aclara la voz en un centelleante carraspeo y lee con resonancia una lista de agravios cometidos por el felón de Enrique IV. Las autoridades, los caballeros y el pueblo llano asienten, aprietan los dientes, resuellan odio y finalmente se conjuran contra el monarca, que a sus espaldas es tildado de impotente. Palabras afiladas como el hacha de un verdugo dejan paso a la farsa. El arzobispo de Toledo le quita a la efigie la corona, símbolo de la dignidad real. A continuación, el conde de Plasencia le quita la espada, símbolo de la administración de justicia, y Villena le arranca con furia el bastón, símbolo del gobierno. Por último, otro noble derriba la estatua bufa al grueso grito de: «¡A tierra, puto!». En tumulto, todos pisotean al rey con saña.

Es ahora el turno del infante Alfonso, doce imberbes años lo sostienen en pie, pero él avanza firme, en solitario, sin que se vean con el sol brillante los hilos que lo mueven. Pasa por encima, aunque sin pisarlas, de las entrañas de paja del muñeco tendido en el suelo. Al coro de los nobles sediciosos, el hermanastro de Enrique IV es proclamado rey usando el clamor habitual de las entronizaciones: «¡Castilla, Castilla por el rey don Alfonso!». El besamanos al nuevo monarca pone inicio a un reinado con fecha de caducidad, a otra guerra entre hermanos y a un destino mortal escrito en sangre. Lo que mal empieza, peor acaba.

La llamada Farsa de Ávila, ocurrida el 5 de junio de 1465, fue la cumbre en la escalada de insultos y humillaciones que sufrió la corona que levitaba sobre las sienes de Enrique IV. La rebelión iniciada por Villena hizo que los hermanastros del rey pasaran de golpe de una existencia sigilosa al epicentro del foco político. Por disposición del testamento de Juan II, los dos hijos procedentes de su segundo matrimonio habían quedado a cargo de la madre, la portuguesa Isabel, señora de la ciudad de Soria y de las villas de Madrigal y Arévalo. Y justo allí, en Arévalo, retirados de las pasiones cortesanas, es donde Isabel crio a sus dos hijos bajo el lento recital de su demencia.

A sus cuarenta y dos años, Juan de Castilla no tenía necesidad de casarse de nuevo, dada la buena salud que en ese momento mostraba su heredero Enrique, pero la urgencia de estrechar lazos con Portugal le empujó a la cama de una infanta de diecinueve años con una belleza fuera de lo común. El rey debió repartir su tiempo entre los goces conyugales del refugio de Madrigal de las Altas Torres y los asuntos de Estado que se desperdigaban por Castilla. No está claro si aquello fue un gran esfuerzo para Juan, pero sí se sabe que el enlace dio sus frutos justo cuando empezaban a aflorar los problemas de Enrique con el sexo. El nacimiento del pequeño Alfonso fue un acontecimiento a anotar en las crónicas por su condición de varón, pero no así el de Isabel, que se traspapeló junto al de otras niñas que fallecieron en la tierna edad sin que lo lamentara nadie más allá de la madre. Juan tuvo tres hijas que murieron en la infancia y que para la historia solo son un nombre y una fecha a pie de página.

Isabel fue poco más que eso. Incluso quienes tienen más ganas de ensalzar cada instante de la soberana sobre la Tierra han reconocido a la fuerza que una de las grandes personalidades de la historia fue un tiempo casi tan anónima como la hija de un campesino. Las primeras menciones a la niña, «la infanta graciosa», están siempre en relación con textos sobre su hermano varón. Porque, y esto es fácil de adivinar, el mundo no albergaba grandes planes para Isabel, nacida en Madrigal el 22 de abril de 1451, salvo que llegara a edad núbil y fuera empleada como moneda de cambio en alguna alianza matrimonial.

Arrancada «inhumana y forzosamente» de Arévalo

A la muerte de su marido, Isabel eligió Arévalo de entre las posesiones que le correspondían por herencia para la crianza de sus hijos. Esta villa de realengo era y es un cruce de caminos estratégico entre Segovia, Ávila, Salamanca y Valladolid, dominada por un altanero castillo y salteada de campanarios. La familia de los infantes vivía entre la atalaya y un palacio real más confortable que se encontraba en la plaza principal de esta villa donde, según las leyendas, había estado viviendo el mismísimo Hércules en su periplo por los campos ibéricos. La vida de los niños fue lo plácida que podía ser en esta tierra de pinares, campos de cereales, viñedos e inviernos escalofriantes. Enrique IV los visitó en alguna ocasión y también la abuela portuguesa, Isabel de Barcelos, que inundó la imaginación de los niños con historias de realeza, de santos y de los viajes que emprendían los navegantes de su tierra, pero, en general, los grandes nombres del reino exhibieron escaso interés en un lugar recóndito cuyo aspecto más singular era su destacada población de mudéjares. Isabel vivió sus primeros años en uno de los pueblos más moros de Castilla.

Las rentas que la viuda de Juan II tenía garantizadas por testamento fueron menguando cada año hasta alcanzar una delgadez patética para miembros de la familia real. Ya fuera por recelo o porque necesitaba el dinero para sus negocios, Enrique dejó a sus hermanastros en una situación miserable que atrajo la lástima de nobles perspicaces, que se ofrecieron a sostener los gastos de la triste corte sin rey. Los hubo leales y hasta ingenuos, pero la mayoría lo hizo pensando en lo que esos niños podrían hacer algún día por ellos. También en esto el Impotente obró sin pensar en el mañana ni en el ensordecedor murmullo que sus gatillazos amorosos estaban causando por Castilla.

A las estrecheces de Arévalo se sumó que a la madre se le empezó a secar el seso. Las leyendas románticas dicen que la causa de su locura fue haber instigado la ejecución de su querido enemigo Álvaro de Luna, un hecho que le carcomía la conciencia. «¡Don Álvaro, don Álvaro», gritaba por los pasillos de palacio según estos cuentos. Lo único seguro es que extravió por completo el juicio coincidiendo con la ausencia de su marido tras haber mostrado ya en el pasado síntomas de desequilibrio. Isabel, conocida por los siglos como la Loca de Arévalo, padeció durante su matrimonio celos irracionales. En cierta ocasión puso sus sospechas sobre Beatriz de Silva, una doncella portuguesa que se arrimaba más de la cuenta a su marido. La encerró durante tres días en un baúl sin apenas espacio, luz, alimento, ni agua para que no volviera a pulular alrededor de Juan, aunque con esa amonestación lo más posible es que ni siquiera volviera a respirar. La conocida como «felonía del baúl», entre el mito y la realidad, se salvó de acabar en tragedia porque Beatriz fue liberada por un tío suyo, que halló el baúl en los sótanos del palacio. Otra versión más mística asegura que la rescató la Virgen María y le confió la fundación de una orden. Santa Beatriz puso en marcha años después la Orden de la Inmaculada Concepción con la que Isabel la Católica mantendría fuertes vínculos.

En Arévalo, la salud mental de la portuguesa se derrumbó, consumida por la melancolía y por las depresiones. Se encerraba durante horas a oscuras y en completo silencio en su cámara. En sus idas cada vez con menos venidas, se supone que se hizo cargo de los niños Gonzalo Chacón, convertido en irónico sostén de la mujer que había propiciado la caída de su gran amigo. Y es que, cuando todos le dieron la espalda, ningún castellano defendió con tanto ahínco como este noble de estatura pequeña a Álvaro de Luna, «a quien mucho amaba y había amado», según dice *La Crónica del Condestable Álvaro de Luna* que probablemente escribió de su puño y letra. Chacón pasó una temporada encarcelado por su afiliación al partido de Luna y cayó en el olvido. Luego encontró morada entre los hijos de Isabel. Pero si aquello estaba pensado como un purgatorio para la viuda y para Chacón, el perdón prevaleció y el aristócrata hizo las veces de tutor para las criaturas de Juan II. O, al menos, eso es lo que él da a entender en la crónica citada. Con la infancia de Isabel siempre hay que dudar de cada dato. Muchos autores se inclinan a pensar que este noble redimido, en verdad, no entró a la «crianza e guarda» de la infanta hasta su traslado a Segovia.

La pequeña Isabel aprendió, separada de su hermano, a leer, escribir, hacer cálculos básicos, jugar al ajedrez y atesoró conocimientos de danza, música, retórica, artes de la miniatura y labores de aguja. Esta última afición la compartía con su madre, nublada en su demencia pero con buen ojo para el bordado, y le sirvió muchos años después para zurcir los trajes de su marido Fernando en una prueba nítida, al menos para los cronistas, de lo apañada que era la reina.

Si de la madre recibió la peligrosa combinación de un carácter inestable y la afición por las agujas, de su padre heredó Isabel la facilidad para montar a caballo y el gusto por la caza, las canciones populares, el baile y los libros de caballería. Era costumbre en la casa de la castellana que durante las cenas se recitaran en voz alta estas obras. Entre estas lecturas estuvo *Tirante el Blanco*, del valenciano Joanot Martorell, y el *Amadís de Gaula*, de García Rodríguez Montalvo, dos obras españolas que inspiraron a todo el continente a llevar a sus últimas consecuencias los principios caballerescos. Solo este último texto, que mezclaba fantasía con heroicidad, conoció dieciocho ediciones entre 1508 y 1650, todo un éxito de masas en una época donde los hidalgos soñaban con ganarse las espuelas que la alta nobleza consideraba suyas por derecho y no por mérito. A medio camino entre dos tiempos, la generación de los Reyes Católicos creyó posible la quimera medieval de buscar tesoros en los confines del mundo y el que unos pocos hombres, labriegos o hijos de poca cosa, escalaran las cimas de la Antigüedad a inspiración de la literatura.

Todo hace sospechar que la educación de Isabel no vivió grandes florituras ni en Arévalo ni luego en la corte de su hermanastro, más allá de los libros que pudieran caer en sus manos. Por el testimonio del humanista Lucio Marineo Sículo se sabe que «hablaba el lenguaje castellano elegantemente y con mucha gravedad», lo que más que un halago, aplaudido por tantos, suena por obvio a una velada referencia a que a Isabel no se le notaba apenas que su lengua materna era otra. De niña, la reina castellana por antonomasia hablaba en portugués con su madre y con las damas lusas que la amamantaron.

Dominaba el portugués y el castellano, chapurreaba un poco de francés y catalán, pero se le resistió el gran idioma que se hablaba en las cortes internacionales. Según Sículo, para quien cualquiera que no supiera latín era casi un bárbaro, a Isabel le quedó la espina clavada de no haber aprendido la lengua de Tácito y Marco Aurelio, por lo que, ya siendo mayor, le dio por oír oraciones en este idioma y pidió recibir clases particulares, «aunque estaba de grandes negocios ocupada», con el objeto de escuchar sin intérpretes a los embajadores. La famosa criada que le ayudó con esas lecciones de gramática se llamaba Beatriz Galindo, talento precoz y extraordinario que se suele enunciar de manera poco consistente como la primera mujer que accedió a unos estudios universitarios en la historia. Si se mira el dato con lupa, la apodada como la Latina fue solo una maestra ocasional de la reina, sin carácter oficial ni retribuida por ello, que con dieciséis años había asombrado al claustro de la universidad salmantina por su conocimiento de esta lengua clásica, lo cual no significa que estuviera matriculada allí como alumna o profesora.

Una de las grandes cualidades de Isabel fue que nunca dejó de aprender. Su afición a la lectura, tanto como a la conversación, hizo que a lo largo de la vida acumulara una importante biblioteca de 733 volúmenes, gran parte de ellos religiosos, pero también libros de caballería, textos en árabe y escritos de autores picantones como Boccaccio. Al menos un manuscrito de su colección sería años después incluido en el índice de libros prohibidos de la Inquisición. Bajo su reinado se fomentaría la impresión de libros, aunque bajo un estricto celo sobre lo que se podía o no publicar.

La delgadez de las rentas y la incomodidad de tener a una madre que daba algún que otro alarido entre bordado y bordado arrinconaron la sonrisa de Isabel hasta los confines de la niñez. Así lo reparó el autor anónimo de *Crónica incompleta de los Reyes Católicos*, al describir por entonces a Isabel con «los ojos garzos, las pestañas largas [...], los dientes menudos y blancos, risa de la cual era muy templada y pocas veces era vista reír como la juvenil edad lo tiene por costumbre». Aquella niña con rostro adulto sonreía poco y reía en raras circunstancias, pero estaba donde quería estar.

Isabel lamentó el resto de su vida que, con motivo del nacimiento de Juana la Beltraneja, en 1462, fuera arrancada «inhumana y forzosamente» de los brazos de su madre por designio de los mayores, los mismos que hasta esa fecha habían abandonado a esos dos niños en Arévalo. Enrique apenas había recordado hasta ese día que tenía una hermana pequeña salvo cuando, a la oferta matrimonial de Carlos de Viana, hijo rebelde del rey de Aragón, fue enviado un caballero catalán a ver y hablar con la niña como si fuera a catar la dentadura de una mula en venta.

La decisión de Enrique de llevarse a los niños no solo contravenía el testamento de Juan II, que estipulaba que quedaran a cargo de su madre hasta los doce años, sino que condenaba a los menores a una sucia partida donde tirar tierra a los ojos era la primera norma. Aunque Isabel parecía destinada a ser volteada igual una y otra vez, en el futuro fue ella quien tomó las riendas del resto. Porque no estaba escrito que fuera a jugar un papel en la corte de su hermanastra, igual que no lo estaba que fuera reina, y menos la todopoderosa monarca que llegó a ser. Nada lo estaba hasta que ella, el secreto mejor guardado de Arévalo, aprovechó las oportunidades que surgieron por el camino.

El pelele de Castilla

Acorralado por sus enemigos, que se parecían sospechosamente a sus antiguos amigos, Enrique IV ordenó en vísperas del nacimiento de su hija Juana que sus dos hermanos fueran llevados a su vera y que la madre quedara en Arévalo a solas con su enfermedad mental. Serían bien tratados y recibirían una educación más completa que la vivida en el pueblo abulense, pero serían cautivos, objeto de su vigilancia y víctimas colaterales de su mala costumbre de negociar cuando debía guerrear y de guerrear cuando debía ceder.

El monarca solía mover la corte itinerante por Castilla como si fuera una ruleta rusa, con especial predilección por Segovia y Madrid, debido a la dificultad logística e higiénica de los reyes del periodo de mantener en un mismo lugar las mastodónticas cortes que los acompañaban. Criado y educado en Segovia, Enrique convirtió esta ciudad en lo más parecido a su capital y un lugar idóneo para sus jornadas de caza entre pinos, encinares y robles. El Alcázar, castillo roquero que hacía las veces de proa de la ciudad, inexpugnable, se decía; altivo, se notaba, era la joya de las residencias reales. «Hay en el Alcázar un elegantísimo palacio adornado de oro y plata y del color celeste que llaman azul y con el suelo de alabastro», lo describió el barón de Rosmithal, un noble de origen centroeuropeo de paso por allí. El ala de la reina, donde vivió la pequeña Isabel, estaba separada de la de Enrique por la casa de las fieras, residencia predilecta para la colección de animales del monarca, y contaba con su propio acceso a través de un arco de granito, de modo que Juana y las infantas apenas veían al rey. Era, en todo caso, un lugar inhóspito para una familia en invierno debido a sus grandes salones. Por eso mismo, el rey ordenó construir una mansión en el centro de «mi Segovia», más cómoda y accesible, llamada San Martín.

En Segovia pasó 239 días de su reinado, algo menos que en Madrid, ciudad donde residió más de 256 jornadas, según datos aproximados del historiador Juan Torres Fontes, y a la que concedió el título de «noble y leal» por sus esmerados servicios. El rey encontraba descanso en ambas localidades, pero prefería Segovia a la segunda «porque la comarca era más abundante de vitualla y mantenimiento para los cortesanos», en opinión del cronista Diego Enríquez del Castillo.

A lo mejor pesaba en los gustos de Enrique que, al ser barbilampiño, estaba exento de la disparatada regulación de la villa con las barbas. Como muestra del simpar humor seco de los madrileños, existía en la época una ley que castigaba tirar de las barbas a un vecino, con doble penalización si en el tirón el agresor se quedaba con pelos del agredido. Lo humorístico de la norma es que no se aplicaba si eran los madrileños quienes tiraban de la barba a los extranjeros, aunque sí al contrario. El Madrid de Enrique era justo eso, un lugar para relajarse en minucias tras el trasiego político de otros rincones más rígidos. La mayor parte del tiempo los monarcas lo disfrutaban entre justas, convites, galas teatrales, corriendo toros, actividad a la que se apuntaban los nobles sin tener ningún cuidado de su salud, y en juegos de cañas. Este último pasatiempo hundía sus orígenes en los tiempos musulmanes y consistía en que los jinetes se lanzaban largas cañas entre sí simulando combates.

Isabel, de solo diez años, llegó a tiempo de ver los fastos por el nacimiento de su sobrina Juana. Fue la madrina de la criatura durante el bautizo celebrado en una exquisita pila de mármol y plata de la capilla del Alcázar de Madrid. El rey, por una vez, hiló fino al vincular a ambas mujeres por lazos sagrados que iban más allá de la sangre. Así y todo, la preocupación inmediata del rey no era tanto la amenaza que suponía su hermanastra adolescente como la enarbolada por el pequeño Alfonso, segundo en la línea sucesoria y portador de una peligrosa herencia. Además de importantes posesiones en la frontera con Aragón, al hermanastro de Enrique le correspondía por testamento de su padre el maestrazgo de la Orden de Santiago y el cargo de condestable.

Una monumental herencia —bloqueada prudentemente por el rey— que convertía a Alfonso en el más que probable árbitro de las futuras pugnas. A su nacimiento, una carta astral había vaticinado que el infante estaba llamado a convertirse en el más feliz príncipe de su tiempo, siempre y cuando escapara con vida a una grave amenaza que se iba a cernir sobre él en la adolescencia. Solo el favor del Todopoderoso podía salvarlo de sus enemigos y abrirle la puerta a grandes hazañas. Así lo creía una profecía leída por el mismísimo obispo de Ávila, Alfonso de Madrigal, apodado con guasa castiza como el Tostado y cuya abundancia escribiendo todavía hoy da lugar a la expresión «escribes más que el Tostado».

Con puntualidad diabólica, Villena llegó a la vida de Alfonso cuando debía cumplirse la profecía. La liga de nobles se arrimó al prepúber, o más bien a sus derechos, haciendo un drama de hasta el más diminuto agravio cometido por el rey. El desafío subió de temperatura cuando Beltrán de la Cueva recibió el maestrazgo de la Orden de Santiago, que le correspondía por herencia al infante. Alfonso, apenas un mozalbete, se vio de pronto en el centro de las peleas sin decidir por sí mismo en qué bando quería estar. Según Alonso de Palencia, Enrique lo tuvo confinado para que se decidiera en el Alcázar de Segovia, «expuesto, cual víctima de los perversos, a una muerte cruelísima», lo que en el lenguaje de la época daba entender que le incitaron a la homosexualidad. También, siguiendo los escritos de este cronista nada imparcial, la reina intentó varias veces envenenarlo con hierbas, pero el guardián del castillo lo impidió.

Al otro lado del tablero, Villena y sus secuaces trataron de apresar en el verano de 1464 al rey en el Alcázar de Madrid para solucionar el conflicto a las bravas, como se hacían las cosas en el periodo Trastámara, en la intimidad de un buen cautiverio. El intento fue abortado por el propio monarca, que «estaba sobre aviso» y actuó con rapidez. Cuando los caballeros exaltados llamaron a las puertas de palacio a golpes y entraron sin hacer caso de los porteros, a Enrique, escuchando el estruendo, le sobró tiempo de poner a buen recaudo a sus hermanastros y meterse junto a Beltrán de la Cueva en un retrete pequeño. Los ruidosos asaltantes creyeron que el rey no estaba en su cámara al verla tan desierta, no así Villena, que «como era astuto, visto que su mal propósito no se podía ejecutar, disimuladamente hablando, fingiendo rigor, comenzó a retraer la gente, diciendo algunas palabras más lisonjeras», según el relato de Enríquez del Castillo. La desfachatez de Villena llegó al extremo de reclamar a Enrique que castigara aquel insulto, aquella «desvergonzada osadía» de que hubieran entrado en su palacio tantos desalmados juntos. El rey le contestó, con retintín, dejando constancia de que estaba al tanto de quién había sido el cabecilla:

—¿Os parece a vos bien, marqués, esto que se ha hecho a mis puertas? Sed seguro, que ya no es tiempo de más paciencia.

Enrique se achicó cuando le tocaba castigar como se merecía a los protagonistas de un acto tan infame. Esto dio lugar a que no fuera la última tentativa de hacerse literalmente con la voluntad del rey, que mostró la cintura más elástica que su padre, eterno preso, y pudo zafarse de dos intentonas más ese mismo año.

El enésimo motivo de fricción entre los nobles y la corona surgió con los planes de Enrique de casar a su hermanastra Isabel con el heredero portugués Juan, bizarro príncipe llamado a continuar con la era de los descubrimientos en el Atlántico y a convertir su reino en uno de los más poderosos de Europa. Por supuesto, Isabel no tenía ni voz ni voto en la elección de su marido y poco podía hacer por constatar que el llamado Príncipe Perfecto era, en esencia, un trozo de carne espectacular, buen militar y templado político. Pero todo eso, la calidad del pretendiente, le importaba un bledo al rey de Castilla, que entendía el matrimonio como una manera nada discreta de buscar fuera los apoyos que perdía cada día en su reino.

Cuando los nobles lanzaron su durísimo manifiesto de Burgos en septiembre, el primer impulso del rey fue negociar, en contra de la opinión de sus partidarios. Para apaciguar a sus enemigos, el rey destituyó a Beltrán de la Cueva del cargo de maestre de Santiago y aceptó nombrar heredero a su hermanastro a condición de que contrajera matrimonio con su hija Juana. Tender la mano a quienes iban diciendo que era un cornudo y aceptar que su heredera solo tenía sangre para ser consorte fue como darles la razón.

Fake news en Castilla

Alfonso fue entregado a Juan Pacheco para que recibiera una educación al gusto aristocrático y fuera jurado como heredero al reino. No conformes, los rebeldes arrancaron al rey a principios de 1465 una sentencia en Medina del Campo que era todo menos una reforma para fortalecer la justicia de Castilla. Los nobles consiguieron el privilegio especial de no ser juzgados ni hechos prisioneros sin el consentimiento de una comisión creada por y para ellos. Enrique transigió, a regañadientes, para ganar tiempo y calmar a una aristocracia que no es que se le estuviera subiendo a las barbas que no tenía, es que hacía escalada libre por los pelos de su nariz. Lo que había empezado como un ajuste de cuentas de Villena hacia el rey estaba saltando todos los cauces.

Los rebeldes tenían el gatillo fácil. Bastó que el rey volviera a acercarse a Beltrán de la Cueva para que se produjera la proclamación de Alfonso como nuevo soberano. La Farsa de Ávila protagonizada por los parientes de Pacheco, un grupo de nobles de ascendencia portuguesa, derribó las últimas barreras de contención que le quedaban a Enrique y convirtió Castilla en un lodazal con dos monarcas peleando en el barro. Solo un mes después, unos mozos de espuelas replicaron la pantomima celebrando en Simancas, ciudad que se resistió a reconocer al bisoño rey, otro teatral juicio con quema final de un muñeco del arzobispo Carrillo, para recordar a los partidarios alfonsinos que la comparsa no era monopolio de ningún bando. Tras arrastrar y mancillar su esfinge, los festivos caballeros de la ciudad le dedicaron una copla personalizada al arzobispo: «Esta es Simancas/ Don Opas, traidor;/ esta es Simancas/que no Peñaflor».

La insubordinación se extendió por la meseta y saltó a Andalucía y Galicia, donde tomó la forma de revuelta antiseñorial tras décadas de malas cosechas. El duque de Medina-Sidonia y la familia de los Enríquez, de sangre Trastámara, se posicionaron también con el nuevo monarca. Pero el Impotente no estaba solo ni de lejos. La mayoría de nobles o le eran leales o estaban en tierra de nadie. Los Mendoza, descendientes del mismísimo Cid Campeador, se mantuvieron de su lado sin discusión y el conde de Alba puso su lealtad a disposición del mejor postor, que por casualidad fue el rey.

Los Mendoza y los Alba eran la cara y cruz de la nobleza castellana, no tanto por la historia que corría por sus venas, bastante pareja, sino por la personalidad de los patriarcas que llevaban sus riendas. Hijo del poeta y gerifalte primer marqués de Santillana, Diego Hurtado de Mendoza se mantuvo de principio a fin en el bando de Enrique y en rivalidad íntima con Juan Pacheco, hasta el punto de apoyar el ascenso en la corte de Beltrán de la Cueva casándolo con una de sus hijas. A la posteridad pasó, más que por los enredos cortesanos, por continuar la obra cultural de su padre con la construcción del bello castillo de Manzanares el Real y del palacio del Infantado en Guadalajara.

El segundo conde de Alba, en cambio, a lo que se dedicó día y noche fue a construirse un inmenso patrimonio a costa de la ristra de guerras nobiliarias de Castilla. Tan codicioso como astuto, García Álvarez de Toledo sabía por los sinsabores de su juventud que las gratitudes de los reyes se gastan más rápido que la cera de una vela y se propuso saquear lo máximo mientras durara el caos. Enrique IV logró su apoyo cediéndole vastas tierras en la Sierra de Gredos y en el norte de Extremadura, así como la mitad de las rentas de la feria de Medina del Campo. Un acuerdo millonario que ni siquiera le sirvió al rey para que el conde moviera un dedo cuando esta urbe fue tomada por sus enemigos. Una rima callejera de la época describía con grosería las prácticas del aristócrata: «¿Quién da más por el conde de Alba que se vende por las esquinas?».

Durante tres años coexistieron en Castilla los dos reyes con sus respectivas cortes y con las ciudades divididas en su afiliación. Los cambios de bando integraron el paisaje de la meseta tanto como la mala hierba. La corona disidente estableció su corte en Arévalo, donde el hijo pudo reencontrarse con la madre loca. El bando rebelde improvisó una administración con órganos de gobierno capaces de conceder títulos nobiliarios y acuñar su propia moneda, dos cosas que eran primordiales para Villena.

El pelele de Ávila terminó siendo más Alfonso que Enrique. El rey adolescente estaba a expensas de los designios de Villena, que cambiaba de bando como de muda y ya andaba planeando su porvenir una vez que el niño le entregara el maestrazgo de Santiago. Ser cabeza de esta orden militar que luchaba contra los musulmanes desde el siglo XII lo elevaba definitivamente de la nobleza media a los altares castellanos, sin que sus rigurosos votos de castidad le aludieran a él ni a los otros miembros no clérigos. Lo que sí se les pedía era no tener aventuras extraconyugales y, si no estaban casados, tampoco podían tener una vida disoluta. Los diecinueve hijos, entre legítimos y bastardos, de Juan Pacheco dan muestra de que este punto, como lo de respetar a su señor natural, nunca se lo tomaron muy a pecho algunos caballeros de la orden.

El mocoso rey llenó su entorno de poetas y de humanistas, mostrando en poco tiempo gran sensibilidad por las nuevas corrientes artísticas, pero en lo político pintó acaso menos que Enrique en sus lechos matrimoniales. En cuanto el muchacho se quejó de ser un rey fantasma o de los métodos violentos aplicados en nombre de su corona, Villena y los suyos deslizaron rumores ponzoñosos para cortar de un tajo las garras del joven león. «Este mancebo, aún en potestad ajena y bajo nuestra tutela, va cobrando demasiada arrogancia para tan tierna edad. Preciso será, si queremos evitar nuestra ruina, que o por los placeres o por el yugo cualquiera, busquemos un medio de dominarle», escuchó decir el cronista Alonso de Palencia a uno de estos caballeros.

Las primeras protestas de los cuervos contra el ruiseñor pasaron casi inadvertidas en el fragor del combate. Había cosas más urgentes de las que ocuparse. La lucha entre hermanastros se mantuvo empatada, entre treguas y enfrentamientos esporádicos, hasta la celebración en el municipio vallisoletano de la segunda batalla de Olmedo (20 de agosto de 1467). Las tropas del rey, encabezadas por los Mendoza y Beltrán de la Cueva, se enfrentaron a las de Alfonso, que contó a su servicio con Carrillo y la Orden de Calatrava, pero no con Villena, que se excusó inesperadamente al estar ocupado en la toma de varias fortalezas de la Orden de Santiago que se resistían a su autoridad como maestre. Ocurría que, con su principal anhelo saciado, Villena pensaba en la manera de regresar a la receptiva casa de Enrique. Del otro bando la ausencia más llamativa, aunque no por ello menos esperada, fue la del conde de Alba, al que los enemigos del rey le ofrecieron dos ciudades por retirar sus 1.500 lanzas. Alba se apartó encantado de sí mismo.

Los dos hermanos estuvieron presentes en un combate por la plaza de Olmedo que duró tres horas y en el que el bando de Al-

fonso desplegó una lombarda de pólvora traída por el más feroz de
los prelados allí presentes. El arzobispo de Toledo, vestido sobre la
armadura con un rico manto y una cruz bordada para que a Dios
no le cupiera duda de que era uno de sus caudillos, luchó no como
un sacerdote, y ni siquiera como uno que mataba musulmanes, sino
como un jabalí acosado con los ojos inyectados en sangre. Fue de
los últimos en retirarse, a pesar de tener un brazo traspasado de un
bote de lanza. Las bajas fueron parecidas en ambos ejércitos, si bien
Enrique tuvo la pericia de llegar antes que sus enemigos a Medina
del Campo para propagar la noticia de su triunfo. «La fama de esta
victoria voló por todas partes», anotó con agudeza Galíndez de
Carvajal. Porque nunca ha importado tanto quién ganaba los combates como quién se decía que lo había hecho. «Gobernar es hacer
creer», que diría Maquiavelo.

El cronista oficial Diego Enríquez del Castillo fue poco después apaleado y hecho preso por los partidarios de Alfonso, cuando
lo descubrieron diciendo en sus textos que Enrique había triunfado en Olmedo. Condenado a muerte por escribir lo que no debía,
salvó su vida gracias al fuero eclesiástico. Y no fue, ni mucho menos,
el único juntaletras fustigado por los poderosos. Ya en tiempos de
los Reyes Católicos, los papeles interceptados a Enríquez del Castillo le fueron entregados a Alonso de Palencia, quien, tras exami-
narlos, se decidió a escribir sus textos más disparatados contra Enrique y a favor de Isabel. Sin embargo, Palencia terminó cayendo
en desgracia por insinuar que Isabel quería todo el poder de Castilla para sí, sin intención de compartirlo con su marido Fernando.
En las Cortes de Toledo de 1480 sería sustituido en su cargo de
cronista real por su amigo y colega Hernando del Pulgar, al que la
soberana veía más dócil a sus prerrogativas.

Durante su reinado, Isabel aumentaría un 60 por ciento el
sueldo de los cronistas y se aseguró de que contaran de manera
correcta la verdad, su verdad. A Pulgar le fue facilitada documenta-
ción inédita, se le concertaron encuentros directos con los protago-

nistas de los hechos y hasta fue llevado a los escenarios de los acontecimientos, pero a la vez se le vigiló de manera estrecha para que no se saliera de las líneas establecidas. Cuando escribió, por ejemplo, que Isabel era «muy católica y devota, hacía limosnas secretas y en lugares debidos», hay que sobreentender que la reina no quería que fueran muy secretas esas limosnas. El escritor estaba obligado a pasar a la soberana los borradores de su crónica y a satisfacer los egos de personajes que querían su nombre escrito en color fosforito en las páginas de la historia. Los tajos causados por las palabras eran y son bastante más profundos que los hechos por las espadas, como bien puede atestiguar que a unos se les terminara conociendo como la Beltraneja o el Impotente y a otros simple y llanamente como los justos y clementes Reyes Católicos.

Las malas digestiones de Enrique IV

A Enrique IV se le atragantó el éxito de nuevo tras su pretendida victoria en Olmedo. El torrente de desafecciones que siempre aparecía con cada avance del castellano, que en la paz rodaba con la gracia de una rueda cuadrada, mantuvo viva la causa de Alfonso cuando todo pintaba en su contra. Para fortuna de los perdedores y desgracia de los triunfadores, demasiadas espadas deseaban una guerra que durara para siempre en Castilla. Gracias a una traición en el seno de la ciudad, las tropas de Alfonso se apoderaron por sorpresa de Segovia, sede del tesoro real y donde se encontraba la familia del monarca. Los soldados respetaron a la reina Juana, refugiada en el Alcázar, no así a los muchos partidarios de Enrique, que defendieron con lealtad la plaza. Sin duda, el mayor tesoro que escondía Segovia era Isabel, que decidió unirse a Alfonso. Los dos hermanos se reencontraron con «muy alegre cara y gran contento» y ya no volvieron a separarse.

Isabel hizo el viaje más feliz de su vida para reunirse con su madre. Atrás dejó la congelada sombra del Alcázar de Segovia, más una prisión que una morada, recorrió los pinares de su infancia y bajó hasta Santa María la Real de Nieva en menos de un día, tal vez en una sola cabalgada, para plantarse en el único hogar que había conocido. Desde que la madre y los hijos se separaran había pasado poco tiempo y, a la vez, una eternidad. Los tres miembros de la familia de Arévalo habían cambiado por completo, aunque seguían unidos por las adversidades. La madre estaba cada vez más extraviada en su locura; el hermano, a sus trece años, se había convertido a la fuerza en un pequeño hombre, e Isabel, internada en tierras inexploradas de la adolescencia, llamaba la atención no solo por su madurez, sino por unos rasgos rubios heredados de los Lancaster, una piel muy blanca, ojos entre verdes y azules y una talla proporcionada que aún no había desbocado hacia la corpulencia de la que hablan los cronistas para no llamarla directamente gorda. Que ni entonces ni después fue una belleza descomunal lo demuestra que su más generoso cronista, Hernando del Pulgar, describa su cara con una sarta de eufemismos tirando a evasivos: «Hermosa y alegre, mirar gracioso y honesto, las facciones del rostro bien puestas». El equivalente a decirle a alguien feo como un castor que, al menos, tiene un pelo muy bonito.

Abrumado por la pérdida de su querida Segovia, Enrique se abrió en canal a la posibilidad de negociar el reparto de mercedes con sus enemigos. El de Villena saltó como un resorte a la oportunidad de pescar en la confusión y propuso un congreso en Segovia, donde se vieron los dos reyes a finales de septiembre. Como si la ciudad siguiera siendo suya, Enrique despidió a sus soldados armados al llegar al último bosque antes de Segovia y entró con aire de rutina en el Alcázar, ¡en su Alcázar!, acompañado de solo cinco guardias montados en mulas. Enterado Alfonso, salió al galope a su encuentro para recordarle quién era el dueño de la ciudad y, sobre todo, avisar a los agitados moradores de la urbe de que no ensartaran al rey intruso. Ambos tenían en común la sangre, el título vacío de rey y que ninguno poseía realmente la autoridad. Durante la junta celebrada en la iglesia mayor, Enrique se dirigió a los presentes ofreciendo concordancia como si los últimos dos años fueran el sueño de una noche de verano:

—Estoy resuelto a abrazar la paz, y en cuanto de mí dependa, a huir de la discordia, y del furor de los combates como de aborrecible pestilencia, ruina de toda honra y enemiga de todo sosiego.

Oídas estas razones, el bando de Alfonso respondió con misma cortesía, mismas buenas intenciones, misma palabrería hueca... No se produjo el apretón de manos entre los dos reyes, y finalmente la reunión solo sirvió como trampolín para que algunos rebeldes regresaran al redil de Enrique, más por cansancio que por convicción. Villena fue reconocido también por Enrique como maestre de Santiago en una aparatosa ceremonia donde dejó claro quién era el emperador entre los reyes.

Enrique logró la salida de la ciudad de su esposa y del tesoro real, que fue trasladado a Madrid. Pero para Alfonso no hubo premio de consolación. Se fue con las manos vacías y el convencimiento de que no tenía más salida que defender su corona hasta las últimas consecuencias. Frente a las injerencias de Villena, el monarca adolescente luchaba por que se oyera su voz, la propia de alguien regio, justo y hasta vengativo. Alguien que alardeaba de esperar con paciencia lo que hiciera falta con tal de castigar las injusticias y al que le pesaban gravemente las doncellas que no vestían con honestidad, una *rara avis* en la bomba de hormonas que es todo adolescente. Ya durante el cautiverio de su hermana había mostrado su preocupación porque el comportamiento inmodesto de las doncellas de Juana pudiera mancillar a Isabel, «aunque bien conocía su gran virtud y honestidad, y holgaba de verla salida de tal compañía», en palabras del cronista Galíndez de Carvajal. Un individuo, en definitiva, muy peligroso para una Castilla donde una ardilla podía cruzar de punta a punta saltando sobre la coronilla de los malhechores.

El adolescente culpaba a Enrique de su infancia truncada y de una multitud de fechorías. Cuando conquistó Segovia, lo primero que hizo fue matar los animales que su hermanastro había reunido y cuidado en sus refugios: ciervos, oseznos, leopardos y ocelotes... No por necesidad, sino por herir en lo más profundo a su hermano. Lo odiaba. Pacheco logró únicamente que perdonara la vida a una enorme cabra montesa a la que Enrique amaba más que a todas sus esposas juntas.

Congregados en Arévalo antes de una nueva ofensiva, los familiares, amigos y deudos del joven monarca celebraron su catorce cumpleaños el 14 de noviembre, en una fiesta organizada por Isabel con varias sorpresas. La infanta encargó al poeta Gómez Manrique, afiliado al bando de Alfonso, que le preparara una teatral composición con texto, música, baile y disfraces para recitar a su hermano. Con cierta fragancia grecolatina, muy del gusto de la época, Isabel y varias musas querían así dar la bienvenida al rey a la edad viril. El recital poético terminó con la infanta disfrazada pronunciando estos versos:

> Dios te quiere hacer tan bueno
> que excedes a los pasados
> en los triunfos y victorias
> y en grandeza temporal.

A pesar de su conocida animadversión hacia las mujeres que no vestían con honestidad, parece que el disfraz de musa fue del agrado de Alfonso, quien en un gesto de gratitud por su lealtad donó a su hermana la importante villa de Medina del Campo. Por no decir crucial, y es que la ciudad castellana albergaba la mayor feria de la península, donde confluían las mercancías vascas, burgalesas y andaluzas para conectar con Amberes y otras grandes ciudades del norte. En la población más opulenta de Castilla se experimentaba con letras de cambio y otras técnicas de la más avanzada ciencia bancaria. Isabel se mostró tan complacida que el lugar se convirtió desde entonces en uno de sus favoritos y donde habría de fallecer. Cuenta la tradición que cierta vez afirmó que, de concebir tres hijos varones, uno sería rey, otro arzobispo de Toledo y el tercero, un escribano encargado de dar fe pública de los tratos firmados en esta feria internacional que mantenía ocupada la ciudad durante cien días al año.

Mientras sus hermanastros disfrutaban de su soledad en compañía, a Enrique el culebrón de su vida íntima se le aparecía en sueños. El rey recluyó a su esposa Juana en el castillo de Alaejos como parte de las conversaciones de paz para atraer a los rebeldes a su casa. Por si faltaban dudas sobre la paternidad de su única hija, la reina inició allí una relación amorosa con el gallardo caballero Pedro de Castilla, biznieto de Pedro el Cruel, que era sobrino del carcelero de la fortaleza. El arzobispo Alonso de Fonseca y Ulloa quedó encargado de que ningún intruso tentara a la regia joven sin reparar en que, al final, fue uno de sus familiares quien atacó su pureza.

Queriendo evitar el escándalo, la portuguesa, en avanzado estado de preñez, se descolgó por el adarve del castillo en una cesta que se soltó cerca del suelo. Juana se levantó de la caída solo con heridas superficiales. Luego huyó con su amante a Cuéllar en busca de la protección de Beltrán de la Cueva, aunque terminó en Buitrago, donde recibió el amparo de la familia Mendoza, que no compartía con el monarca el súbito reparto de abrazos y besos entre sus enemigos. Si alguna vez había intentado ayudar al rey y a su hija, con aquella fuga y el posterior nacimiento de dos hijos la portuguesa se reveló la peor abogada de su propia familia.

Enrique podía haber asesinado allí mismo a su esposa por adulterio, las leyes castellanas lo amparaban; pero hizo el mayor desprecio posible al actuar con fría indiferencia, prueba de que él no era hombre de bajas pasiones. Siguió enviando a Juana diversos objetos de plata, paños y alfombras lujosas con el fin de que viviera a todo trapo su nuevo amor. De hecho, le compró «una cama de ras de quatro paños» blancos y hasta perfumes para que nadie pudiera tildar al cornudo de rácano.

¿Quién pudo matar a un niño inocente?

A finales de 1467, Enrique estaba dispuesto a lograr la paz sin importar a cuánta gente hubiera que matar, abarrotar los bolsillos de mercedes o exprimir hasta la última gota de su dignidad. Sentando a los que lo llamaban cornudo, homosexual y amigo de moros en su consejo real, consiguió dar un vuelco al conflicto y colocar al bando de Alfonso en sus horas más bajas. Enrique incluso asaltó la plaza de Toledo, fortín de Carrillo. Con la complicidad de la esposa del alcalde mayor, una mujer sensual y liviana que, en palabras de Plasencia, «dirigía al marido a su capricho, y gobernaba ella por el de las hechiceras, y por las imposturas de moros y judíos, que le aseguraban llegaría a ser señora de Toledo», el llamado Impotente entró a pie, fatigado por las dieciocho leguas de camino recorridas en veinticuatro horas, por una de las puertas de Toledo. La antigua Tulaytula lo recibió con alboroto, algunos desplantes y aceros desnudos, pero al final el rey recuperó la fidelidad de los grandes patricios valiéndose de muy pocos hombres de armas y sí de muchas promesas.

Para gloria de su leyenda de niño sin tacha, Alfonso no tuvo tiempo de devolver el golpe. En julio de 1468 Alfonso paró en la pequeña localidad de Cardeñosa cuando se dirigía al frente de su ejército hacia Ávila con la mira puesta en recuperar Toledo. Tras su llegada al pueblo abulense, el joven de quince años cenó una trucha en una posada local a raíz de lo cual enfermó de gravedad. Pasó varios días en la cama con fiebres elevadas que lo condujeron a la tumba. Los síntomas registrados, además de las fiebres, fueron la pérdida del habla y la conciencia. Se dio por bueno que el joven había perecido debido a la peste, si bien resultó imposible contener los rumores masivos que apuntaban a un envenenamiento. El hecho de que «no se halló rastro de pestilencia» en el cuerpo regio, según el cronista Galíndez de Carvajal, y de que nadie más se infectó de una enfermedad tan contagiosa dio alas a especulaciones que apuntaron a la mano de Isabel.

Según han acreditado estudios modernos practicados sobre sus restos, Alfonso no pudo padecer la peste al no haberse hallado en su cuerpo la presencia de *Yersina pestis*, el bacilo de esta enfermedad. Asimismo, los autores de la investigación señalan lo improbable de que el monarca falleciera de una pandemia que había registrado su gran epicentro un siglo atrás, en 1347, y menos en un emplazamiento temporal, el campamento militar donde vivía en esos momentos. Allí no era tan frecuente encontrar madrigueras de ratas negras (las que transportaban la pulga infectada con el bacilo) como lo era en ciudades y poblaciones más grandes.

Descartada la peste, los indicios apuntan al envenenamiento como causa para explicar una muerte tan acelerada. El máximo sospechoso de suministrar el veneno sería Juan Pacheco, que estuvo presente en la fatídica cena donde siguió comiendo con «gran aparato», según Palencia, mientras el resto de los que rodeaban al rey se quedaban desolados. Pacheco, no obstante, había obtenido en fechas cercanas la absoluta titularidad del maestrazgo de Santiago, que, en caso de que Alfonso se reconciliara con su hermanastro y fuera nombrado príncipe heredero, volvería a manos del joven. Su repentina muerte le resultó muy provechosa.

Enrique dijo sentir por la muerte de Alfonso «muy gran dolor y sentimiento, así por ser mi hermano como por morir en tan tierna e inocente edad». El joven malogrado fue enterrado primero en la iglesia de los franciscanos de Arévalo y luego, por decisión de su hermana, trasladado a la Cartuja de Miraflores de Burgos a un hermoso sepulcro donde hoy descansa junto a sus padres. Isabel quería que estuviera entre reyes, aunque en su estatua fúnebre, orante y con cara inexpresiva, no aparece con corona. En el reclinatorio que lo acompaña, una mano misteriosa cierra su libro como queriendo resaltar la desaparición premeditada de este miembro Trastámara.

Llega la hora de Isabel

Isabel se limitó a ver, callar y tomar nota durante la guerra entre sus hermanos. Estuvo al lado de Alfonso desde la toma de Segovia, ofreciéndole consejo hasta donde le estaba permitido a una mujer de tan corta edad. Ella seguía siendo, a pesar de la gravedad de sus gestos, una adolescente de diecisiete años que dependía de los varones o, en su defecto, de los golpes de suerte para determinar su futuro. En 1466 Pacheco había propuesto a Enrique que su hermano Pedro Girón, maestre de la Orden de Calatrava y germen de la poderosa casa de Osuna, se casara con la infanta para incrementar su poder. Era una oferta de matrimonio terrible con un mero noble, en vez de con un príncipe, que además le sacaba casi treinta años de edad a la novia, pero el rey no pudo negarse. Isabel, sí.

La infanta estuvo día y noche sin comer y en contemplación, pidiendo a Dios que o el maestre o ella muriesen antes de que se verificase el casamiento. De manera oportuna para la infanta, la parca escogió antes a Girón, que se descalabró cuando se dirigía a Segovia a cumplir con el compromiso. Siete días antes de su colapso, que Palencia achacó a un apostema en la garganta, paró en el castillo del Berrueco (una fortaleza misteriosa sin puerta), en Jaén, donde se posó una bandada de cigüeñas tan numerosa que alarmó a todos sus acompañantes. Era un mal presagio que, en efecto, precedió al drama. Por algún extraño embrujo, Isabel se estaba acostumbrando a prevalecer sobre sus oponentes.

Tras la muerte del rey Alfonso, los cabecillas de la insurrección, con Juan Pacheco al frente, no mostraron reparos en volver al equipo de Enrique con los coloretes sonrojados a la espera de la leve regañina. Lo hicieron tras comprobar que Isabel no era una dulce niña moldeable a sus deseos. Solo tres días después del fallecimiento, la infanta anunció a los estamentos del reino que «a ellos es notorio y manifiesto ser yo legítima heredera y derecha sucesora de estos reinos», lo que la situaba como heredera por delante de su sobrina Juana, a la que no consideraba legítima, pero entroncando con Enrique y no con el reinado fantasmal de Alfonso, que empezaba a ser conocido como el Inocente tras su trágico final.

La infanta quería ser algún día reina, pero solo bajo sus normas. No estaba dispuesta a ser como sus dos hermanos títere de los poderes oligárquicos. De ahí su negativa a continuar la guerra exactamente donde la dejó Alfonso, que era lo que le exigían Villena y compañía por su respaldo. Bajo esas reglas de juego, pocos invirtieron en Isabel. Algo abrumador, distinto a su hermano, debió de ver en la mirada de la adolescente Alfonso Carrillo, que se mantuvo a su lado cuando el resto cerró la puerta con un sonoro portazo. Apostar por una mujer, una chiquilla, para heredar el trono de un hombre que, como Enrique, estaba en edad de tener más prole, resultaba arriesgado incluso para quienes vivían de jugar a los dados con las almas del reino.

Carrillo, dado a seguir impulsos proféticos, se hizo cargo del bando de Isabel como una forma inmediata de distanciarse de su intrigante sobrino, al que había visto hacer asombrosas contorsiones durante la pasada guerra. Villena había sido a la vez algo tan difícil como jefe del partido de Alfonso y mediador de Enrique con los rebeldes. Beneficiario de los favores de un rey, al tiempo que lo era del otro. Consuelo de derrotados y zancadilla de victoriosos. Amigo íntimo de Alfonso y confidente de Enrique. El arzobispo de Toledo también podía ser casi todas esas cosas, pero solo de una en una.

Aparte de la ayuda que le pudiera brindar el prelado, Isabel contaba con varias bazas para conquistar el trono. El escandaloso comportamiento de la reina Juana, cuyas infidelidades habían arrojado todavía más dudas sobre la legitimidad de su única hija, jugaban a favor de la pretendiente. Enrique dejó caer que estaba dispuesto a reconciliarse con su medio hermana con tal de acabar con la pesadilla que duraba tantos años: «Señora, vos suplico siempre se acuerda de mí, puesto que no tenéis persona en este mundo que

tanto vos quiera como yo».Tras una serie de negociaciones secretas
en las que Gonzalo Chacón jugó un papel destacado, los hombres
del rey y los de Isabel fijaron para el 18 de septiembre de 1468 una
reunión en un lugar solitario, a medio camino de Madrid y Ávila,
entre cuatro enigmáticas esculturas de origen ibérico que Federico
García Lorca definió como «casi muerte, casi piedra/ hartos de
pisar la tierra».

Los Toros de Guisando fueron testigos mudos de un acuerdo
por el que Isabel fue reconocida como princesa de Asturias a cambio de residir en la corte y de que Enrique se guardara la última
palabra sobre con quién se casaba. En cuanto a su propia esposa, el
rey se comprometió a comenzar la anulación de su segundo matrimonio, un proceso que nunca culminó pero él mismo veía imprescindible para salvaguardar su autoestima. No catalogó en ningún
momento a su hija Juana como ilegítima, pero la apartó de la línea
sucesoria a modo de venganza contra su madre y, con ello, desca-
balgó sus opciones al trono.

Dado que no se conservan documentos sobre lo que se firmó
en los Toros de Guisando, ubicados en el término municipal de El
Tiemblo (Ávila), es difícil saber qué fue fruto de acuerdos previos
y qué resultado de que los dos hermanastros se hablaran allí con
franqueza familiar. Incluso hay quien defiende que el encuentro
nunca se produjo y que fue una ficción urdida posteriormente para
legitimar la sucesión de Isabel. A diferencia del infante Alfonso, su
hermana iba a revelarse como una maestra de la propaganda en una
época donde las falsas y las nuevas noticias se batían, con tempestad,
por toda la península.

Fuera cierta o no la poderosa escena de los toros, el acuerdo se
marchitó muy pronto, como casi todos los que cerró Enrique a lo
largo de su reinado. El punto que tensó hasta la explosión la relación fue escoger a ese futuro marido. Ella se negó a casarse con el
veterano rey Alfonso V de Portugal, cuñado de Enrique, un buen
ardid para catapultar a la joven cientos de kilómetros lejos de Cas-

tilla, mientras que los otros dos candidatos propuestos fueron a cada cual más perjudiciales para el futuro del reino. El primero era el duque de Guyena, estrambótico hermano del rey de Francia, al que varias veces intentó birlar el trono como parte de un macabro juego de reyes que superaba los liberales límites de España. No menos inmoral era el otro pretendiente, el mismísimo Ricardo III, por entonces hermano tumultuoso, corcovado y cojo del rey inglés, al que sucedería con violencia para protagonizar, aunque él eso nunca lo sabría, el conocido drama de Shakespeare.

Isabel no se mostró lo sumisa que esperaban sus contrincantes y dejó en manos de su consejero más sibilino la carta en la manga que la librase de esos pretendientes tan zotes. Carrillo, gran defensor de la unión de Castilla y Aragón, inició conversaciones nocturnas con el soberano de este reino, Juan II, para casar a su hijo primogénito con la heredera de Castilla. Para este propósito secreto, el arzobispo de Toledo se valió como intermediario de su hijo Troilos Carrillo, casado con la hija de uno de los consejeros más próximos al monarca aragonés. Las negociaciones fueron complicadas, tanto por la necesidad de discreción como por lo delicada que era la posición de Juan. El que fuera uno de los más belicosos infantes de Aragón, que tanto trabajo dieron a Castilla en el anterior reinado, quería devolverle el golpe a Enrique IV por sus reiteradas intromisiones en los asuntos de Cataluña y Navarra, pero, al mismo tiempo, temía el daño que le pudiera ocasionar a él echar sal sobre viejas heridas con su antiguo yerno.

Los representantes de Carrillo y los de Juan cerraron unas abusivas capitulaciones en Cervera por las que el heredero aragonés, aparte de casarse con Isabel, debía poner a disposición suya como una especie de condotiero. Por su experiencia militar, el joven llamado Fernando sería la espada de Isabel contra Enrique y comandaría sus ejércitos. El obediente marido ni siquiera podría abandonar Castilla ni sacar de allí a sus hijos, si algún día los hubiera, sin el permiso de ella. Además, «si los fechos de Castilla viniesen

en rotura» Aragón debía suministrar a Isabel 4.000 lanzas, que sabía
Dios de dónde iba a sacarlas un rey que necesitaba hasta el último
cuchillo a su servicio cerca de Cataluña.

La única explicación a por qué Juan II accedió a un acuerdo
bajo condiciones tan duras era lo desesperada que era su situación.
Eso sin olvidar que Juan y su hijo eran tan Trastámara o más que
Enrique IV, lo que los convertía en aspirantes sólidos en caso de
que la disputa dinástica se enquistara entre dos mujeres, Isabel y
Juana. En río revuelto, un tercero, que además tenía casi tantos títulos dinásticos en Castilla como Isabel y encima era varón, se podía llevar toda la mano.

A principios de 1469, Isabel escribió tras meses haciéndose
la remolona una carta a su primo Fernando dando por bueno el
acuerdo y dejando impreso de su puño y letra, como debía hacerse
al estilo cortesano, el sí quiero:

> Señor primo: pues que el condestable va allá, no es menester que
> yo más escriba, sino pediros perdón porque la respuesta sea tan
> tarde. Y por qué se retardó, él lo dirá a vuestra merced. Suplico
> que le deis fe, y a mí me mandéis lo que quisiéredes que haga
> ahora, pues lo tengo de hacer. Y la razón que hoy más que suele
> hay para ello, de él la sabréis, porque no es para escribir de la
> mano. Que hará lo que mandáredes,
> La princesa.

Desde su torre de marfil, Enrique observó con desconfianza
los movimientos subterráneos de su hermana, a la que mantenía
viviendo vigilada en la villa de Ocaña. La maniobra contra él era
de alto voltaje porque incumplía explícitamente los acuerdos firmados, y con tal de evitarla llenó el acceso a sus reinos de espías. El
rey ordenó detener a cualquiera que entonara en Ocaña canciones
aragonesas y obligó a jurar a su hermana que no se casaría sin su
permiso. Con una apuesta tan elevada sobre la mesa, incluso al rey

de Aragón le temblaron las piernas. Cuando desde Castilla se le presionó para disparar a su hijo contra la frontera, Juan II planteó sus dudas sobre si era el momento idóneo para arriesgar la vida del heredero. No obstante, la duda precedió a la certeza. La unión sería entonces o no sería.

Con la excusa de que se acercaba el primer aniversario de la muerte de su hermano Alfonso, la heredera de Castilla viajó de Ocaña a Ávila para presidir en noviembre los actos fúnebres en su honor. De Ávila pasó a Madrigal, donde la siguieron los hombres armados de Villena como sabuesos. Allí les dio un portazo en la cara. Al llamamiento de Isabel acudieron trescientas lanzas de Carrillo, «más un papa que un prelado», para custodiarla hasta Valladolid, donde habría de celebrarse el enlace si su primo Fernando conseguía cruzar con vida la frontera. El amor y la guerra se alzaban de la mano en el horizonte de España.

3

ESE PRÍNCIPE QUE ME MIRA
Y QUE ME ENTRONA

Suenan las pisadas del caballo a su espalda. Resuena la historia a su frente. Un joven de diecisiete años, menudo, fibroso, de pelo negro como el azabache y «ojos rientes», forma parte de un grupo de mercaderes que, ya entrado el otoño, cuando los días se desvanecen pronto y las noches son cada vez más frías, serpentea por pasos montañosos esquivando las rutas habituales de entrada en Castilla. Duermen al raso o, en el mejor de los casos, en aldeas casi indistinguibles de un descampado. Fernando va disfrazado de mozo de mulas y tiene que encargarse de las tareas más ingratas, como cuidar de las monturas o servir la cena al resto, por si alguien está observando desde las sombras. Aunque cueste distinguirlo a simple vista, es el rey de Sicilia y heredero aragonés quien se mueve por el monte como un vulgar bandido.

Hombres armados de la frontera castellana les pisan los talones y los mantienen en guardia en larguísimas jornadas donde recorren hasta seis leguas al día. El suelo está abarrotado de hojas secas. El cielo barrunta tormenta. Alguna alimaña grita en el corazón del bosque. La furtiva caravana no frena, cabalga día y noche por la altiplanicie soriana, flanquea el puerto de Bigornia, con sus imponentes 1.100 metros de altitud mirándolos con desprecio, y al tercer día llega a la plaza fuerte de Burgo de Osma. Allí los esperan trescientas lanzas afines a la princesa de Asturias, Isabel, que los custodiarán hasta Dueñas, a las puertas de Valladolid. Refugio cálido y seguro, antesala del primer encuentro entre Isabel y Fernando, lanzadera hacia la historia…

Para disimular la escalada de Fernando por la meseta, la región más alta de Europa después de Suiza, el bando de Isabel había fingido que la última embajada que estaba en Zaragoza cerrando el acuerdo matrimonial había fracasado porque Juan II de Aragón no podía prescindir en ese momento de su hijo. Mientras la embajada regresaba visiblemente decepcionada por la ruta de Calatayud, Fernando y un grupo de fieles se colaron por un paso montañoso de la sierra de Montalvo a fin de consolar «a la angustiada doncella, o correr el riesgo que ella corriese», en palabras del cronista Alonso de Palencia, uno de los miembros de esta comitiva de aire caballeresco.

El heredero aragonés tomó tantas precauciones, incluido su disfraz, para reunirse cuanto antes con su prometida en el punto acordado. Valladolid, populosa y próspera, era una de las ciudades más importantes del reino, por no decir la que más. Era sede de la chancillería, centro y capital de la Justicia del rey. Abundaban las casas señoriales, las plazas de gran tamaño, las iglesias y las tierras verdes. No era la comarca favorita de Enrique IV, aunque había nacido allí, y tampoco tenía vínculos con Isabel, pero sí con Fernando. La urbe estaba bajo la esfera de su abuelo materno Fadrique Enríquez, almirante de Castilla muy próximo al partido aragonés y con sangre Trastámara a borbotones. Además, la posición de la ciudad en una extensa llanura permitía atisbar con tiempo cualquier peligro.

Entre la pareja de prometidos, ella de dieciocho años y él de diecisiete, saltaron chispas desde el principio. El enlace había sido determinado por la política y hasta resulta dudoso que alguno de los dos implicados hubiese sido consultado sobre su parecer. Fueron las circunstancias tan literarias de su primer encuentro las que propagaron las llamas. A ojos de Isabel, Fernando apareció como un príncipe audaz, experimentado en el amor, en la guerra y en la política, tan peligroso como para jugar al gato y al ratón con los hombres del rey de Castilla. Para Fernando, en cambio, su futura esposa se antojaba la encarnación de la doncella medieval de largos y rubios cabellos que, cercada por los dragones, esperaba al caballero que la rescatara en su torre. Aún no sabía de lo que era capaz su prima, pero la superficie satisfacía su ardor adolescente. La unión dinástica puso fin a medio siglo de tensión sexual no resuelta, por decirlo en palabras llanas, entre las dos grandes ramas Trastámara.

Los aragoneses que hablaban castellano en la intimidad

Lo que se conocía como Corona de Aragón era el conjunto de entidades sometidas al rey de Aragón, entre las que llegaron a estar los condados catalanes, la propia Aragón, Valencia, Mallorca, Sicilia, Córcega, Cerdeña, Nápoles y los ducados de Atenas y Neopatria. Cada uno de los territorios mantenía por separado sus leyes, costumbres e instituciones, de modo que el único eje vertebrador era su obediencia al rey. Un soberano que no era un cualquiera en la constelación europea. Durante la Baja Edad Media, esta corona se convirtió en una de las grandes potencias mediterráneas a través de su expansión por Italia y sus atrevidas incursiones en Oriente.

Los reyes de Aragón supieron sacarle todo el jugo a sus oportunidades. En 1282 unos oficiales franceses que habían invadido Sicilia en nombre de la dinastía de los Anjou registraron de modo obsceno a una joven local que iba a una boda. Como respuesta al ultraje, se produjo un levantamiento por todo Palermo donde la turba persiguió a la guarnición francesa. El rey de Aragón, que por entonces era Pedro III, aprovechó que el Pisuerga pasa por Valladolid, o en este caso que el río Salso pasa por el Enna, para desembarcar sus tropas en la isla. El papa lo excomulgó y hasta organizó una cruzada contra su malvada figura, pero nadie consiguió moverlo de allí y evitar que, a la postre, los aragoneses también se consolidaran en Cerdeña.

Los condados catalanes fueron el elemento más dinámico, tanto a nivel militar como comercial, en este salto hacia el Mare Nostrum. La potente marina mercante catalana alcanzó tanto prestigio que se decía, con hipérboles patrióticas, que las barras roja y amarilla eran de obligada etiqueta hasta para los peces. Sin embargo, la gran expansión mediterránea dejó paso a un periodo de declive económico y demográfico para Cataluña que se cocinó a finales del siglo XIV y se sirvió en el plato de la siguiente centuria. Esto no solo coincidió con el auge de Valencia como gran puerto español, sino con la llegada de Fernando de Antequera al trono.

La corona se puso en la trayectoria de los Trastámara casi de casualidad. Martín el Humano, llamado así no porque el resto de reyes fuera de otra especie, sino por su pasión humanista, pensó en este notorio miembro de los Trastámara como vehículo para alejar de la sucesión al conde Jaime de Urgel, el candidato más obvio por su parentesco, pero al que no tragaba. El decrépito monarca, al que se le habían muerto todos sus hijos, veía en el regente de Castilla la única persona de confianza para ser rey transitorio mientras conseguía que un nieto bastardo suyo legitimara su sangre y creciera.

Dos días antes de que el papa concediera la definitiva legitimación de su nieto bastardo, el último representante de la Casa de Aragón cayó en coma y fue incapaz de designar un heredero. Todo el mundo daba por hecho que Jaime de Urgel terminaría por imponerse al resto de candidatos, pero Fernando supo moverse con astucia en la laberíntica sucesión y beneficiarse de los enemigos, gran parte de ellos catalanes, que tenía este conde tras años sirviendo a los intereses de la corona. El castellano, en cambio, tenía la virginidad de quien poco había manoseado en Aragón y la fuerza militar del reino donde era regente.

En el denominado Compromiso de Caspe (1412), representantes de los reinos de Aragón, Valencia y el principado de Cataluña designaron a Fernando nuevo rey de la Corona de Aragón tras unas sesiones esquizofrénicas. Hubo representantes que se quedaron roncos de discutir, otros que amanecieron con evidentes síntomas de soborno y hasta uno que se hizo literalmente el loco y hubo que reemplazar. Todavía el nuevo monarca habría de vencer en los campos de batalla al conde de Urgel, que no tardó en impugnar por las armas el resultado, para poder respirar tranquilo.

El rey no gozó de mucho tiempo para saborear su éxito. Su reinado duró menos de dos años antes de que lo mataran unas inoportunas piedras en el riñón cuando cabalgaba hacia Castilla, tiempo más que suficiente como para identificar en Cataluña el lugar donde más desvelos iban a sufrir sus descendientes. Allí vivió desplantes de todo tipo y se le exigió que pactara cada decisión política con los oligarcas de Barcelona. En cierta ocasión, sus sirvientes compraron pescado fresco en una tienda de Barcelona sin pagar impuestos a la ciudad. Los regidores exigieron que el monarca se hiciera cargo de sus responsabilidades, pero él se negó, pues para eso era el rey. Lo que podría pasar por una anécdota simpática con olor a pescado pasado, a punto estuvo de derivar en un motín popular. Lo evitó un noble catalán afín a la corona apoquinando de su bolsillo el pescado.

A Fernando de Antequera, de solo treinta y seis años, lo sucedió su hijo mayor, Alfonso V de Aragón, educado entre lujos y acostumbrado a una magnificencia que solo podía encontrar un rey aragonés fuera de España. Estaba casado con su prima castellana María, que le provocó entre cero y ningún interés sexual y a la que vio pocas veces en su vida más allá de la boda. Su auténtico amor estaba en otra parte. Enamorado de Italia, el Trastámara engatusó a la reina Juana II de Nápoles, última representante de la dinastía francesa de los Angevinos, para que lo adoptara como heredero al trono a falta de sus propios vástagos. La reina revocaría luego esta decisión y hasta apuntó con su espada hacia su hijo postizo, pero ya no consiguió quitarse de encima al pegajoso de Alfonso, que a la muerte de Juana se enfrascó en una larga guerra que salpicó a franceses, romanos y a muchos estados italianos temerosos de que la

rica tierra de Nápoles pasara, como ya ocurría con Sicilia o Cerdeña, a la esfera aragonesa.

Gracias a su alianza con el duque de Milán, el nacido en Medina del Campo se aseguró por las armas el trono en litigio de
Nápoles y compró la voluntad de los poderes locales. El escritor
florentino Vespasiano da Bisticci (no confundir con el emperador
romano fallecido mil quinientos años antes por una diarrea aguda)
hablaría de la «extraordinaria compasión y amabilidad junto a una
generosidad extrema» exhibidas por Alfonso de Nápoles, apodado
el Magnánimo por su afán de repartir favores entre los nobles napolitanos y por su fascinación renacentista. Relata una anécdota
apócrifa que cierto día un tesorero del rey le entregó al aragonés
diez mil escudos de oro recién recaudados:

—Esta suma me haría feliz toda la vida —bromeó el funcionario.

—Sedlo —contestó el rey, dándoselos.

Cuando murió el rey en Nápoles, el poeta Beccadelli lamentó con lirismo la ausencia del artífice de tantos avances para la
cultura: «Las musas yacen con Alfonso en la tumba». Eso en Italia,
porque en Aragón no es que se sintiera mucho la ausencia. Alfonso nunca volvió de su aventura mediterránea, ni física ni mental-
mente. Si bien a su prima y esposa castellana no la tuvo por costumbre, sí hizo tres hijos con una amante siciliana, Giraldona
Carlino, con fama de ser más volcánica que el Etna, y mantuvo un
romance de leyenda con la noble napolitana Lucrecia d'Alagno, de
dieciocho años, de la que se enamoró de manera extrema. La joven
Lucrecia cultivó una ascendencia tan fuerte en el soberano que
consiguió que este apoyara su intento de nulidad papal en su matrimonio con María. Con el consentimiento de Alfonso, Lucrecia
viajó a Roma al frente de una suntuosa procesión de damas y señores formada por quinientos caballos para ser recibida por el papa
Calixto III con honores reservados a una reina. El pontífice, aunque de sangre valenciana y bien relacionado con el rey napolitano,
no quiso saber nada de la petición.

La designación de este papa en 1455, sumado al éxito de Alfonso en Nápoles, levantó una ola de indignación por toda la península en forma de bota. «¡Un papa bárbaro y catalán! Advertid a qué grado de abyección hemos llegado nosotros, los italianos. Reinan los catalanes y solo Dios sabe hasta qué punto están de insoportables en su dominio», recogió una carta dirigida a Pedro de Cosme de Médici, señor de Florencia. Aunque el pontificado de Calixto III, llamado el papa Bárbaro, duró solo tres años, abrió las puertas de Roma a un joven valenciano llamado Rodrigo, sobrino del pontífice, que iba a elevar a su máxima expresión el odio hacia los españoles en Italia.

Mientras Alfonso disfrutaba de la *dolce vita*, no dejó de pedirle a su abnegada esposa que ejerciera de gobernante de sus reinos españoles y que le enviara dinero durante sus prolongadísimas ausencias. Lo más curioso de todo es que María no protestó ni una vez por el talante cariñoso de su marido con las italianas, lo cual ha planteado que tal vez había algún motivo anatómico que impedía las relaciones conyugales. Así lo sugirió de manera misteriosa el antipapa Luna desde su retiro en Peñíscola al afirmar que era «una materia que no podía publicarse». Sus médicos dejaron constancia de que a la muerte de la reina, en 1458, sufría una afección crónica que le provocaba ataques epilépticos.

Asistió en el gobierno de María y finalmente relevó en esta tarea el hermano de su marido, el futuro Juan II, que hasta esa fecha había estado bastante entretenido con sus negocios en Castilla y, más tarde, en Navarra. Juan asumió los candentes asuntos aragoneses primero como lugarteniente y luego como rey de pleno derecho. O, al menos, del derecho que le permitió atesorar la región catalana, auténtica bestia negra de este monarca. Todos los pleitos acumulados durante décadas se apoyaron sobre los hombros de este infante de Aragón al que los nobles catalanes más virulentos apodaron Juan Sin Fe. El caso es que sí tenía fe, pero en Castilla, de donde jamás desvió su mirada.

Un padre cegado por el odio

La corona aragonesa fue arrojada a los pies de Juan II cuando ya contaba con sesenta años y le empezaba a fallar la vista. No le iba mal el pulso. Desde el principio las oligarquías de Barcelona pusieron bajo escrutinio al nuevo soberano, que heredó las grandes deudas económicas de tiempos de su padre y los no menos aparatosos débitos políticos con los que su hermano había financiado el desmadre italiano. Por decirlo con suavidad, al último le tocaba o pagar la cuenta o ponerse a lavar los platos. En Cataluña ya no se fiaba ni una ronda más.

Los mandamases de Barcelona estaban acostumbrados a tener un rey ausente y, no menos importante, conocían la fama de persona poco ética que arrastraba esta en concreto. Juan, hombre maquiavélico en el buen sentido de la palabra, si es que la tiene, mantuvo una relación terrible con Carlos de Viana, el único varón que engendró con su primera esposa, la navarra Blanca I.

Juan Sin Fe no se casó por razones económicas con la heredera navarra, habida cuenta de que solo sus rentas patrimoniales en Castilla superaban la suma de todas las de esta corona. Tampoco hay motivos para pensar que lo hiciera por amor, entre otras cosas porque ella le sacaba doce años y él era demasiado cínico. Más bien lo hizo pensando que, con los caminos al trono de su amada Castilla y de Aragón sellados por otros Trastámara, solo Navarra le ofrecía un adorno dorado para sus sienes. En cualquier caso, acudió a esta zona de España, oasis pacífico de una península en llamas, las veces estrictamente necesarias para dejar preñada a su esposa. Ni siquiera se desplazó a Pamplona con motivo de la muerte de su suegro Carlos III el Noble que lo convirtió en rey consorte de este reino.

El enlace dio vida a dos niñas y un niño que llegaron a la edad adulta. Un hijo con el que congenió tanto como un hacha con un leño. Nacido treinta y un años antes que Fernando el Católico, el primogénito Carlos de Viana recibió una esmerada educación encaminada a que fuera algún día rey de Navarra. En la exquisita corte de Olite gozó de la compañía de enanos, bufones, prestidigitadores, equilibristas, astrólogos y malabaristas para su goce intelectual. Ni siquiera le faltaron los juguetes más modernos, entre ellos un gran dragón de madera forrado de tela en brillantes colores que se movía a través de un avanzado mecanismo. Todos estos cuidados dieron como resultado a un joven amante del sosiego, mecenas del arte, dado a vestir con las mejores sedas y, en opinión de su padre, demasiado sensible a los intereses locales. Este hijo apasionado por el teatro no se conformó con participar como actor en algunas obras dramáticas, quiso protagonizar la suya propia.

A la muerte de su madre en 1441, Carlos de Viana se convirtió, con veintiún años, en heredero universal de Navarra y de Nemours, bajo la condición de que no tomase el título real sin la bendición de su padre. El heredero se conformó al principio con ser el lugarteniente de su propio reino y hasta aceptó que su padre, que ni era consorte ni era nada, se inmiscuyera una y otra vez en los asuntos de su casa. Al fin y al cabo era su padre, lo necesitaba para que le cubriera las espaldas y, bien lo sabía, su interés por los grandes asuntos navarros palidecía frente al vuelo más sutil de una mosca en Castilla. Creyó de manera errónea que terminaría de olvidarse de Navarra.

Tras seis años viudo, Juan se casó en segundas nupcias con Juana Enríquez, hija del almirante de Castilla, en un intento por ampliar más sus intereses en aquel reino. Los ampliaba allí, pero de manera inevitable los perdía en Navarra. La entrada de su madrastra en la gobernanza de la Corona de Navarra empujó a Carlos a dar un golpe sobre la mesa. Las graves diferencias desembocaron en una guerra civil en Navarra entre los beamonteses, partidarios de Carlos, y los agramonteses, defensores de la causa de Juan. Por si faltaba pimienta a la ensalada, Carlos se alió con Álvaro de Luna y dejó que las tropas castellanas tomaran parte en la refriega familiar.

Padre e hijo se enfrentaron el 23 de octubre de 1451 en la batalla de Aibar, donde Carlos fue derrotado, desheredado y hecho prisionero. Juan llegó a estar entre la espada y la derrota frente al ímpetu de la caballería andaluza, pero una carga encabezada por su hijo natural Alfonso de Aragón, personaje misterioso del que no se conoce ni quién fue su madre, lo sacó del hoyo y dio la victoria a los agramonteses. El príncipe de Viana insistió en rendirse solo ante su hermano bastardo, a quien dio el estoque y una manopla, que el otro recibió apeado del caballo y besando al derrotado en la rodilla.

El padre, sin embargo, no quiso ni ver a Carlos. Empaquetó al príncipe en una gira por distintas fortalezas durante dos años, en los que el vástago siempre rehusó probar bocado si antes no lo hacían hombres del rey delante de él. Temía que su padre fuera capaz de lo peor. «Por mano del rey, mi señor, fui perseguido, enterrado y corrido, lanzado y expelido de este nuestro reino y herencia materna», rememoraría con rencor el príncipe maldito sintiendo los grilletes en la piel.

El rompecabezas paternofilial se complicó todavía más con el nacimiento de Fernando, cuyo fuerte carácter y vocación militar contrastaron desde la niñez con Carlos de Viana, tímido y sentimental, portador de dos características que juntas son pura nitroglicerina para un gobernante: ambición y facilidad para ser manipulado. Carlos de Viana se instaló en Pamplona tras ser liberado por su padre, pero allí se dio cuenta de que si quería recuperar su trono necesitaba recabar aliados en Europa. De París viajó a Italia a la llamada de su tío Alfonso V de Aragón, cuyo capellán quedó asombrado de su porte: «Muy bello, muy sabio, muy agudo y muy claro de entendimiento, gran trovador y buen músico, danzante y cabalgador». El Magnánimo convenció a Juan para que suspendiera todos los procesos contra su hijo y procurara que los bandos de Navarra firmaran una tregua hasta que él, como paterfamilias de esta rama Trastámara, diera una resolución al conflicto. Murió antes de poder pronunciarse.

El príncipe de Viana estaba condenado a pasar a la historia como un perdedor, un pobre hombre sin astucia política, extraviado sin aliados en territorio italiano. Estaba desesperado, aislado. Sus cartas pidiendo auxilio a su padre ni siquiera recibían respuesta. El príncipe interpretó que la esperanza se había convertido en desconfianza, «el amor en odio, la seguridad en peligro, el deleite en ansia, la folganza en trabajo, la gala en luto, la paz en guerra». Una forma muy poética de reconocer su fracaso.

En lo que pareció por un momento un intento por reconciliar a padre e hijo, Carlos de Viana regresó a toda prisa a España a parlamentar con Juan, ya por entonces nuevo rey de la Corona de Aragón. «Y no tema vuestra señoría ya de mí, que dejadas las razones de Dios y naturaleza quieren, ya estoy tan harto de males y ahusadas de mar que me podéis bien creer», prometió por carta el príncipe de Viana a su padre. Carlos estaba dispuesto a terminar con la guerra y a entregar los castillos bajo su control a Juan, que fingió aceptar la espléndida oferta a regañadientes y luego se limitó a exigir más. Y luego más. El rencoroso monarca buscó la vía legal para que su hijo Fernando se convirtiera formalmente en su primogénito en todos los territorios de la corona aragonesa y que Carlos pasara a la muy valiosa y cara posición de la irrelevancia política.

El 31 de marzo de 1460 el príncipe de Viana acudió a Barcelona para cerrar la reconciliación pública con su padre. «Si haces hechos de buen hijo, te daré hechos de buen padre», le prometió el padre a Carlos en una frase que no tenía una sola sílaba cierta. La familia al completo convivió unos meses en aparente felicidad, hasta que los hechos se enturbiaron. Estando ambos en la residencia real de Lérida, el rey ordenó de repente el arresto de su hijo y sus colaboradores más cercanos. Juan tenía pruebas de que el príncipe planeaba huir a escondidas a Castilla para casarse con la hermanastra de Enrique IV, por lo que tomó en diciembre esa decisión tan arriesgada. La prisión de Carlos en Lérida provocó que los representantes de la Generalitat salieran en defensa del príncipe navarro y extendieran la insurrección por todo el territorio.

El rey, al saber que un grupo armado se dirigía a liberar a su hijo, fingió la tranquilidad que no tenía y, tras ordenar que le prepararan con puntualidad la cena a la hora habitual, huyó despavorido al anochecer con dos escoltas hasta el territorio aragonés de Fraga. Allí tampoco se sintió lo bastante seguro, por lo que se reagrupó con su mujer y su hijo en Zaragoza y trasladó a Carlos al inexpugnable Castillo de Morella, lo que hoy se catalogaría como una prisión de alta seguridad. Uno de sus lemas personales, *utrimque roditur* («por todas partes me roen»), parecía al fin cobrar vida.

Juan vio cómo las Cortes aragonesas se negaban a apoyar la vía militar, mientras Navarra y Cataluña se levantaban en armas. Cercado por viejos amigos y nuevos enemigos, el rey accedió a liberar a su hijo en marzo de 1461 y a concederle la lugartenencia general de Cataluña. «Acordaos que la ira del rey es mensajera de muerte», advirtió Juan a aquellos que creyeran que la humillación a un monarca no tendría consecuencias.

Aunque ni el padre ni el hijo estuvieran dispuestos a aceptarlo, el problema no era tanto lo diferentes que eran sino lo mucho que se parecían. Más allá de la tradición romántica que lo presenta como un bobalicón inocente, Carlos dio muestras suficientes de su gusto por la intriga, el garabateo diplomático y los movimientos subterráneos. Tras entrar triunfante en Barcelona, se reunió con la Generalitat para escuchar la interminable lista de exigencias que querían hacer llegar a Juan II. Exigencias que adquirían la categoría de insolencia en el caso de la principal: quedaba prohibida la entrada del rey en el principado sin el permiso de las autoridades. Para los oligarcas, era un tonto útil, pero para el pueblo, el príncipe abúlico, erudito y sensual se elevó como un mito, y el mito dejó paso a la leyenda, algo así como un San Jorge capaz de curar a jorobados, ciegos y sordos, pero no a sí mismo.

Cuando la guerra en el seno de la Corona de Aragón estaba próxima a reanudarse se produjo la sorprendente muerte de Carlos de Viana a los cuarenta y un años, el 23 de septiembre de 1461, a consecuencia de una insuficiencia pulmonar. Su madrastra Juana fue acusada de haberlo envenenado por la mera razón de que estaba cerca de Barcelona cuando aconteció la muerte. En su fúnebre correspondencia, el mismo príncipe había insinuado que planeaban matarlo: «¿Llamaremos padre o seguiremos a quien poco ha nos tuvo en prisión y decidió ponernos de nuevo en manos de Martín de Peralta [un noble navarro partidario de Juan II], nuestro mortal enemigo, para privarnos de la vida? ¿A este Martín, que sabemos tenía preparado el veneno para matarnos? ¡Oh iniquidad!». Su asesinato es imposible de probar, a menos que se acepte como tal el desgaste ocasionado por tantos años de riñas.

De alguna manera su padre lo había asesinado, aunque no de la manera en la que sospechaban sus contemporáneos. El destierro y la prisión habían hecho mella en el príncipe, que para viajar de un territorio a otro empleaba una litera. Estar en una celda húmeda, sin ropa de abrigo y mal alimentado agravó probablemente una tuberculosis que arrastraba desde hace años.

Los problemas no terminaron para Juan II con la desaparición de su primogénito, que solo dejó hijos bastardos y ninguno legítimo a pesar de haber estado casado ocho años con una hermana del duque de Borgoña. Muerto el hijo, no se acabó ni de lejos la rabia. El que fue uno de los monarcas más longevos de su siglo, apodado «vieja vulpeja» por su enemigo íntimo Luis XI de Francia, se sumió en diez años de guerra con Cataluña.

Una infancia entre bombas

Fernando compartía con su esposa Isabel que ninguno de los dos estaba llamado por derecho de nacimiento a reinar en su casa. En ambos casos fue necesario que intermediara la muerte, en ocasiones nada natural, para allanarles el camino. Nacido el 10 de marzo de 1452, el muchacho era demasiado pequeño cuando ocurrieron los trágicos sucesos entre su padre y su hermano como para que el fantasma de Carlos de Viana se le apareciera arrastrando las cadenas por las noches, aunque le resultó imposible abstraerse del drama familiar. El hijo de Juan II vio el primer rayo de luz en Sos, villa aragonesa a pocos kilómetros de la frontera con Navarra, precisamente porque su padre llevó allí a su mujer para que pariera en Aragón y así tuviera Fernando un argumento más para heredar él, y no Carlos, los derechos sobre esta corona.

Aunque se pueda suponer lo contrario, Fernando recibió una educación más castellana que Isabel, que estuvo rodeada de portugueses en Arévalo y había salido del útero de una madre lusa. No solo el padre del infante aragonés era un hombre nacido en este reino y obsesionado con la política de la meseta, también lo era su madre, Juana Enríquez, una noble castellana que hizo lo que estuvo en su mano para que su hijo viviera en la frontera entre reinos. El único idioma que aprendió fue el castellano y parece que nunca fue instruido en latín, ni él quiso hacerlo ya de adulto. Los catalanes exigieron que tuviera tutores catalanes y supiera entender su idioma. Él nunca lo manejó con solvencia.

El pulso a muerte entre su padre y la Generalitat vertebró la infancia del rapaz. La niñez entre bombas y espadas no solo le enseñó el oficio de la guerra tan cerca como para que le salpicara la sangre, sino que dio por resultado una formación gruesa entre hombres de armas y no entre damas y eruditos. «Mas la maldad de los tiempos y envidia de la fortuna cruel impidieron el gran ingenio del príncipe, que era aparejado para las letras, y lo apartaron de las buenas artes», justificaba Lucio Marineo Sículo para explicar la poca sintonía de Fernando con la cultura. Eso y el escaso interés del padre por el humanismo dieron lugar a la afirmación de que fue educado de manera más bárbara que Isabel, pero todo hace sospechar que no pudo haber diferencias tan grandes y que algún que otro erudito se coló en su séquito. Además de manejar todas las artes bélicas, Fernando disfrutaba con la lectura de la historia y era juguetón hasta rayar la ludopatía, según decía el cronista Hernando del Pulgar: «Plácíale jugar todos los juegos, de tablas y ajedrez y pelota; en esto, mientras fue mozo, gastaba algún tiempo más de lo que debía».

La muerte de Carlos de Viana dejó a la Generalitat compuesta y sin lugarteniente al que mangonear. En un momento de desesperación, Juan había tenido que acceder a que la aristocracia reunida en Barcelona dictara lo que podía y no podía hacer el rey. Cuanto ordenaron que el otro hijo del rey sustituyera a Carlos en el puesto de marioneta, a Juan no le quedó más remedio que acatar. Un mes después del fallecimiento del príncipe de Viana, el infante Fernando, de nueve años, enfiló el viaje hacia Cataluña de la mano de su madre Juana Enríquez, a la que llamaban sus detractores catalanes la Señora por su supuesto autoritarismo. Era una mujer fuerte, explosiva, a veces imprudente, pero no había hecho nada especial para ganarse una fama tan tajante. Más bien era el insulto recurrente desde los tiempos bíblicos para todas las mujeres que ejercían el poder sin pedir disculpas por ello.

Cuando madre e hijo llegaron a Barcelona como si fueran camino del patíbulo, los *consellers* de la Generalitat no se quisieron privar de humillar un poco a sus invitados. Se negaron a salir a recibirlos con el pretexto de que no habían avisado con la suficiente antelación de la llegada de la familia real. Juana y Fernando esperaron en el convento de Valldonzella hasta que les dieron permiso para honrar con su presencia a Barcelona, cuyo recibimiento, una vez pagado el tributo debido, concluyó con las autoridades catalanas reunidas en el palacio real jurando lealtad al niño. La corta edad de Fernando no impidió que algún que otro arribista lanzara un ramillete de elogios sobre el heroico comportamiento del muchacho durante las soporíferas ceremonias con las que la aristocracia catalana agasajó a sus invitados. Esto resulta poco creíble, pues bastante haría el mozalbete si logró disimular sus bostezos y sus ganas de huir a cualquier otro sitio donde no se estuvieran impartiendo esas moles de discursos capaces de aburrir a un simposio de contables.

La única protagonista posible de esos días era la madre, que recabó el apoyo de muchos nobles valiéndose del resplandor que solo es capaz de irradiar la pompa real. La reina vio una mina de oportunidades de incrementar el poder de la monarquía mediando a favor de los campesinos que en la Cataluña septentrional clamaban contra los abusos de sus señores, los cuales estaban aún facultados legalmente para, sin ir más lejos, llevarse una parte de los bienes de sus siervos si morían sin herederos o cobrarles por el derecho a que se casaran sus hijas. Con el objetivo de reunirse con los líderes campesinos en un entorno más seguro, la reina y su hijo se desplazaron el 15 de marzo de 1462 a la ciudad de Gerona, cuyas murallas carolingias transmitían cierta sensación de protección a la comitiva real. Y bien la iban a necesitar. Las autoridades del principado levantaron un ejército para sofocar a la fuerza la rebelión campesina y, más que nada, retroceder a Juana y su hijo a la casilla de Barcelona.

Ni siquiera las autoridades municipales de Gerona hicieron por defender al lugarteniente de Cataluña de las milicias que a principios de junio cercaron la plaza. Juana y Fernando se refugiaron en la Força, una fortaleza de tiempos ibéricos situada en la ciudadela más alta de Gerona, donde resistieron con uñas y dientes más de seis semanas de ataques. El reducido grupo de cortesanos y oficiales, una partida de campesinos y los conversos y judíos que vivían en la ciudadela se interpusieron entre los ilustres refugiados y las milicias que los querían prender. Juana escribió a las autoridades de Zaragoza y Valencia rogándoles que ellos también acudieran en defensa de su heredero ante tal agravio: «Vienen con deliberación hecha de tomar y haber a sus manos nuestra persona y del dicho primogénito y de detenernos violentamente». Su llamada de auxilio no obtuvo respuesta.

Si las milicias de Barcelona no deseaban dañar al príncipe, lo disimularon bien entre las bombardas y los asaltos que precipitaron contra una fortaleza a la que, eso sí, no dejaron de suministrar alimentos frescos. El niño estaba en riesgo de ser agujereado, pero no le faltarían vitaminas ni potasio para dejar un bonito cadáver. Por descontado, aquel diminuto gesto sirvió de poca disculpa a ojos de Juan, que años después recordó con odio cómo los catalanes habían querido poner la espada en el cuello de su hijo. En respuesta a sus peticiones de auxilio, el rey trató de tranquilizar a su angustiada esposa con una serie de empalagosas cartas firmadas por el «que más que así te ama» y con remitente a «mi niña y mi señora bella». Ella, la niña, la mami, la reina, la dura, lo que esperaba eran menos halagos y más soldados.

Finalmente el monarca cerró un acuerdo con Francia, ancestral enemiga de Aragón, para salvar a su familia de tan grave peligro a cambio de cesiones territoriales que enfurecieron todavía más a las autoridades del principado. Juana agradeció de corazón a las tropas francesas que socorrieran a su «persona, su vida y su honor». Lo que no pudieron salvar es a Cataluña de la guerra civil, sino todo lo contrario. Ese mismo verano se formalizó la deposición de Fernando como lugarteniente y primogénito real, al tiempo que la Generalitat comenzaba una batida para encontrar nuevo rey. Uno dispuesto a enfrentarse a Juan II en un pulso de tú a tú, y a tragar sin preguntar con las instrucciones de la nobleza.

La primera y más obvia elección fue Enrique IV, y no por su fama posterior de blando y dubitativo, sino porque Castilla era poderosa y él gozaba todavía de cierto prestigio tras sus dentelladas sobre Granada. El monarca vecino maniobró hasta donde le dejaron sus carceleros, pero no duró mucho su breve y estéril reinado en Cataluña, pues para súbditos que le tomaran el pelo el castellano ya venía empachado de casa. El siguiente en la lista de los reyes llamados «intrusos» de Cataluña fue Pedro de Portugal, condestable de este reino, nieto de Jaime de Urgel y un militar bastante cabal. Más que un rey, la Generalitat vio en este noble culto y sensible a un condotiero que librara sus guerras. El problema es que a los mercenarios hay que pagarles y dotarlos de buenos ejércitos, justo las dos cosas de las que carecían en ese momento.

En la batalla de Prats del Rey-Calaf (febrero de 1465) Pedro de Portugal intentó transformar sus avances por Cataluña en una resonante victoria a campo abierto. Sin embargo, se estampó contra las tropas de Juan II en una batalla cruenta donde tuvo su bautismo de sangre Fernando, un imberbe adolescente de trece años, portando el estandarte real. El condestable escapó por muy poco de ser detenido aprovechando las brumas nocturnas, no así gran parte de sus capitanes.

Si no podía ganar batallas, de poco servía a los nobles catalanes aquel portugués que había resultado no ser Viriato exactamente, quien además era áspero en el trato, por lo que decidieron darle boleto de la manera más cruel. El portugués sufría de tuberculosis en silencio y decía en sus cartas sentirse cada vez más «flaco y descarnado», en parte por su enfermedad y en parte por lo asfixiante de su posición. Murió en el verano de 1466 sin que a casi nadie le importara. Más allá de las lágrimas oficiales, las autoridades catalanas ocultaron muy poco la satisfacción que les causaba la muerte de un noble cuya divisa personal era *paine pour joie*, esto es, «pan para la alegría». Ni pan ni alegría obtuvo en Cataluña.

El tercero y más longevo miembro de la lista de reyes «intrusos» de Cataluña fue Juan de Lorena. En sus seis años metido en el corazón de las tinieblas, este noble de estirpe napolitana recabó algunas victorias y consiguió que Francia le retirara su apoyo a Juan II. En noviembre de 1467, cerca de Gerona endosó en la batalla de Viladamat un resonante triunfo sobre las huestes reales, entre las que estaba de nuevo el príncipe Fernando junto a su escolta. Si el heredero al trono no cayó prisionero ese día, como tanto buscó Lorena, fue porque Rodrigo de Rebolledo, capitán general de Navarra y veterano de mil batallas, intervino de manera heroica para que Fernando pudiera salir al galope. Atrás quedaron algunos de sus servidores más próximos.

La permanente fragilidad de Juan se volvió crítica con la pérdida de su segunda esposa meses después. La inteligente Juana Enríquez no dejó hasta el final de apoyar a su marido en labores diplomáticas y en la organización de hombres, víveres y recursos para sus campañas. El 13 de febrero de 1468, falleció debido a un cáncer de mama que le dio nulas opciones de defenderse como había hecho contra todos los que osaron minusvalorarla. Con su muerte, Juan no solo perdió socios en Castilla, también quedó viudo y desasistido. Casi ciego, el anciano monarca logró, al menos, que uno de sus médicos judíos lo operara de cataratas, intervención sencilla pero que requería muchas precauciones, algunas nada relacionadas con la ciencia.

En una carta autógrafa conservada, el médico judío Cresques Abnarrabí, afincado en Lérida, comunicó al rey que, pese a que le había operado con éxito de la catarata del ojo derecho, no le era posible fijar fecha para realizar la misma intervención en el izquierdo, porque habrían de pasar doce años hasta que la conjunción astrológica fuera tan favorable. Si no querían esperar tanto tiempo, el leridano sugería a Juan que podría hacerlo en otra fecha más cercana, pero que ya no era tan probable que saliera bien. Una manera de excusarse en los astros por si el rey tiraba de hoja de reclamaciones al modo medieval.

El monarca aragonés recuperó la vista a tiempo de ver cómo la rebelión catalana implosionaba. Ni su victoria en Viladamat ni otras hazañas como tomar Gerona sirvieron a Lorena para ganarse el corazón de piedra de los nobles. Al final, como sus predecesores, dedicó más esfuerzos a luchar contra la Generalitat que contra sus enemigos. Falleció muy joven debido a una apoplejía, cuando las relaciones con la aristocracia de la ciudad condal estaban en estado comatoso. Los catalanes lo honraron con un funeral glorioso, con su cuerpo trasladado en solemne procesión por la ciudad y enterrado junto a su espada victoriosa en el sepulcro de la catedral. Casi parecía que para que un rey fuera aceptado en Barcelona tenía que morirse primero.

Las piezas se fueron ordenando al fin para el rey aragonés y los nobles levantiscos accedieron a entablar negociaciones con él. El 17 de octubre de 1472, el maltrecho Juan II entraba en Barcelona «montado en un caballo blanco» entre tímidas muestras de alegría. Firmó con el menor entusiasmo del mundo una paz generosa con los catalanes rebeldes, sin supuestos vencedores ni vencidos, con el fin de que se terminara la guerra. Esto dejó muchas cuentas pendientes dentro de la corona y a los campesinos igual de agitados que al comienzo de las hostilidades. Esos y otros problemas eran ya asunto del siguiente monarca.

Los amores de un *playboy* aragonés

Fernando heredó de su padre el carácter gélido, reservado y calculador, pero no pudo evitar contagiarse mucho del espíritu sentimental, irritable y dado a corazonadas de su madre. Para conciliar ambas partes, aprendió a presentarse ante los demás con una máscara, siendo difícil averiguar qué pasaba por su cabeza en cada momento. «Era de buen entendimiento, muy templado en su comer y en su beber, y en los movimientos de su persona, porque ni la ira ni el placer hacía en él gran alteración», aseguraba Hernando del Pulgar, que lo describía como un hombre piadoso, «muy amigable», con «gracia singular» y buen trato a sus servidores, pero reconocía con una crudeza sorprendente para venir de un cronista oficial que «no podemos decir que era franco». Más de una vez y de veinte su mano izquierda terminó haciendo por detrás lo contrario de lo que parecía iba a hacer la derecha por delante.

Meses antes de que se cerrara su matrimonio con la heredera castellana, el joven fue coronado en la Seo de Zaragoza rey de Sicilia para dotar al gallardo heredero de empaque frente a la altura de su futura esposa. De esta forma pudo acudir Fernando con un título regio, aunque fuera de opereta y supeditado a su padre, a casarse con la princesa de Asturias, que fue finalmente la mujer escogida. A su encuentro también viajó con más experiencia en el amor y en la guerra, y eso que Isabel era un año mayor. Fernando había asistido a su padre en las campañas catalanas y se había curtido como jinete.

Esa vida marcial y viajera desató su faceta mujeriega desde muy adolescente. Todo guerrero sabe que cada batalla y cada mujer pueden ser las últimas. En marzo de 1469, fue padre de su primer hijo ilegítimo, Alonso, que ejercería como arzobispo de Zaragoza y hasta virrey en Aragón. La madre de la criatura fue Aldonza Roig, vizcondesa de Evol, un precoz amor que acompañó disfrazada al rey de Sicilia, según la leyenda, en su viaje a Castilla para casarse con Isabel. No parece una buena idea, ni muy creíble, y menos viniendo de alguien tan templado, llevarse a su amante a su boda, pero vale de recordatorio de que el *latin lover* que habitaba en Fernando no murió al cambiar su estado civil. Con Juana Nicolás, una plebeya con la que mantuvo un fugaz encuentro en la villa de Tárrega, tuvo una hija natural llamada Juana María, dos años después de casarse con Isabel. Además, aún dio vida a otras dos niñas fuera del lecho conyugal.

Isabel no tendría problema en tratar y hasta promocionar a los hijos de su marido. Dos de las niñas (ellas no supieron quién era su padre hasta años después) llegaron a ser abadesas del convento agustino de Madrigal, la localidad natal de la reina, y Juana se casó con el condestable de Castilla, un cargo muy relevante en la corte. Durante su primera visita a los reinos de su marido, la monarca conocería en persona a Alonso, que ya era arzobispo de Zaragoza con siete años, y lo apoyó para que ocupara esta sede religiosa que, después de las de Tarragona y Toledo, era, a la par que Santiago, la más poderosa de la península. No sin esfuerzos, el erudito Alonso se quedó con el cargo, de gran relevancia política, enormes rentas y acceso a una montaña de conocimientos humanistas, pero le fue difícil disfrazar su falta de vocación religiosa. Costó Dios y ayuda que aceptara el sacramento sacerdotal, lo cual no hizo hasta veinte años después, en noviembre de 1501, cuando, por fin, accedió al presbiterio y celebró la primera y última misa de su vida.

Pero una cosa eran los pollos y otra, las gallinas. La castellana, mujer temperamental, no toleró nada bien la afición por otras mujeres de Fernando y se mostró celosa, «fuera de toda medida», en palabras de Pulgar. Se decía que Isabel ordenó que cualquier dama de la corte que mirara de una forma provocativa a su marido fuera despedida de palacio. La reina católica mantenía un criadero de damas que la ayudaban con las tareas diarias de su casa y se divertían junto a ella en la intimidad asistiendo a las actuaciones de enanos, bailarines y músicos o haciendo cosas tan castas como adornar con cascabeles a sus perritos. Algunas eran mujeres maduras de vuelta de todo, pero la mayoría eran jóvenes en edad casadera a las que se aseaba, perfumaba y vestía como si fueran muñecas de porcelana. Incluso contaban con un limpiador de dientes a su disposición. La razón de tanto celo es que Isabel esperaba que fueran un reflejo exacto de ella. No se podía permitir el menor quiebro en su conducta. Cuando sorprendió a un mozo llamado Diego Osorio bajo los aposentos de estas jóvenes con una cuerda lista para trepar hasta sus faldas, fue condenado a muerte por tentar a sus virginales muchachas. «Aborrecía mucho a las malas», advertía Pulgar sobre las preferencias de una mujer que hacía las veces de madre superiora. A cambio de esos años enclaustradas a su servicio, la monarca luego velaba por que se casaran, tras recibir una buena formación cultural y cortesana, con grandes señores de la península. Se puede decir que era la mayor academia de señoritas que existía en Castilla.

Fernando cogió al vuelo las enormes ventajas de tener cerca un caladero de mujeres jóvenes, sofisticadas y tan buenas, aunque, a decir verdad, a él le interesaban más bien las «malas». Una de las peores era Beatriz de Bobadilla, la deslumbrante y lujuriosa belleza conocida como la Cazadora porque su padre fue cazador mayor del rey y, en parte, para diferenciarla de su prima de mismo nombre (la más estrecha confidente y dama de la reina desde la adolescencia). La Cazadora, en cambio, fue una rival en la corte de Isabel con fama de cruel, ninfómana y codiciosa. Siempre al filo del mito y la realidad, se dice que su vida disoluta la arrojó a los brazos de Fernando, tras lo cual Isabel decidió casarla con Hernán Peraza el Joven, un distinguido aristócrata acusado de haber matado al capitán Juan Rejón, uno de los conquistadores de la isla de Gran Canaria. Isabel se quitó así de en medio a Beatriz y, al mismo tiempo, se la encasquetó a un hombre manchado de sangre en las islas recién conquistadas.

En la isla de La Gomera, donde fue trasladado el señorío de su marido, sumó Beatriz a su mala reputación también la faceta de sanguinaria cuando estalló una rebelión indígena en 1488. Su marido y ella llevaban tiempo quejándose ante la corona y la Iglesia de que los gomeros no se querían bautizar, y tenían cerca de diez mujeres cada uno. Tal vez estaba recabando pesquisas sobre el grado de pecado de los gomeros cuando Hernán Peraza fue sorprendido en actitud muy cariñosa con una indígena llamada Yballa, que pertenecía a un pueblo con el que el castellano había sellado una fuerte alianza bebiendo con sus líderes la leche del mismo gánigo, lo que significaba que desde entonces eran «hermanos de leche». Puede también, si se trata de excusar de cualquier manera al conquistador, que malinterpretara tanta familiaridad y terminara encamado con una de sus encantadoras hermanas para no hacerle un desprecio, pero desde luego los gomeros no lo vieron así. Lo juzgaron y condenaron a muerte allí mismo por traidor.

La indignación indígena por la desfachatez de los españoles se extendió por la isla y obligó a la viuda de Peraza a pedir la intervención del gobernador de Gran Canaria, Pedro de Vera, que aplastó el levantamiento con un rigor extremo, bajo la falsa promesa de que los indios que se rindieran serían perdonados. Se valió de tanta violencia para masacrar a este pueblo que la Cazadora y él fueron llamados a la corte para que dieran explicaciones, de resultado que recibieron una abultada multa por el daño causado a los inocentes. Beatriz nunca se recuperó de aquel episodio y, aunque se volvió a casar y hasta se la relacionó con Cristóbal Colón, acabó completa-

mente paranoica, viendo amenazas hasta en la temperatura de la
sopa. El mismo año de la muerte de la reina Isabel encontraron a
Beatriz muerta en su cama sin que se aclararan las causas.

«Ese es, ese es»

El 12 de octubre de 1469 Fernando entró en Valladolid y se dirigió
a la casa fortificada perteneciente a Juan de Vivero, que era familiar
de Carrillo, para conocer a su futura mujer. «Ese es, ese es», advirtió
un cortesano por si el aire de príncipe encantador no se oliera a
varios kilómetros a la redonda. En su primer encuentro, la esbelta
Isabel percibió sin duda que Fernando estaba ya hecho a prueba de
hembras y que, a decir de la *Crónica incompleta de los Reyes Católicos*,
era un adolescente elegante, galán y seductor:

> El príncipe tenía los ojos a maravilla bellos, grandes, rasgados
> y reyentes; las cejas delgadas, la nariz muy afilada, en el tamaño
> y fechura que en rostro para mejor parecer es demandada; la
> boca y los labios un poco crecidos… Rostro todo era blanco,
> las mejillas coloradas, las barbas, en aquel tiempo, por la tierna
> juventud, pocas y muy bien puestas en los lugares donde mejor
> convenían…

La joven pareja sintió tanta pasión que, según Palencia, solo
la presencia de Carrillo impidió que hicieran algo inadecuado allí
mismo. Les tocaba esperar un poco más. El último escollo para que
se sellara el matrimonio surgió en que los dos contrayentes eran
primos segundos y la Iglesia prohibía los matrimonios entre parientes consanguíneos, con la única excepción de aquellos a los que
se concediera antes una bula papal, algo que no había dado tiempo
en el caso de Isabel y Fernando debido a lo precipitado del enlace, la necesidad de discreción y, sobre todo, a la buena sintonía de

Enrique IV con Roma. El rey mantuvo excelentes relaciones con Calixto III, Pío II y luego Paulo II, en tanto los pontífices buscaban paladines para defender la cristiandad de los turcos y Enrique, en otro tiempo conquistador de los bordes de Granada, pasaba por uno de ellos si se entornaban los ojos y se miraba desde lo lejos. Además, el papa arguyó que Isabel ya tenía una dispensa similar que había pedido su hermanastro en su nombre para que se casase con Alfonso V de Portugal. Paulo II no cabía en sí de sorpresa: ¿con cuántos primos planeaba casarse esa princesa?

Sin más opciones a corto plazo, Carrillo orquestó en complicidad con el nuncio papal Antonio Jacobo de Véneris la falsificación de la bula para evitar que alguien pudiera declarar la boda nula. Ambos creían que ya habría tiempo para corregir todo el embrollo legal. Su burda solución fue fechar el documento cinco años antes, cuando el enlace no estaba en la mente de nadie, pero a tiempo de que la hubiera podido firmar el anterior pontífice, que había muerto ese año. En caso de que alguien preguntara al difunto papa si la letra y el texto eran suyos, cabía la garantía de que este guardara un obligado silencio, como es costumbre inmemorial entre los finados.

Ni Isabel ni Fernando, por muy recatólicos que fueron, dijeron ni mu ante este atajo legal. «Tengo bien saneada mi conciencia», aseguró Isabel cuando le reprocharon haber usado una falsificación. Los reparos morales pesan menos que una pluma en tiempos de necesidad y, desde luego, la pareja sabía que no se construye un imperio solo regalando rosas. Más allá de la visión tradicional, cabe aceptar con realismo que los Reyes Católicos no eran ningunos cándidos y sí dos depredadores en un mundo donde el pez grande no solo se come al pequeño, sino que también promueve luego rumores sobre lo podrido que estaba el pescado que usurpaba el trono. No sin razón el cronista Alonso de Palencia definiría en cierta ocasión a Isabel como «una maestra de engaños».

Con el documento falsificado como punta de lanza, los esponsales de los príncipes se celebraron entre el 16 y el 19 de octubre en la sala Rica del palacio de los Vivero. La sala fue engalanada con los mejores paños de precio y con centenares de candelas que hacían titilar en mil luces las laminillas de oro que decoraban el techo de madera. Los anfitriones brindaron a la novia sus mejores ajuares, pero no cabe imaginar una boda real como las actuales en aquel periodo. No solo por su carácter clandestino, sino porque no era costumbre casarse de blanco (el color más exclusivo y lujoso era el rojo o grana debido a lo complicado que era de obtener el tinte) y el oficio religioso era muy distinto. Delante de unas doscientas personas, el arzobispo Carrillo los desposó primero en un acto donde se cerraba el contrato matrimonial y se leyó la falsa bula; al día siguiente, se impartió el sacramento del matrimonio con el abuelo de Fernando haciendo las veces de padrino. Esa noche se consumó el enlace con toda la pompa de un periodo bastante *voyeur*.

Aunque Enrique IV había abolido la prueba pública de la consumación tras sus sucesivos fiascos, Fernando e Isabel insistieron en demostrar que con ellos las cosas volverían a su cauce normal en Castilla, lo que incluía algo tan poco frecuente últimamente como era el coito entre reyes. En España no era costumbre, como en Francia, que los novios fueran llevados en volandas hasta su cámara e interpretaran allí entre el jolgorio de los presentes un pequeño paripé, simulacro de lo que luego harían en el lecho nupcial. Bastaba aquí con que en la entrada de la cámara real aguardara una multitud de espectadores siguiendo el minuto y resultado de la noche de bodas.

Según una teoría de reproducción muy en boga en la época, basada en las enseñanzas de Galeno, la «semilla» femenina necesaria para la concepción solo se liberaba si la mujer tenía un orgasmo, lo que conllevaba que «la mujer no podía concebir si no participaba plenamente en el coito». No todos los autores de la Antigüedad estaban de acuerdo con esta idea, pero, ¿para qué jugársela? La población femenina contrajo una enorme deuda con la sugerencia de Galeno, quién sabe si también Isabel.

Aunque no vieron lo que estaba pasando, por lo que oyeron los cortesanos se lo pudieron imaginar. Pronto salió el torero con el capote. Mostrar la sábana pregonera manchada de sangre se consideraba una prueba de la pureza de una dama, aunque no era tan infalible como creían los maridos. Ya existían mujeres dedicadas a la sutura de himen para remediar el disgusto a quienes por accidente o por gusto habían extraviado el suyo. Una de las costureras más populares, María de Velasco, afincada justo en Valladolid, era elogiada por «los infinitos virgos que por causa vierten su sangre muchas veces y otros la cobran».

Cuando Fernando enseñó la prueba gitana de su amor, de la sala brotaron los vítores y hasta sonaron trompetas, atabales y ministriles altos. De milagro no lo sacó a hombros su cuadrilla por la puerta grande de palacio. Y si el ruido de la orquesta no se había escuchado hasta en la frontera, el semental de Fernando escribió a su padre el 20 de octubre contándole su buena faena: «Esta misma noche, a servicio de Dios, hemos consumado nuestro matrimonio».

El instante más oscuro de los príncipes

Tres días después de consumarse los hechos, una embajada de tres nobles partió de Valladolid a informar a Enrique de la buena noticia. Si no llevaron también la sábana fue más que nada por no provocar. La pareja de casados reiteró sus promesas de sumisión y lealtad, al tiempo que aireó las cláusulas del enlace para convencer a los castellanos de que no se trataba de un temido abrazo del oso aragonés a la ardilla castellana. El rey de Castilla se mostró impasible ante el anuncio, y si alguna gota de sudor corrió por su mejilla apenas se percibió. Se limitó a decir que lo consultaría con sus consejeros antes de comunicar su resolución.

Fernando escribió a su padre pidiéndole que tuviera tropas listas cerca de la frontera por si al rey le daba por enviar su regalo de boda forrado en acero y picas. La cuestión de fondo es que si Juan hubiera tenido tropas a mano, desde luego, las habría empleado, pero para salvarse a sí mismo de las acometidas de sus enemigos. El aragonés no estaba en condiciones de enviar lanzas a su hijo, ni siquiera dinero para pagar sus gastos, como el afectado bien se quejaba: «Yo me hallo en peor disposición que las horas nos hacía, ya perdida la esperanza de los que me siguen, que yo no le puedo dar dineros para sostener sus gentes y a mí servir, algunos de ellos están para dejarme a mí y tomar otro partido».

Le faltaba dinero a Fernando, pero no la puntería. En febrero de 1470, Isabel anunció que estaba embarazada, a lo que Juan envió una delegación especial para felicitar a su nuera por una dicha que lo cambiaba todo. Un heredero, más que la boda, era capaz de resquebrajar todos los planes en Castilla. Furioso porque la sucesión se le estaba escurriendo de las manos, Enrique ahora sí respondió con furia. Se retractó de todo lo pactado en Guisando, acusando a su hermanastra de desacato. Y ciertamente las leyes castellanas prohibían a los menores de veinticinco años casarse sin la licencia de sus padres o, en su defecto, de sus hermanos mayores. Tres semanas después de que Isabel pariera a su primera hija, también llamada Isabel, Enrique la desposeyó del título de princesa en una solemne ceremonia donde los nobles y los obispos formaron una fila para besar la mano de la pequeña Juana. La hija del rey volvía así a la carrera por el trono.

Con la idea de aliarse con Francia, el rey juró con teatralidad flamenca que la infanta era hija suya sobre la cruz del pectoral del cardenal de Albi, que acompañó a la embajada gala que se trasladó en la aldea madrileña de Lozoya a negociar un matrimonio entre la niña de ocho años y el duque de Guyena, viejo pretendiente de Isabel. El francés falleció cuando trataba de reunir un ejército para dirigirse a España, lo que obligó a Enrique a buscar nuevas alianzas en Portugal de cara a la guerra civil que ya se volvía a oler en el ambiente.

El rey de Castilla recurrió a la propaganda de los bajos fondos que tanto daño le había hecho a él para denunciar de manera ostentosa que el matrimonio entre Fernando e Isabel no era válido a ojos de Dios, pues la bula papal era más falsa que un duro sevillano. Frente a la acusación de que su enlace era un concubinato incestuoso, la hermanísima se ofreció a presentar los documentos que requiriera, «donde y cuando fuera necesario», para demostrar, se entiende, que la bula era de una falsificación exquisita, sin tacha, sin opción de interrogar al papa muerto por su autenticidad. La princesa consideraba que su hermano, al que contestó con duras palabras, no estaba legitimado para hablar del tema después de sus dos estropicios matrimoniales: «Cuanto a lo que su merced dice por la dicha letra que yo me casé sin dispensación, a esto no conviene larga respuesta, pues su señoría no es juez de este caso».

La defensa completa de la princesa, definida por esta como «breve», a pesar de sus más de diez páginas, no solo sirvió para cuestionar por enésima vez los derechos de su sobrina, a la que Isabel escueta y cruelmente se refería como «la hija de la reina», sino que además le valió para jugar la carta de la Cenicienta maltratada por la malvada madre de la criatura, «porque si todas las madrastras, como sabéis, son odiosos los alnados [los hijastros] y las nueras, cuánto más lo fuera yo de quien tan gruesa herencia se esperaba». Ataque cicatero y populista contra la reina Juana, una mujer que llevaba años desactivada en el plano político, que no podía contestar y que ni siquiera era su madrastra.

Mientras Enrique afilaba todas sus armas en favor de su hija, Isabel y Fernando pasaron meses difíciles huyendo por los pocos lugares donde eran bienvenidos en Castilla. A la boda únicamente habían asistido de las grandes casas los Carrillo, los Enríquez y los Manrique, de manera que la alta nobleza prefirió mantener su lealtad a buen recaudo, sin meterse en un nuevo conflicto con el monarca. Sin apenas dominios señoriales bajo su control, el bisoño matrimonio vivió días de indigencia. Incluso tuvieron que empeñar un collar de rubíes de su madre que Fernando le había regalado a Isabel con motivo de la boda. La única esperanza para la pareja era que Enrique no fallara en su cita con la adversidad. Y no lo hizo.

En su intento por congraciarse con la nobleza, el monarca castellano volcó una vez más demasiadas mercedes en las mismas manos. La envidia y el recelo corrieron por el reino en beneficio de los recién casados, a cuyo bando se fueron sumando los descontentos en una fila que daba la vuelta a Castilla. Unos entraron, y otros se prepararon para salir. Igual que Villena había calado pronto a Isabel como alguien poco manejable, Carrillo comprendió desde el primer vistazo que aquel mozalbete con el que se había casado era incontenible. El arzobispo quería imponer a los príncipes una especie de trío político en el que todo dependía en última instancia de su consejo. «Todos tres, de un acuerdo, haremos y gobernaremos como si de un cuerpo y un ánimo fuésemos», firmaron Fernando, Isabel y Carrillo en lo que pretendía ser como los tres mosqueteros, pero con Richelieu como el líder. Sin embargo, ni ella había pasado años soportando los delirios de sus hermanos ni él había cruzado la península para acabar metiendo en su cama a un triste prelado que aspiraba a ser el tercer rey en discordia.

Carrillo se vio obligado a ceder poco a poco terreno frente a la pareja, que aún necesitaba sus servicios para, como mínimo, enmendar el lío de la bula. La muerte del papa Paulo II, que unos achacaron a una indigestión de melón y otros a un infarto cuando era sodomizado por su paje, facilitó la llegada a la silla de san Pedro de Sixto IV, un pontífice más proclive a firmar una bula auténtica para Fernando e Isabel. El nuevo santo padre quería dar carpetazo a los corrompidos tiempos de su antecesor, al que sus enemigos acusaban de derrochador, vicioso y, según observó Palencia durante una visita a la Ciudad Eterna, de organizar «juegos escénicos a manera de las saturnales en que ganaban premios las rameras, los judíos y hasta los asnos que más corrían». Estas actividades lúdicas incluían la carrera de unos jóvenes desnudos por un cenagal ante la atenta mirada de los orondos cardenales del pontífice.

Historias picantes para no dormir que, como todo lo que escribió Palencia, deben ser puestas en cuarentena, pero que, sin duda, prendieron en Isabel el anhelo de un Vaticano más higiénico. Sixto IV quería representar el papel de fregona ante estas inmundicias y para ello apostó por nuevos aliados. La bula para validar el matrimonio de Fernando e Isabel llegó a España en diciembre de 1471, fecha que se suele marcar como el inicio de la remontada de la pareja regia. Este regalo navideño hizo más prescindible que nunca la labor de Carrillo. El clérigo vio cómo otro poderoso prelado, mejor relacionado con Roma, empezaba a coquetear con los príncipes. Su apellido no era el de un cualquiera.

El prelado Pedro González de Mendoza, hermano del marqués de Santillana, celebró en octubre de 1472 un gran festín en Valencia con el cardenal y vicecanciller del papado Rodrigo Borgia, un hombre alto de gran astucia, donde se trató, entre otros temas, la situación en Castilla del heredero aragonés. No faltaron fuegos artificiales sobre la multitud de palacios góticos de la ciudad y un espectacular desfile encabezado por dos negros africanos que tocaban tambores gigantes. Mendoza acudió en nombre de Enrique a la majestuosa recepción, cuyos costes se negó a anotar un cronista local «para no avergonzar a San Pedro», pero se marchó con el convencimiento de que la apuesta por los príncipes tenía las de ganar. Cuando unos meses después recibió el capelo cardenalicio de Sixto IV, los Mendoza entendieron que a quien le debían el sombrero rojo era a la influencia de Fernando de Aragón, concretamente a la de su padre, y no a Enrique, por mucho que este titulase a su familiar con gran pompa cardenal de España.

«Porque sin comparación son mayores las destrucciones que padecen los reinos divididos, que las que sufren del rey inhábil», afirmó el nuevo cardenal en lo que fue el pistoletazo para que los Mendoza iniciaran su viaje hacia las filas de Isabel y Fernando. La

frase se podía haber entendido en otro tiempo como una defensa a
ultranza de Enrique, pero después de todo lo que había llovido
estaba claro que el rey, ese rey, era la principal causa de la discordia
del país. Se hizo así inseparable de los príncipes y, paradójicamente,
este Mendoza pasaría a la historia con el apodo de «el tercer rey de
España», justo lo que Carrillo, cada vez más desplazado, había tratado de imponer a la fuerza.

La parca rompe la rueda

Tras almorzar juntos, Isabel y Enrique celebraron una larga y apa-
rentemente cordial conversación donde ahuyentaron los recelos.
En la noche del día 30 de diciembre se organizó una gran fiesta en
la que el rey cantó e Isabel bailó. Al día siguiente, Enrique paseó por
las calles de la ciudad llevando por las riendas y a pie el caballo de
la princesa. Segovia pudo ver con sus propios ojos que la reconciliación era real. Las tensiones estaban tan aflojadas que Enrique
pidió a Fernando, que seguía los acontecimientos desde una localidad vecina, que se uniera a los festejos. El día de Año Nuevo, el rey
de Sicilia fue saludado y vitoreado por los segovianos.

Fernando se batió en elogios ante la «buena confederación y
concordia» que le dispensó su primo en unas celebraciones que se
alargaron varias semanas bajo una atmósfera familiar que ni los más
viejos del lugar recordaban. Enrique se mostró melancólico, con los
ojos humedecidos a la menor emoción. Otra historia fue la política… Fernando abandonó con brusquedad Segovia a mediados de
febrero debido a la falta de avances en las negociaciones por el futuro trono.

Los príncipes se marcharon de Segovia con menos equipaje
del que llevaron. El arzobispo de Toledo aprovechó el encuentro
para aliarse de nuevo con su sobrino Villena, capaz de engatusar una
y mil veces a un hombre que consideraba, a pesar de su influencia

sobre él, «terco por naturaleza y de dura cerviz». Cuenta Palencia, en parte por excusarlo más por tonto que por malo, que cuando Villena no era capaz de burlar o regatear con palabras blandas a su tío aplicaba un ardid propio del Lazarillo de Tormes: «Fingía una enfermedad y como si ya le hubiesen desahuciado de su salud hacía llamar al notario y en el testamento encomendaba a su mujer [...] y a toda su familia en manos de su tío, dando al arzobispo facultades para que dispusiese de todo según le agradase [...]. Enseguida se divulgaba su enfermedad, se repetían sus disposiciones, y varios mensajeros referían intencionadamente al tío las muestras de su intención. Este se deshacía en lágrimas, y aguardaba con ansia noticias más felices; llegaban al cabo, todo volvía a su primer estado, y así a manera de círculo no se le encontraba ni principio ni fin».

Castilla estaba atrapada en un bucle de trileros. Parecía que el reino iba abocado a que resonaran las espadas con estruendo cuando, de repente, ocurrió lo más inesperado que podía imaginar un escritor de novela negra. El marqués de Villena, el consejero que le soplaba maldades a Enrique en el oído, cayó enfermo de lo que se creyó unas fiebres propias del cambio de estación estando en Trujillo. Sin embargo, al cabo de los días empezó a echar sangre por la boca y murió a principios de octubre sin que esta vez le diera tiempo a tomar el pelo a su tío. Según los cronistas, el motivo de su enfermedad fue un «apostema que le salió en la garganta», que bien pudo ser un cáncer de laringe a consecuencia de una irritación crónica (laringitis).

Era la misma dolencia que supuestamente había matado a su hermano Girón cuando se dirigía a la boda con Isabel, salvo que en el caso de Villena ya hubo señales de que la padecía desde joven. A decir Hernando del Pulgar en el semblante de este noble-bandolero, la legendaria zalamería y falserío del marqués solo era delatada por un mínimo pero constante temblor en la voz a causa de una «enfermedad accidental, y no por defecto natural», lo que pudo estar relacionado con el cáncer que al final lo sacó de escena.

«Oh maestre que tanta gargantería y hambre tuviste en este mundo para abarcar señoríos… Dime agora, disipador de tu fama, perseguidor de tu rey, qué te aprovecharon, cuando una pequeña apostemación en la garganta te venció», afirmó sin disimular cierta satisfacción el cronista Enríquez del Castillo, una de las muchas víctimas de un apetito de poder propio de un mamut. Juan Pacheco acumuló un indecente patrimonio hasta elevar su linaje desde la medianía de una familia de exiliados portugueses hasta las cimas de la avaricia. El principal e incansable oficio del marqués fue, en palabras del almirante de Castilla, «arar con los nobles uno tras otro un rato cada día».

Fernando se enteró de la noticia en Zaragoza. Inmediatamente se preparó para viajar a Castilla para medrar en las luchas que siguieron a la muerte del patrón. Sin que hubiera abandonado siquiera la capital aragonesa, el destino redobló la apuesta por lo inesperado. Enrique IV, tras veinte años y cinco meses desastrosos en lo político y lo familiar, renunció a seguir interpretando su papel en la gran comedia castellana. Solo dos meses después del fallecimiento de Villena, cayó abatido en el Alcázar de Madrid, a los cincuenta años.

Desde el encuentro en Segovia, su inquebrantable mala salud había ido a peor. De un banquete con Isabel se había tenido que retirar por una indisposición, desatando los rumores más fantasiosos de que alguien de la casa de su hermanastra le había echado ciertos polvos en la comida. Lo cierto es que los príncipes habían recibido instrucciones muy específicas de no molestar al rey cuando, con puntualidad diaria, se retiraba en privado a escuchar música y comer en solitario. Ni queriendo hubieran podido envenenarlo tan fácilmente... En busca de sosiego Enrique se refugió en Madrid. Durante la enfermedad los príncipes visitaron a Enrique e inútilmente le pidieron otra vez que aceptara a Isabel como heredera. Ambas partes se mostraron de acuerdo en que no estaban de acuerdo. En nada más.

Al volver de una cacería por los montes de El Pardo, un agudo dolor en el costado obligó a Enrique a refugiarse en el Alcázar madrileño. Apenas tuvo tiempo de echarse en el lecho, donde murió el 11 de diciembre de 1474. Durante la agonía final sufrió fuertes dolores y arrojó mucha sangre por la boca. La causa de la muerte nunca ha podido ser aclarada, ni siquiera por Gregorio Marañón, que propuso un envenenamiento por arsénico como alternativa a la creencia más común de que se trató de una úlcera de estómago o una enfermedad hepática. Alonso de Palencia responsabilizó con brocha gorda del declive del rey a que se entregaba a grandes festines sin hacer mucho caso a sus médicos, que de todas formas eran unos ineptos que consentían sus caprichos y que, si caía enfermo, lo sometían a purgas y le obligaban a vomitar. También dice el cronista que cuando le pidieron confesar sus pecados se quedó mudo, una nada elegante forma de insinuar que si era cristiano no lo parecía.

En el momento de su muerte estaba cerca del rey el cardenal Mendoza, que, a pesar de que se había pasado al bando de Isabel, mantenía intactos sus lazos personales con Enrique, y un puñado de nobles que no parece que se deslomaran por despedirlo como correspondía. Era deseo de Enrique que no le dedicaran pomposos funerales, pero la manera en la se procedió hubiera resultado raquítica hasta para él. Hubo tanta prisa en finiquitar su reinado que ni se le desnudó ni amortajó como correspondía a un rey, pues quedó «tan deshecho en las carnes, que no fue menester embalsamarlo», según justificó Enríquez del Castillo. El cadáver fue colocado con las polainas de cuero con las que venía de cazar junto al bello sepulcro en bronce de su madre en el remoto templo extremeño de Guadalupe, si bien una posterior remodelación del templo relegó los restos de ambos a unos toscos tablones de madera ocultos de mala manera tras el altar.

Dado lo repentino de su muerte, el rey no tuvo tiempo ni ganas de dictar un testamento, o al menos eso registra la versión oficial establecida por los cronistas que le bailaban el agua a Isabel. Desde luego no parece muy creíble que, a pesar de todos los meses que llevaba enfermo, se fuera a la tumba sin dejar claras sus voluntades, lo cual no era como si se hubiera olvidado de la elección de las flores para su funeral... Aunque hay que reconocer que con Enrique nada parece lo bastante descabellado ni tampoco lo contrario, porque siempre depende de a quién se le pregunte. Palencia dice que nombró a su hija Juana «heredera de los reinos» solo tras la insistencia de los presentes y habla, como otros cronistas, de varios ejecutores testamentarios que conocían sus intenciones.

Solo Lorenzo Galíndez de Carvajal menciona de manera directa la existencia de un testamento escrito, que habría sido hallado posteriormente en Madrid por un clérigo y luego enterrado por este en un cofre bajo suelo portugués. Viendo cercana su muerte, la reina Isabel tuvo noticia del paradero del testamento y ordenó que se lo trajeran. Lo quemó Fernando antes de que nadie lo leyera, según esta deliciosa combinación de novela de piratas y prédica moralizante.

No terminó con Enrique la retahíla de extrañas muertes que propulsaron a los Reyes Católicos hacia el trono. La viuda intentó sin éxito elevarse como cabeza del partido de su hija Juana, pero falleció pocos meses después, a los treinta y seis años de edad, en el convento de San Francisco. Lo hizo sola, lejos de su hija y de los niños que tuvo fuera del matrimonio, entre la indiferencia de un reino que la había tachado de cosas horribles. La literatura restauró de manera póstuma la reputación de la portuguesa y la presentó como un juguete roto de los Reyes Católicos. En el siglo XVIII Charlotte-Rose de Caumont de La Force, autora de una novela francesa sobre los amores secretos de Enrique IV, dijo de ella que «siendo buena vivió sin que se la creyera virtuosa, y todos los que vivieron bajo el reinado de Isabel la Grande se esforzaron y regocijaron en inventar acerca de ella mil vergonzosas calumnias». Ni tanto, ni tan pura.

Sin necesidad de acusar a Isabel de asesina, algo de lo que no existen pruebas, no se puede negar que su éxito estuvo sostenido por una cadena de muertes extrañas. Desde Girón a Enrique, pasando por su hermano Alfonso y Villena. Y ni siquiera con ese reguero de sangre se aseguraron Isabel y Fernando la corona del rey, del que su hija adolescente Juana no dejaría de jurar que había sido envenenado por sus enemigos. Esa afirmación tan difícil de silenciar fue responsable de que una guerra más internacional que civil aporreara a la puerta de España.

4

EL CADÁVER DE LA BELTRANEJA

Un caballero llamado Rodrigo de Ulloa cabalga durante toda la noche a través de los gélidos campos segovianos para informar a Isabel de que el rey murió el día anterior en Madrid. Casi sin aliento, le pide a la princesa que espere al dictamen de la junta de nobles de su hermanastro antes de hacer nada. Isabel le agradece el consejo, pero sabe que no hay un segundo que perder. De tumbas está Castilla llena, con gobernantes que se detuvieron a pensar o a pedir permiso... La muerte de Enrique IV era algo esperable desde hacía meses y, aunque suene a mal cristiano, algo que necesitaba para llevar a efecto los planes que su marido y ella llevaban años trazando. Los actos de despedida de su hermanastro deberán esperar a que se celebren los de bienvenida.

Al día siguiente, Isabel se viste completamente de blanco, como si fuera el ángel Gabriel que se aparece para anunciar una venida. En compañía de sus hombres de confianza, se eleva sobre un estrado en el atrio de la iglesia de San Miguel, en un intento, sin duda exitoso, de atraer las atenciones de los segovianos. El frío de la ciudad forma vahos con cada palabra que sale de su real boca, como queriendo petrificarse en el aire. Sabedora de la importancia de los gestos y de la pompa, la joven Trastámara ha elegido proclamarse con resplandor el 13 de diciembre de 1474, festividad de santa Lucía, como «reina propietaria» de Castilla.

En la Plaza Mayor de Segovia, la joven de veintitrés años anuncia a viva voz que el señor rey don Enrique ha fallecido sin dejar heredero, por lo que ella, como «su hermana legítima y universal heredera», va a recibir la corona y no está dispuesta a aceptar un no por respuesta. La nueva monarca de Castilla realiza el juramento de obediencia a las leyes del reino. «Sí, juro», pronuncia. A lo que el pueblo grita, desatado: «¡Castilla, Castilla por Isabel!». Desde la plaza se dirige al Alcázar, bajo palio de lujosos brocados, en un desfile donde un cortesano porta una espada desnuda, cogida por la punta, con la empuñadura en lo alto, símbolo de la Justicia. Ella monta un caballo cuyas bridas sujetan dos alguaciles. En el castillo brinda con copas de oro y toma posesión del tesoro regio. Las cartas reclaman a los alcaides de Castilla que acudan a jurarle lealtad o se atengan a las «penas contenidas en las dichas leyes». O están con ella o contra ella. La preposición es cuestión de vida o muerte.

Repican las campanas. Los cañones del Alcázar escupen fuego para celebrar la feliz noticia. Claro que para muchos no tiene nada de feliz, empezando por Fernando, que en las cartas aparece no como rey de Castilla, sino como marido de la reina. La muerte de Enrique ocurrió justo cuando él estaba lejos, atendiendo los problemas de Aragón. Como en tantas cosas, el monarca fue inoportuno hasta para escoger su fallecimiento. Para sumar gravedad al descuido, la castellana no informó a su marido del suceso hasta tres días después de las fanfarrias en Segovia.

Fue la presencia de la espada desnuda lo que más alarmó a Fernando de la proclamación. «Quisiera tú Palencia, que leísteis tantas historias, me dijeseis si hay en la Antigüedad algún antecedente de una reina que se haya hecho preceder de ese símbolo, amenaza de castigo para sus vasallos», pone en boca de Fernando el susodicho cronista, acusado tantas veces de misógino. El aragonés procedía de un reino donde seguía en vigor la ley sálica que colocaba el derecho a reinar de las mujeres a ras de suelo y, como hombre de su época, creía firmemente que la mujer, incluso una tan juiciosa como su esposa, debía estar supeditada al hombre. La espada de justicia era un atributo reservado en exclusiva a los hombres y resultaba insultante que su mujer lo hubiera suplantado en uno de sus derechos más fálicos.

No le molestaba compartir cama con una mujer fuerte, su madre lo había sido, pero sí que lo tomaran los súbditos a pitorreo. Cuando Juan II de Aragón presumió ante la ciudad de Barcelona de que sus planes empezaban a dar fruto ahora que la Corona de Castilla «es venida al ilustrísimo príncipe», los catalanes, con esa capacidad sobrenatural de hincharle los orbes de poder al monarca, lo celebraron sin dejar de apostillar que la reina de Castilla era ella y no él. Frente a tales humillaciones, incluso algunos de sus consejeros instaron a Fernando a que reclamara el título en solitario. El riesgo de ruptura entre los dos Trastámara llegó a ser muy real.

El aragonés cabalgó a Segovia hecho un basilisco, recorriendo una tierra hostil contra un soplo frío que parecía exigirle que diera media vuelta. El último día del año llegó a las puertas de Segovia, donde aún no entró ni se atrevió a llamar a su puerta. Antes de presentarse con su esposa, que ya era madre de una hija suya, el monarca inició negociaciones con los consejeros de Isabel para salvar su virilidad. La pareja extinguió el fuego matrimonial como todo hijo de vecino, esto es, con una comisión multitudinaria reunida para discutir punto por punto los entresijos del matrimonio. Todo muy romántico, por supuesto. La lucha entre consejeros y leguleyos alumbró un nuevo comienzo.

Cada uno sería rey propietario en su respectivo reino, y Dios en el de todos, pero ambos se guardaban una serie de prerrogativas en el reino del otro, véase impartir justicia o firmar los documentos bajo un mismo sello. Unos poderes muy por encima de lo que les correspondía tradicionalmente a los reyes consortes. Fernando habría querido mandar más, pero Isabel no se dejó pisar. «Algunos acaso murmuran, extrañados: "¡Cómo! ¿Hay dos reyes en Castilla?"», se preguntaba un viajero británico sobre un hecho excepcional a ojos de naciones extranjeras donde las mujeres rara vez hacían más que parir.

Ya entonces se perfiló un reparto de responsabilidades que depositaba en Isabel los asuntos de justicia y los que eran más importantes en clave nacional, mientras que Fernando se reservaba las tareas militares y la política exterior, donde tan bien se desenvolvían los Trastámara aragoneses. Así podía seguir alardeando, como macho alfa que era, de que los asuntos de fuera del hogar le correspondían a él, en tanto Isabel se dedicaba a mantener bien barrida la casa.

Si bien el acuerdo definitivo no se firmó hasta dos semanas después, Isabel acogió amorosamente a Fernando el 2 de enero. La crisis matrimonial había terminado. Tantos obstáculos reforzaron una historia de pasión a prueba de las ambiciones de los enamorados. Vestido con una capa de armiño, el rey de Sicilia entró en Segovia secundado por las grandes casas castellanas: los Enríquez, los Mendoza y los Alba. A un lado y a otro del caballo del monarca, se ciñeron Carrillo, que se tragó su animadversión hacia la pareja, y el cardenal Mendoza. Tras jurar los privilegios de la ciudad, la comitiva aragonesa, con antorchas en la mano, se internó por las estrechas calles del corazón de la urbe hasta la antigua catedral. En el templo fue reconocido por las leyes y fueros de Castilla, sin que todavía Isabel apareciera en el plano. Ella lo esperó teatralmente en la fortaleza para finiquitar el acuerdo en las partes donde los abogados no son capaces de acariciar.

La ceremonia y el espectáculo no faltaron en Segovia. Los reyes se hicieron cargo de una corte que presumía de austeridad y donde se vestían ropajes alejados del lujo de otras casas. Un embajador del norte se atrevió a describir su vestimenta como pastoril: «No hablo de los vestidos del rey y de la reina, porque no llevan más que paños de lana». Hacerse los pobres era una ficción que representaban cuando les convenía. La reina no tenía ningún problema en vestirse como un ama de casa humilde que remendaba las camisas a su esposo, al tiempo que sabía conjugar esa premeditada sobriedad tan castellana con un grandioso sentido de la ceremonia. Isabel adaptaba su vestimenta a cada región que visitaba, de manera que parecía la más gallega en Galicia, la más vizcaína en Vizcaya y la más mora en Granada. A sus vestidos de gala no le faltaron nunca cantidades obscenas de seda, terciopelo, oro y rubíes. Fernando, a pesar de su fama de tacaño, también solía presentarse en las recepciones con vestido de brocado chapado en oro y sombrero.

A principios de abril la nueva reina dio una de esas lecciones de pomposidad real con una entrada en Valladolid que quitó el hipo. Se presentó yendo a la jineta sobre una hacanea blanca y rodeada de las damas más lozanas de su corte. Isabel portaba sobre la cabeza una corona y vestía un vestido de brocado, mientras que sus acompañantes iban todas vestidas de tabardos mitad de terciopelo pardo y la otra mitad de brocado verde. Frente al mal recuerdo del anterior monarca, enfermizo y tan calumniado, aquella reina quería deslumbrar, ser una portadora de luz en tiempos oscuros.

Fernando también quiso lucir palmito en Valladolid participando en una serie de justas y juegos palaciegos. Estos torneos, reprobados por la Iglesia, contaban con reglas muy detalladas sobre las armas que se permitían o los objetivos de los participantes, para lo cual un rey de armas hacía las veces de juez de la justa. La finalidad principal consistía en derribar al contrario con la lanza o propinar un número determinado de golpes, una suerte donde más de uno acababa mordiendo el polvo. Los nobles compitieron esos días por llamar la atención de la nueva corte, algunos por encima de sus posibilidades físicas. Al duque de Alba solo se le permitió participar en dos justas después de que entrenando se cayera del caballo con la armadura y perdiera el conocimiento. No pudo cabalgar hacia la victoria en el torneo, pero se resarció organizando la mejor fiesta de todas.

El noble adquirió y regaló tanta seda y brocado para las damas que dejó Castilla vacía de telas. Era su manera estrambótica de escenificar el nuevo papel que quería asumir en la corte. Enrique IV había elevado de conde a duque al patriarca más chaquetero de su

tiempo, tal vez esperando que algún día se alineara con los intereses
de su hija Juana, pero fue como una sala de espera sin esperanza. El
duque de Alba fue leal a Isabel y Fernando y, además de entregar
parte del patrimonio que había acumulado, se redimió de su oscuro pasado con el cambio de reinado. Su hijo, Fadrique Álvarez de
Toledo y Enríquez, terminó convirtiéndose en el general más efectivo de su primo Fernando, al que trataba con una cercanía al alcance de muy pocos.

A la conquista de Castilla

Que Isabel y Fernando pusieran tanto empeño en cantar su grandeza solo significaba que su posición era todavía temblorosa en
Castilla. A pesar de que muchas ciudades respondieron con jura-
mentos de fidelidad a Isabel, eran multitud los nobles y los lugares
que no estaban dispuestos a reconocer a la hermanastra del rey
como su soberana. No, desde luego, gratis. Unos estaban demasiado
ocupados en sus riñas locales como para atender las misivas de los
reyes, mientras que otros se alinearon con la hija del rey fallecido
vislumbrando en la proclamación de Isabel un golpe de Estado
contra la voluntad de Enrique.

La mayor parte de la alta nobleza y el clero se posicionaron
con la poderosa Isabel, al tiempo que ciudades como Zamora y el
vecino Reino de Portugal tomaron partido por aquella pobre criatura que había pasado sus días entre las sombras. Juana vivió sus
primeros años zarandeada de un lado a otro y teniendo que escuchar en sus tiernos oídos que era hija de uno de los sirvientes más
apuestos del rey, quien, para más escarnio, lo compartía como
amante con su mujer. Al menos eso era lo que decían los pasquines,
a los que resultaba imposible que la niña fuera ajena. Enrique no
protegió la reputación de su única hija y por castigar a su madre la
condenó a que su infancia fuera una sucesión de secuestros de

guante blanco. Buena parte de esos años los pasó en el castillo de Buitrago de Lozoya, en manos de los Mendoza, que ejercieron como lo más parecido a unos parientes cariñosos para ella.

Sin embargo, con el alejamiento de estos aristócratas de la causa de Enrique, la pequeña acabó en manos del marqués de Vi-llena, que solo era cariñoso consigo mismo. Pacheco exprimió has-ta la última gota de esa niña que tanto había contribuido a desleg-timar y, cuando se bajó del mundo de los vivos, la legó a sus hijos como quien entrega una finca de recreo. El marqués, que se casó tres veces en otra demostración de lo que le costaba permanecer al lado de una sola persona, sumaba a su fallecimiento diecinueve hijos entre legítimos y bastardos. Su primogénito, Diego López Pacheco, fue quien heredó el marquesado de Villena para continuar con la descorazonadora política de su padre. El nuevo marqués heredó tanto la valiosa baza de Juana como el olfato criminal de la familia, aunque cometió el error de no entender que los tiempos estaban cambiando. Para entregar a la adolescente, el joven Villena puso como precio de salida en la puja nada menos que el Maestraz-go de Santiago que había pertenecido a su padre. Cuando le dije-ron que aquel pago era desproporcionado, el hijo de su padre se hizo un partidario acérrimo de Juana.

La infanta sumaba trece años, una edad que le privaba todavía de voz pero la convertía en una candidata idónea para casarse. En-rique IV había hablado con su cuñado, el rey de Portugal, para ce-rrar un acuerdo matrimonial en este sentido, pero como tantas otras cosas de su reinado se había quedado sin llevar a efecto. Los Pacheco llevaron a la infanta hasta el final, a la frontera, y lo dispu-sieron todo para la fiesta nupcial de la sangre y la endogamia. A la vista de la oportunidad, el veterano Alfonso V de Portugal apareció en la meseta para tomar posesión de la niña. En Portugal había sido un monarca ausente y obsesionado con África, pero el caramelo que habían puesto a la puerta de su reino era demasiado jugoso como para resistirse. Él justificó su presencia en que, si no hubiera salido en auxilio de los derechos de su indefensa sobrina, «sería ante Dios digno de culpa». Tan preocupado estaba el luso, un viudo de cuarenta y tres años, que se casó con la joven el 25 de mayo de 1475 para resguardar su dignidad. Aquí te pillo y aquí te caso. La ceremonia se celebró en la Catedral de Plasencia y la proclamación tuvo lugar en una tarima muy alta en el corazón de la ciudad, con mucha pompa, banderas, trompetas y tambores, aunque sin la preceptiva bula papal para unir a un tío y a una sobrina.

Al igual que Fernando e Isabel, Alfonso de Portugal puso en circulación sus propias monedas como rey de Castilla, si bien cometió el desatino de que Juana no aparecía en ninguna parte. Solo un rostro peludo, grandioso y de corte luso, lo cual era una mala elección, si de lo que se trataba era de ganar partidarios en Castilla. No tuvo más remedio que emitir nuevas monedas en las que, esta vez sí, aparecía la mujer por la que decía luchar. Mientras el marido preparaba sus tropas para invadir Castilla, ella firmó un manifiesto dirigido al reino donde acusaba a Isabel y Fernando de haber matado a su padre y pedía que «tal enemiga como esta sea desarraigada de la tierra y del todo amatada y de ella no quede flama ni centella para que en adelante no pueda ennegrecer la buena fama y nobleza de la casa real de Castilla». Palabras crudas, perdones caros… En un ejercicio de cierta candidez, la joven proponía evitar la guerra a través de unas elecciones nacionales que resolvieran la cuestión:

> Luego por los tres estados de estos dichos mis reinos, e por personas escogidas dellos de buena fama e conciencia que sean sin sospecha, se vea libre e determine por justicia a quien estos dichos mis reinos pertenecen; porque se excusen todos rigores e rompimientos de guerra.

Si los Mendoza dieron la espalda a la niña que tantos años habían cuidado, Carrillo terminó de divorciarse de Isabel, a la que había respaldado cuando apenas tenía apoyos. De aquella joven que se movía con timidez ya no quedaba ni rastro, ni siquiera los hilos para moverla. El prelado abandonó de forma airada la corte, a mediados de febrero de 1475, y se instaló en Alcalá de Henares para seguir el culebrón desde la distancia. La reina acudió a sus faldas para que reconsiderara su alejamiento, en gran parte provocado porque el capelo cardenalicio hubiera acabado en manos de Mendoza, pero solo consiguió empeorar las cosas. El arzobispo se negó a recibir a la reina y prometió que si ella entraba por una puerta de la villa él saldría por la otra. Más tarde se jactaría de que había sacado a Isabel del telar y la volvería a la rueca. Se verían en combate, no antes.

El ejército de Alfonso cruzó la frontera y avanzó por Extremadura para incorporar a sus huestes a la nobleza descontenta. Más allá de Villena hijo y de Carrillo, clásicos entre clásicos de la oposición, no se puede decir que la mayoría de la aristocracia castellana recibiera con los brazos abiertos la invasión.

Juana montó en Toro, una de las ciudades que cayeron bajo control luso, una pequeña corte que la trataba como reina de Castilla. Una representación en miniatura de cómo podía haber sido su vida de no caer sobre ella la maldición de su padre. Además de las grandes ciudades extremeñas, los portugueses encontraron buen recibimiento en toda la región de Zamora y en Burgos, tierra tan vieja como sus piedras. La posibilidad de que los franceses se sumaran pronto a la alianza era una de las razones para creer en el triunfo de la hija de Enrique IV.

El otro motivo de peso era el propio poder de Portugal, un reino pobre y con un comercio esquelético que, a mediados de ese mismo siglo, rompió la baraja a base de tesón, ingenio y un punto de locura. Solo así se puede explicar cómo este pueblo de hábitos pesqueros rebasó el llamado Cabo del Miedo, temido por todos los navegantes medievales, en busca del oro y los esclavos que África guardaba en su interior. Entre 1424 y 1433, hasta quince expediciones portuguesas fracasaron al bordear este accidente geográfico situado en la costa del Sahara y salteado de peligrosos bajíos mezclados con arrecifes. Cada vez que un piloto pensaba alejarse hacia alta mar, la marea estrellaba su nave contra la costa. Solo un demente o alguien muy bebido habría insistido en esta utopía, y esa era justo la clase de tripulación con bemoles que se subía a bordo de los minúsculos y frágiles barcos de la época. El escollo, que ni siquiera podían remediar las brújulas, descontroladas por culpa de las rocas ferrosas de los arrecifes, se solventó internando los barcos hacia alta mar en vez de seguir la costa, para luego impulsarlos a través de las corrientes marinas.

Las carabelas lusas no se conformaron con ir más allá del Sahara, ni siquiera de Guinea, compitiendo entre sí por crear factorías comerciales para gloria de la corona. Pronto, la idea de rodear todo el continente por el sur y llegar al corazón mundial de las especias no pareció ningún disparate en las imaginativas mentes de los portugueses. Poner truculentos adjetivos a los cabos o anunciar monstruos mitológicos no iba a frenar nunca más a los navegantes. Estas riquezas africanas y luego asiáticas garantizaron a la corona lusa un caudal incomparable entre sus pares europeos.

La primera reacción del bando isabelino fue negociar ante la negra perspectiva de enfrentarse a un púgil tan bizarro. En aquel momento las arcas eran ruinosas e Isabel no tenía dinero ni para pagar a su guardia personal. En la corte hubo quien exigió iniciar conversaciones de paz con Alfonso, del que se decía que estaba descontento tras los pobres apoyos cosechados en Castilla y estaba dispuesto a dar media vuelta a un módico precio. Sin embargo, las bravas exigencias del portugués, que se sabía con ventaja militar y pedía, además de Galicia, quedarse con las ciudades que ya estaban bajo su control, obligaron a Fernando e Isabel a apostarlo todo a la guerra. Una vía rápida para lograr fondos fue el tesoro de la Iglesia, cuya mitad tomaron prestada bajo la promesa de devolver el dinero cuando la corona se repusiera del bache. Puede que Isabel buscara en la religión alimento para su alma, pero lo que más obtuvo de ella fue dinero contante y sonante.

En respuesta a la proclamación de Juana, Fernando e Isabel se titularon reyes de Portugal, como herederos de los derechos Trastámara, y se prepararon para contestar con todas sus armas. Fernando se elevó como el capitán de las mesnadas de los nobles que les eran fieles y de los peones que pudieron reclutar en el señorío de Vizcaya y en Asturias, dos regiones adictas a Isabel, para hacer «la guerra por mar e por tierra contra el rey de Portugal». Los reyes declararon fuera de la ley a los aristócratas que se habían sumado al bando de Juana y confiscaron sus bienes acusándolos de conspiración contra la corona.

El día de furia de la reina

Los reyes se centraron en los primeros meses de la guerra en impedir que otras localidades cayeran bajo el influjo de los fados portugueses. A Valladolid, centro de operaciones del matrimonio, llegó la noticia de que el alcaide de León andaba en tratos secretos para entregar esta plaza. Con Burgos bajo sospecha y Zamora en manos enemigas, la caída de la capital del viejo reino colocaba a los monarcas al borde del precipicio. Isabel no esperó a que su marido se uniera a ella o le diera permiso. Cabalgó sin bajar del caballo hasta León, donde exigió al alcaide que acudiera ante ella.

—A mi servicio cumple que me entreguéis esta mi plaza que tenéis.

El alcaide a cargo de las torres de León se batió en excusas para ganar tiempo y pidió sacar antes sus propiedades de la plaza, a lo que Isabel contestó igual de tajante:

—A mí place que saquéis todo lo vuestro, pero no cumple a mi servicio que os partáis de aquí donde yo estoy fasta tanto que yo sea apoderada de mi fortaleza.

Aquellas escenas tan teatrales, tan efectivas a nivel político, eran marca de la casa, aunque en ocasiones a Isabel se le fuera la mano con la vena flamenca. En el primer verano de la guerra, Fernando intentó tomar Toro con su numeroso pero poco curtido ejército. Teniendo ya instalado su campamento frente a la plaza llegó la pésima noticia de que Zamora se había decidido del todo por el bando de Juana. El rey de Sicilia quedó atrapado entre los dos fuegos, con el consiguiente peligro de caer prisionero. Fernando trató de disimular el fiasco desafiando a duelo singular al rey Alfonso en un gesto puramente caballeresco. No parece que ninguno de los monarcas se tomara en serio el duelo, pero por salvar el honor ambos negociaron las condiciones del encuentro que nunca iba a celebrarse. El portugués exigió que Isabel pasara a su custodia y Juana a la de Fernando mientras durara el desafío, una oferta que el rey de Sicilia se negó a considerar. Con todo, la farsa tomó la tonalidad de drama cuando el heraldo portugués que hacía las veces de correo entre los contrincantes fue placado por fray Alonso de Burgos, confesor de la reina con magma en las venas. Rabioso por ver al luso con los emblemas reales de Castilla, el fraile se olvidó de las normas de caballería y derribó de su mula al portugués. La ofensa diplomática fue tan grave como para que Fernando tuviera que colmar de regalos al mensajero antes de dejarlo partir.

Más allá del paripé, los veteranos nobles que lo acompañaban aconsejaron al monarca que se retirara cuanto antes de Toro, lo que a su vez provocó un amago de motín entre la soldadesca, que, borracha de bravuconería y de vino peleón, cuestionó que un rey tan valiente pudiera concebir una fuga tan vil. Tirando de su famoso don de gentes, Fernando evitó la rebelión y mantuvo cierto orden en el repliegue hacia Tordesillas, donde esperaba a las tropas una optimista Isabel para celebrar la victoria. Al verlas abatidas y en desconcierto, la reina entró en un arrebato de ciega cólera, se puso energúmena (debe de ser que Tordesillas provocaba ese efecto sobre las mujeres Trastámara), dijo palabras de «varón muy esforzado más que de mujer temerosa» y hasta escarmentó a los primeros en llegar a la villa.

Si Jesucristo tuvo su particular día de furia cuando vio lleno el templo de mercaderes, Isabel lo vivió cuando observó a tantos cobardes sembrados en los campos castellanos. Detuvo a los jinetes y alanceó delante de sus ojos a sus monturas. Cuando la dama siguió increpando también a los generales en el Consejo Real, Fernando salió en defensa de sus tropas y se valió, en palabras del autor de la *Crónica incompleta de los Reyes Católicos*, de gallardía varonil para contestar a su desquiciada esposa: «Mas siempre las mujeres, aunque los hombres sean dispuestos, esforzados, hacedores y graciosos, son de tan mal contentamiento». En concreto, su mujer era, según él, la de peor complaciencia, pues «¡por nacer está quien contentar os pueda!».

Y puede que Isabel se mostrara demasiado rigurosa al juzgar la retirada, incluso hay quien interpreta que mató a los caballos y también a los jinetes a modo de escarmiento, pero sabía que los números eran favorables a su bando. Tenía el dinero, las lanzas, los apoyos y hasta un marido con fama de buen militar, aunque lo único que había hecho en los primeros meses de conflicto era dar vueltas sin entablar combate. Pronto se esfumó el verano de 1475 y el otoño hizo impracticable lanzar grandes ofensivas. Había muchas bocas que alimentar y muchas manos nobles que llenar de anillos como para dejar pasar los días en vano. Fernando aprovechó la temporada de lluvias para integrar a su numeroso ejército en una fuerza más compacta.

Sin embargo, fue una vez más la esposa la que golpeó primero. La insaciable Isabel admiraba por las lecturas de su infancia a la guerrera francesa Juana de Arco, pero jamás sintió la tentación de ponerse al frente de las operaciones militares o de empuñar la espada como la doncella de Orleans. Para jugar a los soldaditos de plomo ya estaba su marido. Ella, puro nervio a caballo, era más útil valiéndose del cerebro antes que de la fuerza bruta. La reina atrajo mediante negociaciones subterráneas a su bando al alcaide que defendía un puente de acceso a Zamora, ciudad donde estaba alojado el propio Alfonso. El día pactado, a principios de diciembre, las monjas del convento de Sancti Spiritu tocaron las campanas de su capilla para dejar entrar a las tropas isabelinas. Con la ciudad revuelta contra el portugués, el rey sufrió insultos por las calles y huyó hacia Toro. Al día siguiente, Fernando tomó posesión del lugar y puso bajo asedio el castillo de la localidad, donde se había quedado atrincherada una guarnición de portugueses.

Advertida de que una parte de Burgos también quería unirse a su bando, Isabel viajó allí luchando contra una atroz nieve para convencer a los cabecillas burgaleses de que la clemencia de la reina con los solicitantes de su gracia era tan gigantesca como su crueldad con los que persistían en sus maldades. La conquista de la *caput castellae*, la cabeza con más canas de la Castilla Vieja, situó al bando isabelino a pocos movimientos de terminar la guerra. Faltaba el puñetazo, que solo podía propinar Fernando, el rey soldado.

A comienzos de febrero de 1476, el heredero portugués, don Juan, llevó refuerzos a su padre, que permanecía en Toro sin atreverse a mover ni un músculo. Cada vez resultaba más evidente que la guerra no era un conflicto dinástico, sino un enfrentamiento entre Castilla y Portugal. Con ánimos renovados, Alfonso V salió de Toro días después y puso cerco a Zamora, donde Fernando todavía intentaba tomar su castillo. El rey de Sicilia se encontraba atrapado entre dos fuerzas portuguesas, pero estaba bien resguardado, a diferencia de las tropas de Alfonso, cuyo campamento sufrió los estragos del invierno. El portugués decidió retirarse a Toro lo más rápida y sigilosamente posible. Eso era justo lo que Fernando estaba esperando. El aragonés se dedicó a hostigar la retaguardia de su enemigo hasta forzarlo a entablar batalla en una llanura cercana.

A las puertas de Toro se citaron los ejércitos de Alfonso y los de Fernando a principios de marzo. La región estaba encharcada por las lluvias. Es complicado averiguar cuál de los dos ejércitos acudió allí con más o menos lanzas, pues todo en este episodio está envuelto en más capas de propaganda que una cebolla. Se supone que las fuerzas estaban tan igualadas que incluso cada bando contaba con sus propios prelados guerreros. Tanto Carrillo, armado para la ocasión por el bando de Juana, como el cardenal Mendoza, que luchaba por el de Isabel, no le hicieron feo a romperse la cara en los campos de Peleagonzalo.

Al comienzo de un combate pasado por agua, Fernando lanzó a los jinetes ligeros del flanco derecho contra los hombres del príncipe don Juan, que entre acero y pólvora escupió sus esqueletos. Entonces, el comandante aragonés no se recató de los peligros del combate y se metió, con todo el centro de su ejército, en una melé sangrienta contra la infantería portuguesa. Alfonso V tampoco quiso ser menos y puso su granito de arena para un festival de «golpes de las armas y el estruendo de la artillería e las voces; unos nombrando su apellido, otros gimiendo sus llagas y caldas, otros demandando ayuda, otros reprehendiendo los que veían negligentes en pelear, y esforzándolos que le peleasen», en palabras de Hernando del Pulgar. Carrillo, por su parte, se zambulló en los puntos más peligrosos con energía y maldiciendo: «¡Traidores, aquí está el cardenal!».

En este volcán de sangre y entrañas se vivió un combate singular entre un soldado fernandino, Vaca de Sotomayor, y uno portugués, Duarte de Almeida. El primero luchó contra el luso con el objetivo de arrebatarle el estandarte real, que defendió a costa de perder el brazo derecho y luego el izquierdo. Al no poder agarrar la enseña, el alférez convertido en un poste la cogió con sus dientes. Con todo, no pudo evitar que se la arrebatasen de su mellada dentadura. El macabro juego por tomar la bandera no terminó ahí. Los combatientes aledaños se arrojaron con tanta saña hacia el castellano portador del estandarte que dejaron la tela hecha jirones.

La batalla de Toro se prolongó durante tres horas sin que hubiera un vencedor claro entre dos contendientes agotados por la persecución previa. El rey de Portugal, viendo que muchos efectivos de su ejército habían decidido por su cuenta retirarse hacia Toro, tocó repliegue en lo que terminó siendo una marcha desordenada, bajo la parpadeante luz de las antorchas. Mientras el rey portugués se retiraba, su hijo aún tuvo tiempo de desbaratar el flanco izquierdo fernandino y salvar a su padre de una grave derrota. El cronista Esteban de Garibay afirma que tal heroicidad no pasó inadvertida para Fernando, que confesó a su esposa que «si no viniera el pollo, preso fuera el gallo». Hubo un momento en que fue el aragonés quien se vio aislado en el campo de combate con solo tres caballeros.

La lluvia del anochecer marcó el final de la sangrienta jornada. Ambos bandos sufrieron un similar número de bajas y el resultado de la lucha quedó indeciso. No obstante, el aragonés no perdió el tiempo reorganizando sus tropas, como el ingenuo de Alfonso, sino que tuvo el acierto de enviar decenas de emisarios por todo el reino proclamando su aplastante triunfo. Si aquella victoria fue más fruto de la propaganda que de las armas, como sospechan muchos historiadores, habría que reconocer que nunca una mentira ha sido tan rocosa.

Isabel se trasladó a Tordesillas para seguir los acontecimientos, pero esta vez no necesitó quitarse la alpargata. Se unió a los festejos por la victoria fantasma de su marido, que con cierta bravuconería, como queriéndole devolver las dudas del pasado, le restregó su éxito: «Haced cuenta que esta jornada nuestro señor os ha dado toda Castilla». Isabel ordenó una procesión en la que caminó descalza en señal de humildad hasta el monasterio de San Pablo. Los reyes la consideraron una batalla tan grave como para levantar en Toledo el monumental monasterio de San Juan de los Reyes en señal de agradecimiento a Dios por la no victoria. En este templo de estilo gótico, situado en plena judería, planearon que algún día serían enterrados, pero aún no podían ni imaginar lo que el futuro les deparaba. La capital espiritual de España, la antigua sede visigoda, famosa por sus tesoros y joyas escondidas, se les iba a quedar pequeña.

El matrimonio se valió de su triunfo para convocar sus primeras Cortes en Madrigal, la villa donde había nacido la reina, y poner los cimientos de lo que iba a ser su reinado. Concretamente en el

Palacio de Juan II, bajo su impresionante techumbre de madera, los reyes obtuvieron de los procuradores de las grandes ciudades del reino la cantidad récord de 160 millones de maravedíes para continuar con sus guerras.

La modernización de la Hermandad General, órgano policial de carácter rural que había tratado de impulsar el desdichado Enrique IV, fue la otra gran novedad de estas Cortes. En un país donde era peligroso moverse por los caminos, estos agentes del orden público permitieron a las villas aisladas buscar y perseguir a los delincuentes hasta cinco leguas de su villa, desde donde tomaban el relevo los cuadrilleros del siguiente lugar avisados por el toque de campana. Policía, juez y verdugo… La Santa Hermandad estaba facultada a condenar y ejecutar la sentencia sin juicio previo, incluso la pena de muerte, que se realizaba con el disparo de saetas en el campo. Un viajero borgoñón describía así lo importante que era en Castilla tener amigos con buena puntería:

> Apenas si hacen colgar en España; pero atan a los malhechores merecedores de la muerte a un poste, y les ponen una marca de papel blanco en el sitio del corazón. Luego la justicia ordena a los mejores ballesteros que se encuentran disparen sobre ellos mientras no hayan muerto; y, si el malhechor sabe que algún amigo suyo es un buen ballestero, requiere a la justicia para que le haga tirar, a fin de morir antes.

La Santa Hermandad fue un arma muy útil para los reyes en un tiempo en el que, más allá de su pequeña guardia real, no contaban con tropas bajo su mando, aunque dado lo costoso de su mantenimiento y las quejas de algunos pueblos, fue reduciendo su eficacia. De hecho, la expresión «¡a buenas horas, mangas verdes!» se acuñó a propósito del uniforme de esta unidad, un chaleco de piel hasta la cintura con mangas de color verde, y por su fama de llegar siempre tarde al lugar del crimen.

Las Cortes de Madrigal sirvieron a los reyes como primer esbozo de su proyecto unificador. Isabel convocó solo cinco Cortes castellanas durante el transcurso de su reinado, sobre todo al comienzo, cuando le interesó apoyarse en el poder de las ciudades frente a la alta nobleza. El resto de años gobernó con ordenanzas y pragmáticas o tratando los asuntos directamente con las ciudades afectadas, quedando de esta manera las Cortes en un bonito escenario para cuando los reyes necesitaban que el país jurara a sus herederos. Quienes tachan a los Reyes Católicos de absolutistas suelen citar como prueba esta falta de interés en la histórica institución, tan cuidada por los Trastámara, sin querer reparar en que estos intrincados eventos no es que fueran una fiesta de la democracia. A las Cortes no acudían procuradores de todas las ciudades, sino una minoría privilegiada que no tenía funciones legislativas y que en lo fiscal se encontraba amordazada. Fernando e Isabel más que acabar con las Cortes lo que hicieron fue retratar su decadencia.

Las ratas huyen del barco portugués

El marqués de Villena dio la espantada del bando juanista justo antes de Toro, donde ni estaba ni se lo esperaba, de modo que se acogió junto a otros rebeldes al perdón de Isabel, que no impuso ni crueldades, ni humillaciones, ni expolios. Carrillo, por su parte, también abrazó la amnistía y conservó su dignidad arzobispal, a pesar de que aún conservaba manchas de sangre fresca de los isabelinos en su sotana. Lo que sí desechó fue la oferta de tornar a la corte como si nada hubiera ocurrido. No pasar página fue el último error político de este prelado con un olfato superdotado para las tormentas, aunque incapaz de tragarse su aparatoso orgullo.

En medio de la lluvia de reveses, Alfonso V respiró aliviado con la noticia de que los franceses habían atacado al fin el norte de Castilla. Mientras Fernando acudía con urgencia a levantar el cerco sobre

Fuenterrabía, Isabel continuó con su enérgica labor de bombera, corriendo de aquí para allá donde había que apagar una rebelión o podía rendir alguna plaza rebelde. En el verano de 1476, la reina se desplazó a Segovia ante el levantamiento popular que se produjo contra los abusos de Andrés Cabrera, que se encontraba en el frente. En su ausencia, la familia de su mujer, Beatriz de Bobadilla, cuidaba en el Alcázar no solo del tesoro regio, sino, y esto era más valioso, de la hija de seis años de Isabel y Fernando. Los rebeldes mataron al confiado portero y prendieron al patriarca de los Bobadilla, cuyos últimos partidarios se refugiaron junto a la infanta en la torre del homenaje. Allí aguantaron los leales a Isabel ocho días, ignorando las ofertas de cambiar al padre de Bobadilla por la infanta, pues «no habían de entregar lo más por lo menos, hiciese lo que quisiese», según dice el cronista Diego de Colmenares que contestaron los defensores.

Isabel desafió la oscuridad de la noche y una tormenta que a otros haría naufragar en tierra para llegar a la ciudad en pocas horas. Los líderes amotinados y muchos consejeros reclamaron a la reina que se moviera con prudencia, no fuera a resultar herida ella o la niña, pero la presencia de su heredera hizo que le hirviera la sangre. Decidió entrar en Segovia dando una patada en la puerta:

—Decid vosotros a esos caballeros e ciudadanos de Segovia que yo soy la reina de Castilla, y esta ciudad es mía… e para entrar en lo mío no son menester leyes ni condiciones…

Nadie se atrevió a increpar a esta fuerza de la naturaleza cuando atravesó las calles de Segovia y se plantó a las puertas del Alcázar, donde andaba la masa armada tratando de asaltar el palacio. Isabel, de nuevo desoyendo a sus consejeros, ordenó que dejaran pasar al pueblo junto a ella, lo cual, dicen los cronistas, conmovió tanto a los segovianos que enfundaron sus armas y apagaron las antorchas. La sangre fría de la monarca bastó para congelar la crisis, que se resolvió de manera salomónica en los despachos: mantuvo a la familia Cabrera al frente de la ciudad, pero colocó como alcaide a su querido Gonzalo Chacón para evitar futuras arbitrariedades. La custodia de la infanta fue retirada a los Cabrera y la reina se la llevó consigo en sus aventuras.

Con la caída de Toro y la pérdida del tesoro de su corona, quedó el bando de Alfonso y Juana descabalgado en Castilla. El sueño incierto de que Juana se convirtiera en soberana de Castilla se tornó más apretado que la ancha, cada vez más, cintura de su tía. Todo esfuerzo por darle la vuelta a la guerra fue en vano para las tropas portuguesas. La batalla diplomática se saldó para ellos con todavía más hematomas. El papa Sixto IV tardó primero una eternidad en autorizar la necesaria bula para legalizar a ojos de Dios el matrimonio entre Alfonso y Juana, entre un tío y una sobrina, y luego directamente la revocó porque prefería no contrariar a Fernando e Isabel. Esto hizo que a ojos de Dios el matrimonio nunca fuera real.

Alfonso de Portugal envainó su espada y se dirigió a Francia aprovechando una tregua. Allí trató durante meses de conseguir más ayuda del rey de este país, que lo recibió con tantos honores como evasivas. Apodado «la Araña Universal» por su fama de intrigante, Luis XI de Francia aseguró que, mientras siguiera en guerra con Carlos el Temerario, soberano del pequeño y belicoso ducado de Borgoña que había ganado volumen a costa de Francia, no podía enviar ni un solo hombre al sur. Alfonso intentó una paz entre ambos, y valiéndose de su parentesco con el duque —eran primos— se entrevistó con él mientras asediaba Nancy.

El encuentro tuvo lugar solo unos días antes de que Carlos el Temerario, «el gran duque de Occidente», muriera en combate el 5 de enero de 1477. El noble, cuyo lema personal era *je lay emprins* (me atrevo), pagó las consecuencias de su atrevimiento cuando uno de sus más estrechos aliados lo traicionó, dándole muerte y abandonando su cadáver a merced de las bestias. Tres días después de la batalla se encontró el cadáver, desnudo y medio devorado por los lobos, al borde de un estanque helado. Sus viejas cicatrices de guerra permitieron a su médico de confianza reconocer a Carlos, si bien no faltaron quienes creyeron durante años que el legendario duque seguía con vida, a la espera de descubrirse en un brillante golpe teatral. Pero aquello no ocurrió.

El mal fario acompañaba allí donde iba a Alfonso, que ni con esas obtuvo el compromiso del rey francés. Desmoralizado por las adversidades, el portugués se retiró a un monasterio galo y abdicó brevemente en favor de su hijo Juan, motejado con el poco imparcial título de «Príncipe Perfecto» y quien ya mandaba de facto como regente. Hasta su muerte en 1481 el monarca luso se sumió en oleadas de melancolía, de donde solo despertaba cuando tocaba guerrear con Castilla.

Conforme se iban marchando los extranjeros, la guerra de Isabel se centró en poner paz a la lucha entre bandos que cada ciudad tenía encarnada desde hace generaciones y que los desmanes extranjeros no habían hecho más que agudizar. La famosa obra *Fuenteovejuna*, escrita por Lope de Vega, el «Monstruo de la Naturaleza», se inspiró justo en un episodio violento ocurrido en la localidad cordobesa de dicho nombre. Durante toda la guerra, Fernán Gómez de Guzmán, comendador mayor de la Orden de Calatrava, se había dedicado supuestamente a destrozar los campos y haciendas de Fuente Ovejuna, villa de su encomienda, así como a ultrajar el honor de algunas de las doncellas del lugar. Hartos de los abusos de este partidario de Juana, los alcaldes, regidores, jueces y el resto de vecinos se conjuraron una noche de abril de 1477 para linchar y asesinar al inmoral comendador a la voz de «¡Fuente Ovejuna! Todos a una». La muchedumbre armada entró por la fuerza en la casa donde residía el comendador y lo mató junto a sus soldados como el perro depravado que se decía que era.

Sin embargo, en gran parte por culpa de esa comedia escrita más de un siglo después, la figura del comendador ha sido objeto de una terrible deformación muy alejada de la realidad. Si bien no se puede descartar que cometiera abusos sexuales en la región, lo que no es cierto es que el noble se ensañara con la villa; de hecho, los cronistas lo definen como un guerrero letrado, virtuoso y muy culto. Los Reyes Católicos incluso lo califican como «fiel servidor», lo que también descarta la idea de que estuviera alineado con la Beltraneja. Parece ser que el verdadero motivo del motín fue un aumento de la presión fiscal y la disputa pendiente de la familia del comendador con los poderosos Girón, emparentados con el escurridizo Villena. Por cierto que Lope de Vega fue protegido en su tiempo por descendientes de esta casa, lo que lo convierte en alguien poco imparcial.

La labor de los reyes frente a estos episodios de violencia desatada no fue tanto erradicarlos, lo cual era imposible con los pobres medios a su disposición, como el organizarlos en su favor. Las milicias ciudadanas y las guerras religiosas estaban concebidas en este sentido. Allí donde la reina Isabel viajaba se topaba con tal o cual familia enfrentada a muerte con otra, procurando aclarar a unos y otros que por encima de todos ellos estaba la Corona. La estela que dejó de torres señoriales mochadas, rebajadas en su altura o desmilitarizadas, da cuenta de lo que les ocurría a quienes no quisieron o pudieron comprender a tiempo esta regla tan básica de la reina. Algunos aprendieron la lección a la fuerza. Un noble favorable a la reina lanzó impunemente por la muralla de un castillo a su cuñado juanista para hacerse con la plaza de Valencia de don Juan. En Cáceres, la lucha fue tan profunda entre clanes («los de arriba» y «los de abajo») que Isabel determinó que el control perpetuo de la ciudad se resolviera mediante sorteo de cargos.

La reina se representaba a sí misma como una amante apasionada de la justicia, con la costumbre de dedicar allí por donde iba un día a la semana a recibir a cualquier súbdito que quisiera exponer sus quejas de manera espontánea. Más teatro que otra cosa, pues las sentencias solían estar preparadas de antemano por experimentados jueces del consejo y la monarca únicamente lucía cercanía ante los presentes. No obstante, la paciencia de la reina impartiendo justicia se fue gastando conforme bajaba hacia el sur. A Sevilla llegó con el depósito vacío. La hermosa ciudad a la vera del Guadalquivir recibió el 24 de julio del año 1477 a la reina con un entusiasmo que parecía irrompible. No lo era. Las ostentosas fiestas que la ciudad organizó para conocer a su joven reina se empañaron con la andanada de sentencias contra los nobles revoltosos y traidores que firmó la dama al poco de llegar.

Isabel no quería convertirse en su hermanastro, al que todos abrazaban y prometían lealtad, pero que, en cuanto se giraba, era objeto de burla. Los nobles sevillanos se caracterizaban justo por emplear «falazmente dádivas y más amable cortesía», en palabras de Palencia, para terminar haciendo lo contrario de lo que prometían. Un viajero procedente de un lugar tan lejano como Silesia coincidió con esta radiografía al describir a los sevillanos en general como «groseros, necios y avaros», pero muy astutos.

Los partidarios de Medina-Sidonia y los del marqués de Cádiz se batían en una interminable guerra callejera que Isabel, sorprendida del escaso efecto que provocó su llegada en estos clanes, no pensaba tolerar ni un segundo más. Entre ser temida o amada, prefirió siempre, siguiendo el famoso consejo de Maquiavelo, lo primero a lo segundo. En el caso de Sevilla, una urbe acostumbrada a vivir a sus anchas y donde la gente no se atrevía a pasear de noche por sus calles, Isabel dictó sentencias de muerte a tutiplén, ordenó confiscar propiedades que se consideraban robadas y provocó una estampida de miles de huidos en dirección a Portugal. La represión fue tan dura que algunos de los jerifaltes de la ciudad se vieron obligados a alzar la voz. El obispo Solís pidió moderación a la reina:

> Estos caballeros y pueblo de esta vuestra ciudad, vienen aquí ante vuestra majestad, e vos notifican que cuanto gozo tuvieron los días pasados con vuestra venida a esta vuestra tierra, tanto terror y espanto ha puesto en ella el rigor grande que vuestros ministros muestran en la ejecución de vuestra justicia, el cual les ha convertido todo su placer en tristeza, toda su alegría en miedo y todo su gozo en angustia e trabajo.

Cuando Isabel ya llevaba dos meses en Sevilla, Fernando acudió a su lado tras malograr los ataques franceses en la región vasca. La llegada del aragonés causó tan mínima expectación que Alonso de Palencia se vio en la obligación de justificarlo en que había entrado en la hora de la siesta, lo cual era y es algo sagrado en la ciudad de la Torre del Oro. La reina accedió a firmar una amnistía general para calmar los ánimos y frenar las continuas fricciones callejeras entre los jóvenes de la corte, los llamados «ganseros» por su andar aparatoso, y los mozos sevillanos, que los foráneos motejaron como los «jaboneros» debido a su gusto por embadurnarse de jabón local, un producto que se hacía con aceite de oliva, sosa, cal y cenizas y que se exportaba por toda Europa para usar como detergente industrial. Sin embargo, la tensión no terminó de rebajarse a corto plazo y hasta se temió una revuelta contra los reyes. En una refriega entre los aseados sevillanos y los pomposos forasteros se lanzaron piedras e insultos contra Fernando.

La guardia armada de los reyes contuvo los tumultos que señalaban a Medina-Sidonia, rey en las sombras de la ciudad, como su promotor. El noble, que había coqueteado con los portugueses en el pasado, comprendió a tiempo que el pulso con la Corona iba a acabar con su brazo doblado. Cuando Isabel se quejó durante un acto palaciego de que los sevillanos parecían no quererla mucho, pues «tantas reinas hay en ella», en referencia a la ostentosa esposa del duque, el aristócrata, nervioso, trató de vindicar su lealtad: «Señora, reina no hay en Castilla ni en Andalucía más que una; y es vuestra alteza más que una; y lo es vuestra alteza después de Dios por mí». A Medina-Sidonia no le quedó otra que convertirse en un solícito amigo de los reyes. Su máximo rival, el marqués de Cádiz, tomó la misma determinación.

Una vez superaron estos enganchones, los reyes se holgaron de placeres en esta ciudad de anchas calles, jardines de fragancia musulmana y con el Alcázar almohade coronando la tarta de piedra. Pedro el Cruel no había escatimado gastos para reformar y ampliar este edificio musulmán, de modo que pocos palacios de la monarquía castellana contaban con tantas comodidades. Las habitaciones tenían acceso directo a agua cristalina y los patios estaban llenos de mármol y oro. Isabel navegó hasta la desembocadura del Guadalquivir para conocer por primera vez el mar. La monarca quiso ir más allá, mar adentro, pero el mareo y la sospecha de que estaba embarazada de nuevo lo desaconsejaron. El pichabrava de Fernando había hecho en Sevilla un *veni, vidi, vici* de manual. A consecuencia de aquellos polvos en Sevilla nacerían, además de su primer y único hijo varón, el desdichado príncipe Juan, los lodos de una nueva invasión portuguesa.

Desde esas costas andaluzas, los reyes enviaron dos flotas, una para conquistar Gran Canaria y otra para hostigar Mina de Oro, puerto portugués en las aguas de Guinea que había sufrido varias incursiones en el pasado de marinos y piratas de Palos de la Frontera (Huelva). Querían los reyes recordar a los enemigos que sus marinos conocían bien el camino más allá de Cabo del Miedo y que, en caso de persistir la guerra, el comercio portugués podía sufrir muchos estragos. La flota de treinta y cinco carabelas se fundió en oro en las aguas guineanas durante varios meses, pero a su regreso al norte se encontró en mar abierto con una flota enemiga más hábil y descansada. Los marinos castellanos subían agotados, enfermos y con las bodegas abarrotadas, por lo que resultaron una presa bien cebada para el comensal portugués.

La aventura canaria tampoco afinó en sus objetivos, demostrando que las armadas españolas estaban todavía verdes. Fernando fue muy criticado por aquella desastrosa operación que alentó las esperanzas del bando juanista cuando de este solo colgaba un hilillo de vida. En Galicia, los nobles rebeldes volvieron a las andadas por la zona baja del Miño, mientras una hija bastarda del fallecido marqués de Villena ponía Mérida y Medellín a disposición de los portugueses. La condesa de Medellín, Beatriz de Pacheco, no titubeó a la hora de enfrentarse a su hijo y heredero cuando este, favorable

a Isabel, maniobró para quedarse con un territorio familiar en disputa. De casta le viene al galgo el ser rabilargo.

La condesa encerró en el castillo de Belmonte a su hijo y lo
tachó de loco para adueñarse de sus tierras. La leyenda local dice
que lo recluyó en una habitación secreta de la planta baja del castillo, donde permaneció durante los años de la guerra sin más luz que
la rendija rasgada que entraba por la aspillera que aún existe. Sin ver
ni hablar a nadie más que al criado que, de vez en cuando, bajaba
colgado de una cuerda a limpiar la habitación, el noble empezó a
enloquecer. ¿Quién dijo que las castellanas de la época solo se dedicaban a tejer y barrer?

Así y todo, la segunda ofensiva portuguesa se cerró con igual
tormento que la primera. El 24 de febrero de 1479 se produjo un
choque a orillas del río Albuera, en tierras extremeñas, entre un
pequeño contingente castellano y las tropas portuguesas enviadas a
reforzar Mérida y Medellín, que no tuvo casi entidad pero bastó
para iniciar las conversaciones de paz. No hubo ya tiempo para que
Portugal enmendara su derrota, pero sí para que Castilla perdiera a
uno de sus poetas. Jorge Manrique, sobrino del también poeta Gómez Manrique, fue emboscado cuando combatía a las huestes de
Villena, que ni se posicionaba con los portugueses ni del todo con
los isabelinos.

Este miembro de la nobleza vieja resultó herido por una lanzada que le dieron debajo de los riñones, al cruzar un ribazo cerca
del castillo de Garcimuñoz, y que, aun cuando Villena envió a sus
propios cirujanos en un gesto de cortesía, le causó irremediable-
mente la muerte a los treinta y nueve años. Se encontraron entre
sus ropas dos coplas que comenzaban con el premonitorio «¡Oh
mundo!, pues que me matas...». Dos años antes había escrito unos
versos igual de clarividentes, «coplas», con motivo de la muerte en
esas fechas de su padre. Aquellas palabras de despedida tanto valían
para el hijo como para el padre:

Y pues vos, claro varón,
tanta sangre derramasteis de paganos,
esperad el galardón
que en este mundo ganasteis por las manos;
y con esta confianza,
y con la fe tan entera que tenéis,
partid con buena esperanza,
que esta otra vida tercera ganaréis.

La Castilla Trastámara era un lugar fértil de poetas ennoblecidos como los Manrique o los Mendoza. Cansados de contratar a otros para que cantaran con gallos sus amores y sus gestas, los aristócratas empezaron a escribir de puño y letra sus aventuras. Hasta el más tonto de los nobles quería hacer, con más o menos tino, sus pinitos en la poesía, que era todo un signo de prestigio social en la corte. Desde 1380 a 1500 se estima una cifra de más de setecientos poetas castellanos de cierta notoriedad, según los datos manejados por el británico Alan Deyermond en su libro sobre la literatura española en la Edad Media. Un número asombroso, que se refiere solo a autores cuya obra se ha conservado en buen estado, muy superior a la suma de todos los poetas ingleses, franceses y alemanes de ese mismo periodo.

Juana, una monja que sale y entra del convento

Isabel decidió conducir en persona las negociaciones de paz con su tía la duquesa de Braganza. En Alcántara y luego Alcáçovas se habló portugués con familiaridad y se buscó un acuerdo que no fuera una tirita, sino una verdadera alianza para que ambos países pudieran ocuparse de empresas mayores. El tratado garantizó a Portugal sus aventuras atlánticas y a los Reyes Católicos les dio carta blanca para conquistar las Islas Canarias. A modo de pacto de sangre, se acordó que la pequeña infanta Isabel se casara cuando tuviera edad fértil con Alfonso, heredero del príncipe Juan, previo pago de una dote millonaria que serviría como indemnización de guerra. Asimismo, los dos niños prometidos crecerían juntos en tierras portuguesas en régimen de tercería (rehenes privilegiados), a lo cual la reina Isabel no pudo oponerse a pesar de que su hija de pocos años tendría que vivir lejos de ella. Era el precio de la guerra, el sello de una paz válida para todos, menos para aquella reina fallida apodada, ya de manera irrevocable, como la Beltraneja.

Juana fue el último cadáver en el armario de los Reyes Católicos en su ascenso al trono. Un cadáver enterrado vivo. Isabel se refería a ella como «la hija de la reina» o «la muchacha», no como su sobrina o, en su defecto, como su ahijada por los vínculos sagrados que las unieron en el sacramento del bautismo. Porque en la familia, como en la guerra, todo está permitido. Durante las negociaciones para poner fin a las hostilidades, Isabel exigió que la «hija de la reina» fuera destituida de sus títulos y señoríos, incluso de su calidad de infanta castellana y de alteza, quedando reducida por real decreto portugués «a excelente senhora». Por contra, la monarca española aceptó que su ahijada se casara algún día con su propio hijo, Juan, de un año de edad, fijando una indemnización para el caso de que la boda, para la que faltaba un mínimo de quince años, no llegara a consumarse. En esa larguísima espera, Juana habría de residir bajo estrecha vigilancia y sabiendo que su tía jamás iba a permitir que su primogénito llegara a casarse con ella. La otra opción que le dio Isabel era meterse a monja.

La elección era muy fácil para Juana. A sus diecisiete años, la joven renunció al matrimonio y se encaramó a las rejas del monasterio, donde no podría medrar su tía ni queriendo. Isabel se encolerizó por esta decisión, temiendo que hubiera en esto un engaño, pero sus confesores le advirtieron de que no podía oponerse a una vocación religiosa ni tampoco al año de noviciado que se necesitaba. «Ya sois atada», se escuchó decir a los enviados de la reina. Juana ingresó, castigada, sin más salida, en la Orden de Santa Clara, en Coímbra. Residió en diversos monasterios de clarisas de Portugal bajo liviana vigilancia.

Los monasterios eran lugares reservados a mujeres que, más allá de las que habían sentido de manera sincera la llamada de Dios, suponían una carga económica de su familia o estaban manchadas por algún escándalo sexual. Solo en la Corona de Castilla llegaron a compatibilizarse más de 20.000 monjas a finales del siglo XV. El cargo de madre abadesa solía nutrirse de aristócratas de gran alcurnia o emparentadas con la nobleza, pues incluso enrejadas pervivían las marcas de nacimiento. No obstante, atestar los conventos de mujeres, fueran nobles o plebeyas, sin vocación y en la flor de la vida dio lugar a que algunos de estos centros religiosos (cabe no elevar la anécdota a la categoría de norma) fueron convertidos en pasto de depredadores.

Los llamados «devotos de las monjas» eran apuestos pretendientes que cercaban los conventos con la intención de conseguir el amor de alguna monja o novicia, dándose el caso de enamorados que iban a los oficios religiosos que se celebraban en el convento para atesorar una mirada o un roce con las manos a través de las rejas. Si las pobres ingenuas, tan temerosas de pecar como deseosas de hacerlo, aceptaban el cortejo, correspondían a los devotos con dulces hechos por ellas mismas o con algún obsequio del que pudieran luego presumir. Así y todo, los lobos más peligrosos estaban en el propio gallinero, ya fuera por el contacto carnal con otras hermanas o por el selecto grupo de varones que tenía *buffet* libre en el interior de este espacio tan exclusivo. Los sacerdotes, que hacían las veces de guías espirituales, encontraban muchas facilidades para manipular a aquellas jóvenes con poca experiencia en las cosas del mundo.

La propia santa Teresa de Jesús, que pasó su existencia en un convento, reconoció que «va tan entrometido lo sensual con lo espiritual, que a veces no hay quien lo entienda, en especial si es con algún confesor». El equivalente al «roce hace el cariño», pero con Dios y con sus hijos. Ella no cayó en la tentación ni necesitó restregarse sus partes con ortigas para espantar al Diablo, como hacían algunas, pero no todas las religiosas eran tan fuertes. Con intención de extremar las precauciones, la santa recomendaba que «ninguna hermana abrace a otra, ni las toque el rostro ni las manos ni tengan amistades en particular» y «más aún cuando entrare el médico o el barbero o las demás personas necesarias, siempre lleven dos terceras que nunca les pierdan de vista y si es el confesor siempre esté una tercera».

La reina Isabel estuvo atenta a que su sobrina no montara el belén en el convento. Cuando en 1495 se enteró de que la infanta, ya una veterana, había recibido propuestas de matrimonio, escribió hecha una furia a su embajador en Lisboa para que ninguno de esos posibles enlaces se llevara a efecto. Ni perdonaba ni olvidaba, aun cuando, en la cumbre de su poder, tenía cosas más urgentes que atender. Juana sobrevivió veintiséis años a su tía y nunca dejó de firmar como «yo, la reyna». Los reyes portugueses terminaron ofreciéndole morada propia cerca de Lisboa, donde vivió sin hacer escándalo hasta su muerte en 1530. Dado que sus restos mortales se perdieron en el terremoto de Lisboa del siglo XVIII resulta imposible saber, mediante técnicas de ADN, cuánto de mezquino es seguir llamándola la Beltraneja.

En lo que también se mostró implacable Isabel fue en castigar a los rebeldes reincidentes tras la firma de la paz. A la belicosa condesa de Medellín le ordenó que liberara a su hijo de las mazmorras. El reo se negó a abandonarlas por el agujero del techo por el que había entrado y exigió que derribasen el muro de la mazmorra para poder salir con la dignidad que reclamaba la razón de su causa. Se dice que, enterada del suceso, la reina decretó que a partir de ese día el acceso horadado en la torre del homenaje debía perdurar abierto para siempre, en recuerdo del triunfo de la justicia y como desdoro en el linaje de los orgullosos Pacheco. Explicación popular de por qué el castillo de Belmonte luce hoy una torre del homenaje con un grueso boquete abierto para siempre.

Carrillo, que no dudó en ponerse del lado portugués en cuanto atisbó su presencia en la frontera, quedó aislado y demasiado viejo para ponerse a tejer una nueva rebelión. En esas circunstancias, el prelado rogó por un segundo y definitivo perdón de Isabel y Fernando, que se lo concedieron a cambio de despojarlo de sus fortalezas y de la ejecución de su tesorero, mayordomo y principal consejero, Fernando de Alarcón, con el que compartía su obsesión por la alquimia y por las conspiraciones. Este buscavidas había seducido a monjas, practicado el incesto y se había casado varias veces en Sicilia, Chipre y Rodas antes de desplumar al carcamal de Carrillo, al que había engatusado con sus supuestos trucos de magia, según sostenía el imaginativo cronista Alonso de Palencia.

Sin su leal compinche, el arzobispo pasó con turbación los últimos años de su vida en Alcalá de Henares, dedicado precisamente a la práctica de convertir los objetos en oro, ciencia sobre la que no parece que lograra grandes avances, pues murió endeudado a la edad de setenta años. Su contrincante, el cardenal Mendoza, lo sucedió al frente de la sede primada de Toledo en lo que fue el peor castigo *post mortem* para un hombre incansable al que la edad le sorprendió en el bando de los derrotados.

Rufianes, cabrones y banqueros: la empresa canaria

Hubo un tiempo en el que las Islas Canarias, llamadas así por los antiguos romanos al hallar grandes mastines en sus tierras (algo que la arqueología no ha podido demostrar), era un lugar mitológico poblado por unos nativos de gran envergadura, cabellos rubios, ojos claros y que se encontraban todavía en los inicios del Neolítico. Desconocían los metales y sus viviendas eran una transición entre cuevas y pequeños poblados con techo de paja. Hubieron de pasar muchos siglos antes de que el mito cediera el sitio a la historia, revelando un archipiélago poblado por muy distintas tribus, desde los guanches de Tenerife a los canarii de Gran Canaria, y que los castellanos se vieron obligados a combatir en toda su ferocidad. Estos en ningún momento recibieron a los visitantes como dioses o seres de luz, sino como invasores a los que había que rechazar. A diferencia de América, en las islas los españoles no contaron con el factor sorpresa de su lado.

La paz con Portugal empujó a Castilla a concluir el proceso de conquista de Canarias, que llevaba abierto más de un siglo y que hizo las veces de campo de pruebas para lo que luego ocurriría en América. Los navegantes mallorquines, portugueses y genoveses habían visitado estas islas con frecuencia a partir del siglo XIV. En 1402 comenzaron los intentos de establecer colonias permanentes y sacar partido a las posibilidades económicas que ofrecía el tráfico de esclavos, cuero y la sangre de drago (una resina roja usada para tintes y fines medicinales).

El barón normando Jean de Bethencourt desembarcó con medio centenar de hombres en Lanzarote en busca de estos colorantes naturales para teñir tejidos en sus fábricas de Francia. Aunque sus esfuerzos se hacían a cargo de una iniciativa particular, la falta de recursos obligó al normando a entregar sus conquistas al rey de Castilla, en ese momento Enrique III. Esta primera fase de la conquista castellana se llevó a cabo por iniciativa de nobles que realizaron sus acometidas con permiso de la corona pero por cuenta y riesgo de su patrimonio.

Fernando e Isabel intervinieron dando medios humanos y materiales para lo que ellos concebían como una gran operación estratégica y religiosa, un intento de emular las aventuras portuguesas por el Mare Tenebrarum. Hacia 1477, las islas de Lanzarote, Fuerteventura, El Hierro y La Gomera estaban en manos de la familia andaluza de los Herrera, que legalmente conservaron su propiedad hasta finales del siglo XVIII pero cedió su control a los reyes.

A continuación, los Trastámara impulsaron una serie de campañas para hacerse con las islas más grandes y peligrosas: Gran Canaria, La Palma y Tenerife, comenzando la fase más épica y sangrienta de la conquista de las Islas Afortunadas contra unos belicosos pueblos que mantuvieron a raya a los europeos.

Los reyes designaron al capitán aragonés Juan Rejón para encabezar en el verano de 1478 una expedición hacia Gran Canaria con un importante contingente de mercenarios. Poco después de desembarcar en el nordeste de esta isla y de fundar un campamento junto al barranco de Guiniguada, varios cientos de guerreros cayeron sobre Rejón en lo que pareció una masacre sin remedio. No obstante, los canarios cometieron el error de presentar un ataque campal, en vez de aprovechar su conocimiento de la geografía para hostigar a los castellanos. La escasa caballería europea mató durante su carga a varios centenares de nativos, que usaban como armamento piedras y lanzas de madera. La ventaja tecnológica no era la única de los europeos. Como luego en América, los españoles luchaban casi siempre en inferioridad numérica, valiéndose de la discordia entre las tribus locales y beneficiándose de las epidemias para las que estas poblaciones no estaban inmunizadas.

El carácter despótico de Rejón provocó una lucha interna que terminó con su prisión en España. Sin embargo, los Reyes Católicos tomaron parte por él y lo devolvieron a la isla junto a otros tantos soldados y al pirata Pedro Fernández Cabrón, al que el cronista Palencia define como «un hombre valiente y muy perito en la navegación». Este oscuro personaje gaditano —cuyo nombre empezó a utilizarse como término despectivo a raíz de sus maldades, según algunas fuentes— fue destinado a abrir un nuevo frente en el sur de Gran Canaria. Cabrón se internó hasta la caldera de Tirajana, donde sufrieron una emboscada a base de pedradas. Los canarii mataron a más de 200 castellanos y dejaron con la boca torcida al pirata y esclavista gaditano, que perdió la mayor parte de los dientes.

Tras un nuevo complot contra Rejón, los Reyes Católicos se inclinaron en el verano de 1480 por que fuera gobernador Pedro de Vera, un hidalgo andaluz con cierta experiencia en la guerra de frontera, para poner orden. Este detuvo de nuevo a Rejón y lo empaquetó hacia Castilla. Y como si fuera un aspirante a Houdini, el aragonés logró una vez más librarse de sus cadenas y hasta el título de adelantado para conquistar otras islas. De vuelta a Canarias, se le estropeó la suerte al caer muerto en un confuso episodio a manos de los vasallos de Hernán Peraza, señor de La Gomera. Tanto fue el cántaro a la fuente…

Pedro de Vera intentó retomar la ofensiva en Gran Canaria allí donde las disputas castellanas la habían estancado. Sus primeras acciones, sin embargo, acabaron en sonadas derrotas contra los nativos, que desde la escabechina que sufrieron Cabrón y sus hombres habían tomado la medida a los españoles. El temible guerrero Doramas, un líder natural ancho de espaldas y gran cabeza, dirigió una guerra de guerrillas que desangró los esfuerzos castellanos en la isla. Los aborígenes eran, sin necesidad de armas de pólvora, extraordinariamente diestros en el lanzamiento de piedras y dardos.

Dispuesto a acabar con su espíritu guerrero, Vera sorprendió a este líder en la zona de Arucas cuando estaba bañándose desarmado en la costa. Las crónicas citan que el 20 de agosto de 1480, un jinete castellano lo atacó con su lanza desde el caballo, pero Doramas lo desmontó con su espada de madera quemada y le abrió la cabeza. A continuación, el caudillo desarmó también a un ballestero y se dirigió hacia el capitán castellano. A tiempo, Diego de Hoces, uno de sus hombres de confianza, consiguió alcanzar con un tajo a Doramas, quien se revolvió y aún le partió la pierna al español. Parecía más un toro que un ser humano. Fue el propio Vera quien realizó una lanzada mortal en el pecho del nativo, que maldijo a todos ellos por traidores y prometió beber su sangre si sobrevivía. Pero no era ese el líquido que pronto iba a probar. Comenzó a desangrarse y pidió agua que algunos entendieron que era para bautizarse, pero solo era para beber. «Trájola uno a caballo casi ochenta pasos de allí en un sombrero alemanisco lleno de agua. Echáronla en un casco de hierro, bebióla y salía clara por las heridas y luego murió», narra el cronista canario Marín y Cubas. Le cortaron la cabeza para convencer a sus huestes de que el guerrero invencible había caído.

El siguiente objetivo marcado por los Reyes Católicos en el mapa fue la isla de La Palma. Dado que carecían de los recursos suficientes para sostener tantas empresas a la vez, Fernando e Isabel recurrieron esta vez a banqueros de Génova y Florencia, con larga experiencia haciendo negocios en exóticos rincones. «Sus Majestades casi nunca ponían su dinero o sus rentas en estos nuevos descubrimientos: todo era papel y buenas palabras», definiría años después el cronista Fernández de Oviedo sobre la estrategia de los monarcas tanto en Canarias como en América. Por todo ello en el archipiélago abundarían los grandes terratenientes italianos copando los ayuntamientos durante décadas. Sin ese capital extranjero y la mano de obra de los inmigrantes portugueses y muchos africanos, la conquista habría sido un brindis al sol.

El oficial elegido para tomar La Palma fue Alonso Fernández de Lugo, quien reemplazó a Pedro de Vera tras los episodios de crueldad protagonizados por este y Beatriz de Bobadilla la Cazadora durante la sublevación de La Gomera. La isla vecina presentaba, en principio, menos obstáculos: su población era muy pequeña y estaba fragmentada en doce reinos. Y, de hecho, salvo el reino situado en la Caldera de Taburiente, todos fueron derrotados o se rindieron con el mero desembarco de Fernández de Lugo en 1492. El último rey resistió con solo cien hombres las acometidas castellanas, ayudado por lo escarpado del terreno y la ferocidad de sus hombres y, sobre todo, de sus mujeres. El cronista Palencia destacó la presencia de amazonas armadas con largas pértigas y una fuerza casi sobrehumana: «Una sola mujer es capaz de coger por sorpresa a un hombre armado y aplastarlo o destrozarlo».

El capitán español solo pudo someter los últimos reductos usando una treta. Fernández de Lugo invitó al rey local a parlamentar y, cuando salió de su posición elevada con sus mejores galas, lo prendió por sorpresa. Como era habitual entre estos jefes tribales, el preso se suicidó por inanición cuando viajaba a la Península Ibérica antes de conocer a los Reyes Católicos. No estaba él para fiarse otra vez de la palabra de sus carceleros. El resto de su gente fue esclavizado y de paso, bajo pretexto de una rebelión, cayeron cautivos también muchos aborígenes pertenecientes a los bandos de paz.

Hacia 1493 todas las islas del archipiélago estaban ya bajo mando castellano, a excepción de Tenerife. Las tropas castellanas de Alonso Fernández de Lugo, un hombre de considerable riqueza y tenido como el primer conquistador, se encontraron allí con una resistencia mayor de la esperada y un terreno montañoso tan abrupto como el beso de una vieja. Por algo el cronista Alonso de Palencia decía que esta isla era famosa por su mastodóntica montaña central, de cuyo centro «brota fuego perennemente de una boca infernal», así como por la corpulencia de sus moradores. Cuando los castellanos de Fernández de Lugo regresaban cierto día del barranco de Acentejo con un abundante ganado capturado a los guanches, un ejército nativo emboscó a los europeos y sus aliados aborígenes. La jornada se saldó con 900 muertos y cientos de heridos, entre ellos el propio Lugo, que quedó con la cara destrozada por una piedra. Canarias no era país para bocas rectas.

Alonso Fernández de Lugo recuperó su fuerza original gracias a la llegada de veteranos procedentes de la península y a que no dejó de cerrar alianzas con tribus del archipiélago. El llamado rey de Gran Canaria, Tenesor Semidán, se cristianizó como Fernando Guanarteme, en honor a su padrino Fernando el Católico, con el que se reunió en Córdoba y al que prometió fidelidad. Alto, de tez clara pero con un cabello y una barba negros como el espacio exterior, el canario se vio de pronto a miles de kilómetros de su hogar, conversando con dos reyes que no conocía pero con cuyos hombres había combatido. Guanarteme cerró una alianza en firme con los reyes y sirvió junto a su amigo Fernández de Lugo por la corona española en La Palma y Tenerife a cambio de la supervivencia de su pueblo.

Mientras tanto, el guerrero local Bencomo, crecido por sus victorias, comenzó a tomar riesgos excesivos al norte de Tenerife. En noviembre de 1495 el líder guanche presentó batalla campal en el llano de Aguere. La caballería castellana contuvo la habitual lluvia de piedras el tiempo suficiente como para que un contingente de canarios aliados de los españoles apareciera por sorpresa en la retaguardia de los guanches. La derrota nativa se selló tras esta batalla, seguida de una epidemia de peste. La conquista finalizó con la Paz de Los Realejos (1496), aunque algunos indígenas mantuvieron focos de resistencia en las cumbres hasta avanzado el siglo XVI.

La conquista militar y el impacto de los virus devino en una caída radical de la población. La llamada «modorra», probablemente una simple gripe, no solo borró pueblos, sino que desintegró las estructuras tribales y sus últimas defensas frente a la dolorosa modernidad. Para trabajar en las tierras volcánicas del archipiélago, los españoles esclavizaron a poblaciones enteras. Isabel prohibió estas prácticas, a pesar de lo cual se estima que solo entre 1489 y 1502 fueron vendidos en la ciudad de Valencia setecientos esclavos canarios. También fueron muchos los españoles que se mezclaron con la población y muchas las tribus que colaboraron de manera voluntaria en la tarea de levantar las nuevas villas castellanas. Guerreros locales incluso se alistaron en 1510 para luchar en las guerras que España mantuvo en Italia.

«El rey no tiene primos, sino vasallos»

Fernando estuvo con la cabeza en otro sitio en la fase final de la guerra entre Castilla y Portugal debido al empeoramiento de salud de su padre. Si su mujer se encargó de las negociaciones con Portugal, él apuntaló la paz con Francia, que le pillaba más a mano. El rey se dirigió a ver a Juan II, que desde finales de 1478 empezó a dar signos de cansancio, transformados pronto en enfermedad. La «vieja vulpeja» siguió cazando en los alrededores de Barcelona y se mostró en público en la catedral, pero Juan nunca más saldría de la ciudad que tantos sinsabores le había regalado.

Juan se había ofrecido a cuidar en Aragón del primer hijo varón de Fernando e Isabel, llamado igual que el abuelo, pues «que en ningún caso el príncipe se criara en Castilla». Bien sabía por experiencia propia la mala influencia que ejercían los vapores castellanos en la salud de los infantes. El asunto estaba sobre la mesa cuando padre e hijo se citaron en Daroca. Sin embargo, entre idas y vueltas de Fernando, su padre, que agonizó durante dos días pero no perdió la cabeza en ningún momento, no tuvo ocasión de despedirse en persona de su hijo. Sí conoció en su lecho de muerte la firma de la paz entre Castilla y Portugal y supo esperanzado que su proyecto de una unión Trastámara iba viento en popa. Una de las pocas satisfacciones para este anciano, que se fue a empujones al otro mundo con la sensación de que la vida no le había dado un solo respiro.

«No os engañe el mundo, como hace a los más que en cualquier edad sean siempre piensan haber tiempo a enmendar sus faltas. Levad siempre ante los ojos el temor de Dios [...] Los reinos y súbditos conservad en paz y en justicia, sin injuria de próximo, evitando cuanto al mundo podáis todas las guerras y disensiones», le aconsejó Juan a su hijo en una carta escrita el 18 de enero, dos días antes de entrar en su ocaso. Consejo que era justo lo contrario que había hecho él durante su reinado y que tan caro le había costado. Las arcas de la corona estaban tan mermadas por los conflictos que la corte rayana en la pobreza. El mismo finado dejó escrito que buscaran bien en su cámara algo de calderilla si el reino no tenía recursos para enterrarle con la dignidad debida.

Juan, de ochenta años, no era lo que se dice un rey amado por sus súbditos, ni tampoco en Castilla, donde se le recordaba como el odioso infante que había metido su hocico donde no le llamaban. En contra de todo lo que había sido su vida, no se produjo ningún conflicto tras la muerte del rey. En Navarra Juan tenía poco que dictar y bastante había medrado ya para conseguir que su hija Leonor fuera su reina, por lo que todo siguió exactamente igual de revuelto, mientras que en Aragón su único hijo varón quedó como el indiscutible heredero. A su otra hija viva, Juana, nacida de su segundo matrimonio, le estaba reservada una vida italiana. Con el objeto de estrechar los lazos con la rama bastarda de los Trastámara en Nápoles, que reinaban allí de manera independiente, Juana se casó con Ferrante I y se elevó en suelo italiano como una mujer muy juiciosa. A la muerte de su marido, la viuda asumió para siempre el papel de «Yo, la triste reina», título admitido en el tiempo para las mujeres viudas, pero también el de sostén de acero contra las invasiones francesas que vinieron después.

Fernando de Aragón hizo un alto en la marabunta de problemas castellanos para poner las cosas de su reino en orden. En el verano de 1479 se dio un baño de apretones de manos por la corona de su padre. Primero estuvo dos meses en Zaragoza resolviendo una pila de asuntos pendientes y luego hizo su entrada solemne en Barcelona, donde se le recibió como un mesías. A pesar de los intentos de bombardearlo, primero con lisonjeras palabras y luego con proyectiles reales cuando era un niño asustadizo, los magnates catalanes veían en Fernando un monarca al que amar, un conde capaz de terminar con los males sembrados por su padre. El único problema era que Fernando apenas se dejaría ver por esta región con tantas necesidades de atención. El monarca no descuidó sus reinos y siempre estuvo acompañado de secretarios volantes que iban y venían de un lado a otro de la península, pero las cifras hablan por sí mismas: de treinta y siete años de reinado, Fernando pasó menos de tres años en el Reino de Aragón, solo tres en Cataluña y medio en Valencia, según datos del historiador Henry Kamen. Castilla se llevó los mejores años del rey.

Una vez saciado de fiestas y banquetes en Barcelona, Fernando partió con la barriga llena a finales de octubre hacia Castilla, donde se habían convocado unas nuevas Cortes, las únicas que se iban a celebrar en los siguientes dieciocho años. Para recordar que ahora también era rey de Aragón, entró en la vieja ciudad del Tajo con un enorme séquito que incluyó un elefante que le regaló una embajada procedente de Chipre. En las Cortes de Toledo los reyes ajustaron los aspectos económicos, administrativos y jurídicos para los grandes proyectos que estaban por venir. Además, el hijo varón de los monarcas fue jurado como heredero para asegurar la continuidad de la dinastía y fue bautizada una nueva hija, Juana, la niña de rostro triste que vaticinaba una vida igual de trágica.

Entre las medidas implantadas, se dio prioridad a los consejeros y funcionarios formados en las universidades, los letrados, frente a quienes esgrimían como único argumento lo morado de su sangre. Los reyes nunca dieron a los grandes nobles motivos para el enfado, pero tenían claro que había que alejarlos de la alta política y recordarles que estaban un escalón por debajo de la corona. Cuenta una popular anécdota, que en cierta ocasión Fernando se reunió con un pariente suyo de la casa Enríquez, quien trató al monarca con una familiaridad tan excesiva que Isabel se llevó las manos a la cabeza. Advertida de que se trataba de sangre de su sangre, ella puntualizó: «El rey no tiene primos, sino vasallos».

Con las cosas apañadas por primera vez en Castilla, Isabel se permitió en 1481 visitar de arriba abajo la Corona de Aragón e incluso ejerció de lugarteniente de su marido en las agitadas Cortes aragonesas. Entró en Barcelona por el portal de Sant Antoni rodeada de un pueblo enloquecido de amor. «Ahora somos hermanos», habían anunciado las autoridades de Barcelona a las de Sevilla tras el ascenso al trono de Fernando e Isabel. Los diputados de la Generalitat trataron a la reina como una *mare nostra*, una señora que podría influir a su favor con su marido, pero no parece que Isabel fuera a ser una aliada entusiasta de los parlamentarios de un lado u otro. Ella, mujer de acción acostumbrada a las moldeables Cortes de Castilla, quedó tan estupefacta por la falta de colaboración de las aragonesas que se atrevió a decir: «Aragón no es nuestro; menester es que vayamos de nuevo a conquistarlo», según coloca el humanista Francesco Guicciardini en sus labios.

De Barcelona, Fernando e Isabel salieron juntos hacia Valencia, la ciudad más próspera de esta Corona y un rebosante puerto donde se intercambiaban los frutos de su fértil huerta y la cerámica de Manises hasta casi la madrugada. El viajero Jerónimo Münzer se asombró de que la ciudad no parecía dormir nunca, con hombres y mujeres paseando de noche por las calles, «en las que hay tal gentío que se diría estar en una feria, pero con mucho orden, porque allí nadie se mete con el prójimo. No hubiera creído que existía tal espectáculo a no haberle visto». Las tiendas de comestibles permanecían abiertas hasta la medianoche en un primer indicio de lo que iba a ser la mítica noche valenciana.

La travesía no terminó ahí, porque para los reyes ambulantes nunca terminaba. La sobrenatural capacidad viajera de Fernando e Isabel hizo que nunca tuvieran una corte fija, ni un lugar predilecto que despertara las envidias del resto. Esto los convirtió en los reyes más viajeros de su tiempo, los más accesibles para sus súbditos, y fue uno de los secretos de su éxito como gobernantes, pues estuvieron en todas partes y a la vez en ninguna demasiado tiempo. Tal vez por ello evitaron grandes rebeliones en sus reinos o que los nobles conspiraran bajo su sombra. En algunos puntos contaban con palacios de propiedad real que se vestían cuando acudían los soberanos para luego vaciarlos cuando se marchaban, pero en general preferían hospedarse en casas de nobles o en monasterios. Las familias que los alojaban estaban obligados a ceder más de la mitad del espacio de las casonas para el uso de la multitud real. La corte itinerante que conformaban estas expediciones políticas alcanzaba varios centenares de personas entre asistentes, criados, cocineros, médicos, transporte, consejeros, secretarios y nobles de confianza. Más de un cuarto del presupuesto anual del reino se gastaba en el traslado y alimento de este gobierno flotante, cuyo paso era tanto una bendición como una maldición para los vecinos, que veían esquilmadas sus despensas allí donde se posaba.

Los reyes se movían a caballo, de manera que la litera solo se empleó durante los periodos en los que Isabel estaba embarazada y cuando su salud entró en fase declinante. Para los hijos pequeños de la pareja mandaron fabricar sillines de mula acolchados y con cojines de seda. Los carruajes no se adaptaron hasta una generación posterior. Cada monarca contaba con su propio séquito, que a su vez cargaba con sus respectivos arcones de oro y monedas para los gastos. A la reina se la podía interrumpir con temas de gobierno en cualquier momento del día o de la noche, excepto cuando rezaba, para lo cual llevaba siempre a cuestas un altarcillo portátil. Además, como mucha gente de la época, iba con un pañito con reliquias para que le hicieran favores cosido en el jubón, debajo del traje y, en el brazo, un cilicio para hacer penitencia.

La unión dinástica entre las dos ramas Trastámara dio lugar a una entidad política que evocaba a la antigua Hispania romana y al reino visigodo, un proyecto político latente a lo largo de toda la Edad Media entre los grandes príncipes cristianos. Fernando e Isabel unificaron su diplomacia y sus fuerzas militares, ganando poder y efectivos la corona, pero cada territorio guardó sus instituciones y sus leyes para sí. Se trataba de unir a través de la variedad. El germen de la España moderna estaba servido en la mesa, aunque era eso, una semilla, tan capaz de crecer hacia arriba como de morir bajo tierra.

A principios de enero de 1482, la cabalgata de los reyes pasó de Valencia a Medina del Campo, donde se encontraron con la sonora noticia de un asalto moro a Zahara, justo en la frontera entre musulmanes y cristianos. La enésima provocación del reino nazarí no iba a quedar esta vez sin respuesta. Fernando e Isabel se frotaron las manos ante la certeza de que la guerra que sabían que tarde o temprano iban a tener que disputar les había sorprendido con su maquinaria rodando a toda velocidad.

5
TANTO MONTA

Queman las manos al tacto de la empuñadura de hierro. Hace tanto frío que el rocío son gárgolas de agua, pero no se puede gritar ni tiritar. El más leve ruido podría alertar a la guardia nazarí y todos los cristianos, acabar despedazados en un pestañeo por las masas de combatientes musulmanes. Un pequeño ejército de espingarderos, lanceros y caballeros nada por la oscuridad a través de caminos desviados para entrar el primer día de 1492 en Granada. Territorio comanche. Tienen la complicidad del emir, no así del populacho ni de las autoridades religiosas, que no quieren ni oír hablar de un pacto con los cristianos.

Avanzan de puntillas hasta el precioso Palacio de la Alhambra, que altanero vigila que el resto de Granada siga dormida. Resuena sin remedio el armatoste que llevan encima. Van listos para hacer la guerra o para imponer la paz, ya se verá. Al frente de la arriesgada misión está el comendador mayor de León, Gutierre de Cárdenas, presente en todos los grandes y reales fregados. Fue uno de los confidentes galantes que habían acompañado a Fernando en su viaje secreto para casarse con Isabel. Quien sostuvo la espada de la justicia durante la proclamación de Isabel como reina de Castilla. Quien, casado con la hija del almirante de Castilla, Teresa la Loca del Sacramento, se cuenta entre los parientes próximos del rey. Un diplomático, un muñidor en las sombras, un susurro en el oído de los Trastámara, un hombre de la casa.

En la torre de Comares le espera Boabdil el Chiquillo, que le entrega las llaves de la ciudad en cumplimiento de un juramento que llevaba posponiendo dos años. De Cárdenas toma al amanecer posesión de la Alhambra, despliega sus tropas por la muralla y libera a los cautivos cristianos, una masa de carne menguada que espera sin esperanza en los calabozos musulmanes. Tres cañonazos advierten al campamento de Santa Fe, donde aguardan los reyes, de que el objetivo se ha alcanzado. En esa misma torre del palacio se celebra la primera misa en lo que había sido un centro de la cultura musulmana desde hace siglos. Unos lloran; otros sonríen. La cruz se eleva en la Torre de la Vela junto a los pendones reales... Una a una, las salas silenciosas son ocupadas. La empresa que Fernando e Isabel tanto ansiaban acaba de encontrar su final. La cristiandad ha tomado el paraíso en la Tierra tras desencadenar once años de infierno.

Los reyes comenzaron los preparativos de esta guerra por el Edén a finales de 1481. El emir de Granada, Muley Hacén, tomó por sorpresa Zahara de la Sierra, localidad a pocos kilómetros de Ronda con fama de inexpugnable. Para mayor humillación de su oponente, esclavizó a todos sus habitantes y los ató en fila en señal de sumisión. Al igual que el resto de reinos españoles, el nazarí llevaba años envalentonado en sus desafíos ante la constatación de que la furia del rey de Castilla era más leve que el revoloteo de una mariposa. Enrique IV había aplicado contra Granada una guerra de baja intensidad, pero muy barata y eficaz a principios de su reinado, dando como resultado la toma de Gibraltar y otras plazas menores. El rey alternó las algarabías clásicas con una estrategia de cortar olivos y esquilmar los territorios para asfixiar la economía de los musulmanes hasta que, como tantas cosas, el proyecto cayó en el olvido.

Aunque los musulmanes habían ocupado tres cuartas partes de la península, su tiempo había pasado y ya no llegaban al medio millón de personas. Granada era el último superviviente entre los cadáveres de las taifas. Le quedaba su apabullante cultura, unos campos muy fértiles y una ciudad, su cabeza, que se contaba entre las más grandes y pobladas de España. Algunos productos granadinos como la seda y el papel eran muy apreciados por los cristianos, que no dudaban en contratar arquitectos y albañiles de este reino para sus grandes obras. En cualquier caso, se trataba de un reino vasallo de Castilla que, a lo sumo, pagaba sus tributos de Pascuas a Ramadán. Lo montañoso de su geografía y su buen acceso al Mediterráneo, donde podía esperar el socorro de sus primos africanos, hacía que muchos emires se animaran a buscarles las cosquillas a sus homólogos cristianos de cuando en cuando. Sobre todo cuando las suyas propias, que no eran baladí, se lo permitían. Los bandos eran el pan de cada día de los nazaríes, que hasta de una bella historia de amor hicieron una conjura.

El emir Muley Hacén, que había asaltado el poder derrocando a su padre, se enamoró de una arrebatadora cristiana llamada Isabel de Solís, a la que los musulmanes habían hecho cautiva durante sus correrías por Andalucía. Rubia y de una belleza embriagadora, esta hija de un comendador cristiano se entregó a un frenesí de amor tan alocado con su secuestrador que la llevó a convertirse al Islam y hacer carrera en la afilada corte nazarí. Con el nombre de Zoraya (el Lucero del Alba) se impuso en el harén del emir como la favorita, por encima de su esposa Aixa la Horra (la honesta), con la cual ya había tenido dos hijos, Abd-Allah el Zaquir (conocido por los cristianos como Boabdil el Chico o el Chiquito) y Yusuf.

La reina sorprendió a Zoraya regresando una noche de los aposentos del sultán y le dio con las chanclas tal cantidad de golpes que la dejó medio muerta. Intimidó a la esclava, pero perdió para siempre el corazón de su esposo. A partir de entonces, Muley Hacén abandonó a su esposa en el otro extremo del laberíntico complejo de la Alhambra para beber las pasiones de la conversa. Poco a poco, la antigua cautiva y los hijos que tuvo con el emir desplazaron a la estirpe de Aixa, que en un golpe de orgullo se refugió en el Albaicín.

Todo hubiera quedado en un lío de faldas para deleite de los viejos verdes y amas de casa con rulos (entiéndase, su equivalente medieval), si no fuera porque en Granada dos facciones estaban al desquite de hasta la más sibilina flatulencia del emir. Los abencerrajes, enemigos irreconciliables del emir, se levantaron en armas contra él, reprochándole el haber perdido la cabeza por tan poca cosa como era una cristiana, mientras que el bando de los zegríes se alineó de manera incondicional con el monarca y contra la agitadora Aixa. Estos eran, además, partidarios de responder con fuego a los movimientos cada vez más atrevidos de los nobles andaluces en la frontera. Frente a la petición de Fernando e Isabel al emir para que pagara las habituales parias, su respuesta fue toda una declaración de guerra: en Granada ya no se fabricarían más monedas, sino lanzas.

Muley Hacén había aportado paz a su reino, reforzado sus castillos y mejorado su ejército, pero, ya fuera por las presiones internas o por la bragueta abierta, a partir de esa fecha actuó de manera torpe, errática y temeraria. El ataque a Zahara fue la cima de una escalada de provocaciones entre musulmanes y cristianos que acabó sirviendo la excusa que tanto anhelaban los reyes. Al saber de la caída de esta enriscada localidad, Fernando afirmó en voz alta, para que todos le oyeran: «Siento las muertes de cristianos, pero me alegro de poner en obra muy prestamente lo que teníamos en el pensamiento hacer». Había que acabar al fin con el último remanente de la poderosa presencia musulmana en la península, el último desafío a la unidad religiosa a la que los reyes cristianos aspiraban a falta de la política. Los españoles necesitaban resarcirse del golpe que fue para toda la generación cristiana de su tiempo la caída de Constantinopla en 1453.

Los reyes y los grandes nombres de su tiempo crecieron con la horrible imagen de la conquista otomana apareciendo en sus pesadillas. «Esta es la segunda muerte de Homero y también la de Platón. Ahora, Mahoma reina entre nosotros. El peligro turco pende entre nosotros», anunció el futuro papa Pío II al conocer la pérdida de la mayor ciudad de la cristiandad. Por si sonaba la flauta, este extravagante y mujeriego pontífice, poeta en los ratos libres, instó al sultán turco, «el mayor soberano del mundo», a que se bautizara para ser «el señor de todos estos pusilánimes que llevan coronas consagradas y se sienten en tronos bendecidos». Por alguna extraña razón, los turcos ignoraron la oferta y siguieron tomando las tierras de esos gobernantes pusilánimes que no habían movido un dedo por la capital bizantina.

La conocida como segunda Roma había sobrevivido, encajada entre enemigos, a los años más hondos de la Edad Media a base de una fuerza militar temida y una pujanza comercial que parecía no tener fin, pero nada pudo hacer ante la llegada otomana y la inacción de las grandes potencias cristianas. El asedio terminó al cabo de solo dos meses con la construcción de una gran torre de asalto más alta que las murallas de la urbe. La ciudad fue saqueada, las mujeres (incluidas las monjas) violadas, y los hombres asesinados hasta llenar las calles con un enorme charco carmesí «cual agua de lluvia que corre por los desaguaderos después de una tormenta intempestiva», según describió el veneciano Nicolò Barbaro. La pérdida de Constantinopla, rebautizada como Estambul, supuso la consolidación del Imperio otomano y el punto final a la historia del Imperio bizantino. Roma había muerto por segunda vez y la Edad Media había dado con sus huesos en la tierra.

El avance musulmán no solo cerró el grifo a las rutas comerciales entre Europa y Asia, provocando imprevisibles consecuencias, sino que situó la amenaza otomana a las puertas del Viejo Mundo, primero en los Balcanes y más tarde en Italia. Un año antes de que los monarcas españoles iniciaran su ambiciosa empresa en Granada, los otomanos desembarcaron en el sur de Italia con la complicidad de Venecia y conquistaron Otranto, cuya población de un millar de personas sufrió toda clase de calamidades por no abrazar el Islam. Al arzobispo de la localidad lo serraron por la mitad en el altar mayor de la catedral, mientras que ochocientos vecinos fueron ejecutados en el monte Minerva. El papa ordenó evacuar algunas localidades y se preparó para defender Roma.

El Mare Nostrum se convirtió de repente en un tenebroso lago propiedad de la Sublime Puerta en el que la mismísima Roma estaba amenazada y donde Granada podía ser socorrida con un simple chasquido de dedos. Los españoles no dudaron en enviar una flota a defender el resto de Nápoles y auxiliar a Otranto, tras lo cual se conjuraron para que aquello no pudiera ocurrir en la Península Ibérica. La sangrienta sucesión que siguió a la muerte ese mismo año de Mehmed II, el sultán que convirtió Constantinopla en Estambul y que fue asesinado presuntamente por su médico, fiate del servicio, colocó a la cristiandad en el momento idóneo para contestar a las provocaciones nazaríes.

¿Fue la Inquisición un invento de los conversos?

En un tiempo en el que política y religión eran la misma cosa, la homogeneidad de sus reinos suponía una mayor capacidad de control y más poder para los reyes. La conquista de Granada era el horizonte más espectacular de esta pugna, pero los reyes libraban otra guerra similar, aunque más silenciosa, desde casi su ascenso al trono: la conversión de los judíos de la península. No es una casualidad que ambas empresas se llevaran a cabo en paralelo y con su foco principal en Andalucía.

Los judíos habían vivido en Castilla una Edad Media menos turbulenta que el resto de Europa, que había lanzado matanzas y expulsiones contra ellos como si fueran un saco de boxeo. España contaba con la comunidad judía más grande del mundo, repartida tanto en ciudades como en pequeños pueblos. Sin embargo, el terrorífico final del siglo XIV, con epidemias y guerras desatadas en una tormenta perfecta, colocó a esta minoría religiosa en la picota. Frente a las leyes dictadas por las ciudades contra esta minoría, Isabel recordó una y otra vez que «todos los judíos de mis reinos son míos y están bajo mi amparo y protección, y a mí pertenece defenderlos y amparar y mantener en justicia». Pero de poco servía la protección de los Trastámara contra el creciente odio popular, que envidiaba sus supuestas riquezas y la posición privilegiada de la que muchos gozaban en la corte. Eran destacados médicos, comerciantes, artesanos, financieros, traductores del árabe, recaudadores de impuestos y prestamistas… Hasta se les aborrecía porque comían carne en cuaresma y evitaban el cerdo sobre todas las cosas. Decía el cronista Andrés Bernáldez, el cura de los Palacios, sobre los olores que delataban a los de este credo:

> Así eran tragones y comilones, que nunca dejaron el comer a costumbre judaica de manjarejos y olletas de adefinas y manjarejos de cebollas y ajos refritos, con aceite, y la carne guisada con aceite, y lo echaban en lugar de tocino y de grosura, por excusar el tocino; y el aceite con la carne y cosas que guisan hace muy mal oler el resuello, y así sus casas y puertas hedían muy mal.

Los judíos españoles se vieron condenados a vivir cada vez más aislados en sus barrios, distinguidos con marcas en la ropa, en concreto una rueda roja, y con su población en caída libre tras los graves estallidos de violencia en Toledo, Sevilla y Córdoba. El antijudaísmo imperante no buscaba exterminar a la «raza judía», sino que le bastaba con convencerlos de que habían elegido una fe errónea. La mayoría tomó la decisión de convertirse para acabar con tanto tormento. Unos lo hicieron de manera sincera; otros, por obligación, de manera que siguieron practicando en secreto su religión. Los cristianos viejos, celosos de mantener su poder, acusaron a todos los nuevos cristianos, que empezaron a ocupar grandes puestos eclesiásticos y políticos, de interpretar la religión de manera algo libre.

El despiporre religioso que Isabel se encontró en su primera visita a Sevilla fue una de las razones que impulsaron a la corona a desempolvar una antigua pretensión de Enrique IV. Castilla, a diferencia de media Europa, incluida Aragón, nunca había implementado la Inquisición medieval, un tribunal eclesiástico para el control de las herejías, pero de un tiempo a esta parte se buscaba que el papa diera licencia para traerlo a España en una versión renovada. Un prior dominico llamado Alonso de Hojeda sacó los colores a los reyes con un exaltado sermón delante de ellos denunciando la subversión de la verdadera religión ante tanto falso creyente. Sus palabras convencieron a la pareja de dar el paso para salvar el alma de los españoles.

Aunque la reina no era ninguna fanática irracional, hay que reconocer la enorme influencia que ejercían sus confesores sobre ella, alentando sus miedos y orientando en ocasiones sus políticas. A excepción de su marido, nadie ejerció tanto calado sobre la monarca como este grupo privilegiado de extravagantes clérigos. Los principales confesores de la reina compartieron la curiosa coincidencia de que eran conversos, lo cual hacía que no pudieran permitirse mostrar ninguna quiebra a la hora de enjuiciar a los falsos cristianos. Algunos autores, como Américo Castro, incluso han sostenido que la obsesión cristiana por la limpieza de sangre tuvo su origen en la teología judía y que la Inquisición, cuyo equivalente hebreo eran los tribunales rabínicos, no fue sino un empeño de los conversos para remarcar su fe.

Uno de sus confesores más tempranos, Alonso de Burgos, motejado como fray Mortero no por su carácter explosivo sino por haber nacido en el valle de la Mortera, en las serranías de Burgos, era un ferviente defensor de este tribunal y un hombre empecinado en la lucha contra los hechiceros. Aunque las numerosas anécdotas sobre su legendaria cólera no bastan para definir al personaje, resulta hilarante imaginar en la corte castellana a esa especie de fraile trabuquero sacado de una trama berlanguiana pegándose con moros y cristianos a la menor excusa. El fraile se enemistó, entre otros, con el alquimista preferente del arzobispo Carrillo en lo que al principio eran murmuraciones, luego insultos y al final bastonazos. «Tan furioso se aporrearon que era imposible separarlos», informa Palencia, con su habitual brocha gorda, sobre un rifirrafe donde Isabel y sus damas tuvieron que pedir ayuda para separar al hechicero del fraile. La entonces princesa expulsó al consejero de Carrillo de su palacio y prohibió durante unos días a fray Alonso la entrada a su cámara.

Sobre fray Tomás de Torquemada, arquitecto de la Inquisición y redactor del edicto de expulsión de 1492, se han arrojado todas las tintas de la leyenda negra que persigue a este tribunal y, aunque su vida no ha sido muy estudiada más allá de los tópicos, no se le intuye como el confesor más templado precisamente. En un memorial enviado a los reyes, este nieto de judíos reclamó que «es menester que los judíos no tengan entre los cristianos oficios públicos ni los reyes les vendan sus rentas». Hombre austero, rígido y enemigo de los lujos (comía poco y dormía en una cama sin sábanas), era tan severo como para amonestar a la reina por permitir que unos carpinteros trabajasen un día festivo para levantar un tablado en las fiestas. Torquemada rechazó el arzobispado de Sevilla con que los reyes quisieron premiar sus servicios, pues su única pretensión era seguir entre conventos.

Harina de otro costal fue Hernando de Talavera, un humilde fraile jerónimo recomendado como confesor por el cardenal Mendoza, que ejerció tareas propias de un ministro de Hacienda durante las guerras contra Portugal y luego Granada. Fue también un prolífico hombre de letras que escribió un buen número de tratados e impulsó la implantación de la imprenta, que consideraba elemento indispensable para difundir con rapidez el mensaje apostólico. El viajero Jerónimo Münzer lo encontró uno de los personajes más sabios de la península y comprobó que vivía en tal abstinencia que «bien pudiéransele contar los huesos, tan solo revestido con la piel». En cuatro palabras: hacía lo que predicaba.

Cuenta el anecdotario que el fraile, que portaba cilicio y vivía con austeridad, recibió sentado, y no arrodillado, como correspondía a su sangre azul, a Isabel en su primera confesión. Cuando ella le reclamó que se arrodillara, fray Hernando le espetó:

—No, señora, yo he de estar sentado y vuestra alteza de rodillas, porque es el tribunal de Dios y hago yo sus veces.

Aquella respuesta sobrecogió a Isabel, que entendió que «este es el confesor que yo buscaba». La reina lo elevó a uno de sus consejeros predilectos y le encargó el delicado papel de devolver a las arcas públicas muchas de las rentas y títulos que la nobleza había arrebatado al anterior reinado. El fraile era, en muchos sentidos, más indulgente y tolerante que sus compañeros en el cargo, pero se mostraba inamovible con la moral de las mujeres, que debían contenerse por ser «naturalmente menguadas y flacas de entendimiento y de cuerpo». En cierta ocasión amonestó a Isabel porque en el transcurso de un banquete ofrecido a una delegación francesa compartieron mesa hombres y mujeres, se bailó sin freno y no faltaron los atavíos caros, entre ellos un vestido con cantidades ingentes de oro. Isabel, que amaba el baile, asumió la crítica con naturalidad, pero descartó los rumores de que había hecho un gran gasto para vestirse ese día, pues esas telas ya las tenía hacía tiempo. «Esta fue mi fiesta de las fiestas», le replicó a una mujer que no probaba gota de vino y que cultivaba de manera minuciosa su imagen recatada.

Por lo demás, en las frecuentes cartas entre confesor y reina se respira un profundo cariño. «No hay pasatiempo en que yo más huelgue», reconoció ella una vez sobre la tarea de escribir al fraile. Ambos se hablaban con franqueza y no había tema vedado. El religioso se pronunció a favor de los conversos «leales a la fe cristiana» y se opuso al uso de la pena de muerte por parte de Inquisición. En parte por estas críticas, a la muerte de Isabel el tribunal procesó a Hernando de Talavera tras atacar primero a sus hermanos y luego a varios sobrinos. Otro confesor de la reina, el cardenal Cisneros, evitó que le echaran mano al cuello, pero no le ahorró al fraile el oprobio de ser investigado por este tribunal, en 1507, días antes de su fallecimiento. Murió sin conocer que su causa había sido sobreseída.

Así y todo, la idea última de crear una nueva Inquisición parece que surgió de Fernando o, como mínimo, fue él quien la defendió con mayor vehemencia. «No podíamos hacer menos, porque nos dijeron tantas cosas sobre Andalucía», se justificó años más tarde. El aragonés era una persona religiosa, aunque no llegara al nivel de Isabel, pero aquí no se trataba de creencias, sino de una cuestión de orden público. El objeto del Santo Oficio no era procesar a los judíos, sino a los falsos conversos, de los que se creía estaban detrás de una infinidad de fechorías, tales como robar hostias sagradas para maldecirlas (algo que tiene muy poco sentido, porque para ellos no eran sagradas) o crucificar a niños cristianos como si fuera un pasatiempo de fin de semana. Un fraile llamado Fernando de la Plaza incluso juró haber encontrado cien prepucios procedentes de circuncisiones clandestinas por la calle, aunque luego se desdijo sin aclarar con qué figura los había confundido.

Como los comunistas en suelo norteamericano o los invasores de cuerpos en la Tierra, la sospecha de que el vecino o el primo del pueblo seguía profesando otra fe manchaba a toda la sociedad en un juego de espionaje y contraespionaje que de una forma u otra tenía que estallar. Relata Andrés Bernáldez, recogiendo las creencias populares, que la mejor forma de detectar a los criptojudíos era por su alergia a recibir los sacramentos: «Nunca confesaban la verdad; y acaeció, yendo a confesar una persona de esta generación, cortarle el confesor un poquito de la ropa, diciendo: "Pues nunca pecaste, quiero que me quede de vuestra ropa reliquia para sanar a los enfermos"».

Eran muchos los personajes conversos o con sangre judía en sus venas en la corte, empezando por Juan Pacheco, el fiel Andrés Cabrera, el humanista valenciano Luis Vives o el propio Fernando, al que no dudaron en llamar «marrano» sus enemigos a modo de insulto. La estirpe de los Enríquez, de los cuales procedía su madre, se había enlazado un par de generaciones atrás con una misteriosa mujer que los genealogistas suelen pasar de corrido. La amante judía del tatarabuelo del rey se llamaba Paloma y era de la población sevillana de Guadalcanal. Este pequeño gran secreto era ya muy popular en tiempos de Fernando. Cuenta una anécdota que estando el rey de caza, un halcón se alejó persiguiendo a una garza hasta perderse en el bosque. Preguntó el monarca a uno de sus acompañantes por el ave, y el noble, emparentado también con los Enríquez, le respondió: «Señor, allá va tras nuestra abuela», en referencia a que el pájaro había preferido perseguir a una paloma.

El papa Sixto IV dio luz verde el 1 de noviembre de 1478 a la nueva Inquisición, creada al gusto de los reyes, que, a diferencia de los tribunales religiosos del pasado, querían un órgano que respondiera a la corona, y no a Roma. Coincidiendo con el inicio de las hostilidades en Granada, dos frailes dominicos de confianza pusieron en marcha el tribunal contra «los tales infieles y malos cristianos e herejes» en Sevilla. Muchos en la ciudad celebraron su implantación y salieron a «recibir a los inquisidores hasta una legua, y otros hasta Carmona, haciéndoles agasajo y hospedaje».

El 6 de febrero de 1481 se celebró ante pocos presentes el primer auto de fe, donde fueron entregadas a las autoridades seculares para su ejecución seis personas ataviadas con el tradicional sambenito, una especie de gran escapulario con forma de poncho que distinguía a los condenados. Los reconciliados estaban obligados a llevar el gorro todo el tiempo que durara la condena como señal de infamia y solo podían quitárselo dentro de su casa. El procedimiento dejaba pocas posibilidades de defensa al encausado, que no era informado de quién lo había acusado y se exponía a penas muy severas, desde la cárcel, pasando por azotes o multas, hasta la hoguera. No se admitían denuncias anónimas, aunque se guardaban bajo secreto. Otros tribunales civiles de la época actuaban igual o peor, pero la diferencia es que esta justicia se impartía en nombre de Dios.

Pocos días después se produjo el segundo auto de fe, donde fueron condenadas tras un breve juicio tres de las personas más ricas de la ciudad, entre ellos Diego Susón, sorprendidas in fraganti en una reunión donde se planeaba la manera de matar a los inquisidores. El grupo de conversos fue delatado por la hija de Susón, cuya belleza era tan grande que se la llamaba «fermosa fembra». Andaba la joven en tratos amorosos con un noble cristiano, al que le confesó todo lo que estaba pasando en su casa y él, a su vez, se lo contó a los inquisidores. Cuando fue consciente del daño provocado a su familia, Susana entró en un convento para expiar la culpa el resto de su vida. No contenta con ello, ordenó en su testamento que, una vez muerta, su cabeza colgara en el quicio de la puerta de su casa en lo que hoy es el barrio de Santa Cruz, antigua judería de Sevilla.

Estas primeras actuaciones de la Inquisición española provocaron pavor y encendieron las protestas de los conversos, que ejercían cargos de poder por todo el país y ahora se veían amenazados «por vía de fuego» a la menor sospecha. Algunos huyeron a Portugal, otros se refugiaron en señoríos donde no podía acceder la Corona y hasta los hubo que se levantaron en armas contra un tribunal tan popular como temido. Mientras en Castilla hubo menos oposición, en la Corona de Aragón se produjeron episodios graves contra los enviados por el rey. Los habitantes de este reino sospechaban, con razón, que el sibilino Fernando quería usar este tribunal para sortear las numerosas restricciones forales que lo ataban de pies y manos. El rey trató de calmar a los nobles y diputados diciéndoles que los fueros seguirían intactos y que, en todo caso, «si hay tan pocos herejes como se dice, no hay por qué temer a la Inquisición». Eso, ¿qué es lo que temían los inocentes?

A la vista de que la batalla legal para frenar al tribunal avanzaba demasiado lenta, los judeoconversos de Zaragoza pasaron a la acción. El fraile dominico Gaspar Juglar apareció muerto a causa, según los rumores, de unas rosquillas envenenadas que se le habían dado a comer. Y el otro inquisidor enviado por el rey, Pedro de

Arbúes, canónigo de la Catedral de Zaragoza, sufrió un destino aún peor en septiembre de 1485. Tras sobrevivir a dos atentados previos, el inquisidor se armó con una lanza corta y casco de hierro y se puso una cota de malla debajo de la sotana por si alguien se le acercaba a discutir sobre teología en tono elevado. La noche del 14 de septiembre se encontraba rezando de rodillas en la catedral de la ciudad cuando fue asaltado por un grupo de ocho sicarios. Los asesinos lo rodearon de manera sigilosa y uno le golpeó con un palo en la nuca. Tras un breve intercambio de golpes le dieron varias puñaladas creyendo que lo habían matado. Sobrevivió al combate, pero murió al día siguiente a causa del primer golpe.

El inquisidor aragonés se convirtió en un mártir, de cuya tumba se decía brotaba la sangre hacia arriba como si, más que un milagro, fuera un géiser. El crimen de tan sagrado hombre suscitó la indignación de todo el reino y ganó adeptos para el Santo Oficio cuando se descubrió que un grupo de poderosos conversos estaba detrás del encargo. La búsqueda de los responsables afectó a una veintena de personas entre asesinos, cómplices y autores intelectuales. Uno de ellos fue arrastrado vivo delante de la puerta mayor de la Seo, donde le cortaron las dos manos, que, a su vez, clavaron en la puerta pequeña de la diputación. Luego, lo llevaron hasta el mercado para ahorcarlo y despedazarlo. Otro acusado se suicidó en su celda un día antes del tormento, rompiendo una lámpara de cristal y tragándose los fragmentos.

Las familias conversas de Aragón, que ocupaban puestos muy altos en la Administración, pusieron sus barbas a remojar. Se las sometió a una escrupulosa vigilancia de la que no se libró ni el más leal servidor de Fernando. La estirpe de Luis Santángel, tesorero y consejero del monarca, fue abierta en canal con hasta quince miembros castigados por la Inquisición. Dos de ellos, afincados en Huesca, fueron quemados después de haber sido delatados por su propio hijo. Incluso el funcionario real tuvo que hacer penitencia para librarse de las sospechas.

El rey estaba dispuesto a imponer este tribunal a cualquier precio, a pesar de que él mismo no dejó de servirse de conversos como Santángel y siempre negó cualquier inquina contra ellos: «Mi intención siempre fue y es que los buenos fuesen guardados y honrados y los malos castigados, pero con piedad y no con rigor». Los perseguidos alertaron a la Santa Sede del desproporcionado rigor con el que se estaba castigando a muchos inocentes. El 29 de enero de 1482, el mismo papa que había aprobado su implantación escribió a los reyes preocupado por un tribunal que estaba declarando «herejes sin suficiente fundamento» y «encarcelando injustamente a muchos». Por los atropellos procesales, y sobre todo porque el Santo Oficio no estaba bajo su control, el pontífice revocó la anterior bula y puso el tribunal en manos episcopales.

Fernando respondió de manera furibunda a esta intromisión del papa: en sus reinos no iba a entrar un solo inquisidor que no estuviera bajo su control. La carta que envió al pontífice, poniendo en duda que estuviera en su sano juicio al firmar la nueva bula, demuestra que los reyes españoles eran católicos, pero no gilipollas:

> Me han contado cosas, Santo Padre, que, de ser ciertas, sin duda merecerían el mayor asombro. Se dice que Vuestra Santidad ha concedido a los conversos un perdón general por todos los errores y delitos que han cometido. Tened cuidado, por tanto, de no permitir que el asunto vaya más lejos, y de revocar toda concesión, así como de confiarnos el manejo de la cuestión.

Isabel intervino con más suavidad pero igual firmeza para defender los actos de la Inquisición y demostrar que se estaba actuando de manera proporcional y no, como textualmente decía el pontífice, «por afán de lucro». Porque no, para ellos no se trataba de confiscar bienes. Religión, sí; política, seguro; pero no economía... Más tarde, cuando la comunidad conversa se ofreció a dar donaciones a cambio de rebajar los rigores inquisitoriales, Isabel se mostró insobornable. «Prefiero tener limpios mis reinos a coger ese dinero», respondió. El dinero de las multas y confiscaciones era tan pequeño que apenas cubría los gastos para mantener el tribunal.

El papa reculó ante la reacción tan directa de los reyes, con los que acordó la manera de continuar la labor inquisitorial en los términos de la primera bula. Este triunfo extendió el Santo Oficio a todo el país. Entre los años 1484 y 1488 el tribunal desató su periodo más sangriento bajo la batuta del inquisidor general fray Tomás de Torquemada. Este hombre apacible había renunciado a grandes cargos eclesiásticos en el pasado, pero se sintió en la obligación de abandonar el claustro para llevar al siguiente nivel la Inquisición. Como máxima autoridad del tribunal tanto en Castilla como en la Corona de Aragón, logró que la Inquisición pudiera actuar como si todo fuera un mismo reino. No conforme con quemar a los vivos, se amplió la persecución a los muertos, por si acaso. Muchos difuntos fueron desenterrados y sus huesos quemados ante la sospecha póstuma de que habían sido falsos cristianos.

Al cabo de los años, el fuego inquisitorial bajó de intensidad y estabilizó el número de reconciliados. Buscando una cifra global de muertos, el número estaría en torno a los 3.000-5.000 durante los tres siglos y medio de existencia, correspondiendo unas 2.000 víctimas mortales a los primeros cuarenta años. La herida más persistente fue de naturaleza intelectual. En un tiempo en el que España era desde el punto de vista científico uno de los países más avanzados del continente, la intromisión de la Inquisición en el mundo académico complicó la vida a la brillante generación de humanistas que se alinearon en la península. «Ya nadie podrá cultivar las buenas letras en España sin que al punto se descubra en él un cúmulo de herejías, errores, de taras judaicas [...]; esto ha impuesto silencio a los doctos», resumió Luis Vives, cuya familia fue perseguida con saña por el tribunal y él mismo prefirió poner distancia de los fogones viajando a Inglaterra, donde no tardó en comprender que en todas partes cuecen habas.

Boabdil, el musulmán que abrió desde dentro Granada

La primera respuesta de los cristianos al ataque a Zahara fue el asalto el 28 de febrero de 1482 de Alhama, un pueblecito termal donde gustaba pasar el verano la aristocracia granadina. En una operación calcada a la de los musulmanes, las huestes del marqués de Cádiz, Rodrigo Ponce de León, atravesaron la sierra de Loja en pleno invierno y se apoderaron primero del castillo. A continuación, tomaron las calles de esta localidad tan próxima a la capital como falsamente convencida de que no necesitaba más protección que eso. Los vecinos levantaron barricadas y trataron de resistir hasta que Muley Hacén, quien suspiró según el romancero «¡ay de mi Alhama!», pudo reunir tropas para expulsar a los cristianos. El marqués sufrió un duro cerco por parte del emir, aunque al final salvó la vida gracias al auxilio del que había sido hasta entonces su gran rival en Andalucía, el duque de Medina-Sidonia.

Ambos nobles se llevaban a matar desde hacía décadas y se disputaban la hegemonía de Andalucía, desde Huelva a Gibraltar, con algo más que palabras. Esta guerra terminó de golpe en 1477. Isabel se inclinó primero por apoyar a Medina-Sidonia, pero durante la visita a Sevilla ese año el marqués supo conmover a la soberana para no acabar marginado. Ponce de León acudió solo, desarmado y sin previo aviso una noche al Alcázar, donde estaba alojada la monarca. Allí hincó la rodilla, no para pedirle matrimonio, sino para ofrecer sus grandes habilidades militares. «No vengo a decir palabras, mas vengo a mostrar obras; ni menos quiero dañar vuestras orejas reales condenando a ninguno, mas quiero salvar a mí con la verdad, que siempre salva al inocente», pone en su boca Hernando del Pulgar. La reina no dejaría pasar la oportunidad de sumar un nuevo aliado a sus empresas.

Era hora de que la aristocracia arrimara el hombro y aparcara viejas rencillas. La guerra de Granada tendría a los nobles ocupados al fin en algo útil, esforzándose por ganar tierras y mercedes en vez de pellizcándose los unos a los otros. De Alhama, los combatientes regresaron cargados de infinitas riquezas de oro y plata, sedas y paños, caballos y arreos de casa. El aliciente económico terminó por atraer a gente tan poco sospechosa de ser fiel servidora de la corona como el marqués de Villena, que lucharía con valor en la guerra y allí vería morir a dos de sus hermanos. No se amilanó en combate, jugándose la vida por su criado y camarero, y quedando manco. Recordaría la guerra diciendo que si tres vidas hubiera tenido, las tres las hubiera expuesto. A la vengativa Isabel, sin embargo, no le bastaron tres. En su testamento insistió en que bajo ningún supuesto le fueran devueltas a los Pacheco las tierras que habían pertenecido al marquesado de Villena. Tal vez perdonaba, pero la reina rara vez olvidaba.

El 10 de marzo de 1482 los reyes no solo celebraron el audaz contragolpe del marqués de Cádiz y de Medina-Sidonia, sino que prometieron desplazarse en persona al frente de un enorme contingente de guerreros a tomar el reino entero. La reina despachó cartas por todo el reino previniendo a los caballeros y escuderos para que estuvieran listos para la llamada de la guerra santa. Los pueblos de España bendijeron la cruzada contra el temido moro, que en el imaginario popular causaba un miedo atávico. A finales de abril, el propio Fernando entró con sus fuerzas en Alhama para asegurar una conquista con una gran carga simbólica por su cercanía a Granada.

Isabel se demoró algo más en la marcha hacia el sur debido a su avanzado estado de embarazo. Pocos días después de entrar en una achicharradora Córdoba, dio a luz a su hija María en un parto complicado. Los monarcas decidieron en esta ciudad que su siguiente conquista sería Loja, que debido a su proximidad a Alhama permitiría consolidar la zona y empezar a rodear la capital con un plato fácil de digerir.

El desordenado ejército del rey, formado por miles de peones sin adiestrar enviados por las ciudades, dio un dantesco espectáculo frente a las murallas de esta localidad. Sin una buena infantería, ni una artillería capaz de batir murallas, los cristianos se limitaron a hacer lo de siempre: lanzar razias valiéndose de la caballería andaluza, acostumbrada a este terreno, y al pillaje. Los musulmanes estaban bien dotados para contrarrestar este tipo de guerra. Fernando no tardó en dar la orden de retirada, lo cual hicieron las tropas con más desorden que un avestruz corriendo de espaldas. El rey volvió a casa con el rabo entre las piernas, y hasta de eso tuvo que dar gracias, pues conservó la cabeza sobre los hombros por la intervención del marqués de Cádiz. Otros, como el maestre de la Orden de Calatrava, no tuvieron tanta suerte y perecieron durante la persecución musulmana. Dos jabalinas traspasaron la armadura al cruzado.

Los reyes entendieron en ese momento que la guerra, que en total iba a alcanzar la friolera de los mil millones de maravedíes, no era como ir de caza o reducir a nobles bandidos mediante engaños. En una contienda donde los musulmanes luchaban por su fe y por su supervivencia, Fernando e Isabel debían tomar las catorce ciudades y noventa y siete villas sobre las que se extendía Granada. «Tomaré uno a uno los granos de esta granada», se jactó Fernando. Pero una cosa era decirlo y otra hacerlo.

Los monarcas necesitaban primero modernizar su ejército medieval, bloquear los puertos enemigos con una flota diestra y montar un tren de artillería con la tecnología más puntera de Europa. Pero, ¿de dónde sacar el dinero para una operación de tal calibre? Los Estados hacen la guerra, y las guerras hacen Estados. La conquista de Granada sirvió a los Reyes Católicos para mejorar la Administración, crear unidades militares supeditadas a la corona y aumentar la capacidad de recaudación. La cooperación entre las distintas partes de España puso a trabajar hombro con hombro a toledanos, gallegos, vascos, catalanes, aragoneses... No obstante, la mayor parte de los esfuerzos de la contienda se llevaron a cabo con recursos propiamente feudales y préstamos a altísimo interés a cuenta de la nobleza.

Aparte del dinero que pidieron a los banqueros italianos, a las comunidades judías y a los nobles, la guerra se financió hasta en tres cuartas partes gracias a Roma. El papa Sixto VI apoyó la empresa militar instituyendo una cruzada que se fue prorrogando cada dos años y garantizó un flujo constante de impuestos eclesiásticos. Los reyes movieron este dinero a conveniencia y lo desviaron, como lamentaría Isabel en su testamento, para sufragar otras empresas como la conquista de Canarias o el primer viaje de Colón.

Toda esta movilización de medios repercutió en un ejército listo para lo que se le pusiera por delante, pero en la contienda sirvió de muy poco en los primeros compases. Tocaba deambular un tiempo por el desierto hasta ver la tierra prometida. En marzo de 1483, lo más granado de la nobleza andaluza fue emboscada durante una incursión por las escarpadas montañas de la Axarquía malagueña.

Aldeanos mal armados hostigaron con piedras y palos a los cristianos a través de los angostos valles, siendo cautivos o muertos un gran número de emperifollados caballeros. El mismísimo marqués de Cádiz se había librado por un canto de caer prisionero huyendo por las lomas y ventisqueros. «No vuelvo las espaldas por cierto a estos moros, pero huyo, señor, de tu ira, que se ha mostrado hoy contra nosotros por nuestros pecados», profirió en su fuga, según Hernando del Pulgar. El audaz Rodrigo Ponce de León perdió a tres de sus hermanos y a dos sobrinos en una maniobra defensiva orquestada por el pujante hermano del emir, apodado el Zagal (el Valiente), un habilidoso militar que sostenía las esperanzas moras en una Granada partida en dos.

El severo Muley Hacén había apartado de la sucesión a su primogénito Boabdil, un hombre cortés, «afable y de modales elegantes» al que no creía apto para reinar en Granada, entre otras cosas porque su temperamento en poco o nada se parecía al suyo. Mal hizo subestimando a su hijo. Aprovechando que su padre se encontraba en la batalla de Loja, Boabdil y los abencerrajes se apoderaron del trono granadino y obligaron al emir a recluirse en Málaga junto a su hermano. Desde su destierro el emir lanzó una serie de exitosas incursiones por Ronda, Tarifa, Cañete y la Axarquía malagueña, que recuperaron los moros cuando ya se imaginaba tierra de crucifijos.

Vencido en combate y en prestigio por su padre, Boabdil atacó Lucena con un multitudinario ejército en la primavera de ese mismo año para demostrar que él también conocía el oficio de las armas. Si así era, lo cierto es que aún le quedaban unas cuantas lecciones por aprender. Los cristianos se impusieron en esta ocasión, matando al responsable de la defensa de Loja, el suegro de Boabdil, y capturando a este, al que al principio no supieron distinguir en su calidad, a pesar de ir equipado con una refinada capa de seda roja y un casco decorado con intrincados motivos enrejados. «Los infieles están tan afligidos y tan medrosos que nuestras esperanzas de alcanzar complicada victoria de aquel reino se han grandemente reafirmado», escribió Fernando a su esposa en un extraño golpe de optimismo, cuando aún quedaban ocho años de encarnizada lucha. Bien sabía el calculador monarca que la captura de Boabdil era un regalo caído del cielo. «Poner en división y perdición aquel reino», tal y como presumió en una carta dirigida a su hermana, le parecía una deliciosa victoria.

A cambio de su vasallaje y del pago de un cuantioso rescate, Fernando e Isabel liberaron al heredero moro de su prisión y lo lanzaron, cual torpedo, contra la línea de flotación del emir, que no había tardado un instante en recuperar la Alhambra en su ausencia. Boabdil, que empezó a ser conocido como el Desventurado, se instaló en Almería, desde donde inició un nuevo pulso con su padre. Para asegurarse de que cumpliera sus promesas, los reyes cristianos lo obligaron a entregar a varios rehenes, entre ellos a su pequeño primogénito, Ahmed, de unos dos años, que pronto cautivó el corazón de Isabel, quien solía llamarlo el Infantico.

Hacer la guerra «con pólvora sorda», en palabras de Baltasar Gracián, era la auténtica especialidad de los españoles. El juego de la diplomacia suponía el verdadero elemento diferenciador y el mejor camino para comprar voluntades, como bien definió el viajero Jerónimo Münzer: «Granada cayó en parte por rendición, parte por convenio y parte debido al oro y la plata conque se untó a muchos alcaides moros de muchas fortalezas».

Lo que la política unió, no lo separe el amor

Antes de que terminara el año 1483 la Zahara por la que había empezado la guerra fue reconquistada por el marqués de Cádiz, lo que le valió su ascenso a duque. Que la fama de este caballero era ya legendaria se percibe en que jamás quiso firmar con este rango sus cartas y que prefirió la fórmula híbrida de «el marqués duque de Cádiz». Ponce de León usó el conocimiento del terreno y sus numerosos contactos en el campo musulmán para alzarse como el militar más destacado de una guerra donde los reyes seguían sin aparecer en Andalucía para coordinar los esfuerzos y ni siquiera estaban de acuerdo en cuáles eran sus prioridades. La improvisación y las actuaciones aisladas de los grandes nobles andaluces lastraban las operaciones cristianas.

La muerte de Luis XI de Francia colocó a los reyes en una dura encrucijada. Justo antes de morir, este gran estratega que había derrotado a Carlos el Temerario y puesto contra las cuerdas a Juan II de Aragón sufrió un ataque de escrúpulos que lo llevó a arrepentirse de sus conquistas pirenaicas. Fernando quiso recuperar a toda costa los condados del Rosellón y de Cerdaña, pero no logró hacer entrar en razón a los representantes de las Cortes aragonesas, ni siquiera a su esposa, que en un taconeo de puro arte se dirigió en solitario al frente granadino. Isabel no estaba dispuesta a desviar los recursos que tanto le había costado reunir en el sur para una incierta empresa en el norte bajo el único argumento de que a un moribundo le habían entrado remordimientos. Esta fue la segunda y última gran discusión del matrimonio.

En una lección de quién llevaba realmente los pantalones, Fernando tardó muy poco en salir corriendo detrás de su esposa para ponerse al frente de las operaciones que, en la primavera de 1484, iban a reanudarse en Granada. Al fin y al cabo, más valía ser un huevón en Castilla que el primero de un reino en decadencia. La prioridad era Castilla para los Trastámara, y no ese Aragón que menguaba cada año y donde tan difícil le resultaba a la corona maniobrar. El reino de su esposa era una tierra pujante que ocupaba tres cuartas partes del territorio peninsular y cuya población suponía el 80 por ciento de la de España. A diferencia de otras coronas del continente, incluida la aragonesa, en Castilla la peste no había afectado tanto a su economía, muy volcada en la ganadería. El famoso Honrado Concejo de la Mesta, asociación de pastores trashumantes que se encargaba de controlar y coordinar la actividad en toda la Corona, elevó a Castilla como la mayor exportadora de lana de Europa.

En tiempos de los Reyes Católicos había en este reino cerca de tres millones de ovejas, la mayoría merinas, según el estudio clásico de Julius Klein, lo que convertía al país en una mina tremenda de riquezas. Hacia las costas del Atlántico Norte, salían cada año toneladas de hierro vasco, aceite, miel, cuero, colorantes, vinos, frutas, semillas y, por supuesto, lana castellana. De vuelta venían importados paños, lienzos, tapices, cobre, estaño y básicamente productos manufacturados. Los extranjeros hacían paños con la mejor lana del continente que luego vendían a castellanos y aragoneses. Los reyes trataron de remediar esta anomalía reservando, sin éxito, una parte de la lana para la producción local, pero, en última instancia, se conformaron con los grandes beneficios que otorgaba el pujante negocio. Al punto que fue el único producto español que se cotizó en la Bolsa de Ámsterdam y el que remitió más divisas al reino. Las monumentales catedrales góticas de Castilla se construyeron con lo que parecía una infinita inyección de dinero.

El poeta Fernando de Vera, que tuvo que huir a las Canarias por sus ácidas críticas contra los reyes, escribió un texto satírico en lo más álgido de la guerra, cuando los impuestos estaban esquilmando a los castellanos, sobre la falsa creencia real de que la lana iba a durar para siempre:

> Has sacado lana tanta
> que si dieras la maña
> hubieras hecho una manta
> que encubriera toda España.

En esa tierra de oportunidades llamada Castilla, Fernando rapiñó más poder conforme el reparto de poderes se iba convirtiendo en papel mojado. El roce hace el cariño o, como quedó plasmado en el imaginario popular: tanto monta, monta tanto. Una referencia al lema personal de Fernando «tanto monta», que este tomó del mito clásico (ya se sabe lo que gustaba en la época evocar la Antigüedad) sobre el nudo imposible que Alejandro Magno cortó por la mitad en una localidad al sureste de lo que hoy es Ankara. La leyenda dice que el conquistador fue retado a desatar el nudo que ataba al yugo la lanza del carro de Gordio, antiguo rey de Frigia, cuya factura era de tal perfección que no se podían localizar sus dos cabos. Quien lo consiguiera, decía el oráculo, sería el dueño de Asia. Para no perder tiempo, Alejandro cortó con su espada la soga de un tajo a la par que pronunciaba la sentencia *nihil interest quomodo solvantur* («poco importa el modo de desatarlo»). Tras ello, se dirigió a conquistar Oriente.

La expresión «tanto monta, monta tanto, Isabel como Fernando» es posterior a los reyes, pero sí es muy real la sintonía que compartían a pesar de las inevitables discrepancias de todo matrimonio. «Yo ya rabio por hacer por veros [...] Suplico a vuestra señoría que más a menudo vengan estas cartas que, por mi vida, muy tardías vienen», escribió en una ocasión el tortolito a su mujer. Fernando quería a Isabel, e Isabel a Fernando, pero lo más importante es que ambos confiaban en las habilidades políticas del otro.

«Fueron rey y reina juntos (…) y aunque en cuerpos dos, en voluntad y unión eran solo uno», afirmó un cronista sobre tan gruesa
comunión. Otro se vino tan arriba que anotó para dar la noticia de
un alumbramiento de Isabel que «este año parieron los reyes nuestros señores».

Puede que Fernando fuera más extremo en el uso de sus armas políticas que Isabel, pero, a reconocer de los cronistas, era más
clemente que ella en la aplicación de la justicia. Fernando era más
mundano, reflexivo e infiel, en lo político y en lo personal, y ella
era más intransigente, impulsiva, devota y casta. Implacable en lo
referido a la religión y las causas nobles, enemiga de los engaños.
Fernando e Isabel compartían una complicidad irrepetible que se
dejaba sentir en público. Durante las audiencias se buscaban el uno
al otro con la mirada. Un leve arqueo de la ceja de Fernando suponía toda una carta abierta para Isabel.

Mientras Fernando entendiera que la prioridad era Castilla, el
tándem iría viento en popa a toda vela. Por eso, la crisis matrimonial se resolvió con facilidad y Fernando en su disfraz de rey soldado se puso al mando de la afortunada campaña de aquel verano. Se
tomó con facilidad la villa fuerte de Álora y Setenil, al norte de
Ronda, gracias al efecto de la artillería. Moros y cristianos utiliza-
ban armas de pólvora desde hacía siglos, pero jamás a ese nivel
destructivo. Los reyes trabajaron para traer a la península no solo
artillería pesada procedente de Italia y Flandes, sino a maestros en
el arte de disparar procedentes de Milán, Bretaña y de distintas
partes de Alemania.

Auténticos nidos de águila que antes se tardaría semanas e
incluso meses en mellar se rendían en pocos días al contemplar
sus habitantes que los muros medievales se derretían como hielo
al sol ante la lluvia de bolas de metal y piedra. Al principio se
emplearon piedras de mármol de unos 150 kilos, pero conforme
se perfeccionó la maquinaria real se sustituyeron por bolas de
hierro de unos 250 kilos. Del puñado inicial de cañones pesados

se evolucionó, al final de la contienda, hasta las 200 piezas artilleras en manos cristianas. Los musulmanes no tenían nada parecido a estas armas en los primeros combates, aunque más tarde se dotaron de su propio tren.

El especialista responsable de coordinar la llegada de todo el material extranjero fue el secretario real Francisco Ramírez, «el Artillero». Como capitán general de la artillería, organizó la estrategia y la logística de esta tecnología tan poco conocida en España. Fue, además, durante la campaña granadina cuando el madrileño contrajo segundas nupcias por deseo de la reina con su fiel criada Beatriz Galindo, la mujer que le daba clases privadas de latín. Lo llamativo de la petición no solo es la millonaria dote que recibió el fiel secretario por casarse con la Latina, sino lo mucho que bailan las cifras sobre el nacimiento de su primer hijo. El fruto del matrimonio nació supuestamente la noche de san Bartolomé de 1492, justo nueve meses después de producirse el casamiento. Sin embargo, otro testigo de los hechos declaró que había nacido cuando se ganó Granada porque fue «a dar las badajadas a la campana de Santiuste cuando Beatriz Galindo estaba de parto del dicho comendador», es decir, poco después de la boda.

Aquel récord mundial del embarazo más corto ha dado lugar a especular que el matrimonio, forzado por la reina, pudo ser de conveniencia para cubrir una infidelidad de su esposo con la criada, de modo que el niño, apadrinado por el rey y que recibió su nombre, en realidad era de su sangre real. ¿Quién podía decir que a Fernando no le interesaba la lengua latina? Sea como fuera, Beatriz permaneció tras su boda en la corte junto a Isabel. Dada la proverbial fama de celosa, parece difícil que ella, por muy amiga que fuera de la criada, aceptara soportar una humillación así ante sus ojos.

Pero no fueron los artilleros extranjeros los únicos que contribuyeron a internacionalizar el conflicto. A la llamada del papa acudieron caballeros y aventureros alemanes, ingleses, borgoñones y de toda la cristiandad dispuestos a participar en la última cruzada del Occidente cristiano. De los cientos de ingleses con el signo de la cruz en sus vestiduras, destacó por el gran servicio que hizo a la causa española sir Edward Woodville, hermano de la reina de Inglaterra, un aventurero que trajo consigo una compañía de trescientos tipos malos armados con hachas y arcos largos, armas de proyectil que se habían hecho célebres en la llamada Guerra de los Cien Años.

El noble británico vino a España para cumplir con los votos de haber participado en una cruzada y se volvió a casa con un rico botín, en el que se contaba una docena de caballos. A cambio debió dejar en la Península sus dientes frontales, que perdió a causa del impacto de una piedra lanzada desde una fortaleza musulmana. Cuando los reyes lo visitaron en la tienda donde se estaba recuperando de las heridas, excusó la pérdida en que «nuestro Señor, que levantó este tejido, solo ha abierto una ventana para discernir más fácilmente lo que hay dentro», según recogió el cronista Andrés Bernáldez. Era para él casi una medalla al honor. La reina se deleitó con sus extravagantes vestimentas, con un sombrero blanco con plumas y ropa de este mismo color, y con su dominio algo circense de la equitación. De vuelta a Inglaterra, llevó consigo las tácticas moriscas de golpear y huir, aunque estas no evitaron su muerte tres años después luchando en Bretaña.

Con el respaldo de los banqueros genoveses, el rey también contrató a mercenarios suizos, considerados los soldados de infantería más reputados de Europa. Los cantones suizos tenían una larga tradición de mercenarios derivada de levantar milicias ciudadanas con fines defensivos. Una vía de escape para los descontentos campesinos que se pudrían de miseria en esta región que no siempre vivió de la banca. Como mercenarios podían ganar el doble de salario (sin contar lo que sacaran con el botín) que si trabajaran en el campo. Los suizos aprendieron a manejar con tal ímpetu las picas, un arma de cinco metros de largo propia de pastores y empleada para espantar osos, que hicieron inútiles las cargas de las caballerías pesadas. Esto obligó a los grandes ejércitos europeos a reinventarse o convertirse en pinchos morunos. El resto de naciones solía llamar a los suizos de manera despectiva «ordeñavacas», pero los temían tanto como los odiaban. El cronista Hernando de Pulgar los describió en grandes términos:

> Estos son hombres belicosos, e pelean a pie, e tienen propósito de no volver las espaldas a los enemigos: e por esta causa las armas defensivas ponen en la delantera e no en otra parte del cuerpo, e con esto son más ligeros en las batallas. Son gentes que andan a ganar sueldo por las tierras e ayudan en las guerras que entienden que son más justas. Son devotos e buenos cristianos.

Tener tropas adiestradas habría servido de poco si, en paralelo, los reyes no se hubieran esforzado por crear una gran estructura logística para llevar municiones, armas y comidas a los hombres. Este ejército bajo el mando directo de Isabel lo conformaban miles de picapedreros, leñadores y peones dispuestos a remover cielo y tierra para facilitar el avance del resto. Estas líneas necesitaron, a su vez, de puentes para franquear ríos y de caminos para domesticar la diabólica topografía de Granada, rebosante de montañas. Trasladar los mastodónticos cañones de la época por este terreno tan escarpado requería una compañía fija de cuarenta bueyes y doscientos hombres. A medio camino entre el frente y la retaguardia, Isabel se encargó de que nunca faltaran provisiones frescas.

Otro organismo fundamental puesto en marcha por la corona fue el hospital de campaña, una iniciativa pionera de la reina que ya había ensayado en la guerra contra su sobrina. Isabel entendió lo crucial que era la atención médica para los heridos y mandó instalar grandes tiendas equipadas con materiales y personal sanitario primero en Loja y luego en Santa Fe, lo cual la convierte en la creadora del primer hospital militar de campaña moderno del que existe mención documental.

Hasta que se introdujeron estas innovaciones, la guerra en Andalucía era, dentro de la tradición medieval, una larga serie de enfrentamientos y algaradas aisladas en el tiempo, de modo que los combatientes regresaban a casa para descansar cada poco y las hostilidades se paraban en cuanto el clima empeoraba. La lucha se alternaba con periodos de convivencia pacífica en los que resultaba imposible decir que estaba teniendo lugar una guerra. Los alcaides de un lado de la frontera asistían a las bodas de los alcaides de la otra con el mismo entusiasmo o desgana, según el caso, con las que luego acudían al combate. Si los cristianos tiraron de suizos e ingleses a modo de primo de Zumosol, los mulsumanes contaron con la ayuda de los gomeres, «gentes de los reinos de África que usan la guerra continuamente y pasan al reino de Granada a ganar sueldo y facer guerra a los cristianos», en palabras de Hernando de Pulgar.

Conforme la contienda se profesionalizó también se volvió más encarnizada. En parte por la artillería, en parte por el odio religioso y en gran parte por la llegada de extranjeros poco familiarizados con un tipo de guerra tan sosegada. Frente de los gomeres estaba una especie de eremitas-guerreros que venían a ejercer la *yihad* contra los cristianos. El Imperio otomano, por su parte, colaboró con sus buques en el transporte de los combatientes al emirato, pero el conflicto le sorprendió en un momento de inestabilidad que impidió que se comprometieran más con los nazaríes. Las embajadas enviadas a otros estados islámicos volvieron también con las manos vacías. Los tiempos en los que los musulmanes españoles podían esperar la llegada de un gran ejército de auxilio habían terminado.

Los reyes diseñaron una estrategia basada en el terror a la pólvora para advertir a las filas musulmanas de que no había otra opción que huir o cooperar. El objetivo recurrente de los artilleros cristianos no solo era tumbar murallas, sino incendiar el casco urbano y, con ello, llevar el pánico a los civiles. Una lluvia de pellas (bolas de fuego) era arrojada sobre la población para convencer a los espíritus más tercos de que, como advertía Dante en las puertas del infierno, no había esperanza para quien permaneciera dentro de las murallas. Si se rendían pronto, se respetaban los bienes y se garantizaba «la ley de Mahoma», pero para quien persistía en la defensa el castigo era demoledor. Cuando se rebeló la villa de Benemáquez, tras haberse rendido previamente, los reyes ordenaron colgar a 110 de sus habitantes en las murallas, vendieron como esclavos al resto, incluidos mujeres y niños, y la localidad fue reducida a escombros.

Sin embargo, la enorme concentración de recursos no dio los frutos deseados hasta 1485. Los ejércitos cristianos cambiaron la suerte de la contienda a base de tesón, terror y dinero. En abril de ese año cayeron Coín y Cártama, demasiado pronto como para dar por cerrada la campaña anual, demasiada poca cosa como para vislumbrar un horizonte… A ese ritmo la guerra podía durar más de un siglo y dejar la mítica camisa blanca de Isabel hecha jirones negros como el tizón. Era el momento de la verdad.

6
MONTA TANTO

La conquista de Granada era una obsesión para Isabel. Tanto como para que la tradición inventara la leyenda de que la monarca juró no cambiarse de camisa ni lavarse durante los años que tardara en caer la cabeza del reino nazarí. Un exceso incluso cuando la prenda hubiera estado hecha de hormigón armado y, desde luego, la prueba definitiva para algunos de que la reina era poco amiga de los buenos olores. La realidad, sin embargo, está muy alejada de esta leyenda promovida por quienes quieren imaginar a los Reyes Católicos como unos señores cutres, al frente de una corte que olía a cerrado y de un imperio que montaron por casualidad. Y también por los aficionados a considerar la Edad Media una era en la que la gente retozaba entre estiércol por puro entretenimiento.

El mito de la escasa limpieza de los cristianos tiene su origen en el contexto de guerra propagandística entre musulmanes y cristianos. Entre muchos ejemplos de textos musulmanes criticando los hábitos del otro bando, un cronista árabe escribió en la Edad Media que los cristianos de la península «son criaturas traidoras y de condición vil. No se limpian ni se lavan al año más que una o dos veces, con agua fría. No lavan sus vestidos desde que se los ponen hasta que, puestos, se hacen tiras; creen que la suciedad que llevan de su sudor proporciona bienestar y salud a sus cuerpos».

Este tópico sería asumido luego por la Ilustración en su afán por oscurecer toda la Edad Media cristiana y alumbrar a los que vinieron después de las tinieblas, pero ignora muchos matices y parte de una visión presentista del pasado. Más allá de las limitaciones de la época y de creencias erróneas, los cristianos europeos conservaban antiguos saberes botánicos y muchas costumbres que, como los baños públicos, no eran de herencia árabe sino romana. Se conocen recetarios medievales para la limpieza del cuerpo, para mantener la piel sana, para quitar manchas de la ropa, para elaborar cosméticos y fabricar perfumes. Lo que sí puede resultar desconcertante, con ojos actuales, es que a principios del siglo XVI aparecieran nuevas normas de higiene en la Europa cristiana ante la creencia de que a través de los poros de la piel entraban las infecciones. De ahí que se desaconsejaran los baños calientes o de vapor, sin que ello fuera obstáculo para que hasta gente corriente realizara una limpieza exhaustiva de su cuerpo a través de métodos en seco.

Isabel no solo murió antes de este cambio en las normas de higiene, sino que ella en particular destacó por un meticuloso cuidado por encima de los estándares de la época. El cronista Hernando del Pulgar afirmó que «era mujer muy ceremoniosa en los vestidos y arreglos, y en sus estrados y asientos, y en el servicio de su persona». Mientras que fray Hernando de Talavera le reprochaba a menudo el excesivo cuidado que prestaba a su cuerpo y a su alimentación. Una preocupación por estar aseada que también heredaron sus hijas. Felipe el Hermoso alegaría años después que las esclavas moriscas de Juana la bañaban y le lavaban el pelo en exceso contra los consejos de los médicos flamencos, por lo que mandó apartarlas de su servicio y, de paso, dejó más aislada a su esposa. Podía ser hermoso, pero no muy limpio…

¿A qué olía la reina más católica? Según anotó Sancho de Paredes Golfín, su jefe de cámara desde 1498, Isabel empleó perfumes y cosméticos que en muchos casos procedían de Oriente. Eran estas fragancias el ámbar fino, el aceite de azahar, el agua de murta o el aceite de rosa de mosqueta, muy utilizado en la actualidad porque es uno de los regeneradores más potentes para la piel. Entre las fragancias favoritas de Isabel estaba el perfume de almizcle, que se obtenía de una asquerosa secreción generada por un pequeño mamífero llamado civeta africana, al que se le agarraba de los testículos y, dado la vuelta, se le introducía una cucharita de vidrio en un saco trasero para extraerle un líquido aceitoso usado como base de perfumes.

En fin, que resulta descabellado creer que esa mujer que apestaba a trasero de gato y a flores lanzara un juramento que ligara el lento avance táctico en Granada con su cuidadosa higiene. El origen más plausible de la leyenda está en la promesa de su tataranieta Isabel Clara Eugenia, hija de Felipe II y gobernadora de los Países Bajos, de que no se cambiaría de camisa hasta pacificar Flandes. Esta afirmación fue realizada durante el sitio de Ostende (Bélgica), que duró de 1601 a 1604, pero no consta que la hija del pulcro Rey Prudente llevara a efecto aquel juramento más allá del plano alegórico. Tampoco parece muy creíble, como defiende la tradición, que la palabra francesa *isabella*, que designa el color blanco tirando a amarillo, lo originara esta gobernadora de Flandes con su resistencia a cambiarse de ropa, pues ¡la palabra ya existía en 1595!

Lo que Fernando e Isabel necesitaban en el verano de 1485 no eran prendas limpias, que ya tenían, sino una conquista de relumbrón para acercarse a la victoria final. Era la ocasión de cobrarse una presa grande y demostrar que sus nuevos cachivaches de pólvora y fuego valían tanto para asustar a unos pueblerinos perdidos en la montaña como a una plaza del tamaño de Ronda. La ciudad fortificada por el hombre y por la sierra que le daba nombre era un hueso duro de roer.

Durante dos semanas las pesadas lombardas de los reyes estuvieron rugiendo día y noche. La rendición final de la plaza el 22 de mayo de 1485 provocó un efecto dominó en todo el Algarbe malagueño, incluida la ciudad costera de Marbella, que cesó la lucha y liberó a cientos de cautivos. Debido a estas derrotas y a su mala salud, Muley Hacén delegó la defensa del reino en su hermano el Zagal. Síntomas compatibles con la epilepsia hacían que el emir cada vez estuviera más ciego, con el cuerpo medio paralizado e hinchado. En junio no le quedó más remedio que entregar definitivamente la corona, aunque más que el poder estaba abdicando en su familiar una maraña de dolores de cabeza. El viejo emir abandonó la corte y se trasladó a Almuñécar con los hijos que tuvo con la antigua cautiva cristiana, en busca de un tratamiento médico más adecuado.

El médico judío Isaac Hamón se encargó de su cuidado en lo que fue, como ocurría con todas las enfermedades que afectaban al cerebro, un enfoque entre lo mágico y lo empírico. Para ahuyentar a los demonios que causaban la epilepsia se solía colgar sobre la ropa del enfermo distintas plantas o pelo de animales, ingerir huesos humanos o pezuña de asno calcinados. Otros «medicamentos» se utilizan mediante inhalaciones, como es el caso del estiércol de camello o la sangre de tortuga. Los conjuros y las oraciones islámicas protectoras eran el último recurso contra las convulsiones. Restregarle estiércol y darle asno asado no mató al emir, pero tampoco lo curó. Muley Hacén falleció a los cuarenta y nueve años poco tiempo después de afincarse en Almuñécar. La leyenda asegura que fue enterrado en el pico más alto de Sierra Nevada, al que desde entonces se le conoce por la deformación de su nombre, Mulhacén.

Zoraya, por su parte, rechazó la oferta matrimonial de su cuñado, no así su protección el tiempo que gobernó. Al cabo de los años y de las derrotas musulmanas, sus hijos y ella volvieron a bautizarse cristianos bajo la capa de los reyes. La castellana cambiaba de religión como el que cambia de sombrero… La Corona castellana se encargó de darle una renta anual hasta su muerte y luego a sus descendientes.

«La lengua fue compañera del imperio»

No toda la nobleza se mostró tan entusiasmada con la cruzada como el duque de Medina-Sidonia, el marqués de Cádiz o los aragoneses que acudieron a Granada en busca de prestigio y de tierras. La aristocracia murciana alardeó de indiferencia y hasta miró a otro lado cuando la comunidad judía de la zona se lucró traficando con armas y provisiones con los vecinos nazaríes, mientras que el conde de Lemos vio en la distracción de la contienda la mejor ocasión para apoderarse de Ponferrada y del castillo que un día había pertenecido a los antiguos templarios.

A finales de 1485 los reyes salieron unos meses de Andalucía con intención de calmar las aguas por el norte. Primero pararon en Alcalá de Henares, donde Isabel dio a luz a su hija Catalina, la última criatura que puso sobre la faz de la Tierra, y de allí enfilaron el camino de Segovia. Bastó que amagaran con llevar tropas hacia Ponferrada para que Lemos fingiera que iba a sosegarse. Esto les permitió desviarse a tierras extremeñas, hacia el «paraíso» de la reina, el santuario de Guadalupe, dedicado a la Virgen de piel negra que habría de convertirse en patrona de la Hispanidad. Este monasterio encajado entre montañas y embadurnado de viñedos y olivares era un pueblo en sí mismo gracias a la infatigable actividad de sus 200 monjes jerónimos. Pero no era su ajetreo sino el silencio de la oración lo que Isabel buscaba en este templo donde paró una docena de veces a lo largo de su reinado.

Visitantes de toda la cristiandad acudían allí a rezar y a dejar exóticos obsequios para agradecer la intercesión de la Virgen de Guadalupe. Una piel de cocodrilo traída por un rey de Portugal, junto a un colmillo de elefante y un caparazón de tortuga decoraban sus paredes como muestra de los objetos más extraños consagrados a la Virgen. No estaba a la vista por razones obvias el espécimen más insólito del monasterio: los restos de Enrique IV. No deja de ser inquietante que el lugar donde más paz encontraban Isabel y Fernando fuera el mismo donde se encontraba enterrado su viejo enemigo.

Para desesperación catalana, o tal vez para regocijo de esos nobles que gustaban de autogobernarse, los grandes asuntos aragoneses se resolvían en las paradas entre campaña y campaña castellana. En este aislado monasterio, Fernando firmó la sentencia de Guadalupe, redactada en castellano con numerosos términos en catalán, que puso punto final al conflicto entre los señores y payeses sobre los malos usos. Cataluña se convirtió en la primera región de Europa donde el régimen feudal rompía con los lazos de ignominia a los que había estado sometida buena parte de sus clases rurales. La sentencia, en cualquier caso, no terminó con el derecho de pernada (el derecho del señor a tener sexo con las hijas de los campesinos en su noche de bodas) por la sencilla razón de que, en realidad, resulta improbable que alguna vez se aplicara. Cuando los campesinos reclamaron años antes la supresión del *ius primae noctis*, los nobles negaron conocer ningún caso, aunque por si acaso accedieron a prohibirlo. Los ricos archivos de la corona no contienen referencias que confirmen su existencia.

La nueva temporada en Granada confirmó el cambio de tendencia en la guerra. La artillería destrozó con facilidad las defensas de Loja, una espina clavada en el alma de Fernando que, cual muñeca matrioska, guardaba otro trofeo igual de querido para el rey. Boabdil le cogió el gusto a dejarse capturar por los cristianos. Estaba en Loja cuando se produjo el asedio de la ciudad, lo que le obligó a firmar un nuevo pacto de sumisión a cambio de su libertad. El Chiquillo vivía una especie de castigo mitológico atrapado en el fuego cruzado entre los cristianos y los seguidores de su padre, ahora reemplazado en el trono por el Zagal. Los primeros, al menos, lo querían vivo, y eso suponía una oportunidad. Su hermano Yusuf había sido ejecutado por su padre, y Boabdil, una persona delgada y de estatura mediana, al que las fuentes cristianas describen como de piel blanca y cabello moreno, no quería compartir su destino. Su frágil estampa solo tenía posibilidades de sobrevivir si se mantenía del lado de los reyes cristianos.

Fernando se aprovechó de su inexperiencia política y su desesperación para mantener viva la guerra civil nazarí, de modo que le concedió la región oriental de al-Ándalus como método para erosionar el poder del Zagal. Boabdil asaltó la capital entrando de manera secreta en el Albaicín pocos meses después de su liberación. Aunque el resto de Granada se mantuvo fiel a su tío, él resistió en este barrio granadino los ataques de sus enemigos con la ayuda de tropas cristianas, que no se molestaron en disimular con quién iban en la refriega familiar. Los más fanáticos religiosos mostraron ya entonces su descontento con este pacto con el demonio, pero muchos campesinos y ganaderos pacíficos vieron en Boabdil al mediador perfecto para poner fin a los males que afligían sus campos.

La gran herida de aquel año triunfal estuvo para los cristianos en la muerte del Doncel de Sigüenza, un caballero de la Orden de Santiago que pereció cuando los musulmanes soltaron las presas del río Genil ahogando a un gran número de cristianos en la Acequia Gorda. Anegar los campos propios antes de que los tome el enemigo es una acción habitual en la historia, desde la Antigüedad a la guerra de Ucrania. La guadaña agarró a Martín Vázquez de Arce, junto a una veintena de camaradas al servicio de los Mendoza, al ser emboscada por el agua esta posición estratégica de la Vega de Granada. Muchos cristianos cayeron del caballo, y otros enfangados y sin armas quedaron a merced del enemigo.

El lamento no fue tanto por la vida del vulgar caballero como por sus méritos de estatua. El guerrero de veinticinco años fue enterrado en un sepulcro de la Catedral de Sigüenza que es, por su belleza, una de las esculturas más destacadas del gótico en España. La figura pétrea muestra un aspecto sereno y meditabundo, con cota de malla y piezas de arnés en su pecho y piernas mientras lee repanchingado sobre su tumba. Es un militar, pero no sujeta un arma en sus manos sino un libro, y no tiene un gesto furioso, sino concentrado en la lectura. Rasgos renacentistas que han hecho volar durante generaciones la imaginación en torno a un militar del que se conocen pocos datos más allá de que no era doncel, pues esta era la denominación que se le daba a los hidalgos en edad adolescente, ni era natural de Sigüenza. Para añadir más misterio, el autor de la escultura resulta hoy anónimo.

Con la situación tan favorable en Granada, Fernando e Isabel se permitieron trasladar su corte itinerante al norte, donde el conde de Lemos seguía causando estragos. En pleno verano de 1486, la pareja cruzó las desoladas llanuras castellanas y avanzó penosamente hacia tierras zamoranas. Los monarcas convocaron a Lemos en Benavente junto a otros aristócratas para decretar su destierro delante de todos. Muerto el perro, quedó Galicia, corazón de su poder, que se agitaba desde tiempos de Enrique IV en un cóctel de agravios históricos al que ningún rey había tenido el valor de hincar el diente. Su gente era, en palabras de Fernando, «feroz y no se gobierna ni se puede gobernar». Esto hacía harto complicado diferenciar a los nobles de los bandidos.

Ningún rey de Castilla había pisado en 110 años esta tierra mal comunicada y de capa caída. Isabel quiso ser también diferente de sus antecesores en esto y, de paso, visitó el sepulcro del apóstol Santiago a modo de invocación para la empresa militar que se traía entre manos. El apóstol más belicoso, el hijo del rayo, llevaba toda la Edad Media apareciéndose sobre su caballo blanco y en actitud nada diplomática sobre los campos de batalla de la península. Isabel se preguntaba si no le sería mucha molestia dejarse caer por Granada, donde ninguna mano cristiana sobraba, especialmente si era capaz de sostener una espada con la violencia que desataba el Matamoros para trinchar posibles alianzas de civilizaciones.

Antes de abandonar Santiago de Compostela, los reyes decidieron levantar un monumental hospital para los peregrinos que llegaban de todo el mundo justo enfrente de la catedral románica que alberga supuestamente los huesos del apóstol. Si bien unos firman hoy en el libro de visitas, los reyes preferían marcar con piedra su paso por las ciudades. El legado arquitectónico de los reyes está compuesto por un gótico propio y mestizaje de estilos, con toques hispanoárabes y también la influencia de los artistas alemanes, flamencos, italianos y franceses que acudieron al amparo de una corte tan interesada por las artes. Maravillas en piedra que sirvieron el mejor preámbulo a lo que iba a ser el Siglo de Oro de la cultura española.

Lo mismo se puede decir de las artes plásticas. Isabel reunió una de las colecciones de cuadros más importantes de España en una época en la que la pintura era un asunto marginal en comparación con las lujosas piezas de orfebrería y los tapices, de los que la corona también atesora auténticos prodigios. Los pintores, los escultores y los arquitectos eran vistos como simples artesanos a los que se les privaba de la consideración de nobles debido a que trabajaban con las manos. A nivel social se diferenciaba muy poco un pintor de un albañil y, si bien en muchos puntos de la Europa renacentista esta consideración estaba cambiando, en la España de los Reyes Católicos faltaban años para abrir ese melón. Todavía un siglo y medio después, a Diego de Velázquez lo rechazó la Orden de Santiago porque estaba prohibido el acceso a quienes «hayan tenido algún oficio vil o mecánico», por ejemplo, «platero o pintor, que lo tenga por oficio, bordador, canteros, taberneros…». Testigos presentados por el pintor intentaron, en vano, argumentar que el sevillano vivía de su trabajo cortesano y que, en realidad, no había vendido un cuadro en su vida. Solo la intervención del papa permitió que la cruz del apóstol luciera en su pecho.

Allí donde iba la reina se dejaba sentir su hambre por la cultura, y en menor medida la del rey. La Universidad de Salamanca fue una parada obligatoria en su retorno desde Santiago. Un gigante del saber europeo solo comparable en estatura a Oxford, Bolonia o la Sorbona de París que suministraba conocimientos a cerca de siete mil alumnos. Estaban prohibidos los juegos de azar y hasta los instrumentos musicales para no alterar la concentración, a excepción del sosegado clavicordio, con cuyas notas nadie ha sido capaz jamás de organizar una juerga. En su visita a la ciudad, la reina se internó en el aula universitaria del humanista español más famoso de su tiempo, Nebrija, para interrogarlo sobre los entresijos de su estudio. Si en el siglo xviii lo suyo era afrancesar el nombre y hoy ponerle un toque británico, en la época de los Reyes Católicos la moda estaba en latinizarlo todo. Elio Antonio de Nebrija era el nombre artístico de Antonio Martínez de Cala, un sevillano que se hizo famoso en toda Europa tras publicar uno de los manuales de gramática latina más utilizados en el continente.

Era un tanto engreído y soberbio, lo que le granjeó muchas enemistades académicas, pero sus conocimientos justificaban que se diera tantos aires. Coincidiendo con otros proyectos igual de imperiales, Nebrija terminó la primera obra que se dedicaba al estudio de la lengua castellana y sus reglas. Quiso la casualidad que esta herramienta para conquistar el mundo estuviera lista justo al final de la toma de Granada y del inicio del descubrimiento de América. «Que siempre la lengua fue compañera del imperio», reclamó Nebrija en el prólogo de su obra refiriéndose al latín y a su auge en la antigua Roma. Buena y casual analogía para presentar la nueva lengua imperial al mundo: el español.

Los esclavos musulmanes de Isabel

España no tenía por entonces ningún imperio, sino más bien un puzle desordenado y algunas piezas perdidas bajo el sofá. En cuanto se reanudó la temporada de guerra en Granada, Fernando decidió redoblar su apuesta con un ataque contra Vélez-Málaga, como paso previo para someter el gran puerto mediterráneo por el que llegaban la mayoría de refuerzos musulmanes. Barcos egipcios, tunecinos, bereberes y hasta árabes entraban y salían cada día de sus costas.

Los cristianos sabían que, si se tomaba Málaga, Granada quedaría asfixiada y sería cuestión de tiempo su caída. Sin embargo, asediar Vélez no resultó el trámite imaginado. Las compañías de asturianos y vizcaínos se batieron en retirada frente a la resistencia enemiga. Fue necesaria la intervención del rey, espada en mano, para evitar el desplome cristiano y tomar la localidad a finales de abril de 1487.

El Zagal olfateó las dudas cristianas y acudió por sorpresa en rescate de la región malagueña al frente de una «multitud de gente». Consciente del peligro, la reina, instalada en Córdoba, ordenó una movilización general en toda Andalucía para que cualquier hombre entre los veinte y los sesenta años ayudara a cerrar el cerco sobre Málaga. Acaudillados por uno de los mejores soldados del Zagal, Hamet el Zegrí, los defensores de la ciudad, muchos de ellos venidos de África, aguantaron las acometidas enemigas durante cuatro meses de bombas, sangre y fanatismo. El bloqueo se realizó tanto por tierra como por mar gracias a una flota venida de Nápoles.

Avanzado el cerco, un santón natural de Túnez burló la vigilancia cristiana y se coló en el campamento real bajo el pretexto de que tenía información crucial sobre el asedio. Se diría luego que había llegado allí guiado por un sueño en el que Alá le había mostrado cómo librar a la ciudad de sus enemigos. El llamado Moro Santo dio con la tienda de los reyes e hirió a sus moradores con un cuchillo que llevaba escondido en el fajín. Pero estos no resultaron ser los reyes, sino un aristócrata portugués, que se llevó una grave cuchillada en la cabeza, y Beatriz de Bobadilla, la fiel confidente de Isabel. Ambos sobrevivieron al atentado, del que Beatriz se zafó con reflejos felinos gracias a los adornos de oro de su traje. Su legendaria afición a los arreos le había salvado la vida.

Los gritos de la leal cortesana alertaron a los soldados de la reina, que ajusticiaron al santón allí mismo. Sus restos fueron catapultados por encima de la plaza musulmana para aleccionar a los habitantes de Málaga. Los monarcas, para evitar acontecimientos similares, ampliaron las medidas de seguridad y prohibieron que hombres armados se presentaran ante ellos. De igual modo se estableció que ningún musulmán entrase en el campamento real sin estar identificado.

Málaga prefirió comerse a los burros, los caballos y las ratas antes que aceptar la rendición. Fue necesario que los principales cabecillas gomeres se inmolaran en una última carga, tan inútil como heroica, para que se despejara el horizonte del cerco interminable. Tal defensa suicida de la ciudad provocó que, ni cuando se rindieron sus habitantes el 18 de agosto, Fernando mostrara piedad alguna. A pesar de que los cronistas ensalzaron la magna clemencia de los reyes con los vencidos, si de esto hubo en Málaga que baje Dios y lo vea. Toda la población que sobrevivió entre las ruinas y los cadáveres de sus paisanos fue castigada con la esclavitud o la pena de muerte, con excepción de veinticinco familias mudéjares que pudieron permanecer en la morería.

La cifra de esclavizados alcanzó las 15.000 almas en un negocio muy beneficioso para la Corona. La mercancía fue dividida en un lote para canjearla por cautivos cristianos, otro para repartir graciosamente entre los aristócratas y un tercero para la Corona. Los reyes, que habían contraído un sinfín de deudas, pudieron al fin «salir de la vergüenza que podían recibir no pudiendo pagar lo que debían», en palabras de un cronista del marqués de Cádiz, al que le adeudaban un buen saco de dinero.

Según las leyes de la guerra, era legítimo esclavizar al enemigo infiel, aunque solía tratarse de una pérdida de libertad temporal. El mundo necesitaba este sucio negocio para mover sus engranajes. A mediados de esa centuria, Portugal había solventado, gracias a su acceso directo a la costa africana, la carencia de esclavos que sufría la España medieval desde que los turcos cerraron el grifo de Oriente. Lisboa se transformó en la capital mundial del esclavismo, mientras los mercados españoles también se llenaban de cautivos africanos y ahora granadinos, cuyo precio variaba en función de su edad y su salud. Si eran buenas mozas, de carnes prietas y turgentes pechos, la cifra alcanzaba la estratosfera.

Los esclavos se empleaban en los campos para realizar tareas agrícolas y en las casas como sirvientes. Por lo general, no eran maltratados debido a su elevado valor y porque lo prohibía la ley. Las *Siete Partidas* de Alfonso el Sabio, promulgadas en el siglo XIII, definían la esclavitud como «la mayor maladanza que los hombres pueden hacer en este mundo», pero la legitimaban y daban facultad a sus dueños a imponer castigos por delitos y faltas, aunque quedaba prohibido causarles la muerte o mutilarlos sin prescripción judicial. El esclavo mal alimentado u objeto de malos tratos podía quejarse ante un juez y hasta luchar por su libertad, aunque era difícil que la consiguiera sin permiso de su dueño.

Muchos esclavos vivían mejor que la mayor parte de la población, instalados en grandes casas y hasta en la corte. Isabel, que en Canarias y luego América mostró sus reparos contra la esclavitud, no pensaba lo mismo cuando se trataba de cautivos musulmanes. Se sabe que tenía bajo su servicio a una esclava morisca que probaba su comida por si estaba envenenada y que se encargaba de las tareas más ingratas. No era la única. En su correspondencia, la castellana reclamaba que las siervas de su casa, algunas de ellas cristianas, estuvieran bien alimentadas y que les dieran «que hacer de manera que no estén ociosas». Todos los grandes señores contaban con una escuadra de esclavos para llevar las tareas más ingratas y, en más de una ocasión, dar vida a algún bastardo que otro.

Ni siquiera el demoledor golpe de perder Málaga unió a los musulmanes en una única causa. Boabdil aprovechó la ocasión para ganar Granada en su totalidad. Se proclamó emir otra vez y acordó con Fernando e Isabel que renunciaría a la capital a cambio de un principado en la zona oriental del reino. Esto explica por qué Fernando se empecinó en el verano de 1488 con atacar la parte fronteriza con Murcia, la más pobre y menos poblada. Allí era donde debía jubilarse el monarca musulmán. No obstante, si los reyes querían ponerse a repartir el reino a su conveniencia debían poner su empeño primero en talar el poder del Zagal, «señor de Guadix», que estaba arraigado en torno a Baza.

A mediados de junio de 1489, los cristianos comenzaron el cerco a esta importante plaza considerada inexpugnable y muy cebada de refuerzos por el emir derrocado. La resistencia de los bastetanos fue dura, tanto que estuvo a punto de hacer desistir a los sitiadores. Se requirió despoblar Sevilla entera y que la reina se presentara ante sus murallas al frente de una ruidosa comitiva de clarines, trompetas italianas, chirimías y atabales para que enarbolara la bandera blanca. Los reyes se fueron con la música a otra parte. Almería y Guadix compartieron el destino de Baza. El cuñado del Zagal, Yahya Alnayar, jugó un papel fundamental durante las negociaciones para entregar estas plazas, lo que le valió el permiso para convertirse al cristianismo con el nombre de Pedro de Granada y ser nombrado, entre otros cargos, comendador de la Orden de Santiago. De moro pasó a cruzado, sin pasos intermedios…

Y así fue como el Zagal perdió toda esperanza de vencer. El aguerrido guerrero optó por emigrar a África a cambio de la venta de otros veintitrés lugares a los cristianos, lo que dejó a su sobrino sin salida al mar ni opción de renegociar con los reyes. Los cronistas árabes, como Nubdhat Al-Asr, vieron en esta maniobra la más dolorosa venganza contra Boabdil:

> Mucha gente asegura que el Zagal y sus comandantes vendieron estos pueblos y distritos que gobernaban al soberano de Castilla y que recibieron un precio a cambio. Con este acto quería aislar Granada, para destruirla del mismo modo que el resto del país había quedado destruido.

El emir fue tratado en el norte de África como un extranjero en el exilio. La tradición dice que el rey de Fez, amigo de Boabdil, ordenó que lo cegasen y terminó sus días pidiendo limosna a cambio de cantar romances de su querida y añorada Granada. Lo único comprobable es que murió «abandonado entre sus mujeres», sin que se dedicaran grandes canciones a su nombre.

Cómo cocinar un gato en Granada

Granada estaba ya conquistada o, al menos, de eso iban alardeando los reyes. Según anunciaron a principios de 1490 a la ciudad de Sevilla, en un plazo de veinte días terminaría todo, pero las semanas pasaron y luego los meses y hasta los años sin que el emir cumpliera con su parte del trato. Con tono zalamero, Boabdil se declaraba vasallo de la reina, a la que se dirigía con la modestia que correspondía a la «sultana, la excelsa, la magnífica, la excelente, la liberal, la famosa, la ilustre, la grande, la noble, la virtuosa, la benéfica, la honorable, la princesa de reyes y la más grande». «¡No tenemos después de Dios, otros auxilios que vuestra casa y vuestra Real Alteza!», le confesaba. Pero no terminaba de dejarse auxiliar. Ya fuera porque no podía (el acuerdo con los reyes decía que «cuando pudiere» soltaría la capital) o porque no quería, aún tardó dos años en rendir Granada, convertida en un islote para los refugiados más radicalizados del conflicto. Y quizás era el miedo a la reacción de estos si entregaba la ciudad sin luchar por lo que Boabdil demoró su decisión. La gran urbe, la más poblada de la península junto a Sevilla, aún contaba con miles de lanzas dispuestas a una defensa numantina.

Con más desgana que ningún otro año, Fernando reanudó las hostilidades con la única intención de recordar al emir que vivía de prestado en la Alhambra. En el invierno de 1490, el caballero andante Hernán Pérez del Pulgar, motejado como el de las Hazañas, entró una noche en Granada con quince de los suyos y recorrió la ciudad sin ser descubierto hasta llegar a la mezquita principal. Allí clavó con su daga el avemaría en la puerta y al salir incendió el mercado de la ciudad. En el cartel que dejó apuñalado se podía leer:

«Sed testigos de la toma de posesión que realizo en nombre de los reyes y del compromiso que contraigo de venir a rescatar a la Virgen María a quien dejo prisionera entre los infieles». Tras derrotar a la guardia granadina, el de las Hazañas aprovechó la confusión para escapar por el río.

Lejos de este tipo de locuras improvisadas, la última etapa de la guerra se caracterizó por la planificación minuciosa de cada campaña anual en un sentido muy moderno. En 1491, los reyes pudieron levantar un ejército de 10.000 jinetes y alrededor de 50.000 peones, lo que revela que en el curso de siete años la corona había duplicado su contingente de caballería y, cuando menos, triplicado el tamaño de sus fuerzas de infantería. Este poderoso ejército penetró en la Vega buscando el encuentro definitivo con los musulmanes. Despechado por la actitud del emir, Fernando lo declaró felón y divulgó los pactos secretos de Loja para desprestigiarlo ante los suyos.

Los cristianos comenzaron en verano la construcción del campamento de Santa Fe, a pocas leguas de Granada, con la firme decisión de que solo lo levantarían tras la caída de la ciudad. No trajeron artillería en esta ocasión, pues en ningún caso pretendían destruir la grandiosa urbe por la que tanta sangre habían derramado. Isabel se trasladó junto a su marido, sus hijos y sus músicos a vivir al campamento, que más que una base militar era lugar de jolgorio y, a la postre, una ciudad hecha con adobe y piedra. «Tenían muchos refrigerios e placeres de muchas trompetas», la describió el cronista Andrés Bernáldez sin salir de sí de sorpresa ante tanta festividad en un campamento militar.

En este ambiente lúdico, Isabel insistió un día en cabalgar junto a su familia a una colina cerca de Granada. Desde el segundo piso de una destartalada casa contempló obnubilada la Alhambra por encima de los muros rojizos. La tentación fue demasiado grande para los defensores, que salieron en busca de ese botín tan jugoso que parecía decir «atrápame si puedes». El marqués de Cádiz trabó un combate con los jinetes musulmanes para evitar que la reina cayera presa. Isabel se puso de rodillas a rezar mientras el combate se prolongaba durante varias horas hasta que los nazaríes se dieron a la fuga. La reina se comprometió a levantar un convento en el lugar donde estuvo tan cerca de morir.

Casi parecía que Dios quería retrasar el triunfo de los reyes, cuyo campamento sufrió distintas plagas de corte bíblico. Durante el invierno, una tormenta de lluvia derribó casas, tiendas y fuertes, dificultó la llegada de vituallas y extendió el hambre por el campo embarrado. En otra ocasión, el peligro vino por el fuego, uno que se desencadenó por la noche por culpa de una vela mal apagada en la tienda de la reina. El fuego prendió las ropas de la cama y se propagó con rapidez por la torre de madera de tres plantas donde estaba el aposento real. Isabel fue una de las primeras en sentirlo cuando estaba rezando sus oraciones, y agarró los documentos secretos de su escritorio para refugiarse en la cercana tienda del rey, que estaba sumido en un sueño profundo. Isabel y Fernando, en camisón pero sin soltar su espada, huyeron lejos del incendio. Muchos pensaron que se trataba de un golpe de mano musulmán sin sospechar que el origen del ataque estaba en la torpeza de la reina o de alguna de sus criadas. Hasta que no colocaron varias leguas de por medio no giraron la vista los reyes para preguntarse por sus hijos y por quienes habían quedado atrás carbonizados.

Los cristianos solo podían reconfortarse pensando que, si ellos estaban aguados y quemados, en el interior de Granada se vivía una plaga bíblica que hubiera hecho palidecer a Moisés. Los granadinos introdujeron la carne de caballo, perro y gato en su raquítica dieta tras un invierno cruel, aunque, a decir verdad, comer gato no era un hecho insólito en el periodo. El mestre Robert de Nola, autor catalán de un recetario muy popular en el Renacimiento, aconsejaba asar con aceite y ajo a los felinos más gordos, «y después de muerto cortarle la cabeza y echarla a mal, porque no es para comer, que se dice que comiendo de los sesos podría perder el seso y el juicio el que la comiese». Del resto de los gatos se comía hasta la cola.

El tiempo jugaba ahora en contra de Boabdil, que firmó el 25
de noviembre de 1491 el acuerdo definitivo para rendir Granada
como máximo en dos meses. Un discreto noble llamado Gonzalo
Fernández de Córdoba, bien relacionado tanto con la reina como
el rey, llevó la batuta de las últimas negociaciones gracias a su dominio del árabe y su buena relación con Boabdil, fraguada durante
su cautiverio. A base de sobornos, los cristianos fueron ablandando
las voluntades más enquistadas. El emir exigió para su protección
que un primer comando de cristianos tomara la Alhambra. Temía
por su seguridad más que por la de sus súbditos.

La entrega a los reyes tuvo lugar el 2 de enero, cuando a la
vista de Granada el emir recibió montado en una mula a la comitiva real y a todos sus ejércitos puestos en orden. «Toma, señor, las
llaves de tu ciudad, que yo y los que estamos dentro, somos tuyos»,
afirmó Boabdil al dar a Fernando el control de la plaza a la orilla
del Genil. Dio unas llaves y, a cambio, recuperó a su hijo, el querido
infantico Ahmed, ahora de nueve años, con el que Isabel trató de
no perder el contacto. La reina solía usar túnicas, capas y zapatillas
de estilo árabe en la intimidad para su mayor comodidad, pero para
ese día decidió que su marido y ella fueran ataviados públicamente
con indumentarias moras en gesto de respeto.

Los monarcas impidieron que Boabdil besara sus manos y prefirieron tratarle como un igual, aunque él insistió en posar sus labios al menos en el hombro real. Lo más probable es que, como en
otras ocasiones, el paripé estuviera pactado de antes para escenificar
la clemencia de los reyes en su máxima expresión. No querían que
Granada se sintiera postrada ante sus conquistadores, por lo que
evitaron ese día entrar en la ciudad. Las capitulaciones prohibían al
ejército cristiano poner un pie en Granada, limitándose a ocupar
sus murallas y torres.

Los reyes se comprometieron a respetar los bienes y a las personas que vivían en Granada, a garantizar la libertad de culto «para
siempre» y a que se siguiera empleando la ley coránica para dirimir

conflictos entre musulmanes. Las capitulaciones, asimismo, incluían la promesa de que no habría castigo para los tornadizos, elches y marranos refugiados en Granada, a quienes se facilitaría el traslado al norte de África. La inmensa mayoría decidió quedarse, pero una minoría gobernante se acogió a la generosidad de los reyezuelos del otro lado del Estrecho. En las ruinas de Tetuán se conjuraron muchos de estos emigrantes para reconstruir su antiguo esplendor.

Un apesadumbrado Boabdil se instaló primero en el minúsculo señorío que le asignaron los reyes en las Alpujarras. Al cabo de dieciocho meses también se decidió viajar a África ante la evidencia de que las promesas se las llevan los suspiros. No había que ser un lumbreras para entender que los reyes lo querían mucho, pero a muchos kilómetros de distancia. La tradición romántica asegura que su brava madre le recriminó que camino al destierro le diera por derramar lágrimas por su patria perdida: «Llora como una mujer lo que no supiste defender como hombre». Existen pocas evidencias de que le doliera abandonar esa vida tan perra de frontera y padres parricidas. El último sultán nazarí se perdió en el polvo de Fez muchas décadas después. Allí encontró una tierra azotada por la violencia, el hambre y la peste, donde trató de construir palacios de estilo andalusí e impregnarse de la ilusión de que seguía viviendo en al-Ándalus. No es posible vivir soñando.

Fernando anunció al papa que se había tomado el Reino de Granada, el cual «sobre 700 años estaba ocupado por los infieles». Roma celebró la victoria de los cruzados con campanadas, encierros de toros y carreras de hombres adultos, jóvenes, niños, judíos, burros y búfalos (el orden de los participantes no es casual). A lo grande. Los conquistadores recibieron la calificación de «atletas de Cristo», y los reyes el título de «católicos» con el que hoy son conocidos en los libros de historia y que colocó a los españoles al mismo nivel que los franceses, que eran llamados «Reyes Cristianos».

La cristiandad entera estaba en deuda con esos reyes que vestían a la morisca en la intimidad y que vivían rodeados de antiguos judíos. Isabel y Fernando decidieron cobrarse el favor allí mismo. Con la excusa de que necesitaban organizar la Iglesia en nuevos territorios como Canarias, Granada y más tarde las Indias, le arrancaron al papa el derecho a designar a los candidatos a ocupar los obispados y otros puestos menores. Este privilegio español tan anhelado por otros pueblos, por ejemplo el inglés, que para conseguirlo tuvo que inventarse su propia religión, quería poner coto a los clérigos capaces de levantar ejércitos más grandes que los de la propia Corona y con la mano tan larga en la política. Esos obispos de sangre ilustre que ni siquiera residían en sus diócesis, que estaban exentos de pagar impuestos a los reyes y se creían por encima de la ley fueron reemplazados por una hornada de clérigos humildes, mansos y más cultos.

El cardenal Mendoza, que fallecería en 1495 a causa de una grave enfermedad renal, fue el más importante aliado con el que contaron los reyes para esta y otras ambiciosas reformas religiosas. Y eso que él, aristócrata derrochador procedente de la familia más poderosa de la península, no estaba para tirar la primera piedra. Tampoco lo estaba Fernando, que había colocado a su hijo bastardo como arzobispo de Aragón cuando aún se limpiaba los mocos con la sotana. La relación entre Isabel y Mendoza, que para Nebrija era el «primero de los mecenas y patronos de las letras», fue tan estrecha como para que la reina mirara a otro lado con los «hermosos pecados del cardenal», sus tres hinchados hijos ilegítimos, por los que intercedió para que pudiera legitimarlos.

En un inabarcable ejercicio de hipocresía, el cardenal y la reina trabajaron codo con codo para desterrar la extendida práctica de las familias sacerdotales. O, como lo expresa el refranero español: «¿Tanta gente de bonete dónde mete? Porque estar sin meter no puede ser». Obispos, presbíteros, abades y diáconos convivían sin el menor pudor con mujeres que se hacían pasar por sus amas de llaves o sus cocineras, conocidas con el eufemismo de la sobrina del cura o la barragana. Ante los intentos de prohibir esta costumbre en el pasado, apunta el Arcipreste de Hita en su *Libro del buen amor* que los clérigos solían alegar que la moza que tenían en su casa era una criada rescatada de la orfandad y que eso más parecía un acto de caridad que un pecado.

Un ejército imperial de prostitutas

Granada encandiló desde el primer día a los reyes con su aire de oasis en el desierto. Los jardines llenos de fuentes y cascadas del Generalife no tardaron en convertirse en uno de los lugares favoritos de Isabel. La reina incorporó a su escudo de armas el símbolo de la granada, con la piel dorada y semillas rojas, que todavía está presente en la heráldica de España, y decidió que algún día su descanso eterno estaría no en Toledo, sino en la Capilla de los Reyes de la catedral granadina, un templo construido sobre la antigua gran mezquita que fue purificado a conciencia, «al servicio de la fe verdadera».

La abundancia granadina estaba fuera de toda medida conocida en Castilla o Aragón y reflejaba el último recuerdo de una cultura mestiza con ocho siglos de vida. El viajero alemán Jerónimo Münzer describiría todo el complejo de la Alhambra como «tan magnífico, tan majestuoso, tan exquisitamente labrado... que el que lo contempla sueña que está en un paraíso». Los reyes se preocuparon por conservar en las mejores condiciones el palacio, que contaba con baños abovedados distintos para el agua fría, caliente y templada, y dieron luz verde a la construcción de un pequeño monasterio franciscano sin mancillar la esencia nazarí.

La ciudad estaba rodeada de las tierras más fértiles de la península. La comida y la bebida no faltaban para sus más de 40.000 habitantes, y rara era la vivienda que no venía equipada con cisternas y conducciones que separaban el agua limpia de la sucia que iba a parar a su impresionante sistema de alcantarillado subterráneo. Era un paraíso celestial, pero situado en una tierra donde seguían retumbando con estruendo las llamadas a la oración dedicadas a Alá. Esos cánticos musulmanes, que fueron pronto sustituidos por el no menos ruidoso sonido de largos cuernos, no resultaban gratos a los reyes.

El confesor Hernando de Talavera fue designado arzobispo de la ciudad con la misión de evangelizar la zona de manera pacífica. Permitió el uso del árabe como lengua litúrgica para atraer feligreses y se adentró en la sierra para decir misa a viva voz. Un morisco que sirvió como paje del arzobispo en su juventud recordaba que, como en muchos de esos pueblos no había órgano, permitía que los locales tocaran la zambra (una danza tradicional) y que las misas siempre terminaban con la frase «el Señor sea con vosotros» dicha en árabe.

Pero, a pesar de estar asediados por iglesias, conventos y ermitas, gran parte de los granadinos se aferraron a su religión y siguieron vistiendo a la moda morisca. Los Reyes Católicos quedaron horrorizados al ver de primera mano, en 1499, los pobres resultados que había cosechado la estrategia suave del clérigo y decidieron encomendar la misión a otro confesor, fray Francisco Jiménez de Cisneros, un hombre resoluto que ya estaba por entonces al frente de la sede de Toledo en sustitución del fallecido cardenal Mendoza. Cisneros, también de sangre conversa, había puesto como condición para ser confesor de la reina ir y venir de su monasterio para no descuidar sus deberes religiosos y no dormir en palacio, sino en la celda que estuviera más cerca. El de Torrelaguna comía de manera frugal hasta rozar lo minimalista y gustaba de compartir las limosnas con los pobres. Su estilo de vida era tan extremo que hasta el papa le pidió, siendo ya anciano, que no se mortificara tanto.

Era bastante más duro que Talavera, pero igual o más leal a la Corona. La solución que él defendía para el problema mudéjar era que se «les debía bautizar y luego vender como esclavos, porque como esclavos serían mejores cristianos y así la tierra quedaría en paz para siempre». Sin embargo, Fernando exigía tener más tacto que eso, porque «cuando vuestro caballo hace alguna desgracia

—afirmó a sus consejeros—, no echáis mano a la espada para matarle, antes le dais una palmada en las ancas. Pues mi voto y el de la reina es que estos moros se bauticen. Y si ellos no fuesen cristianos, séranlo sus hijos o sus nietos».

Dicho y hecho. Cisneros forzó el bautismo de muchos musulmanes y escenificó la quema de miles de manuscritos árabes en la plaza de Bib-Rambla, en el corazón de Granada. Tras salvar los libros de botánica y medicina, el grueso de los ejemplares, en su mayoría de carácter religioso pero también textos de poesía e historia, fueron quemados en una gran hoguera pública. Un crimen contra la civilización andalusí que ha tatuado la marca de los macabros bomberos de Fahrenheit 451 en el docto prestigio de Cisneros, fundador de la Universidad de Alcalá e impulsor de una interminable lista de proyectos culturales que reflejan, mejor que el fuego purificador, su valiosa labor como mecenas.

Estas medidas se acompañaron de una política de repoblación con colonos cristianos para empujar a los musulmanes a convertirse o marcharse. La mayor parte de los miles de cristianos que acudieron a la oferta de tierras propias era gente advenediza con el aire desenfrenado que trae la resaca de la guerra. Prostitutas, marginados y buscavidas, «las heces de las otras ciudades», en palabras del cronista Fernández de Madrid, conformaron la primera avanzadilla de cristianos viejos llegada a territorio musulmán. Si aquellos «misioneros» estaban concebidos como ejemplo de lo que debían ser los nuevos cristianos, se explica que la única política eficaz terminara siendo la de las coces o la de sustituir a los musulmanes por prostitutas.

En los últimos compases de la contienda, los reyes otorgaron al bravo capitán Alonso Yáñez Fajardo la licencia para establecer prostíbulos en los pueblos conquistados y que se conquistasen de Granada, convirtiéndose en algo así como el putero mayor del reino. Aquella concesión no era un asunto baladí, sino la guinda a la espectacular red de burdeles públicos que se extendía por territorio cristiano. Desde que san Agustín había reconocido que los prostíbulos eran «un mal menor» en la lucha eterna contra la corrupción de las costumbres y los desórdenes sexuales, los reyes cristianos habían decidido mirar a otra parte. El objetivo de las mancebías, como se llamaban estos espacios, era intentar acabar con la prostitución callejera. En Aragón y Castilla ya existían estos espacios reglados, pero los Reyes Católicos subieron la apuesta fomentando a nivel nacional este modelo de prostitución con el envío de órdenes a los distintos lugares de la monarquía para poner en marcha las casas del sexo.

En Valencia se alzó uno de los prostíbulos más grandes de toda la Europa medieval, que, hacia 1501, contaba con «entre 200 y 300» trabajadoras asentadas en el lupanar. No era un edificio como tal, sino que estaba formado por varias calles alrededor de las cuales se levantaban diferentes hostales (unos quince en las mejores épocas del lupanar). El flamenco Antonio de Lalaing se asombró con un macroburdel que «es grande como un pueblo pequeño» y elogió su organización: con porteros que controlaban la entrada, médicos pagados por la ciudad para realizar inspecciones semanales a las mujeres y todo tipo de servicios.

Lo verdaderamente excepcional del caso español era el estrecho celo que se ponía en que las mujeres fueran sometidas a controles sanitarios y a la insistencia de las autoridades religiosas por sermonearlas, aunque fuera de Pascuas a Ramos, para que dejaran aquella mala vida y se entregaran a la oración. En cuaresma, fray Hernando de Talavera solía encerrarse en su palacio con las prostitutas de Granada para agotarlas a homilías. Alguna que otra hacía caso a la palabra de Dios… El autor de *La Carajicomedia*, un poema político-alegórico sobre la Castilla de esa época, cuenta entre la realidad y el cachondeo que una tal Mariblanca, «mujer muy retraída de vergüenza y que tiene gran abstinencia de castidad», se hincó cierto día de rodillas en la cama mirando a un crucifijo para agradecer al santísimo la generosidad de un cliente suyo, con lágrimas en los ojos: «¡Señor, por los méritos de tu Santa Pasión, si merced en este mundo me has de hacer, es esta: que en mis días no carezca de tal hombre como este!».

Fernando e Isabel fomentaron estos burdeles pensando en la salud espiritual de las mujeres, pero también en sus bolsillos. El modelo repercutía en un gran beneficio para los concejos a través de la llamada «renta de la mancebía» o «renta de la putería», que estaba integrada no solo en lo que pagaba a las arcas del concejo el arrendador de la mancebía, sino también por el llamado «derecho de perdices», un antiguo privilegio que cobraban los alguaciles de los distintos lugares del reino por la protección que brindaban a las prostitutas. Algo así como un servicio municipal de chulos. En Córdoba, directamente los burdeles estaban en terrenos alquilados por la catedral, de manera que las misas del día se pagaban, en parte, con las comuniones de la noche. Allí el dinero se convertía en carne y el vino, en vino.

El drama final de los judíos

Como resultado de una evangelización más agresiva por parte de Cisneros, se obtuvo un incremento de las «conversiones» (más de 3.000 bautizos en una semana), pero también una serie de desórdenes en el Albaicín. La casa de Cisneros fue saqueada y el clérigo tuvo que fugarse a toda prisa de la ciudad. Talavera blandió su reputación de hombre conciliador para que el charco de sangre no se convirtiera en un río. Su mediación sirvió para que la guarnición de la Alhambra recuperara al cabo de tres días el control de la ciudad, provocando una conversión multitudinaria de musulmanes que temían las represalias. Las nuevas iglesias de la ciudad se llenaron de lo que, en opinión del arzobispo de Granada, eran falsos feligreses que vivían con desdén los oficios religiosos: «Se arriman y echan sobre los altares y se sientan vueltos de espaldas a ellos, e otros se pasean al tiempo de los sermones».

Si Cisneros pensó por un momento que había triunfado con su estrategia, la decepción debió de ser mayúscula cuando poco después las llamas de la rebelión se extendieron a otros puntos del reino, de las escarpadas Alpujarras a la sierra de Almería. Los bandoleros se hicieron fuertes en los lugares más aislados y causaron un baño de sangre a costa de los cristianos despistados con los que se toparon. El propio Fernando se enfundó de nuevo la armadura y apagó con extrema dureza la revuelta. El rey reconoció que a Cisneros, «que nunca vio moros, ni los conoció», se le había ido la mano.

Temerosos del castigo, la cascada de bautismos dio la vuelta varias veces a la Alhambra. Pero era ya tarde para la conversión pacífica. Estos episodios fueron considerados como una ruptura de las condiciones de la capitulación, con lo que, libres de cortapisas, los reyes emitieron la pragmática del 11 de febrero de 1502 que obligaba al bautismo o al exilio de los musulmanes de Castilla, que eran una gota de agua en el océano en comparación con la rica comunidad mudéjar de Aragón y Valencia, a la cual Fernando optó por no molestar por motivos mundanos. «El que no tiene moros, no tiene oro», enunciaba un refrán de la época sobre la importancia de los agricultores musulmanes para la economía de estos reinos. No era menor la hipocresía de Isabel, cuya corte vivía embriagada de elementos musulmanes, empezando por unos aposentos íntimos decorados hasta lo barroco con cojines, almohadas y alfombras de seda. Comía alimentos de regusto musulmán, se perfumaba con sus olores, vestía sus palacios con sus elementos arquitectónicos y hasta montaba a caballo como ellos. Isabel era más musulmana de lo que estaba dispuesta a reconocer.

Para una gran parte de mudéjares no fue un gran dilema tomar el camino rápido de la conversión, pero para los que persistieron en no bautizarse se abrió bajo sus pies un viaje de pesadilla. Fueron obligados a marcharse a países musulmanes con los cuales los reyes no estuvieran en guerra, lo cual reducía el abanico de opciones prácticamente solo a los mamelucos de Egipto. Esto los condenó a emprender una larga travesía hasta las costas levantinas del Mediterráneo.

No era la única minoría que se había quedado sin sitio en España. Justo en la Alhambra, Isabel y Fernando habían firmado el 31 de marzo de 1492 un edicto similar que forzó a todos los judíos de sus reinos a elegir entre convertirse al cristianismo o marcharse para siempre. La decisión fue celebrada como un síntoma de modernidad y atrajo las felicitaciones de la Europa más intelectual. La mayoría de los afectados por el edicto eran, de hecho, descendientes de los expulsados siglos antes en Francia e Inglaterra. Si acaso muchos europeos creían que la medida se hacía tarde, de ahí que el insulto más recurrente contra los españoles fuera llamarlos «malos cristianos» por su convivencia con musulmanes y judíos y su disposición a mezclar su sangre con ellos.

Los reyes culpaban a los judíos de ser una perniciosa influencia para los convertidos y creían que su expulsión acercaría la deseada unidad religiosa. El gran impulsor del edicto fue otra vez Fernando y no Isabel, considerada hasta el final más amiga de los judíos que su marido. Cuando el rabí mayor Judah Abravanel acudió al frente de una comitiva judía a implorar a Fernando que reconsiderara la decisión, el rey se mostró inamovible. En un segundo encuentro, la comunidad judía ofreció una cantidad enorme de dinero para al menos retrasar la orden, pero en esta ocasión quien concluyó la conversación, según una leyenda que se mueve entre el mito y la realidad, fue Torquemada, que arrojó treinta monedas sobre la mesa, preguntándose cuántas serían esta vez necesarias para traicionar a Cristo por segunda vez.

A la tercera ocasión, la comitiva fue directamente a Isabel. «¿Creéis que esto proviene de mí?», preguntó la reina a Abravanel, que había financiado buena parte de la guerra contra Granada. En palabras de la castellana, «el Señor ha puesto este pensamiento en el corazón del rey». Pero todos sabían que su marido no era alguien que se moviera por lo que otros, ni siquiera Dios, colocaban en su corazón, sino más bien lo que le entraba en el cerebro. Fernando tomó la decisión por razones religiosas (política = religión), pero con la garantía de que el Estado no iba a sufrir consecuencias catastróficas. En tiempos de los Reyes Católicos, siempre según datos aproximados, los judíos no eran menos de 100.000 personas en España, de los cuales se calcula que 50.000 nunca llegaron a salir de la península pues se convirtieron antes, y una tercera parte regresó a los pocos meses alegando haber sido bautizados en el extranjero. No quedó más remedio que creerlos.

Los que volvieron pudieron recuperar sus propiedades y se persiguió a quienes habían hecho negocio a su costa. Quedó prohibido por la Corona llamarlos tornadizos o maltratarlos por su pasado. Porque no se trataba de expulsar a un pueblo, sino a una religión. El clero se volcó en conseguir que se bautizara el mayor número de personas y Fernando exigió a Torquemada que los inquisidores mostraran manga ancha con las «cosas livianas» y no acosaran a los nuevos cristianos. La conversión de algunos de ellos, como la del octogenario Abraham Seneor, sostén de la logística de las fuerzas reales durante la guerra, fue publicitada con gran estruendo para animar a otros a seguir su camino. Los reyes lo apadrinaron con el nombre cristiano de Fernando Núñez Coronel en un acto en el monasterio de Guadalupe y lo incorporaron al Consejo Real, máximo organismo de la monarquía, en prueba de que los conversos no encontrarían ninguna puerta cerrada. Era mentira: los españoles de origen judío sufrirían en las siguientes décadas el escrutinio de la limpieza de sangre, que condicionaba en mayor o menor medida el acceso a muchos puestos e instituciones religiosas.

Al final, la mayoría de quienes se marcharon era gente humilde, sin mucho que perder, que prefirió mantenerse fiel a su religión que vivir una mentira. Más allá de los grandes nombres hebreos, había una masa de personas trabajadoras cuya forma de vida era idéntica a la del resto de españoles. De hecho, el número de recaudadores judíos, en comparación con los cristianos, siempre fue muy pequeño. El edicto permitió a los judíos que rechazaran la conversión llevarse bienes muebles del país, pero tenían prohibido en Castilla sacar oro, plata, monedas, armas o caballos. Se vendieron casas a cambio de un asno y haciendas por unos pocos lienzos. Los cronistas hablan de mujeres y niños tragándose ducados para sacarlos a la desesperada del país, si bien en Aragón sí se permitió que se llevaran metales preciosos. Además, todos los mozos y mozas mayores de doce años se casaron entre sí para que nadie fuera en solitario por las espinosas rutas de salida.

En previsión de posibles agresiones por parte de la población cristiana, los Reyes Católicos facilitaron a los expulsados un documento de seguridad donde se reclamaba respeto para ellos. Una medida que no evitó la trágica estampa de miles de hombres, mujeres y niños cargando con sus escasas pertenencias por los maltrechos caminos del periodo. «No había cristiano que no tuviese dolor de ellos. Iban por los caminos de campos por donde iban con muchos trabajos y fortunas, unos cayendo, otros levantando, unos muriendo, otros naciendo, otros enfermando», describió en sus crónicas el cura Andrés Bernáldez. Lloraban, cantaban y se preguntaban, niños, grandes o viejos, qué sería de ellos en esta nueva peregrinación por el desierto. La mayoría tomó la desafortunada decisión de dirigirse a los reinos cercanos de Portugal y Navarra, donde sufrieron el oprobio de nuevas expulsiones.

Los esclavistas hicieron el agosto, mientras las enfermedades y los naufragios se cobraron cientos de víctimas en barcos donde no cabía un alfiler. Los que decidieron dirigirse a Italia gozaron de suerte dispar. En Nápoles, a punto de integrarse completamente a la Corona de Aragón, su permiso de residencia fue limitado y en 1541 fueron desplazados del territorio. Génova, que ya había prohibido el acceso a este grupo en el pasado, procedió a vender como esclavos a los que entraron sin permiso a su república. «Podrían haber sido confundidos con fantasmas, tan demacrados y macilentos iban, que en nada se distinguían de los muertos», comentó un diplomático genovés. Por su parte, Roma no tomó el camino de la expulsión hasta finales del siglo XVI, al tiempo que el Gran Ducado de la Toscana los recibió con los brazos extendidos. En esta península se atribuyó su llegada a una nueva enfermedad de transmisión sexual (sífilis), apodada allí como «el mal judío».

Aun así, la fortuna de los europeos fue mejor que la de los que viajaron al norte de África, que murieron en grandes cantidades durante la travesía o acabaron siendo esclavos. Se dice que la mejor suerte fue para los refugiados en el Imperio otomano, cuyo sultán envió navíos a buscar a los sefarditas y recibió a las figuras más ilustres en persona. «Aquellos que les mandan pierden, yo gano», afirmó el sultán, según recoge la tradición. Sin embargo, no existen documentos fiables que prueben la presencia de los españoles refugiados en este imperio hasta un siglo después. Los viajeros cristianos darían fe de que había sefarditas viviendo en Egipto, Palestina y hasta en la India, pero a mediados del siglo XVI.

Otro mito recurrente atribuyó a la expulsión la mala situación económica que sufrió España al cabo de los siglos. Nada más lejos de la realidad. Los estudios demuestran que, en todo caso, ni la demografía ni la economía de España se resintieron de gravedad a largo plazo con la aplicación de este edicto. Para esas fechas, los judíos no constituían ya una fuente de riqueza relevante en Castilla o en Aragón, ni como banqueros ni como arrendatarios de rentas. El mayor damnificado fue, en realidad, la Corona, que recibía los impuestos de esta comunidad y que sacaba pingües beneficios de consentir su fe. Los bienes que obtuvieron de la expulsión solo fueron una mota de lo que perdieron por otro lado. Las sinagogas y los cementerios quedaron en manos del Estado, aunque en la mayoría de casos repercutió a favor de los poderes municipales. Si la operación tenía algo de confiscación, desde luego los reyes se apoderaron de un negocio ruinoso.

Para redondear la persecución de las minorías, los reyes pusieron en su radar a los egipcianos, esto es a los gitanos. Un pueblo nómada que entró a principios del siglo xv en la península procedente del norte de África, previa parada en Francia, en una larga marcha que se hundía en la noche de los tiempos. Distintas villas aragonesas y castellanas otorgaron morada a sus patriarcas bajo la fantasiosa creencia de que se trataba de un pueblo que huía del Gran Turco y que, incapaz de defender lo suficiente la santa fe, le había sido impuesta por el papa la penitencia de recorrer el mundo hasta el final de los días. Así lo habían creído las autoridades de Jaén en noviembre de 1462, fecha en la que agasajaron con comida, bebida y un lecho a un individuo que se presentó, junto a un séquito de cien personas, como el conde de Egipto.

A finales de la centuria, sin embargo, ya nadie se tragaba que los egiptanos fueran aristócratas desarrapados, sino más bien la causa de un sinfín de problemas de orden público. Los Reyes Católicos exigieron a los gitanos que se avecinaran en las ciudades y castigó a aquellos jóvenes que vagabundeaban a penas de cárcel y de alistamiento forzoso. Una pragmática de los Reyes Católicos en 1499 estableció que «si fueren hallados o tomados, sin oficio, sin señores, juntos... que den a cada uno cien azotes por la primera vez y los destierren perpetuamente de estos reinos, y por la segunda vez que les corten las orejas, y estén en la cadena y los tomen a desterrar como dicho es». Tales amenazas sirvieron de poco con un grupo que no dejaría de crecer en los siguientes siglos, justo lo contrario que las comunidades judía y musulmana.

7

ÉRASE UNA VEZ EN LAS INDIAS

Españoles con piel de trapo y las mejillas aplastadas pisan tierra tras dos meses y nueve días de travesía. Hunden sus pies en la arena caribeña, estiran las articulaciones, rastrean el equilibrio perdido por el balanceo de los barcos. Ante sí ven árboles muy verdes, frutas que se asoman golosas y una población de indios amorosos que los miran atónitos y maravillados, como si la mismísima aurora boreal hubiera aparecido caminando por la playa. Los habitantes de la isla parecen inofensivos, van sin armas, con las caras y el cuerpo pintados de rojo y blanco y visten como sus madres los parieron. Cándidos y bonachones, salvo los caníbales que aguardan en otras islas, lo desconocen todo, incluso el hecho de que acaban de ser descubiertos para Europa.

Ese 12 de octubre de 1492 el almirante Cristóbal Colón desembarca en esa tierra frente a Cuba, con bandera real y con sus capitanes portando dos enseñas de la Cruz Verde, para abrirse paso entre los indios nudistas y pacifistas. «Yo —escribe Colón—, porque nos tuviesen mucha amistad, porque conocí que era gente que mejor se libraría y convertiría a nuestra santa fe con amor que no por fuerza, les di a algunos de ellos unos bonetes colorados y unas cuentas de vidrio que se ponían al pescuezo, y otras cosas muchas de poco valor, con que ovieron mucho plazer».

Aquel lugar parece un paraíso en la Tierra, pero Colón, que porta sus mejores galas, no está conforme. No del todo. Lleva una década intentando hallar la isla de Cipango (el actual Japón), que imagina atestada de oro y no de baratijas, como previo paso para entrar en la India, el reino de las ricas especias. Aquella banda de indios sin blanca más que una meta es un estorbo para una empresa más grande, una en la que se piensa un vehículo de los designios de Dios, aunque por sus servicios espera llevarse una buena tajada.

Cristóbal Colón es un acertijo, envuelto en un misterio, dentro de un enigma. Y no por accidente. El navegante se tomó muchas molestias para que ciertos detalles de su vida anterior quedaran difusos al llegar a la corte de los Reyes Católicos. «Cuan apta fue su persona y dotada de todo aquello que para tan grande cosa convenía, tanto más quiso que su patria y origen fuesen menos ciertos y conocidos», escribió su hijo Hernando en *La historia del Almirante*, cuando llevaba años muerto. El hijo de Colón conocía la respuesta al misterio pero, escudándose en las instrucciones de su padre, sembró todavía más dudas.

La versión más aceptada es que nació en Génova con el nombre de Cristóforo Colombo, el mismo año que Isabel, dentro de una familia de tejedores sin tradición con el mar. «De muy pequeña edad entré en la mar, navegando, y lo he continuado hasta hoy», declaró en una ocasión a los Reyes Católicos. El genovés aprendió las primeras letras en una escuela del gremio de artesanos, al que pertenecía su padre, si bien resulta poco probable que estudiara luego latín y gramática en la Universidad de Pavía, como sostiene el vástago del navegante. El hijo carga con virulencia contra los cronistas genoveses que afirman que trabajó con sus propias manos, una actividad que se consideraba impropia de nobles, pero es muy posible que el humilde genovés pasara los años de juventud embarcado como comerciante y corsario en oscuras aventuras que más tarde se cuidó de ocultar. Una de las banderas bajo las que pudo servir fue la de Renato de Anjou, pretendiente al trono de Nápoles y poco amigo de los aragoneses.

Tenaz, religioso, autodidacta, apasionado, insaciable, con tendencias autoritarias, Colón se curtió como un consumado maestro de las artes marítimas a base de disciplina y muchas lecturas. Tras adquirir una amplia experiencia en el Mediterráneo, el italiano se asomó al Atlántico a través de la corona portuguesa. Se cuenta que, como América, alcanzó las costas lusas por accidente tras un naufragio en agosto de 1476. Se agarró a un remo y pudo llegar con vida a una playa al sur del Algarve. En Portugal trabajó como agente del banco genovés de los Centurione, donde accedió a escrituras, cartas de marear y conversaciones de taberna con rudos marineros que habían alcanzado los límites de lo que se consideraba el fin del mundo conocido. Cuenta el cronista fray Bartolomé de las Casas que en Madeira un piloto moribundo le reveló en su último aliento que a 450 leguas al oeste del cabo de San Vicente había encontrado en el agua un madero labrado por manos de hombres.

En sus numerosos viajes a Inglaterra, Islandia y los remotos puertos portugueses, Colón pudo confirmar los frecuentes avistamientos de islas hacia poniente, donde se suponía que no había nada, por parte de los habitantes de Madeira, las islas del Hierro, Gomera y las Azores. No podía ser una mera casualidad. Atesoraba los testimonios, pero le faltaba el sustento teórico. En su estancia portuguesa, Colón conoció la obra del médico florentino aficionado a la cosmografía Paolo del Pozzo, que le sirvió en bandeja la parte científica para confeccionar su plan. El hombre de acción quedó obnubilado con la descomunal idea de dar la vuelta al mundo que proponía ese hombre de números. Ante la dificultad de conectar Europa con Oriente por el este, Toscanelli sugería navegar hacia el oeste a través del Mare Tenebrarum, sin sospechar que antes de llegar a las costas orientales de Asia habría que saltar por encima de todo un continente.

Desde tiempos antiguos se conocía la esfericidad de la Tierra, aunque en la práctica el Atlántico era un mar envuelto en tinieblas donde convenía no internarse. «Nadie sabe lo que hay en ese mar, ni puede averiguarse por las dificultades que oponen a la navegación las profundas tinieblas, la altura de las olas, la frecuencia de las tempestades, los innumerables monstruos y la violencia de los vientos», avisaban los sabios medievales. Los mapas de esa época empleaban la frase *hic sunt dracones* («aquí hay dragones») para marcar los territorios inexplorados que guardaban graves peligros. Intentar demostrar la teoría de Ptolomeo suponía enfrentarse por el camino con muchos calamares, hormigas gigantes, cíclopes, sirenas, hidras y otras criaturas sacadas de una merienda en el averno.

Eso por no hablar de que se desconocía la longitud exacta del planeta. El florentino Toscanelli sostenía su plan en la errónea medida realizada por Ptolomeo en la Antigüedad. El fallo otorgaba al globo terráqueo no solo un tamaño menor del que tiene, sino una mayor proporción de tierra sobre los mares. Colón se valió de esta información, incluidos los errores de cálculo, para elaborar un proyecto que presentó ante la corte portuguesa en 1483 y que pasaba por encontrar una misteriosa isla donde escalar en la travesía hacia el Pacífico. Pocos «noes» han sido tan resonantes en la historia como el que pronunció ese día el rey portugués.

España dice tal vez

La caída de Constantinopla en manos turcas había dejado a los europeos sin posibilidad de acceder a los productos orientales, cada vez más en boga en su alimentación y en su vestir. Gracias al Imperio mongol, que diluyó las fronteras de Asia, en los últimos siglos toneladas de seda, piedras preciosas, alfombras tejidas a mano y otros atavíos lujosos recorrían las rutas desde China, la nación más grande del mundo, hasta Europa. Las especias asiáticas se convirtieron en un ingrediente imprescindible dentro de las tristes mesas de los notables. La carne y el pescado se salaban o ahumaban para su conservación. Esa comida insípida necesitaba, exigía, algo de sabor.

Y ahí es donde entraba la importancia de las especias procedentes del Lejano Oriente para disimular el olor de una carne medio putrefacta.

Cualquier alegría era poca para la comida, para mejorar el vino picado con canela o para transformar por arte de magia una cerveza mediocre en una excepcional con una pizca de jengibre. Los médicos, además, las usaban por sus propiedades bactericidas y fungicidas. La mayoría de estas especias procedían de las regiones tropicales de Asia y de las islas Molucas. Pactando con los turcos, los venecianos y genoveses las llevaban hasta Europa a precios desorbitados, pero en un momento dado ya no eran ni rentables para ellos. «Excúseme ese gasto, que buena especia es el ajo», contestó una vez el rey Fernando a la petición de sus cocineros para importar canela y pimienta a un precio demasiado elevado. Una respuesta como poco curiosa, dada la famosa aversión que Isabel le tenía al ajo. Según el anecdotario popular, un día los encargados de su cocina quisieron disimular la presencia de este ingrediente en un guiso con abundante perejil. Pero la reina lo detectó y exclamó «¡venía el villano vestido de verde!». Una frase que pasó al acervo popular para indicar toda amenaza oculta.

Portugal veía factible unir Europa con el Lejano Oriente bordeando África, por lo que desechó la incierta propuesta de ese genovés desconocido, uno de tantos aventureros que llamaban a su puerta. Juan II trató de sonsacar a Colón la latitud que pensaba utilizar, pero nunca llegó a tomarlo en consideración. Al rey le parecieron una ofensa las pretensiones del osado genovés, que estaba casado con Felipa Moniz de Perestrello, a su vez emparentada con la poderosa casa portuguesa de los Braganza. Este matrimonio, lejos de beneficiarlo en la corte, lastró sus oportunidades en un momento en el que los Braganza eran objeto de una sonora guerra con la monarquía. El duque titular de Braganza fue ejecutado ese mismo año por su participación en un complot contra el rey. En cualquier caso, para que no cupiera duda de que no era solo personal, el proyecto del genovés fue vilmente desmontado por una comisión de expertos.

A continuación, Colón acudió a las faldas de esos reyes españoles que tan arriesgadas empresas estaban sufragando. Al navegante lo movía la fuerza de una visión, un sueño obsesivo que iba más allá de una corazonada. Era una energía suficiente para cambiar la concepción del mundo, pero incapaz de llenar las barrigas vacías, y menos la de un niño de corta edad. Colón acababa de enviudar o estaba muy cerca de ello, estaba sin blanca y tenía un hijo bajo su responsabilidad, Diego, cuando llamó desesperado a la puerta de los monarcas. Su primera morada fue Palos de la Frontera, un pequeño puerto de la costa onubense hecho a las aventuras atlánticas. En el monasterio franciscano de La Rábida su idea fue bien acogida. El entusiasmo del navegante era contagioso.

El primer encuentro con los Reyes Católicos, en mayo de 1486, ocurrió en la deslumbrante mezquita árabe de Córdoba, convertida en catedral por los cristianos. Valiéndose de su labia natural, Colón inflamó la imaginación de los monarcas con un mapamundi delante, no así sus doloridos bolsillos. Estaban inmersos en su cruzada granadina y el proyecto sonaba caro, impreciso y problemático en el caso de que Portugal se enterara. Aun así no lo descartaron por completo, tan solo emplazaron al navegante a volver mañana. Y no se fue de vacío de su estancia cordobesa. El italiano conoció allí a Beatriz Enríquez de Arana, una joven huérfana de humilde condición social con la que nunca llegó a casarse a pesar de ser madre de su segundo hijo, Hernando, y de que el primero la tratara como si fuera su madre verdadera.

Las negociaciones no habían hecho más que empezar. Seis años tardó el navegante en convencer a los reyes de que merecía la pena invertir en su visión. Isabel y Fernando convocaron una junta de sabios, presidida por Hernando de Talavera, para evaluar la viabilidad de una travesía donde, ya fuera porque Colón escondía ciertos datos o porque era un navegante de brocha gorda, no salían los números por

ninguna parte. La tradición ha ridiculizado a esta junta de eclesiásticos, marinos y letrados como un grupo de ignorantes incapaces de
comprender el genio iluminador del italiano; sin embargo, resulta
muy fácil comprender de dónde procedían sus dudas.

Tenía que convencer a los presentes de que su expedición era
sencilla de acometer, al tiempo que debía recordar que solo él entre
todos los marineros del mundo gozaba de la pericia para llevarla a
efecto. Esto porque temía que le pudieran robar la idea. La junta
advirtió pronto la inconsistencia del plan en las sesiones celebradas
en la Universidad de Salamanca y en otros lugares de la cambiante
corte castellana. Los expertos se pronunciaron con una sentencia
desfavorable contra el proyecto, lo cual no supuso ni mucho menos
un carpetazo para el navegante, cuyos avances políticos crecieron al
mismo ritmo que decaían sus argumentos científicos.

Los reyes temían que otros países con las manos más sueltas
pudieran apadrinar al hambriento genovés, al que la corte le ofreció cubrir sus gastos y dar alojamiento para que no terminara de
marcharse ni tampoco de llegar. Colón había despertado antes la
curiosidad de la corte, ahora también estaba logrando su atención.
El genovés, obeso de esperas, de largas y de dictámenes desfavora-
bles, amagó en 1491 con marcharse del reino para forzar la decisión
de los reyes. A un salto de Portugal, se refugió en el monasterio de
La Rábida, donde se reencontró con su viejo amigo fray Antonio
de Marchena, experto cartógrafo y ferviente creyente en las posibilidades de la empresa. Si la corte estaba cerrada a navegantes sin
sustento científico, le ayudaría a acceder a Isabel por otras vías más
satisfactorias para su alma.

Otro fraile llamado Juan Pérez, con buenos contactos en la
corte, apeló a Hernando de Talavera para exponer los planes de
Colón ante la reina. Talavera convocó al franciscano al campamento
de Santa Fe en diciembre de 1491, justo cuando la ciudad de Granada estaba a punto de rendirse. Pérez alquiló una mula en Palos
para viajar al campamento, donde invocó la necesidad de evange-

lizar aquellas tierras del Gran Kan repletas de bandas de infieles y de llegar hasta el legendario reino del preste Juan, un rey-sacerdote cristiano, descendiente de los tres Reyes Magos que, según los relatos medievales, se hallaba cerca de Etiopía asediado por los musulmanes. Estas palabras llenas de aventura y de piedad conmovieron a Isabel más que los secos términos mercantilistas de Colón o sus incompletos datos de navegación. La reina se convenció de que merecía la pena confiar en el llanero solitario. Para empezar, destinó una gran suma de dinero a Colón para que pudiera reanudar las conversaciones como un príncipe y no como un desarrapado escupido por la costa. A falta de retratos, la imagen más detallada del navegante en la plenitud de su vida la dibujó su hijo:

> Fue el almirante hombre de bien formada y más que mediana estatura; la cara larga, las mejillas un poco altas; sin declinar a gordo o macilento; la nariz aguileña, los ojos garzos; la color blanca, de rojo encendido; en su mocedad tuvo el cabello rubio, pero de treinta años ya lo tenía blanco.

En manos de los hermanos Pinzón, que eran unos pájaros

El último obstáculo para aprobar la expedición fue que Colón pedía nada menos que el título de almirante de la Mar Océano, un rango equivalente al que ostentaba la familia materna de Fernando en Castilla. El rey era reticente a darle un reconocimiento, que rompería todos los equilibrios existentes entre la aristocracia, a un extranjero de orígenes humildes y planes tan inciertos. Para vencer su resistencia jugó un papel decisivo el aragonés Luis de Santángel, hombre de la absoluta confianza del rey, que incluso se ofreció a adelantar dinero de su bolsillo para financiar el proyecto colombino. El préstamo se cancelaría a cambio de rentas castellanas, pero sirvió para disipar la desconfianza de Fernando.

El rey era escéptico con ese loco visionario. El Atlántico le parecía una apuesta incierta en comparación con ese Mediterráneo tan familiar y lucrativo. Pero dado que no creía un comino en sus posibilidades de éxito, el aragonés se convenció de que no se perdía nada prometiéndole el oro y el moro. Si quería codearse con los almirantes de Castilla, primero debía lograr algo tan poco probable como conservar la vida. Y puede que la falta de fe de Fernando resultara molesta, pero lo compensaba Isabel con una confianza que rozaba la clarividencia. Cuando años después Colón recordó quiénes lo había apoyado en medio de la «ignorancia», señaló con claridad a la reina, que «lo aprobaba al contrario y lo sostuvo hasta que pudo». Eso bastó.

Días después de firmar el decreto para expulsar a los judíos de España, los Reyes Católicos cerraron las capitulaciones con Colón que le permitieron poner en marcha su misión. El contrato firmado en Santa Fe prometía dar al genovés, en caso de éxito, el título de almirante del Mar Océano, las Islas y Tierra Firme a perpetuidad para los sucesores del italiano. Además, sería nombrado virrey y gobernador general de los territorios que consiguiera descubrir y sobre los que se reservó una serie de beneficios. Por su parte, las tierras descubiertas se incorporarían solo a Castilla, no a Aragón, cuyo rey, eso sí, sería recompensado a título personal con la mitad de las rentas.

Una leyenda recurrente para mostrar a los reyes como unos muertos de hambre, cabezas de un país más pobre que un mendrugo, afirma que Isabel tuvo que vender sus joyas para encontrar la manera de pagar el viaje. La verdad es que esas joyas ya estaban empeñadas, pero de estar disponibles no parece que la situación financiera de los reyes fuera tan extrema como para no poder armar tres simples barcos con otros recursos. Lo que Colón necesitaba, unos dos millones de maravedíes, era una cantidad modesta de dinero dentro de la enormidad de cuentas que manejaba la Corona. Los Reyes Católicos invirtieron solo entre 1495 y 1504 quinientos millones de maravedíes en gastos militares en la península, y 454 millones en las dos expediciones españolas a Italia, según cifras del historiador Henry Kamen. La propia soberana reconoció a Colón que «el gasto que en ello se hacía que lo tenía en nada, que en otras cosas no tan grandes gastaban mucho más».

Los reyes ordenaron a la villa de Palos que proveyera a Colón de dos carabelas bien abastecidas de víveres. Los vecinos maldijeron su suerte y pagaron su cabreo con el tipo al que se le había ocurrido alquilar la mula a fray Pérez para presentar en la corte una idea tan disparatada. Le tiraron piedras y casi lo linchan por su inoportuna generosidad. La localidad debía a la corona una multa por haber incumplido los acuerdos con Portugal, que prohibían a los españoles merodear por los mercados africanos, por lo que no le quedó más remedio que acatar la orden. El resto del dinero corrió a cargo de banqueros florentinos y genoveses, vencedores en la sombra de los progresos españoles.

Bautizadas como la *Pinta* y la *Niña*, las dos embarcaciones confiscadas tenían capacidad para unas cien toneladas de peso, mientras que la *Santa María*, nave cántabra propiedad del cartógrafo Juan de la Cosa, se sumó como el barco más grande de la flota con ciento cincuenta toneladas. No eran los bajeles más resistentes, pero no tenían comparación en agilidad con ninguna técnica náutica conocida, ni siquiera las del Extremo Oriente. Las características de las carabelas, con una combinación de velas cuadradas y latinas y un timón sobre goznes metálicos, permitían a una tripulación experimentada aprovecharse al máximo de los fuertes vientos y las corrientes de mar abierto. Su escaso calado resultaba idóneo para explorar costas, ríos y esquivar los temidos bancos de arena.

Todos los hombres fueron a sueldo de la corona, que pagó cuatro meses de anticipo. La mayoría de los marineros eran andaluces y gente de la confianza de los hermanos Pinzón, ya se sabe, unos marineros, que se fueron con Colón... que era otro marinero. Estos tres hermanos onubenses, esclavistas y comerciantes, no solo pusieron su dinero y experiencia, sino que dos de ellos capitanearon la *Pinta* y la *Niña*. Se cree que el peculiar apellido de Pinzón procedía del apodo de su abuelo, un buzo que cuando se quedó ciego fue así motejado por su afición a cantar con tanta melodía como los pinzones, unos pájaros a los cuales se cegaba para que silbaran mejor. Pero ni siquiera el enorme prestigio de esta familia cantarina fue suficiente para completar la tripulación en Palos. Ante el enésimo imprevisto, Fernando e Isabel expidieron cartas de indulto dirigidas a los condenados a muerte o a galeras que quisieran enrolarse al servicio de esta empresa tan desesperada. En el improbable caso de volver con vida, las penas de los cuatro delincuentes que se ofrecieron quedarían saldadas.

Pocos confiaban en el éxito de la empresa, y no porque pensaran que al borde del Atlántico se despeñarían por el precipicio que marcaba el final del planeta, sino porque Colón no es que fuera una celebridad en el mundo de la navegación. Sus cálculos despertaban muchas dudas. «Todos le tenían por muerto, a él y a todos los que iban con él», dejó escrito un testigo llamado Alonso Pardo. Se los veía como muertos que caminaban sin remedio en línea recta hacia el infierno. Los viajes más largos duraban a lo sumo dos semanas. Una navegación de mes y medio sin ver tierra era algo jamás hecho. Algo imposible.

En la *Santa María*, la nao capitana, irían Colón y el cartógrafo Juan de la Cosa, que se hizo acompañar de gente santanderina y vasca. La tripulación la componían alrededor de un centenar de almas, algunas venidas de Portugal, Génova, Venecia, Calabria, Irlanda e Inglaterra. La expedición se acogió a la protección de Dios antes de zarpar en un gran oficio litúrgico celebrado en el monasterio de La Rábida. Colón estaba convencido de su papel de «portador de Cristo» en tierras de Asia y todos los cronistas, a toro pasado, hablaron de cómo la voluntad divina guio plácidamente a los españoles. Pero, si todo obedecía a un plan, está claro que al Altísimo a veces sí le gusta jugar a los dados.

Los tres pequeños barcos, con cruces de redención en sus velas, partieron de Palos el 3 de agosto de 1492, coincidiendo la salida de Colón con la de los últimos judíos del país. La flota paró durante cuatro semanas en Canarias, primero en la isla de Gran Canaria y, posteriormente, en La Gomera, donde se reparó el timón de la *Pinta*. Colón sospechó que el daño era producto del sabotaje del dueño de esta embarcación, que la había cedido a regañadientes, aunque bien parece que alargó la parada hasta un mes por otros menesteres. Se cree que fue en la localidad canaria donde Colón y Beatriz la Cazadora vivieron un tórrido romance. En tres de los cuatro viajes del almirante hizo alto en este puerto situado entre acantilados y donde, según Michele da Cuneo, amigo del genovés, sería demasiado largo contar «todos los triunfos, los tiros de bombarda y los fuegos artificiales que hemos hecho en aquel lugar» para impresionar a la señora de La Gomera. Es lógico, de ser cierta esta aventura sexual, que Colón se cargara al máximo de amor de cara a un viaje donde iba a ser tan odiado.

Una columna de espeso humo brotando de Tenerife hacia el cielo, probablemente la quinta erupción del Teide, hizo las veces de mano en el aire despidiendo a estos argonautas modernos. Los supersticiosos marineros lo interpretaron como la peor señal posible.

Colón, el genio de los errores científicos

Si la arruga puede ser bella, el error también. Cristóbal Colón manejaba datos mortalmente erróneos sobre el tamaño de los océanos que, de haber cumplido su plan de llegar a Asia, hubieran costado la muerte a todos sus hombres. La brújula y el astrolabio, cuyo uso estaba generalizado, se empleaban aún de manera chusca. La precaria tecnología era incapaz de calcular con exactitud el meridiano terrestre y hacía que, en la práctica, aquellos cascarones de madera fueran a ciegas. Por fortuna, un continente apareció al rescate del almirante cuando los ánimos empezaban a caldearse.

El 6 de septiembre Colón se echó al mar y, al límite de las aguas portuguesas, se dejó mecer allí donde coinciden los vientos alisios y la corriente ecuatorial. O al menos esa es la versión oficial. Algunos autores sospechan que el almirante amañó su libro de bitácora para no dejar reflejado, en caso de caer preso, que había invadido la zona portuguesa hasta la isla de Cabo Verde. Por esas fechas corrió el rumor, compartido por Colón, de que una flota portuguesa les acechaba en todo momento para poner fin a la aventura. Como en tantas cosas ocurridas en esas aguas, resulta difícil distinguir la fantasía de la realidad. Después de diez días en alta mar, los navegantes juraron haber visto «un maravilloso ramo de fuego» caer sobre el océano.

Muchos días se alcanzó grandes velocidades, mientras que otros el viento brillaba por su ausencia y era como navegar por un agua «llana como un río». En esas jornadas con las velas flácidas, las tripulaciones se atrevieron a bañarse en las aguas tenebrosas del Atlántico, no sin cierto respeto. Los marinos de la época temían por encima de todas las cosas las calmas ecuatoriales (el *pot au noir*, que decían los franceses o el *doldrums* de los ingleses, un juego de palabras que hace referencia a la palabra «rabieta infantil»), que significaba sufrir de manera súbita un calor húmedo y agobiante, lluvias torrenciales y, sobre todo, una ausencia total de viento. En 1479, una carabela portuguesa, en plena costa guineana, había tardado doce días en recorrer unos diez kilómetros debido a este fenómeno aleatorio.

Se estima que la velocidad media alcanzada durante el primer viaje de Colón fue de unas 33 leguas al día, esto es, 200 kilómetros. Suficientes como para llegar a tiempo a tierra, siempre y cuando se supiera la dirección correcta… Las islas del extremo oriental de Asia, como la gran isla de Cipango, llamada la Isla de los Tejados de Oro, estaban a tres meses de travesía. Eso era demasiado para aque-

llos barcos tan frágiles. Aunque la expedición llevaba víveres suficientes como para un año y agua para seis meses, la ausencia de
alimentos frescos acortaba mucho el margen de la travesía.

Un oficial estaba encargado de repartir el preciado alimento,
el despensero, cuyo perfil era el de alguien callado, cortés y diplomático ya que debía lidiar con malas caras y envidias cada día. Su
trabajo consistía en hacer que nadie se quedara sin ración y pesar
muy bien los alimentos. Similar a su tarea pero con el agua era la
del alguacil, encargado de suministrar el preciado líquido. Debido
al calor, el agua se dañaba, «se mareaba», en palabras de la marinería,
de modo que al cabo de solo tres días sabía a podrida. La bebían
tapándose la nariz y colada con un trapo.

Solo los primeros días de navegación la dieta era algo más
variada gracias a las verduras y las frutas frescas, así como a los cerdos, gallinas y otros animales vivos. Luego, quedaban pan y legum-
bres hasta el aburrimiento. El famoso bizcocho se hacía a base de
harina, trigo y agua cocida varias veces para aumentar su duración,
aunque esto también incrementaba su dureza. Se tomaba mojado
en vino y se decía que producía agujetas en las mandíbulas. Los más
veteranos solían estallarlo contra la pared para que salieran los gor-
gojos (gusanos). Otro truco de perro viejo para reducir el número
de bichos era poner junto a la despensa agusanada un pez putrefac-
to para que, atraídos por su mal olor, hicieran la mudanza los gusanos. Un desalojo, otra ocupación…

Cuando los vientos decrecieron a mediados de septiembre,
cundió la desesperanza entre los marineros, que por mucho frotar-
se los ojos no veían tierra, a lo sumo alguna que otra mancha provocada por lesiones oculares. «Temían los marineros y estaban pe-
nados y no decían de qué», registró el diario de a bordo. Se
preguntaban cómo iban luego a regresar a casa con esos mismos
vientos en contra si no paraban de navegar a alta mar. El día 16 de
ese mes se toparon con la primera de las sucesivas plagas de algas
del viaje. Unos pensaron que aquello significaba que alguna isla

estaba cerca; otros, los más supersticiosos, sostenían que esos prados verdes anhelaban engullir las carabelas.

El almirante fue rebajando las cifras reales de las leguas que llevaban recorridas para que «no se espantase ni desmayase la gente». Como si fuera un contable pirata, llevaba un cómputo oficial del camino navegado y otro secreto con los datos ciertos, lo que no hizo sino excitar los ánimos. Colón apaciguó varios conatos de motín por parte de una tripulación tensa que le exigía que compartiera sus planes. Él se limitó a mantener una máscara de optimismo y a confiar en que, con ayuda de Dios, las Indias vendrían hasta ellos. Prometió, a la vista del buen tiempo y las verdes algas, que a partir de esas fechas tendrían temperaturas suaves, tales como las de abril en Andalucía, y que no dejarían de escuchar ruiseñores.

Cómplice de sus engaños, Martín Alonso Pinzón cerró filas con el almirante, a pesar de que la rivalidad entre ambos empezaba a perfilarse en esos días de desconfianza masiva. El genovés sentía celos del armador, tan respetado y querido por sus hombres, mientras que el andaluz se preguntaba si no habría un tercer cómputo de las leguas recorridas que a él también se le estaba ocultando. Los falsos avistamientos de islas empezaron a sucederse para gran congojo de una tripulación al borde un ataque de nervios, a pesar de que no faltaban las formas de matar el tiempo.

Antes de amanecer, toda la tripulación estaba en pie extendiendo las velas, regando la cubierta para mantenerla estanca o achicando el agua concentrada en el fondo de las bodegas. El escaso tiempo de ocio lo dedicaban los marineros a jugar, hablar, cantar, pescar, leer en grupo, pues muy pocos sabían las letras, y buscar desahogo sexual en sus pares. El juego estaba prohibido, igual que las relaciones homosexuales, pero ambas se practicaban con ligero sigilo. Lo de hablar era más bien criticar y, por acumulación de agravios, conspirar. El 6 de octubre se amotinaron los vascos de la *Santa María*, lo que fue seguido días después por el resto de barcos. Empezaba a escasear el agua dulce y aún no se intuía la derrota final.

Tras conversar con el mayor de los Pinzón, los capitanes tomaron la determinación de que se volvería en el plazo de tres días si no divisaban tierra. Esa vaga promesa y la amenaza de que los revoltosos serían ahorcados sujetaron el motín antes de que fuera a peor. Sin embargo, las relaciones entre los Pinzón y el almirante no volvieron a ser las mismas tras el suceso. Colón desechó ese mismo día con arrogancia la propuesta de Pinzón de cambiar el rumbo de oeste a sudoeste solo para adaptar esta misma dirección días después con la excusa de que, por iniciativa suya, debían seguir el vuelo de unas aves viajeras. Lo que nadie podía negar, pájaros aparte, era la creciente presencia de palos, cañas y hierbas flotando en las aguas.

A las diez de la noche del día 11 de octubre, Colón vio una lumbre desde el castillo de popa que no le pareció suficiente destello como para «afirmar que fuese tierra», por lo que se fue a dormir. El primero en gritarlo de manera nítida fue a las dos de la mañana un humilde marinero, Rodrigo de Triana, que iba situado en la cofa de la *Pinta*. «¡Tierra! ¡Tierra por la proa!», voceó, seguido de un cañonazo para avisar a los otros barcos más lentos.

El resto de marineros trató de confirmar la noticia en medio de la euforia colectiva. ¿Sería de nuevo un espejismo? Cuando las tinieblas se despejaron, ante los ojos agotados de la tripulación se dibujó una isla rasa. Los españoles se arrojaron al suelo de rodillas y, dirigiendo su mirada al cielo, entonaron un tedeum. Los reyes habían prometido una recompensa de 10.000 maravedíes para el primero que descubriese tierra, pero Colón se las arregló para dar por buena la luz que creía haber visto horas antes y así quitarle el premio a Rodrigo de Triana, al que entregó un jubón de seda a modo de consolación. No se descubre un mundo entero dando propinas muy generosas.

Nudistas que huyen como «gallinas»

Ese 12 de octubre, las carabelas tomaron tierra en una isla del archipiélago que hoy conocemos como Bahamas y que entonces fue bautizada San Salvador, lo cual da cuenta de lo extrema que era su angustia. En su cuaderno de bitácora, Colón describió a los primeros indios que encontró como «un pueblo gentil y pacífico y de gran sencillez». La comunicación con los indígenas era muy precaria, pues el único intérprete que iba con los españoles, Luis Torres, lo era solo de árabe y hebreo, convirtiéndolo, sobre el papel, en la persona más ociosa y prescindible de las que iban embarcadas, seguido en esta triste clasificación muy de cerca por el sastre de la expedición. En los barcos los hombres solían ir medio desnudos y descalzos, sin que pusieran mucho empeño en ir conjuntados.

El genovés reparó en que los nativos aprendían muy rápido y «debían ser buenos sirvientes», por lo que los presionó para que buscaran más tesoros. Su obsesión por el oro, palabra que menciona 139 veces en su bitácora frente a las 50 veces que dice Dios, es una constante en todos sus viajes. Si bien en este primero no iba enrolado ningún sacerdote, no faltó un platero en previsión de las grandes cantidades de metales preciosos que esperaba traerse a Europa. En la tercera jornada, Colón anotó que «con cincuenta hombres podría someter a todos ellos y obligarles a hacer todo lo que deseara». No es que estuvieran mal armados, es que muchos huían «como gallinas» y sonreían como bobalicones al encuentro de esos barbudos tan vestidos.

La gente caminando en cueros y la fruta en los árboles evocaron a los europeos la idea del paraíso perdido, una pureza y sencillez solo posibles en los pasajes bíblicos. «Andan desnudos como nacieron, salvo que en las partes que menos se deben mostrar traen delante una pampanilla, que es un pedazo de lienzo u otra tela, tamaño como una mano, pero no con tanto aviso puesto, que se deje de ver cuanto tienen», aseguró el cronista Fernández de Oviedo en lo que vino a ser un eufemismo de «prendas que no dejan nada a la imaginación». Los peces de mil colores y las dulces frutas al alcance de la mano irradiaron fantasía a los europeos, aún entumecidos por tantos días en alta mar.

Eran paisajes tan nuevos que las cosas parecían recién pulidas y había que ponerle nombre a todo. Colón llamó a la segunda isla Santa María de Concepción; a la tercera, Fernandina, como el rey; y a la cuarta, La Isabela. El viaje continuó hasta Cuba, a la que denominó Juana en honor al príncipe heredero y donde se toparon los españoles con la extraña práctica de fumar hojas de tabaco. No tardaron mucho los españoles en incorporar a sus hábitos esta práctica que provocaba cierta borrachera. La Iglesia vio en lo de echar humo por la boca un vicio insano para el cuerpo y el alma. El tabaco estuvo prohibido y su uso sería perseguido en Europa desde Lisboa a Moscú en los siguientes siglos.

Al llegar a Santo Domingo, nombrada como La Española, fue informado el navegante de que el interior estaba repleto de grandes cantidades de oro. En una visita cordial al jefe tribal, un hombre llamado Guacanagarí, los españoles recibieron un traje de lana con bellos adornos, una máscara de oro y cestas de comida y otros regalos en señal de amistad. La fecha coincidía con Nochebuena y hubiera sido para la expedición el día más dichoso si no fuera porque el barco *Santa María*, donde estaba la mayoría de las provisiones, quedó varado en un banco de arena después de que el vigilante, un becario (un grumete), se quedara dormido aquella noche de celebración y alcohol.

Los arrecifes de coral destrozaron el casco de la nao sin que a su dueño, Juan de la Cosa, se le ocurriera más solución que marcharse con celeridad en un batel. O, al menos, esa es la versión que dio Colón, que se presentó como el hombre intrépido que trató de enmendar la irresponsabilidad del cántabro, más bebido y dormido de la cuenta. Los daños en la *Santa María* obligaron a evacuar la nave hacia la *Niña*, la única embarcación disponible después de que la *Pinta* que gobernaba Martín Alonso Pinzón hubiera decidido a finales de noviembre irse por su cuenta «pensando de henchir el navío de oro» y «sin esperar, sin causa de mal tiempo, sino porque quiso», como reflejó el diario de a bordo. «Otras muchas me tiene hecho y dicho», criticó el almirante sobre su antiguo colega.

Fue imposible reparar la *Santa María*, aunque nunca han faltado las teorías de que fue el propio Colón el que forzó la pérdida para así tener un argumento sólido en la corte de los Reyes Católicos que justificara el regreso, a falta de grandes cantidades de oro que mostrarles. El cargamento fue sacado de la embarcación con ayuda de los hombres de Guacanagarí. A continuación, los amables indios dispusieron un banquete de batatas, langostas y pan de mandioca para los náufragos. El navegante al servicio de los Reyes Católicos vio en la generosidad de Guacanagarí una señal divina. Dado que no todos los hombres entraban en la *Niña*, ordenó fabricar con los restos de la *Santa María* una fortaleza, el primer asentamiento europeo fijo en América, cumpliendo lo que parecía la voluntad de Dios.

En la base llamada Navidad por la fecha del naufragio, acamparon varios europeos a la espera de que Colón fuera y volviera de España. Se les dejaron provisiones para sobrevivir muchos meses y semillas para que la ciudad tomara forma. Diego de Arana, primo de la amante portuguesa de Colón, quedó a cargo de un grupo de treinta y ocho personas. No está claro cómo se decidió quién se quedaba y quién volvía a España, tal vez fue por castigo o de forma voluntaria, encendidos por la creencia de que la isla contenía grandes cantidades de oro. No había riesgos aparentes entre indígenas tan razonables.

Colón, los lugareños y los primeros colonos celebraron el 2 de enero de 1493 una fiesta de despedida donde el «cacique mostró al almirante a la hora de marcharse mucho cariño y una gran pena», según el texto del navegante. En cuanto se echó al mar, la *Niña* se encontró con la *Pinta* en las aguas caribeñas, lo que permitió repartir las tripulaciones de forma más equilibrada. Colón discutió con intensidad con Pinzón, que había encontrado una buena remesa de oro en otras islas, tras lo cual iniciaron juntos la vuelta a casa para «salir de tan mala compañía», en referencia no a las tempestades o a los peligros de las Indias, sino a los tres hermanos onubenses.

Los dos barcos visitaron una última isla para aprovisionarse. Allí se toparon con la otra cara de los nativos al intentar hacer un trueque. Los indígenas contestaron a la transacción con flechas en lo que fue el primer enfrentamiento violento entre europeos y americanos en el Nuevo Mundo. Los exploradores identificaron de manera errónea a esta tribu taína tan belicosa como los caníbales que Guacanagarí había descrito en otras islas. Por el jefe indio, Colón «entendió que había hombres de un ojo y otros con hocicos de perros que comían los hombres, y que en tomando uno lo degollaban y le bebían la sangre y le cortaban su natura», les avisó el jefe indio sobre los temidos devoradores de carne humana. Para advertir a futuros visitantes del peligro, Colón denominó a la región con un nombre que no dejaba dudas de lo que se podía encontrar allí: la Bahía de las Flechas.

Las embarcaciones supervivientes emprendieron el viaje de regreso a España a la vista de «la mucha agua que hacían ambas carabelas». Colón se enfrentó a endiabladas tormentas y al cansancio de su tripulación, pero supo solventar la grave dificultad del tornaviaje como si ya lo hubiera recorrido antes. Su barco hizo parada en las Azores, cuyo gobernador los recibió con amistad y alimentos frescos en un primer momento, pero luego ordenó detener a los que bajaron a tierra para agradecer en una ermita a la Virgen haber sobrevivido a la tempestad y a los caníbales. El portugués sospechó que los castellanos hubieran venido de medrar en Guinea, y de poco sirvieron las explicaciones del almirante, o que se identificara con el rosario de títulos que le habían concedido los reyes españoles. El gobernador no los dejó partir hasta el 24 de febrero, cuando la *Pinta* ya llevaba días en España.

Las naves se habían separado de nuevo por motivos sin aclarar, llegando la que dirigía el mayor de los hermanos Pinzón en primer lugar a Bayona (Galicia) hacia el 18 de febrero de 1493. Martín Alonso Pinzón arribó ya enfermo de muerte a Vigo y en Palos cayó sin aliento. El genovés, por su parte, acabó tocando puerto en Lisboa a principios de marzo debido supuestamente al mal tiempo. Una decisión que despertó muchas suspicacias. ¿Por qué acudió justo al rey que despreció su proyecto? ¿Quería renegociar? ¿Restregarle su éxito? ¿No temía un posible arresto? Sea cual fuera la respuesta al misterio, el enésimo que rodea a su figura, lo cierto es que en la capital lusa fue recibido con honores y supo, según él, regatear las preguntas más comprometidas que le lanzó el monarca. Juan, el Príncipe Perfecto, le sugirió dirigirse a Castilla por tierra, pero Colón insistió en hacerlo en barco. No llegó a Palos hasta el 15 de marzo, para sorpresa de la mayoría. «Todos lo tenían por muerto, a él y todos los que iban con él», recordaría Hernando de Talavera. Pero resulta que no, que estos muertos estaban muy vivos.

Falsificando el testamento de Adán

Colón se citó con los reyes en Barcelona. La multitud se empujó por las calles para ver la cabalgata de indios, animales exóticos y prodigios que traía ese feriante que vivía con gran desparpajo tantas atenciones. Toda la corte salió a saludar a Colón y, según Bartolomé de las Casas, «cayeron de rodillas con lágrimas en los ojos». Los soberanos católicos lo recibieron en público, sentados con toda majestuosidad en ricos tronos bajo un baldaquín de tela y oro. Cuando el almirante se acercó a besarles la mano, se levantaron en deferencia y no permitieron que se inclinara, pidiéndole que se sentara a su lado. El almirante se había ganado galones solo reservados a la alta nobleza.

Los presentes quedaron maravillados con los papagayos de colores, «grandes como pollas», traídos de las nuevas tierras, con unos roedores grises desconocidos en Europa y con los seis indios de narices y orejas llenas de anillas de oro. Los reyes y su heredero, Juan, ejercieron de padrinos durante el bautismo de estos indígenas que Colón había embarcado de muestra. Fernando e Isabel se animaron a probar los extraños manjares que habían cruzado el mundo hasta su mesa. El ají, especia de los indios, les quemó la lengua, pero las batatas y los gallipavos fueron de su agrado. De hecho, Fernando convirtió las piñas a partir de ese día en una de sus frutas favoritas. Algo tan sencillo, pero fundamental para las lumbares, como la hamaca también viajó desde las Indias a Europa para quedarse. Tantas novedades hicieron olvidar a los monarcas que la pequeña muestra de oro que recibieron no servía ni para pagar los gastos de la recepción.

La confusión sobre el descubrimiento llegaba tan lejos como para no saber todavía que se trataba de un nuevo continente, de ahí el nombre de las Indias pensando que eran unas islas asiáticas, pero las novedades eran lo bastante espectaculares como para que la corte comprendiera que estaba ante un hecho histórico. Colón prometía que con los recursos que ofrecían las islas en siete años podría doblar el actual ejército real para la conquista de Tierra Santa. El navegante no dejó de exagerar el tamaño de sus descubrimientos, que, según su testimonio, doblaban la superficie de la península en el caso de La Española. Su sentido del autobombo solo era comparable al de los Trastámara.

Los reyes, con los ojos haciéndoles chiribitas, se pusieron manos a la obra para enviar cuanto antes una segunda expedición, más ambiciosa, más cara (tres veces el presupuesto de la primera) y más religiosa, con la presencia de frailes franciscanos para evangelizar a los lugareños paganos. Los misioneros estarían dirigidos por fray Bernardo Boil, un catalán vinculado al monasterio de Montserrat. Entre las dieciséis órdenes que Isabel dictó para esta expedición, el primer punto se refería a la obligación de instruir en la religión cristiana a los indios, a los que «por todos los medios debían esforzarse y empeñarse en convencerlos» para convertirlos a «nuestra sagrada fe católica», además de enseñarles español. Colón, quién si no, debía con su dedo señalarles el camino a Cristo.

La maquinaria diplomática de los reyes también se puso a carburar para garantizarse la soberanía de lo descubierto. El papa Alejandro VI despachó una serie de ambiguas bulas para confirmar el derecho de los reyes a tomar posesión de las nuevas tierras. Quien osara viajar a las Indias sin autorización castellana se arriesgaba a la excomunión y a cosas peores. En un primer momento los hallazgos causaron poco interés fuera del país, a excepción de Portugal, que no tardó en mostrar su descontento ante los regalos del pontífice. Antes incluso de que Colón llegara a Barcelona, un embajador especial de Juan II de Portugal acudió a la corte a exigir, con el tratado de Alcáçovas apretado en el puño, que los castellanos sacaran sus sucios barcos de aguas que consideraban de su propiedad.

Los reyes Trastámara dieron órdenes de vigilar las costas españolas ante posibles incursiones lusas y pidieron a Medina-Sidonia, cuyas tierras resultaban fronterizas, que custodiara las flotas que se embarcaran en adelante hacia el Atlántico. No en vano, las tensiones entre los Reyes Católicos y Juan se diluyeron pronto con la firma del tratado de Tordesillas en junio de 1495. En la localidad vallisoletana se reunieron los mayores sabios en náutica y cartografía del momento para encontrar una posición intermedia que diera rienda suelta a las aventuras de ambos países.

El documento final estableció una línea de demarcación de 370 leguas al oeste de las islas de Cabo Verde, de manera que todo lo que estaba al oeste de esa línea sería de Castilla y todo lo del este, de Portugal. Fue así como Brasil, que probablemente fue descubierto primero por los españoles, acabó por casualidad en el lado portugués. Los barcos de ambos países podían cruzar las aguas del otro, siempre y cuando no ocuparan tierras situadas en esas coordenadas. En contra de lo que diría Alonso Zuazo a Carlos V en 1518, el tratado no significó «la división del mundo como una naranja», pero desde fuera es justo lo que pareció. Esa partición tan a la carta despertaría la gruesa ironía del futuro rey de Francia Francisco I, que con insistencia reclamó al papa ver el testamento de Adán para saber si era cierto que se lo había dejado todo a sus hijos ibéricos. ¿Qué pasaba con los demás?

Solo seis meses después del retorno de Colón, diecisiete barcos y cientos de personas embarcadas partieron hacia el otro lado del mundo desde Cádiz. Buena parte eran hombres de armas, no tanto para enfrentarse con los indios como para persuadir a otras naciones europeas de acercarse al lugar de los hechos. En la nueva expedición no faltaban animales domésticos como vacas, caballos, ovejas y cabras para construir una colonia duradera; además aquella Arca de Noé estaba formada por carabelas más pequeñas, de unas treinta toneladas, más ágiles y dispuestas para la exploración costera.

El almirante llegó esta vez en solo veinte días a su destino. Si la otra vez había abierto la puerta por las Bahamas, el primer destino aquí fueron las Antillas, un territorio tropical con toques volcánicos y costas muy escarpadas. El primer contacto de la *Santa María* (a todas sus naves capitanas les puso Colón este nombre) se produjo en esta ocasión al este del actual Puerto Rico, en una isla selvática que empujó como un imán a doce españoles a saltar del barco y adentrarse en la vegetación. En el archipiélago de las Once Mil Vírgenes los castellanos entraron en contacto con la tribu caníbal de los caribes, en cuyo campamento «vieron piernas humanas sazonadas colgando de vigas, como acostumbramos nosotros a hacer con los cerdos, y la cabeza de un joven recién asesinado, aún con sangre húmeda, y partes de su cuerpo mezcladas con carne de ganso y loro», tal y como escribió el humanista milanés Mártir de Anglería, afincado en la corte de los Reyes Católicos. Ni rastro de las miles de vírgenes…

Tal vez se trataba de una ceremonia en honor a familiares fallecidos o de enemigos valientes, como algunos historiadores actuales han especulado, pero desde luego heló la sangre a los europeos que lo presenciaron, imaginando el peor desenlace para los que se habían perdido en la selva. Junto a la despensa de cadáveres, hallaron prisioneros de otra tribu que iban a ser ejecutados en los próximos días y que Colón se llevó consigo. Entre ellos, había mujeres rollizas y muchachos castrados para que su carne fuera más tierna... «A todos acostumbran cortar su miembro porque engorden, como hacen en Castilla a los capones para comer en fiesta», comentó Colón con cierto recochineo.

Los pueblos caníbales venían extendiéndose en canoas desde la costa norte de Venezuela y Colombia hacia las islas caribeñas, un gran caladero de alimento en forma de pacíficos taínos. En estas tareas de selección del menú participaban incluso las mujeres, como bien pudieron atestiguar los españoles, que cierto día vieron aparecer una canoa con dos de estas antropófagas custodiando a unos indios recién capados. A pesar de estar equipados con armas modernas y ser mayoría en ese momento, los europeos se las vieron y desearon para apresar la embarcación. Claro que lo cortés no quita lo violador... Cuenta Michele da Cuneo que él mismo capturó a una «hermosísima» mujer caribe, que el almirante tuvo la gracia de regalarle con un propósito muy evidente, ni de asomo relacionado con jugar a las cartas: «Y después que la hube llevado a mi camarote, y estando ella desnuda según es costumbre, sentí deseos de holgar con ella. Quise cumplir mi deseo, pero ella no lo consintió, y me dio tal trato con sus uñas que hubiera preferido no haber empezado nunca. Pero al ver esto, tomé una cuerda y la di azotes, después de los cuales echó grandes gritos, tales que no hubieran podido creer tus oídos. Finalmente llegamos a estar tan de acuerdo, que puedo decirte que parecía haber sido criada en una escuela de putas».

La bienvenida de las Indias no fue la esperada por los castellanos, muchos de ellos nobles, que se vieron obligados a comer perros y reptiles para no morir de hambre. Los mosquitos, las enfermedades tropicales y lo arbitrario del efecto de las flechas de los caníbales (unos sobrevivían y otros morían al menor roce) convencieron a muchos conquistadores de que Colón les conducía a las mismísimas puertas del infierno. Los proyectiles de los caníbales estaban untados en un veneno que atacaba el sistema nervioso, y hacía que las víctimas murieran «en medio de delirios [...] y mordiéndose sus propias manos y su carne, a pesar del enorme dolor que sentían». El único remedio para evitar la parálisis y luego la asfixia del herido por estos proyectiles era cortar toda la carne afectada, limpiar la zona e introducir una masa de varios ungüentos, entre ellos harina y pólvora. Si además se tenía un poco de sebo a mano, era el mejor remedio para neutralizar el veneno. Pero, ¿dónde encontrar este ingrediente tan específico en el fragor de la batalla? A varios conquistadores se les ocurrió la perversa idea de hacerlo a costa de la grasa de los camaradas muertos o la de los enemigos. En combate era una buena idea apuntar primero a los indios más gordos, que además por razones obvias son los mejores blancos, por si luego proveerse de su grasa era una cuestión de vida o muerte.

La flota se abrió paso a trompicones hasta la colonia de Navidad temiendo por el destino de los españoles, no sin antes crear otro asentamiento llamado La Isabela, que serviría de base de operaciones para las próximas expediciones. Al fin en la Navidad, descubrieron que los 39 españoles habían sido asesinados cerca de un mes antes. Lo primero que encontraron fueron dos cadáveres irreconocibles, con una soga de esparto al cuello y los maderos calcinados de la empalizada. Hasta que hallaron dos barbudos crucificados no pudieron confirmar que se trataba de los europeos. En total, dieron con una docena de cadáveres apiñados por los nativos para que se pudrieran al sol. A todos les habían sacado los ojos, se cree que para comérselos, y habían incendiado la fortificación europea junto a ropas viejas.

Cuando Colón interrogó a Guacanagarí sobre lo ocurrido, el cacique evitó contestar a las preguntas y se llevó varias veces las manos a una herida en la pierna. No resultó convincente la expli-

cación de que el responsable del crimen había sido el líder Caonabó, el mismo que había disparado a Colón en su primer viaje. A la
vista de que ofrecía más dudas que certezas, Guacanagarí prefirió
tomarse una pausa en su relación con los españoles. Huyó con un
grupo de mujeres capturadas por los europeos para no estar en
medio de las pesquisas. Únicamente el tiempo permitió reconstruir
un relato aproximado de esta historia de terror. Hernando Colón
dejó escrito que los 39 colonos se enfrentaron entre sí nada más
partir la *Pinta* por la falta de provisiones, mientras varios se hacían
con «cuatro o cinco esposas cada uno» y otros tantos emprendían
distintos caminos en busca de oro. Aquel motín instantáneo terminó con los europeos asesinados por la tribu de Guacanagarí, por la
de Caonabó o entre sí.

Colón no persiguió al líder local que había permitido aquella
matanza tal vez por miedo a represalias, pero sí permitió otros abusos contra los indígenas contraviniendo las órdenes de la reina de
«tratar a dichos indios muy bien y con cariño, y abstenerse de hacerles ningún daño, disponiendo que ambos pueblos debían conversar e intimar y servir los unos a los otros en todo lo que puedan».
Bartolomé de las Casas describió cómo el capitán Alonso de Ojeda
apresó más tarde a varios indios y ordenó que a uno de ellos le
cortaran las orejas ante la sospecha de que había robado ropa, lo
que era ni más ni menos la pena habitual para este delito en el Viejo Continente.

Historias como la de la sangrienta Navidad, y la presencia de
tribus caníbales llevaron a pensar a muchos europeos que los indios
no eran del todo humanos, lo que no deja de ser paradójico porque,
de igual modo, muchos nativos dudaban sobre si aquellos hombres
barbudos eran enviados del cielo o unos invitados gorrones que no
pensaban irse. Porque, y eso lo descubrieron pronto otras naciones
europeas, llegar no era tan difícil como quedarse. Los marinos es-
candinavos habían alcanzado Groenlandia y Norteamérica y puede
que también incluso los portugueses y otros pueblos marineros. Los

propios cronistas españoles estaban empeñados en que los cartagineses habían hallado antes que nadie una gran isla despoblada al occidente del mar Exterior, llena de bosques y toda clase de ríos navegables. Sin embargo, una cosa era un golpe de viento y otra establecer una ruta de ida y vuelta. Eso era lo novedoso del Descubrimiento.

Los españoles no eran excepcionales por su tecnología o su economía, muy inferior a las grandes potencias asiáticas, sino por su insaciable hambre por domar la oscuridad. Sin ir más lejos, China estaba en mejores condiciones que nadie para pavonearse por América, como así lo evidencian los viajes del almirante Zheng He, que un siglo antes dirigió siete enormes armadas hasta los extremos más alejados del océano Índico con 30.000 personas a bordo. No habría sido difícil para su nación atravesar el Pacífico entero, pero el célebre navegante no buscaba conquistar nuevas tierras, sino ayudar a los gobernantes chinos y sus aliados en sus contiendas feudales. Por una decisión política la gran flota fue desmantelada y China perdió su oportunidad para que en México se tomaran tacos de primavera mezclados con soja y aguacate, o para que el muro de Trump se viera desde el espacio. España sufría de fiebre por conocer lo desconocido.

Algo huele a podrido en las Indias

El diablo estaba en América antes de que pisaran allí los primeros cristianos. El clérigo italiano Paleotti defendía que sus pobladores descendían de Satanás y de una hija de Noé, por lo que no había salvación para ellos. Los reyes fueron informados de que, en efecto, los indios practicaban «idolatría y sacrificios diabólicos para venerar a Satán», lo cual, según las ideas de la época, legitimaba a los cristianos a esclavizar a estas tribus. A pesar de ello, Isabel y Fernando confiaban en poder sacarlos de las garras de la bestia y apostaron por la evangelización y no la esclavitud. En el caso de que Colón conociera algún maltrato contra los indios, le pidieron que castigase a los malhechores con severidad, en virtud de su autoridad. ¿Pero qué pasaba si era él quien les infligía el daño?

El almirante pasó dos años largos en La Española levantando en la actual República Dominicana la villa de La Isabela, que describió en términos maravillosos, pero pronto fue pasto del fuego y el barro, lanzando exploraciones por el resto del Caribe y sobreviviendo a las epidemias. El propio Colón sufrió de modorra pestilencial, que le quitó el uso de los sentidos y las fuerzas. Esta enfermedad que los españoles conocían como tabardillo, de ahí la expresión, era probablemente el tifus que por esas fechas castigaba muchos puntos de la península. Con todo, la gran empresa de los españoles en esta isla fue hacer la guerra a los indios de Caonabó, que además de malvados habían cometido el error de vivir en una región de arenas auríferas.

Colón puso esta operación en manos del capitán Alonso de Ojeda, famoso por dar nombre a Venezuela y por su habilidad como duelista, hasta tal punto que se decía que no había recibido una sola herida durante 1.000 batallas a espada. Un dato inverosímil que iba en consonancia con la estridente personalidad de este conquense que, en cierta ocasión, volvió de explorar una pequeña isla del Caribe alardeando de que había atravesado un total de veintiséis ríos, algunos de ellos con agua por encima de la cintura. Hernando Colón consideró que «más bien, por la aspereza de la tierra, no hicieron más que pasar un mismo río muchas veces».

El fuerte de Santo Tomás, a los pies de la región hostil, sirvió de escenario para el enfrentamiento entre Caonabó y Alonso de Ojeda, que con solo un puñado de hombres apresó al cacique aprovechándose de su ingenuidad, pues le colocó unas esposas aduciendo que eran unas pulseras brillantes enviadas a modo de obsequio por los Reyes de España. Encarcelado en La Isabela, cuatro caciques de la isla se aliaron para intentar rescatarlo, y los cuatro fueron vencidos con la misma facilidad por los españoles en la llamada batalla de la Vega Real. Los caballos, las armas de pólvora y, sobre todo, los perros de presa, que equivalían, según Colón, a «diez hombres» de guerra, eran un muro demasiado alto para los indígenas.

Con el fin de venderlos en puertos europeos, Colón capturó a más de un millar de nativos, que, a falta de espacio en los barcos, tuvo que liberar en parte antes de partir. Las indígenas «para poder escapar mejor de nosotros, como tenían miedo de que volviéramos a apresarlas de nuevo, dejaron a sus hijos en el suelo y huyeron como desesperados» a las montañas, relató Miguel de Cuneo. No fue la única instrucción real que incumplió el explorador, que demostró ser un mal administrador y un líder autoritario. El aragonés Mosén Margarit, amigo personal del rey Fernando, y fray Bernardo Boil dijeron basta ante tantas arbitrariedades. Decidieron marcharse, sin pedir permiso a nadie, con tres barcos y buena parte de los hombres de armas para informar en la corte de lo que estaba ocurriendo.

Cuando las remesas de indios empezaron a llegar a sus puertos, los reyes dieron al principio consentimiento para vender a algunos de los esclavos que intuían caníbales en mercados andaluces, aunque tres días después, a la espera de que letrados y teólogos dieran su dictamen, los monarcas revocaron la autorización. Prevenido de las críticas de Margarit y Boil, Colón regresó también a España con atropello a través de una latitud más baja que en el primer viaje. Los vientos contrarios de estas aguas llevaron al límite a la tripulación, hasta el punto de que hubo quien propuso comerse a los indios que llevaban o tirarlos por la borda para ganar velocidad. Una salvajada que, según adornó Hernando Colón, evitó el navegante amenazando con severidad a quienes dañaran a los indios, «considerando que eran sus prójimos y cristianos».

Isabel entró en furia por la prisión de tantos «prójimos» y ordenó al marino que devolviera como fuera a aquellos hombres y mujeres al Nuevo Mundo, lo que para muchos fue demasiado tarde debido al frío ibérico y a la exposición a enfermedades desconocidas. Decenas murieron en la travesía, entre ellos el cacique Caona-bó. Entre los indios que pudieron volver a casa se contó un joven que trabó amistad con Bartolomé de las Casas, cuyos familiares habían participado en este segundo viaje a América. Aquel encuen-tro prendió la chispa de la lucha que este fraile y cronista acometió a lo largo de su vida en defensa de los derechos de los indígenas. De sus textos, plagados de exageraciones tales como que los españoles mataron con sus manos a 24 millones de indígenas o que en La Española había 30.000 ríos, se valieron los enemigos del Imperio español para propagar la mentira de que los virtuosos habitantes de América estaban siendo asesinados de manera sistemática.

Las relaciones entre Colón y la reina empeoraron a raíz de esta ofensa. Los hijos del italiano fueron insultados en las calles de Gra-nada por las familias de los que habían perdido la vida yendo y vi-niendo a las Indias: «¡Ahí van los hijos del almirante de los mosqui-tos, el que ha descubierto las tierras de la vanidad y la ilusión, la tumba y la ruina de los caballeros castellanos!». Aun así, Isabel acce-dió a una tercera expedición tras dos años de súplicas. Resultó más difícil que nunca llenar los barcos de voluntarios ahora que estaban corriendo rumores sobre las pésimas cualidades del navegante cuando se trataba de mandar en tierra y no en el mar.

El 30 de mayo de 1498, Colón partió al frente de una flota de seis barcos y la instrucción tatuada en la piel de que condujera a los indios con «paz y tranquilidad» a la fe católica. La situación en la isla de La Española, bajo el gobierno de sus hermanos Diego y Bartolo-mé, no invitaba al sosiego precisamente. El alboroto y el olor a muer-te del centenar de personas enfermas de sífilis se podía respirar desde la costa. La ciudad de La Isabela fue abandonada y pasó a ser a ojos de los españoles un lugar encantado donde los fantasmas de colonos vagaban por sus calles vacías. En su lugar se fundó el asentamiento de Santo Domingo de Guzmán, en el litoral del Caribe al sur de la isla, que tampoco terminó de arraigar. La razón es que Colón no escogía los asentamientos por lo idóneo de su geografía, sino porque sospechaba que, aquí o allá, habría posibilidad de encontrar oro. Esto fue la perdición de los labradores que le acompañaban.

El navegante y sus hermanos, motejados como los Faraones por su despotismo nada ilustrado, fueron calificados de «enemigos crueles y causantes de derramamiento de sangre española», personas que «disfrutaban» matando a quienes se oponían a ellos, en palabras de Mártir de Anglería. No obstante, todo dependía de a quién se le preguntara en un escenario dividido en dos facciones. El veterano de la guerra de Granada Francisco Roldán, al que Colón había promovido al cargo de alcalde mayor de La Isabela, protagonizó el primer levantamiento en América al frente de setenta hombres que soñaban con convertirse en sátrapas orientales. Al grito de «¡viva la reina Isabel!», el grupo de revolucionarios desafió en La Española el poder de los Colón, saqueando el almacén de víveres y echándose al monte como si fueran maquis.

El pacífico Guacanagarí sufrió su cólera y sus ganas de vivir como crueles pecadores tomando toda la comida, la bebida y las mujeres que se cruzaban en su camino. Los sediciosos se instalaron en la provincia de Jaraguá, que, aparte de rica y muy poblada, era conocida «por ser las mujeres de allí más hermosas y de agradable trato que en otra parte», como apostilla Hernando Colón en su crónica. Roldán no paró de sumar sinvergüenzas a sus filas bajo el estimulante reclamo de que, junto a él, «en lugar de azadones, manejaréis tetas; en vez de trabajos, cansancio y vigilancias, tendréis placeres, abundancia y reposo». «Dame una teta y moveré el mundo», que habría añadido Arquímedes.

El eslogan electoral de Roldán era difícil de superar, pero Colón ni siquiera lo intentó. Tras superar ocho días consecutivos de ardor en medio del Atlántico, «tan grande que creí que se me quemasen los navíos y gente» y una decepcionante parada por las islas de Cabo Verde, «falso nombre porque son tan secas que no vi cosa verde en ellas», el grueso de la flota de Colón evitó arrimarse a las llamas de La Española y se fue a buscar oro a nuevas islas, empezando por la de Trinidad, cuyas tierras encontró tan «hermosas y lindas como las huertas de Valencia en marzo».

En el anterior viaje, se había empecinado en decir que la isla de Juana (Cuba) era una entrada al continente asiático. Sesenta hombres fueron amenazados con que se les cortaría la lengua si no suscribían esta afirmación de la que existían pocas pruebas tras explorar solo una parte de su costa. El almirante necesitaba, aunque fuera mentira, dejar constancia escrita de que había tomado posesión de Tierra Firme para así reservarse derechos sobre el continente. Juan de la Cosa no lo vio nada claro y así lo denunció.

El caso es que en esta tercera aventura sí oteó las costas continentales y hasta pisó suelo de lo que hoy es el norte de Venezuela. La existencia de un cauce de agua dulce tan caudaloso como el río Orinoco, que él pensaba que era el Ganges, lo llevó a deducir que se trataba de la antesala del enorme continente asiático. Y no fue la única extraña lección que se trajo de esa travesía. Convencido por completo de la esfericidad del mundo, Colón quiso ir más allá en sus teorías sobre la forma achatada del planeta. Usando símiles tetudos que la reina y el rey, muy aficionado a los cuerpos femeninos, pudieran comprender, expuso:

> Mas ahora he visto tanta deformidad que, puesto a pensar en ello, hallo que el mundo no es redondo en la forma que han descrito, sino que tiene forma de una pera que fuese muy redonda, salvo allí donde tiene el pezón o punto más alto; o como una pelota redonda que tuviere puesta en ella como una teta de mujer, en cuya parte es más alta la tierra y más próxima al cielo.

En su aventura por el golfo de Paria, junto a las pechugonas costas venezolanas, le salió al paso una gran canoa con veinte y pico indios armados hasta los dientes con arcos y flechas y cubiertos detrás de escudos. «Yo les hacía mostrar bacines y otras cosas que lucían enamorándolos para que viniesen», anotó en sus cartas el almirante, que debió de pensar que no había nada más atractivo que un buen orinal brillante para un indio. Como el objeto donde hacía sus deposiciones no logró conquistar el corazón de los nativos, Colón recurrió al poder de la música, que sumía a los lugareños en bailes frenéticos. Mandó que un marinero cantara un romance, mientras otros tocaban el tambor y los grumetes se ponían a bailar al son de la música. Sin embargo, apenas empezó el musical producido por Colón los indios lo tomaron por una señal hostil y respondieron a la sintonía con una lluvia de flechas. Este saludo brusco fue contestado igual por ballesteros españoles.

El abismo cultural era de vértigo, como poco a poco estaba descubriendo Colón, que durante el primer viaje creyó erróneamente que los indígenas de las distintas islas hablaban la misma lengua. «No nos entendimos», «hicimos varias señales», «fuimos incapaces»... Los textos del almirante están plagados de quejas similares sobre lo difícil que era hacerse entender. Sentimiento que seguro que compartían los indios, que observaban con un desconcierto absoluto a esos extraños visitantes con pelo en la cara. Cuenta Hernando de Escalante Fontaneda, participante en los primeros viajes de Colón que terminó prisionero de los indios, como en cierta ocasión escuchó a los nativos pedir a un grupo de españoles que bailasen y cantasen, pero como no entendían sus indicaciones los mataron allí mismo. Una aterradora anécdota que sirve para recordar lo peligroso que era un mal paso de baile durante la conquista.

El 15 de agosto el genovés llegó a la Isla Margarita. Tanto allí como en las tierras aledañas había tal abundancia de perlas que los indígenas las usaban para decorar hasta los objetos más vulgares. En un encuentro con una india a pie de playa, un marinero reparó en que iba cargada de una considerable cantidad de perlas como quien coge conchas al azar. Colón se hizo con un gran saco de estas joyas, algunas del tamaño de un huevo de paloma, a base de intercambiarlas por cascabeles y otros abalorios. El almirante ocultó en un primer momento este hallazgo e incluso buscó algún socio capitalista para explotarlo, «hasta que sintió que en España se sabía». Cuando no le quedó más remedio, se las entregó a la reina en gracioso gesto. El almirante era un granuja.

Isabel da la patada al mesías

Paranoico y cada vez más religioso, Colón se veía a sí mismo como una víctima de las maquinaciones de los poderosos de Castilla. Lo habían exprimido y luego tirado como si fuera una naranja vacía. Cuando sus ojos empezaron a sangrar por no dormir, no le quedó más remedio que refugiarse en La Española. Allí recuperó la salud, que no el ánimo. Los Colón podían contar con los dedos de la mano el número de fieles en caso de una confrontación abierta con el rebelde Roldán, por lo que decidieron pactar con él a cambio de que todos sus excesos se olvidaran. Roldán recibió tierras, indios, sueldos y a sus hombres se les ofreció volver a España si lo querían, pero el caso es que, adictos a las lugareñas, ninguno quería dejar atrás a estas «mujeres preñadas o paridas».

Roldán fue designado alcalde de toda La Española, donde se alzó como un acérrimo defensor de los intereses de Colón frente a la llegada de visitantes indeseables. En septiembre de 1499, aparecieron en la isla dos viejos conocidos del almirante, el capitán Alonso de Ojeda y el navegante Juan de la Cosa, ahora convertidos en rivales por el corazón de América. El alcalde de La Española vivió momentos de tensión con el pendenciero Ojeda ante la sospecha de que tramaba tomar posesión de estas tierras en medio del caos reinante. No obstante, Roldán apremió a la flota a que se aprovisionara rápido y continuara su camino hacia la costa norte de Venezuela. Atrás se dejaron a un tal Fernando de Guevara, que se separó de Ojeda para unirse al alcalde.

Roldán y Guevara, dos caras de la misma moneda, no tardaron en colisionar. Por un asunto de faldas o, más bien, tratándose de mujeres indias, de piernas desnudas, el alcalde exigió al recién llegado que se alejara de una anterior amante suya. Compinchado con otros siete traidores, Guevara planeó la muerte del alcalde, pero Roldán, perro viejo, se adelantó y apresó a los conspiradores. Para aplicar la justicia se los envió al almirante, el cual los puso presos en la fortaleza de Santo Domingo.

En el verano de 1500 Isabel envió a Francisco de Bobadilla, tío de Beatriz la Cazadora con fama de juez íntegro, a que investigara sobre el terreno lo que estaba ocurriendo. Tenía licencia real para arrestar a los rebeldes y asumir el poder en los fuertes de Colón. La primera tierra visitada, Santo Domingo, transmitía un aspecto miserable, con pocas casas en pie, muchas chozas indias y árboles con cuentagotas. Lo primero con lo que se topó fue con siete españoles ahorcados y otros cinco encerrados en un pozo a la espera de ser ejecutados al día siguiente, entre ellos Guevara y otros enemigos de Roldán. Además, Bobadilla descubrió pronto otros excesos judiciales de Colón, que había ordenado que le cortaran la lengua a una mujer por el simple hecho de hablar mal de su familia. A un muchacho que había hurtado algo de trigo le quitó la nariz, las orejas y lo redujo a la esclavitud.

El enviado de los Reyes Católicos tomó el control de la ciudad, por llamarla de alguna manera, y se instaló en la casa del italiano para poner fin a aquella anarquía. Tras interrogar a veintidós testigos, Bobadilla decidió detener a Colón y a sus hermanos, que fueron enviados a Europa con grilletes. Se fue de rositas Roldán, «autor de todos los alborotos y levantamientos pasados», según Las Casas, y el propio Guevara, que fue liberado de prisión, lo que hace intuir que el juez venía con la sentencia escrita de casa. La investigación concluyó que los Colón estaban acaparando provisiones para hacer negocio y que, en vez de bautizar a los indios, habían puesto en marcha un próspero mercado de esclavos. «¿Qué poder tiene mío el almirante para dar a nadie mis vasallos?», clamó Isabel al enterarse.

El almirante permaneció seis semanas en prisión hasta que se le concedió audiencia con su querida Isabel. «En los últimos cinco años no he dormido en cama ni desnudo e siempre estuve con la muerte a mi lado», apeló en tono plañidero el genovés para recuperar el favor de la reina. De nada le sirvió, ni siquiera vistiéndose con sayal franciscano y barba descuidada como solía hacer para mostrar su humildad extrema. Todavía tuvieron que pasar varios años hasta que se permitió a Colón un cuarto viaje a América bajo condiciones draconianas, de las que incumplió varias nada más zarpar. Para empezar, se le prohibió pisar La Española y esa fue una de las primeras cosas que intentó bajo el pretexto de que necesitaba cambiar una de sus carabelas.

Los reyes no podían prescindir de los servicios de Colón ahora que Portugal había puesto pie en la verdadera India bordeando África. «Sabemos que Vuestras Altezas recibirán esta noticia con satisfacción», comunicó con rechifla el rey de Portugal a los españoles sobre la llegada en 1498 de Vasco de Gama a los muelles de Calicut, la «ciudad de las especias». Porque no, los españoles no estaban satisfechos. Isabel y Fernando pidieron a Colón que hallara de una vez la prometida ruta de las especias por Poniente. Al frente de cuatro carabelas, el genovés zarpó en mayo de 1502 en busca del paso que sorteara todas esas islas que se interponían con Asia.

La flotilla husmeó las costas de Jamaica y Cuba, exploró el golfo de Honduras y lamió las cercanías de Nicaragua, Costa Rica y Panamá a pocos kilómetros del Pacífico. Buscó sin éxito durante un año un acceso a esas aguas, enfrentándose a las tempestades y a una salud en caída libre. «La gente estaba tan molida que deseaba la muerte para salir de tantos martirios», anotó en su relación. En la costa panameña fundó Santa María de Belén, el primer asentamiento español en territorio continental, con la idea de dejar a su hermano Bartolomé en buena sintonía con las tribus locales. Los nativos no se mostraron tan abiertos a los planes españoles cuando supieron que no se trataba de una visita fugaz, pues «bien se sabía que no había de durar la concordia: ellos muy rústicos y nuestra gente muy inoportuna», como dijo Colón. Santa María de Belén fue abandonada al cabo de un mes, mientras los colonos heridos y magullados en su orgullo se retiraron en fuga.

En medio de fiebres, desánimo y visiones desbocadas, el almirante se dirigió con las dos embarcaciones supervivientes hacia La Española, aunque se contentó con alcanzar a duras penas Jamaica. Cuando los cascos de sus naves resultaron acribillados por el gusano marino, la temida taraza, se vio tan desesperado como para enviar dos canoas indias tuneadas para la ocasión a Santo Domingo en busca de auxilio. El rescate de los náufragos tardó meses en llegar de Jamaica. Tanto que el campamento se dividió en dos, uno formado por la gente de Colón y otro por sus numerosos opositores.

Los divididos españoles sudaron la gota gorda para obtener comida de los indígenas jamaicanos, hartos de las baratijas que les ofrecían los europeos por llenar la panza. Cuenta Hernando Colón, presente en este viaje, que su padre ideó una creativa manera de recuperar el respeto de los indios con un truco barato de primero de astronomía. A sabiendas de que se aproximaba un eclipse de luna, el almirante amenazó a los lugareños con que Dios les castigaría con hambre y peste si no empezaban a dar más bastimentos. Los indios, que aún no dominaban el lenguaje apocalíptico, no se tomaran muy en serio la bravata, hasta que, en efecto, la luna desapareció esa noche. «Les causó tan enorme asombro y miedo, que con fuertes alaridos y gritos iban corriendo, de todas partes, a los navíos cargados de vituallas».

El motín y la mala uva indígena convencieron a Colón de desistir en el que iba a ser su último viaje al Nuevo Mundo. De Santo Domingo salió escopeteado hacia el Viejo Mundo, cuando al fin el nuevo gobernador se dignó a sacarlos de la isla paradisíaca. Justo coincidió su lastimoso regreso a España con la muerte de la reina, su gran valedora, para gran dolor del genovés.

La ceguera del «almirante de los piojos»

El apodado por sus enemigos como «almirante de los piojos» seguía convencido de su papel mesiánico y, en sus cartas de fragancia apocalíptica, sostenía que las especias asiáticas estaban a la vuelta de la esquina. No se equivocaba, salvo porque la esquina estaba formada por 700 trillones de litros o, lo que es lo mismo, por un océano. Nueve años después de la acometida de Colón por hallar el paso hacia el Pacífico, el intrépido Vasco Núñez de Balboa recorrió a pie los ochenta kilómetros que ocupan el istmo de Panamá en su lado más estrecho hasta asomarse a las costas del Pacífico. Claro que una cosa era hacerlo a pie y otra, como deseaba Colón, en esas precarias embarcaciones. Ese mérito lo ganó entre 1519 y 1522 la expedición de Magallanes-Elcano, que bordeó el continente por el sur y hasta dio la vuelta al planeta por primera vez.

Enfermo de artritis, ceguera y con poca movilidad, el almirante dedicó sus últimos años en España a rogar a Fernando que cumpliera «con lo que había prometido por palabra y escrito y su firma». Ante las evasivas del monarca, con el que no compartía la misma afinidad que con Isabel, Colón reprochó cada vez con más dureza lo efímera que es la palabra de los poderosos. Murió en 1506, rico y tras entroncar a su familia con la casa de los Alba, pero frustrado por su mala fortuna y convencido de que había fracasado en su misión divina, sin sospechar que pasaría a la historia y levantarían cientos de estatuas a su nombre para luego tirarlas y pintarrajearlas allí donde jamás aceptó que había estado.

Colón sabía quizá que se trataba de un continente distinto, pero, como reconocerlo iba contra sus intereses, nunca lo aceptó. El nombre de América apareció por primera vez en un mapa del cartógrafo Martin Waldseemüller, cuando tanto Isabel como Colón ya estaban criando malvas. Ninguno de ellos vio los descubrimientos más espectaculares ni supo de la existencia de civilizaciones como la azteca o la inca. Tampoco Fernando llegó a comprender la envergadura de lo descubierto. Solo al final de su reinado las grandes remesas de metales preciosos obligaron al rey a prestar atención a una empresa que, con la progresiva caída en desgracia de Colón, había entrado en una fase más ambiciosa.

La corona no quería que toda la conquista se produjera a través de un solo hombre. Poco a poco abrió el abanico a otras expediciones de rescate (intercambio de mercancías con los indios que solía derivar en saqueo) a cargo de los bolsillos de Alonso de Ojeda, Juan de la Cosa, Vicente Yáñez Pinzón, Diego de Lepe, Pedro Alonso Niño… Este puñado de aventureros logró el hito, sin parangón en la historia, de explorar en cuestión de veinticinco años cada rincón y cada isla del mar Caribe, descubriendo territorios de una extensión que casi dobla todo el mar Mediterráneo.

Si los músicos eran una mezcla de marinos, aventureros y cartógrafos, el director de la orquesta se llamaba Juan Rodríguez de Fonseca, un clérigo muy cultivado, protegido de Hernando de Talavera, con una cabeza privilegiada para la organización. Su aspereza y falta de tacto le acarrearon tantas enemistades como elogios. El cronista Bartolomé de las Casas decía de él, entre el reproche y el aprecio, que era muy capaz de armar grandes flotas, aunque este fuera «más oficio de vizcaínos que de obispos». A principios de 1502 partió bajo sus planes una flota de treinta navíos «entre chicos y grandes» y no menos de dos mil quinientos tripulantes, la mayor armada que hasta esos momentos atravesaba el Atlántico. Entre los tripulantes no faltaron muchos nombres llamados a destacar en otros descubrimientos y conquistas, como los Pizarro, Juan Ponce de León o el propio Bartolomé de las Casas.

También iba embarcado en ella Nicolás de Ovando, nuevo gobernador de la isla de La Española en sustitución de Bobadilla, que al final había demostrado ser tan mal gestor como Colón. Ovando pertenecía a una encumbrada familia extremeña y podía presumir de estar en los círculos cortesanos más exclusivos. Su aspecto físico era deslumbrante, con una abundante barba rubia y unos ademanes que transmitían autoridad natural, pero resultaba una incógnita cómo sería como gobernador. Pocos meses después de su llegada, un huracán lo puso a prueba destruyendo la primera villa de Santo Domingo y también la casi totalidad de la flota que había conducido Ovando hasta las Indias. El gobernador tuvo buena parte de culpa en este desastre, pues, aunque avisado de la tempestad, insistió en que la armada partiera de vuelta a España. La mayor parte de la flota se hundió, con un importante cargamento de oro perteneciente a la corona y a muchos particulares. Medio millar de personas falleció en la tormenta, entre ellos el rebelde Roldán y el juez Bobadilla.

En cualquier caso, la pérdida de ese nido de chabolas tan amigo de las epidemias y mosquitos que osaba llamarse villa no provocó muchas lágrimas. La devastación dio a Ovando la oportunidad de refundar por completo Santo Domingo en un lugar mejor, en la orilla derecha del río Ozama, donde actualmente se encuentra. La ciudad trazada a «regla y cordel», como mandaban los cánones renacentistas, marcó las pautas de las futuras urbes. El gobernador abrió el primer hospital en América, cuyas ruinas góticas aún se conservan, siguiendo las instrucciones de los Reyes Católicos de que se hagan «en las poblaciones donde vea que fuere necesario casa para hospitales en que se acojan y curen así de los cristianos como de los indios». El extremeño no solo convirtió en pocos años las chozas de paja en casas de piedra y cambió la tierra de los caminos por piedras, sino que multiplicó casi por diez la población.

También fue él quien desarrolló la industria minera e introdujo el cultivo de la caña de azúcar para enorme perjuicio de los desconcertados lugareños, a los que hubo de hacer la guerra sin distinguir amigos o enemigos. En su testamento Isabel dejó escrito que «no consientan ni den lugar que los indios reciban agravio alguno en sus personas y sus bienes». Palabras que muchos conquistadores se tomaron por el pito del sereno amparados en la distancia de seis mil kilómetros. Colón alardeó en su tercer viaje de que en

La Española hasta el colono más tirado tenía dos o tres esclavos a su servicio, así como «mujeres tan hermosas, que es maravilla».

Curas contras conquistadores: el duelo final

El poder de los escasos representantes reales en un territorio tan extenso fue siempre minúsculo y condicionado por la voz de los encomenderos, aventureros particulares a los que la corona entregaba personas que explotar a cambio de la obligación de que los instruyeran en la fe católica, los alimentaran, los cuidaran y hasta les pagaran un salario. «Se acata, pero no se cumple», declaraban solemnemente los encomenderos, verdadero poder del continente.

A falta de manos reales, fueron las voces de los religiosos quienes demandaron más escrúpulos a estos señores feudales que tomaban como suyo todo lo que encontraban. En la Navidad de 1511 el fraile dominico Antonio de Montesinos se hartó de los abusos que sufrían los indios y delante de las autoridades cantó desde el púlpito de la iglesia de Santo Domingo las cuarenta a quienes usaban «crueldad y tiranía contra estas inocentes gentes, a las que matáis por sacar y adquirir oro cada día». Tal fue el impacto del sermón que Montesinos fue reclamado a España para defender la causa ante Fernando. Sus esfuerzos retóricos y los de otros clérigos, como Bartolomé de las Casas, desembocaron en las llamadas Leyes de Burgos, que bajo la firma del monarca regularon de manera más humana lo que se había convertido en un régimen de trabajo forzoso.

El texto justificaba la guerra de conquista si los indios se negaban a ser cristianizados bajo la obligación, eso sí, de que se informara previamente a estas tribus hostiles de que iban a sufrir la cólera de Dios. Esto comprometía sobre el papel a los conquistadores a leer un larguísimo requerimiento a un auditorio de indios rabiosos que ni podían ni querían entender su contenido. La lengua era un obstáculo, pero es que ni siquiera con los intérpretes delante era fácil hacer comprender el galimatías legal a una sociedad tan ajena a la cultura europea. Por no hablar de que normalmente el texto se leía en medio del combate con los nativos.

Ante este procedimiento tan kafkiano, De las Casas no supo si «reír y llorar» la primera vez que lo escuchó, y hasta al autor del texto, Palacios Rubios, le costaba contener la carcajada cuando supo la manera en la que los capitanes se sacudían de encima este trámite tan grotesco. El cronista Fernández de Oviedo relata que Pedrarias Dávila, primer gobernador de Castilla del Oro, envió a un capitán a recitar el extenso y complejo texto a un perplejo grupo de indios que no entendía el castellano. De Oviedo reprochó con ironía al gobernador su impaciencia: «Paréceme que estos indios no quieren escuchar la teología del Requerimiento, ni vos tenéis quién se la dé a entender; mande Vuestra Majestad guardarle hasta que tengamos algunos indios de estos en alguna jaula, para que despacio lo aprendan».

Que fueran rebeldes, sodomitas o caníbales permitía a los conquistadores saltarse la parte en que les leían la cartilla parroquial. La corona sí daba permiso a hacer la guerra y cautivar a los caribes, «porque los puedan vender y aprovechar de ellos sin que por ello caigan ni incurran en pena alguna». Esto ha hecho sospechar que en más de una ocasión los españoles les pusieron el sambenito de antropófagos a quienes no colaboraron con ellos. En la mayoría de los casos, la diferencia entre un pacífico taíno y un feroz caníbal empezaba y terminaba por cómo reaccionaba al primer encuentro con los europeos.

La esclavitud, las guerras contra los conquistadores y, sobre todo, enfermedades para las que los sistemas inmunológicos de los locales no estaban preparados supusieron un meteorito caído en medio del continente. Un pasaje del terror de infecciones, entre ellas la viruela, el tifus, el sarampión, la difteria, la gripe, las fiebres tifoideas, la peste, la escarlatina, la fiebre amarilla, las paperas, los constipados, la neumonía, la gonorrea y la sífilis, dejó tiritando a los nativos. Del millón de personas que vivían en las Islas de las Antillas antes de la llegada de Colón, se estima que el 95 por ciento pereció debido a las enfermedades, según los cálculos del ecólogo Jared Diamond.

También los conquistadores sufrieron graves pérdidas en esos primeros días. Las enfermedades y los alimentos propios del lugar arrasaron con muchos. Veinticinco años después de su llegada, de los mil doscientos hombres que fueron en el segundo viaje de Colón sobrevivían menos de doscientos. El resto o estaba muerto o había decidido hacer las maletas de vuelta a casa. El viaje era largo, el premio escaso y las necesidades interminables. Faltaban hasta las cosas más básicas. Hacia 1497, la corona sopesó la idea de embarcar a criminales para poblar las nuevas islas ante la falta de voluntarios, pero al final se decantó por otras opciones.

La escasez de mano de obra europea y las protestas de los religiosos contra el maltrato de los indígenas obligaron a recurrir a otro tipo de esclavos mejor vistos. Dejando aparte, o dentro, que los indios del Caribe como trabajadores eran «grandísimos sodomitas, holgazanes, mentirosos, ingratos, mudables y ruines», como afirmó el humanista Francisco López de Gómara con bastante inquina, se estimaba que la tarea diaria de tres taínos la podía hacer con facilidad un solo esclavo africano en pocas horas. El crecimiento de las nuevas poblaciones en el Caribe habría colapsado si no fuera por la llegada de los africanos.

Fernando autorizó en 1510 el envío oficial de los primeros esclavos de esta raza: doscientos cincuenta cristianos adquiridos en Lisboa con dirección a La Española, donde enseguida se elevaron como la principal fuerza para mover los molinos de azúcar, recoger los cultivos y extraer los minerales. El monarca reconocía que esta práctica era «algo cargoso a la conciencia», aunque hizo poco para frenar lo que pronto adquirió la forma de una avalancha. Solo un siglo después se calcula que 100.000 se habrían enviado al continente americano, aunque, según el historiador británico Eric Hobsbawm, la cifra pudo alcanzar el millón en el siglo XVI. «Ya hay tantos en esta isla a causa de estos ingenios de azúcar, que parece esta tierra una efigie de la misma Etiopía», escribió el cronista Fernández de Oviedo desde La Española. Resultaba que los españoles habían llevado África, en vez de Europa, al Nuevo Mundo.

Las mujeres invisibles que cruzaron el charco

Acostumbrados a un trato especial con el «otro» tras siglos de coexistencia entre cristianos, musulmanes y judíos, los aventureros españoles no mostraron ningún reparo racial a la hora de emparentarse con mujeres indígenas. Por descontado, las licenciosas costumbres de las locales, que iban en tetas, «muy buenas», en palabras de Fernández de Oviedo, fueron un gran aliciente para enrolar a muchos europeos en esta aventura. El florentino Américo Vespucio reparó, entre varias costumbres, en una «muy atroz y fuera de toda credulidad humana» que practicaban las indígenas: «Pues siendo sus mujeres lujuriosas, hacen hinchar los miembros de sus maridos de tal modo que parecen deformes y brutales, y esto con un cierto artificio suyo y la mordedura de ciertos animales venenosos; y por causa de esto muchos de ellos lo pierden y quedan eunucos».

La posibilidad de perder el miembro de tanto fornicio era un potente reclamo publicitario para que los colonos se animaran a saltar un océano y enfrentarse a caníbales, en tanto para la reina el mestizaje y el sexo eran el camino más poderoso para la evangelización. Hacia 1503, Isabel reclamó a Ovando que fomentara los matrimonios mixtos, «que son legítimos y recomendables porque los indios son vasallos libres de la corona española». Dicho y hecho. Según el historiador Hugh Thomas, se estima que ya a principios del siglo XVI la mitad de los colonos castellanos de La Española estaban casados de alguna manera con locales.

El problema era que existían grandes vacíos legales sobre el tipo de matrimonio que autorizaban las leyes. Fray Bartolomé de las Casas criticaba que los colonos se referían a sus parejas con el término «criadas», algo que Fernando trató de enmendar en 1514 con una real cédula que validó por completo cualquier matrimonio entre varones castellanos y mujeres indígenas. Esto contrasta de forma muy poderosa con el dato de que en Estados Unidos los matrimonios interraciales no fueron declarados legales en todos sus estados hasta 1967, cuando la Corte Suprema consideró inconstitucionales las leyes contra el mestizaje que sobrevivían en algunos puntos del país.

Muchos capitanes desposaron a las hijas de caciques locales con el objetivo de heredar tierras y mano de obra, pero también fueron bastantes las mujeres que se enamoraron con ardor de aquellos hombres tan distintos a todo lo conocido. Uno de los primeros conquistadores en tomar a una indígena como esposa fue Alonso de Ojeda, que se prendió de Guaricha, a la que puso el nombre cristiano de Isabel, durante un viaje de exploración por las orillas del lago Maracaibo. Su plan era incorporar a la joven al servicio de su casa, pero la persistencia de Isabel, enamorada de su señor, le impulsó a casarse y a tener tres hijos con ella. En el fondo, era un esclavista muy romántico. En la corte, donde la belleza de la india encendió los mayores elogios entre los cronistas, Ojeda la presentó como su esposa de pleno derecho. Durante sus últimos cinco años de vida, el conquistador vivió encerrado en el convento de los franciscanos en Santo Domingo y se negó a verse más con su mujer. El amor de Isabel fue tan grande que fue hallada muerta sobre la tumba de Ojeda cuando este falleció.

Lejos de esta imagen fija de los conquistadores solteros, hambrientos y cazando hembras humanas, la realidad es que desde el tercer viaje de Colón, y probablemente desde el segundo, consta la presencia de españolas embarcadas. Treinta acompañaron a Colón en este viaje con el objeto de que prosperaran las nuevas ciudades. Se calcula por los registros de la corona que en el siglo XVI de los 45.327 colonos que llegaron a América 10.118 eran mujeres. Ricas, pobres, religiosas, aventureras o labradoras… El perfil medio es difícil de distinguir, pero sí se sabe que la mayoría eran solteras y muchas con hijos.

Mujeres que vieron en la emigración a América una oportunidad de alejarse del enclaustramiento familiar y de la marginación social sin que por ello fueran, como otro recurrente mito sostiene, prostitutas enviadas para diversión de los conquistadores. En realidad, el primer prostíbulo en América, llamado «casa de mujeres públicas», no fue autorizado en la ciudad de Santo Domingo hasta agosto de 1526, para «la honestidad de la ciudad y mujeres casadas de ella y por excusar otros daños e inconvenientes».

Los y las que viajaban al Nuevo Mundo debían presentar su cédula de composición, una especie de DNI en pergamino con los datos básicos escritos a mano, que identificaba a los nautas procedentes de Europa. El objetivo prioritario era controlar quiénes cruzaban el Atlántico, poniendo especial énfasis en que fueran cristianos sin delitos pendientes y estuvieran autorizados por la Corona para ello. Se exigía incluso un certificado de buena conducta y ser español, lo cual remediaban los extranjeros diciendo, fuera verdad o no, que eran de algún territorio extrapeninsular del rey de España. No cualquiera podía saltar el charco. A Miguel de Cervantes, veterano de guerra y escritor frustrado de comedias, le fue varias veces denegada por la Corona su petición para ejercer algún oficio real en América, por lo que nunca pudo cumplir su sueño de viajar al Nuevo Mundo. Sí lo hicieron sus libros a raudales, a pesar de que la legislación prohibía la entrada de obras impresas que contuvieran «mentirosas historias», es decir, poesías, novelas y ficciones que pudieran confundir aún más a los indios. La Casa de Contratación carecía de los medios para ponerse a revisar cada libro que viajaba al otro lado del mundo.

Las relaciones comerciales y todo lo que atañía a las Indias se resolvían a través del puerto de Sevilla, donde en 1503 se estableció la Casa de Contratación como ente organizativo a recomendación de Fonseca. Un Cabo Cañaveral de su tiempo, donde se recababan y analizaban en primer lugar todas las novedades procedentes del Nuevo Mundo. Se encargaba del registro de mercancías, el examen de los pasajeros y también de formar a profesionales en astronomía, cosmografía, diseño de instrumentos de navegación y demás conocimientos científicos.

Al igual que los viajes espaciales, durante un tiempo cada regreso de un barco a Sevilla con noticias y mercancías suponían un seísmo para Europa, un cambio en la concepción del globo. En el puerto sevillano confluían mercaderes, marineros, estafadores, clérigos, prostitutas, ladrones, burócratas y aventureros, aunque era difícil distinguirlos entre sí. La elección de esta ciudad para monopolizar el comercio con América se debió a la enorme ventaja que le confería su puerto fluvial, a cien kilómetros del mar y de los ataques piratas. Sin embargo, lo que el Guadalquivir da, el Guadalquivir quita. Cuando el comercio creció y aumentó el calado de los galeones, se fue desplazando la actividad hacia Cádiz, colonia de los banqueros genoveses, debido al escaso fondo de este río. Sevilla vivió y murió con la gloria de las Indias.

8
CUCHILLADAS POR LA ESPALDA

El rey baja por el tablero de estrechos escalones de la capilla de Santa Ágata, donde vuelve de impartir justicia «a los pobres miserables» de Barcelona. A la mitad de su lento movimiento, a punto de subir a su caballo, un alfil se infiltra por sorpresa entre la comitiva y ataca en diagonal la figura del monarca. Fernando es herido en la nuca por el hombre armado con un terciado de unos tres palmos de longitud. «¡Oh, qué traición!», grita el aragonés sin que los numerosos peones de su comitiva tengan tiempo de enrocar. La tajada se hunde cuatro dedos. El colgante de oro que distingue al Trastámara como miembro de la orden del Toisón de Oro impide que le ampute la cabeza de un corte. El atacante es inmovilizado por varios cortesanos, que además lo apuñalan tres veces para que, como los toros, deje de revolverse en el suelo.

Al conocer la noticia del ataque, Isabel enloquece y, entre terribles gritos, clama por la seguridad de sus hijos. La pieza de la reina, capaz de mover en todas las direcciones del tablero, teme que se trate de una sublevación de toda la ciudad contra la familia real. Ordena atrincherarse en palacio a la espera de que llegue su marido herido o muerto y da instrucciones para que las galeras castellanas se arrimen a puerto, por si es necesario evacuar en ellas al heredero Juan y a las infantas. En una carta escrita a su confesor Hernando de Talavera, la reina resume su angustia en una frase: «Vemos que los reyes pueden morir de cualquier desastre como los otros, razón es de aparejar a bien morir». Es la versión del *memento mori*, la frase que le susurraba al oído un esclavo a los generales romanos que celebraban un triunfo en la Ciudad Eterna y corrían el riesgo de creerse intocables. Cuando Fernando aparece ante su vista vivo y coleando, Isabel colapsa y termina desmayada por la sobredosis de emociones.

Advertidos de que la sangre azul corre igual de deprisa que la roja, el reinado puede continuar. El atentado que sufrió Fernando el 7 de diciembre de 1492 resultó ser la acción de un campesino llamado Juan de Cañamares, que sobrevivió a los espadazos de los guardianes del rey. El perturbado fue interrogado bajo tormento con el fin de descubrir si había actuado con algún cómplice o instigador. Durante el suplicio confesó que se lo había ordenado nada menos que el Espíritu Santo, quien veinte años antes le había revelado que él era el verdadero monarca y podría reclamar el trono a la muerte de Fernando. Más horas de tortura, al fin, fijaron con dolor su versión en que fue el diablo quien le había dado las instrucciones: «Fui tentado por el espíritu maligno». Aquellas explicaciones propias de un hombre calificado de loco, *rusticum mentecaptum*, descartaron que se tratara de una conspiración política o el ataque de un fanático musulmán que buscaba la revancha.

En las primeras horas corrió el rumor de que el monarca había muerto. La población tomó las calles clamando venganza contra el autor del ataque hasta confluir frente al palacio para comprobar si el rey, todavía convaleciente, seguía con vida. La herida sangraba con abundancia y, aunque no pareció ser de gravedad en un primer momento, una legión de médicos y cirujanos hallaron rota la clavícula. Fernando recayó con fiebre alta en los siguientes días y se llegó a temer por su vida en una noche infernal. Isabel no se apartó de su lado y le dio de comer para que renovara las fuerzas. Adicta a los dramas, su sufrimiento pareció mayor que el del herido.

La Catedral de Barcelona se mantuvo abierta dos semanas en

continua oración y se celebraron catorce procesiones por la recuperación de Fernando. El rey quiso agradecer todo este cariño cabalgando por las calles cuando se recuperó; en tanto, su esposa repartió limosnas a los pobres y, como tantos barceloneses, realizó una peregrinación a pie (al menos un trecho) hasta Montserrat, la montaña sagrada de la región. Isabel estaba convencida de que la mano de Dios había salvado a su marido, aunque más lo estaba de que el rey había pagado en sangre los pecados que ella había cometido durante su ascenso al trono. «Esto me mataba de todo», le escribió a su confesor.

Fernando e Isabel perdonaron al campesino, nacido en Dosrius (Barcelona), como gesto más bien para la galería, puesto que no pudieron ni quisieron evitar que el Consejo Real lo condenara a muerte por el delito de lesa majestad. El día 12 de diciembre fue paseado en carro y ejecutado en las calles de Barcelona. La turba apedreó y quemó su cuerpo, aunque «ahogáronle primero por clemencia y misericordia de la Reyna». Era el castigo ejemplar destinado a aquellos que atentaban contra la corona y no tenían títulos que canjear.

Fernando tomó precauciones para que, en lo sucesivo, nadie más pudiera herir a los de su estirpe. En 1502 se constituyó en Castilla una guardia de alabarderos, encargados de la vigilancia diurna de los reyes, entre cincuenta mozos de espuela de caballeros cortesanos adiestrados en el manejo de las picas, alabardas y puñales. Esta guardia diurna, cuyos miembros debían ser cristianos viejos sin antecedentes penales y de elevada estatura, fue el germen de lo que sería la Guardia Real. Para la vigilancia nocturna y más íntima, existía desde hacía siglos la guardia de los monteros de Espinosa, todos ellos procedentes del pueblo burgalés de dicho nombre, que miraban por que el sueño de los monarcas no fuera truncado desde que un lugareño evitara en el año 1006 el asesinato de Sancho García «el de los Buenos Fueros», conde de Castilla. Los monteros de Espinosa tenían tres turnos para soportar la noche despiertos: la prima, la modorra y el alba. Además, cuando fallecía un monarca o alguna persona de la familia real, eran ellos quienes debían guardar el cadáver hasta que recibía sepultura.

Seis embarazos «riendo y burlando»

Más allá de la molestia de ser acuchillados, Barcelona ofreció una cálida bienvenida a los Reyes Católicos, que abandonaron pletóricos Granada, ya conquistada por los cristianos, para trasladarse a la Corona de Aragón en la primavera del prodigioso año de 1492. Los monarcas entraron en Barcelona el 24 de octubre y un día después lo hizo el infante Juan de Trastámara, su heredero, entre los vítores de la multitud reunida en la puerta de Sant Antoni. La ciudad había sido pasto de la peste y de las guerras, hasta el extremo de que «parecía casi muerta comparándola con lo que antes fue», según reparó Münzer en sus viajes, pero aún se intuía la grandeza de un felino que quería volver a rugir.

Los catalanes habían recibido a Fernando al principio del reinado confiando en que no actuaría con la zafiedad de su padre. El tiempo demostró que no se equivocaban, aunque tampoco acertaban. El monarca supo ser más sibilino que su progenitor en la tarea de regatear a las Cortes y a los parlamentos para aprobar las reformas que sacaron a la región del agujero en el que llevaba una generación metida. En contra de otro mito clásico del nacionalismo catalán, la ciudad no entró en declive coincidiendo con el reinado, sino lo contrario, pues inició su recuperación para pasar de ser en pocas décadas una pequeña urbe costera venida a menos a una de las principales del Mediterráneo.

Los reyes acudieron a la ciudad condal para firmar con Francia un tratado por el que los condados de Rosellón y Cerdaña volvieron a sus manos a cambio de que ellos se abstuvieran de intervenir en la campaña que Carlos VIII, nuevo monarca galo, preparaba en

Italia. De baja estatura, extraños andares y un balanceo involuntario de su cuello a modo de tic, el francés era apodado el Cabezudo o el Cabeza Loca tanto por su defecto físico como por su cabezonería. El astuto Fernando dio su palabra de no interponerse en la pasión italiana del francés, que tenía puesto el ojo en Génova y Nápoles, pero añadió una pequeña gran excepción: salvo que el ataque fuera contra el papa. Una letra pequeña que el aragonés incluyó, no por una cuestión espiritual, sino porque Nápoles era, aparte de una posesión vinculada a su familia, un territorio feudal de Roma. Esto hacía que, en la práctica, el cabeza fría de Fernando no se comprometiera a absolutamente nada.

Bien se sabe que el rey era de dar las cartas pares y guardarse las nones, lo que no era estorbo sino más bien al revés para que Barcelona estallara en festejos por la feliz recuperación de los territorios pirenaicos. Una de las actividades más divertidas fue una justa medieval celebrada en las aguas del puerto entre caballeros montados en barcos que chocaban con desternillantes consecuencias. Las corridas de toros, en cambio, entusiasmaron tan poco a los franceses como a Isabel. La fiesta se reducía por entonces a alancear a los animales con diversos rejones, a cuerpo gentil, sin capote ni engaño. A la reina, amiga de la caza y siempre rodeada de perros, no le gustaba un pelo que los hombres arriesgaran su vida y su hacienda en esa afición donde los morlacos resultaban mal parados. Las corridas eran muy populares e Isabel no habría podido, ni aunque lo hubiera pretendido, prohibirlas, pero al menos consiguió que a los toros les encajaran cuernos de bueyes en los suyos para minimizar el riesgo de muerte.

Aún sobresaltados por el atentado, Fernando e Isabel recibieron a Colón tras su primer viaje. La empresa marítima ocupaba las fantasías de los reyes, pero eran otras cuestiones más terrenales las que dominaban su día a día. El puntual pacto con Francia apenas disimulaba lo que era una rivalidad en ciernes, resultado directo de toda la política internacional pergeñada por Fernando, que entendió mejor que nadie lo importante que era aislar al país vecino, más rico, más poblado y más liberado para hacerse con el cetro europeo. Mientras España seguía dividida y apenas sobrepasaba los ocho millones de habitantes, Francia había domesticado su parlamento y contaba con dieciocho millones de cabezas. Para impedir lo inevitable, el rey aragonés alió a los Trastámara con los Tudor ingleses y con la casa de Borgoña, a su vez emparentada con los Habsburgo. Las cuatro dinastías compartían la enemistad natural con Francia y estaban lo bastante lejos como para no suponer una amenaza para los otros.

Confraternizar casas significaba casar a los hijos de una estirpe con la de otra. Por fortuna, los Reyes Católicos tenían la despensa llena de cachorros para intercambiar como cromos en las mesas de negociaciones. La primera criatura de Isabel nació en 1470, cuando los aspirantes a dominar la península todavía vivían como prófugos de la justicia. Del parto se encargaron parteras y comadronas, mujeres de dedos largos especializadas en la tarea de hurgar que, por lo excepcional de la embarazada, fueron supervisadas por un catedrático de medicina de Salamanca, el doctor Juan Rodríguez de Toledo. Todo un afortunado por contemplar un mundo que a otros médicos les estaba terminantemente prohibido. Un doctor de Hamburgo llamado Wertt se travistió en 1522 para asistir a un parto y ver el proceso más allá de la descripción de las comadronas. Abrir la cámara de los secretos le costó la vida. Las autoridades lo quemaron vivo por tal atrevimiento.

El catedrático español pudo certificar que la niña, llamada Isabel, llegaba a la vida con normalidad absoluta. O, al menos, la esperada. Era costumbre por un asunto de decoro que las altas señoras parieran en presencia de una multitud de testigos. La propia reina se encargó de invitar a varias personalidades del vecindario, en Dueñas, para que no se perdieran el espectáculo, aunque, eso sí, reclamó que le taparan la cara con un lienzo para que los muchos presentes no viera lo emocionada que estaba con las dolorosas contracciones del milagro de la vida.

A Isabel le costó cuatro años volver a quedarse embarazada. La gestación terminó en un aborto de un varón cuando estaba de paso por Cebreros (Ávila). El suceso traumático ocurrió de noche y la obligó a guardar cama durante un mes. La reina expulsó al feto sin ayuda e hizo jurar a su médico que no diría nada al rey, quien, con oídos en todas partes, se enteró igualmente. El médico judío Lorenzo Badoz achacó la interrupción y los posteriores problemas de fertilidad a los constantes viajes a lomos de caballos. Para recuperarse, le recomendó que después del acto carnal estuviera tres horas inmóvil en el lecho y que durmiera siempre del lado derecho para que pariera varón. Bajo su prescripción, Isabel desayunaba cada día un cóctel hecho de «manzanilla, coronilla de rey y artemisa, de cada una un manojo; onza y media de aceita de lirio; dos onzas de miel rosada y un dracma de sal común. Todo ello hecho medicina, según arte, por un boticario».

La joven madre tardó otros tantos años en quedarse encinta tras este aborto. Además de los consejos del médico, Isabel recurrió a los remedios habituales en la época: ungüentos, friegas, baños en sus partes de mujer y peregrinaciones a lugares como el monasterio burgalés de San Juan de Ortega, «santo procurador de niños». Los rezos dieron sus frutos con el nacimiento en 1478 de Juan, rápidamente jurado como príncipe de Asturias. El parto real fue asistido por una partera sevillana, conocida como la Herradera debido al oficio de su marido, a la que Isabel ordenó que apagara los candelabros de la estancia para tener más intimidad. Dado el aborto previo, la corte vivió con congoja el embarazo a oscuras y fueron muchos, incluido el marido, los que se asustaron con el enorme tamaño que alcanzó el vientre de Isabel. Por Sevilla corrió el rumor de que el rey había ordenado decapitar a un bromista por ir diciendo que «la reina ha de parir o reventar: no podrá escapar».

Era tal la expectación por anunciar la explosión de un varón Trastámara que el cabildo sevillano prometió una recompensa de 50.000 maravedíes para la persona que diera la noticia el primero.

Además, la ciudad celebró el natalicio con una justa y con la lidia de veinte toros a cada cual más bravo. A pesar de la alegría, el cronista Hernán Pérez del Pulgar reparó en un mal vaticinio: «Entre la solemnidad del bateo y la de la misa de purificación se interpuso un eclipse de sol». Sin embargo, haber nacido en fecha cercana a la natividad de san Juan, santo predilecto de Isabel, compensó cualquier señal infausta, fuera un fenómeno astronómico o una cuestión estética.

Y es que el niño no era tan hermoso como hubieran deseado los reyes. La venida al mundo del príncipe se había adelantado cuatro semanas y, en consecuencia, el bebé estuvo por debajo del peso habitual. Un labio leporino le impedía hablar correctamente y su constitución lo hacía endeble como el barro. Comía con dificultad, vomitaba con frecuencia y a menudo se desmayaba. Nadie apostaba demasiado por una longeva vida para el príncipe en un tiempo donde apenas la mitad de los niños llegaba a los veinte años. Trataron de tonificar su cuerpo con extracto de tortuga y pollo para endurecer su caparazón. Su ama, Juana de la Torre, que sería como una segunda madre, preparaba para la criatura un jarabe medicinal hecho con miel y agua de rosas que era mano de santo. Cristóbal Colón, bien relacionado con el ama, le pidió una buena dosis de esta «miel rosada» para proveerse en sus viajes.

Una vez cogido el truco a lo de parir, Isabel encadenó hijo tras hijo o, en concreto, hija tras hija. Ocho meses después del anterior parto trajo a la vida a Juana en el palacio de los Cifuentes (Guadalajara). La reina la amamantó en persona en vez de dejar esta tarea a las nodrizas. En junio de 1482 la monarca parió en el Alcázar de Toledo a su tercera niña, María, y casi dos días después a otra, muerta dentro del vientre materno. La pequeña María pesaba muy poco por ser prematura, pero salió adelante. Por último, la guinda a la familia la puso Catalina, nacida en 1485 dentro del Palacio Arzobispal de Alcalá y llamada así por la abuela inglesa de Isabel. Seis partos, no muy dolorosos y sí rápidos, de los que salió bastante entera en cuanto a su salud. Sandoval, cronista de la época, achacaba su fortaleza a que por ser «cristianísima, ha permitido Dios que no reciba dolor en sus partos; y así, está riendo y burlando, entre juego y juego, pare».

Lejos de la fría gobernante que era en los asuntos de Estado, Isabel fue una madre cercana y atenta. No solo se preocupó por el más mínimo detalle de su formación y cuidados, también llevó siempre que pudo a sus hijos con ella, lo cual no era nada habitual en otras cortes. Allí donde iba ordenaba que dispusieran de estancias contiguas a las suyas para que se alojaran sus pequeños. Juan, rubio y delicado, fue siempre «mi ángel», su ojito derecho, mientras que María y Catalina eran en las cartas «mis pequeñas», incluso cuando dejaron de serlo. Juana, para la posteridad llamada la Loca, fue apodada por su madre como «mi suegra», en referencia a que la madre de Fernando tenía ese mismo nombre. Una extraña broma que ha sobrevivido muy mal al paso de los siglos.

Para Fernando, los estados de gravidez (nombre que se daba al estado de embarazo) fueron un suplicio, un suspense que se prolongó durante demasiados años, pues parecía que Isabel solo era capaz de traer al mundo hembras o varones enfermizos. Al rey le urgían herederos con cetro entre las piernas para que nadie en Aragón le pudiera poner ni media pega. Salvo por ciertas cartas muy entrañables, no hay pruebas, ni de lo contrario, de que fuera un padre especialmente cariñoso. Si se hace caso a sus palabras, que nunca son muy fiables, parece que sentía predilección por Catalina, «la hija que más quiero», la niña que habría de convertirse en reina consorte de Inglaterra, y que vio en Juan, a pesar de sus desperfectos, la idónea llave para la futura sucesión real.

Juan de Trastámara, un ángel indolente

El monarca y su mujer no escatimaron en gastos para la educación del angelical Juan, el príncipe llamado a unir definitivamente los reinos de Aragón y Castilla. La contabilidad real revela que solo en zapatos gastaban 55 pares al año. Así y todo, la austeridad era una lección fundamental para cualquier hijo de Isabel. Con ocho años, su madre le recomendó no tener las arcas de su cámara llenas de ropas y lujos, de modo que un día al año le pedía repartir sus piezas más valiosas entre los criados. Le aconsejó nunca prometer de antemano la prenda en cuestión o reprochar luego que la había entregado al afortunado. Era esta una manera de crear fidelidad a un precio muy barato. Isabel hacía lo mismo cuando quería renovar el armario.

La educación humanista, muy del gusto en la época, estuvo orquestada por fray Diego de Deza, un dominico maestro en teología de la Universidad de Salamanca que ejerció la figura medieval del sabio y piadoso consejero que tutela al príncipe en los asuntos morales, mientras otros maestros se encargaron de adiestrarlo en el arte de la esgrima, la equitación y el uso de la ballesta o del arco para cazar. Las letras, la ciencia, el baile y la cetrería, ocupaban parte de un programa digno de admiración en las cortes europeas y que por algo fue objeto de imitación cuando Carlos de Gante lo estableció medio siglo después para el aprendizaje del futuro Felipe II. Incluso aprendió a jugar al ajedrez (justo por esas fechas se introdujo la regla de que la pieza de la reina se pudiera mover en diagonal por el tablero, como correspondía a una edad donde una gran soberana se desplazaba libre por los campos de combate) y a los naipes, para que nadie pudiera tildarlo de muermo en las fiestas, donde los tratadistas recomendaban moderación en «el yantar, en el beber y en el folgar» para no mostrar sus debilidades terrenales. Cada pequeño detalle de su formación fue diseñado con escuadra y cartabón. Los libros de caballería y de apasionadas historias de amor le estaban prohibidos incluso en su tiempo de esparcimiento, donde sí podía deleitarse con desternillantes obras sobre cosmografía, geografía y otras áreas científicas tan del gusto de los adolescentes.

Una de sus mayores aficiones, como en el caso de su madre, era la música. Estaba agraciado con una buena voz de tenor y, junto a cinco donceles, formaba una banda celestial que hacía las delicias de la reina en las fiestas de palacio. Tocaba, además, con bastante destreza la flauta, el clavicordio e instrumentos de arco. Lo hacía para mayor dificultad en castillos, celdas de conventos, salas de casas nobles o a la intemperie... La frenética corte itinerante de los reyes no daba respiro, no dejaba de moverse, no frenaba, ni adaptaba su paso a las patas más cortas de los niños. Los pequeños príncipes se acostumbraron a vivir en una persecución interminable de no se sabía qué.

El resultado de la suntuosa educación fue un chico apacible, de gestos corteses, gran memoria, amante del arte y la poesía. A juzgar del milanés Mártir de Anglería, tenía los tres dones naturales que hacen a los hombres consumados y perfectos: la agudeza de ingenio, la memoria y la grandeza de alma. Sin embargo, tanta disciplina dio lugar a un carácter un tanto inapetente. Los reyes repararon en que con dieciocho años tenía la iniciativa de un niño de siete, siendo demasiado obediente y sin el afán de desafiar a los mayores que traen equipados de serie los jóvenes a esa edad. Pudieron haberle ordenado ser menos obediente, que seguro que se hubiera esforzado por cumplir la orden, pero de poco hubiera servido.

La casa del príncipe de Asturias se fijó en el Palacio de los Mendoza de Almazán, villa soriana que se le concedió al príncipe. Los reyes le encargaron impartir la justicia local para que se curtiera en el arte de gobernar y lo armaron caballero durante la guerra de Granada para que, al mando de un centenar de cruzados, hiciera sus primeros pinitos en los campos de batalla. Se veló, eso sí, por que los miembros de su casa fueran castos y que hubiera alrededor del muchacho el mínimo necesario de mujeres. Algunos de los más importantes nobles de Castilla y sus hijos custodiaron a Juan en esos años de aprendizaje. Se trataba de formar a la generación, casi todos ellos castellanos, que habría de conducir España por los vericuetos del siglo que estaba a punto de comenzar. Príncipes renacentistas, tan capaces de recitar versos enteros de Virgilio como de clavarle una lanza entre ojo y ojo a un enemigo montado.

Aunque no gastó tanto dinero ni tantas diligencias como con su ángel, Isabel creía que había que educar por igual a hombres y mujeres. Sus niñas recibieron una formación poco habitual en otras casas reales. Juana aprendió a escribir y leer, se cultivó en la lengua romana y leyó a Cicerón. Según el inventario que se conserva de su biblioteca, faltaron textos de historia y crónicas medievales que sí se les daba a consumir a los varones, pero en esa educación pía y devota no faltó la cultura en mayúsculas. En su estancia en los Países Bajos fue capaz de improvisar discursos latinos y hablar con desenvoltura el francés. También adquirió notables aptitudes para la música, que sería uno de los escasos consuelos de una vida con minas escondidas en cada esquina. Incluso cuando estuvo encerrada en Tordesillas se preocupó de que el grupo de cantores cobrase lo estipulado, cosa que no hizo con el resto de personas a su servicio.

De las otras hijas de Isabel se conocen menos detalles sobre su educación, pero cabe recordar que Catalina fue considerada una de las reinas más ilustradas de su época. Se escribía con personajes de la talla de Erasmo de Róterdam y fue mecenas de Juan Luis Vives, a quien encargó la redacción de un libro sobre la educación de la mujer cristiana que en su momento fue muy controvertido por defender el derecho de las mujeres a recibir una formación completa. Además, participó en la mejora y configuración de las universidades de Cambridge y Oxford durante una era donde los nobles ingleses tendían más a beber y jugar a los dados que a componer poemas en latín. El lord chambelán de la reina británica dijo conocer a caballeros que «preferirían ver a sus hijos colgados antes que leyendo un libro».

Los dignatarios de todas las épocas han tendido a ser muy crueles con los suyos en cuanto aprendían a valerse por sí mismos. Los Reyes Católicos, que veían en sus hijos valiosos activos diplomáticos, no fueron una excepción. El primer gorrión que echó a volar fue la infanta Isabel, a la que sus padres entregaron como garantía de la paz con Portugal. El tratado estipulaba que la castellana y el heredero portugués vivirían bajo la protección de Beatriz de Braganza en el castillo portugués de Moura hasta que alcanzaran edad para casarse. Isabel, de nueve años, reservada, muy religiosa y un tanto melancólica, como correspondía a una infanta migrante, vivió lejos de sus padres durante tres años. Pasado ese tiempo, ambas partes concertaron que cada prometido volviera a casa. Tanta crueldad era innecesaria.

El compromiso matrimonial hubo de esperar a que fuera una doncella. En 1490, la joven celebró sus esponsales en Sevilla con el príncipe Alfonso durante un acto pensado para apabullar al resto de casas reales. Se representaron obras de teatro a la orilla del Guadalquivir y el propio rey quebró muchas varas en las justas. El enlace fue ratificado luego en suelo portugués, donde la felicidad se rasgó de golpe. Del altar se pasó directamente al ataúd. El novio murió al cabo de un año a consecuencia de una caída de caballo cuando acompañaba a su padre a bañarse en las aguas del Tajo. «En la fuerza de correr, el caballo del príncipe cayó, y le llevó debajo de sí, donde luego de improviso quedó como muerto, sin habla y sin sentido», en palabras del cronista portugués Rui de Pina. Nada se pudo hacer para salvarlo. La infanta volvió a Castilla con la idea de retirarse del mercado en un convento. Estaba convencida de que la muerte de su marido había sido un castigo de Dios porque el rey de Portugal estaba dando asilo a los judíos fugados de España.

La infanta Isabel cortó sus largos cabellos rubios, se enfundó la estameña y empezó a ensayar la vida de ayuno y mortificación. La viuda mostró, como otras hijas de Isabel, síntomas evidentes de un trastorno alimentario que la acercó a la anorexia, lo que deja entrever una personalidad perfeccionista y sometida a la enorme presión de una madre muy exigente. Cuando se le hablaba de procrear algún día, se ruborizaba como una colegiala. El sexo ya no entraba en su cabeza. Los reyes se retiraron de la guerra de Granada para consolar a su niña, pero tenían planes para ella más allá del conven-

276 CÉSAR CERVERA MORENO

to. La despacharon otra vez camino a Portugal, donde las preciadas infantas castellanas no se tiraban, solo se reciclaban, como parte de un acuerdo para casar a la aspirante a monja con Manuel I el Venturoso, que sucedió a su primo Juan II como rey en 1495. La leyenda romántica dice que el nuevo monarca se había quedado prendado de la esposa de su sobrino durante el breve matrimonio de este, aunque la realidad sugiere que más bien necesitaba a una mujer madura que pudiera darle hijos desde el primer día.

La primera reacción de la infanta fue reducir a la nada su minúscula dieta para mostrar su oposición al nuevo matrimonio. La reina no se resignó a perder un activo político tan valioso y mantuvo el pulso con su hija. Muy presionada por sus padres, la adolescente terminó al fin por aceptar la boda bajo la condición de que Portugal quedara libre de judíos y judaizantes. Una extraña petición que incluso sorprendió a la madre, quien no tardó en sentirse hinchada de orgullo con tal muestra de obstinación femenina en su propia casa. Portugal dio el sí quiero a esta medida. El enlace se celebró en Valencia de Alcántara en octubre de 1497, coincidiendo con el gran drama en la vida de los Reyes Católicos.

Juan y Juana: tú a Bruselas y yo a Burgos

Con la intención de aislar a Francia, Fernando cerró un acuerdo con Maximiliano de Habsburgo, futura cabeza del Sacro Imperio Germánico, para casar a Juan y Juana con sus hijos Felipe y Margarita, herederos de la casa de Borgoña. Las grandes cancillerías europeas, en especial la francesa, sufrieron un pequeño infarto calculando las consecuencias que aquella alianza podría traer para el equilibrio del continente. No obstante, el doble enlace tenía una vertiente política y también una económica. Flandes era un socio comercial preferente para Castilla, que exportaba lana en cantidades millonarias hacia sus puertos.

La flota para llevar a Juana y traer a Margarita estuvo compuesta por cerca de cien embarcaciones, al cuidado del almirante de Castilla, por si a los franceses se les ocurría interferir en los planes de boda. Pero el primer obstáculo fue el miedo escénico de la prometida. A Laredo (Cantabria) acudieron la reina y el resto de sus hijos para despedir a Juana, una adolescente de ojos grandes, rostro ovalado, piel clara y cabellera endrina. Era introvertida y muy sensible, la peor exploradora en una cultura tan distinta. Isabel pasó la noche del 20 de agosto de 1496 subida en el barco tratando de tranquilizar a su hija, la que más se parecía físicamente a ella, y supervisando que no se dejara en tierra ni uno de los 40.000 alfileres o un solo centímetro de los seis kilómetros de paño de seda que llevaba consigo para hacer vestidos y ropa de cama. Tras dormir con su hija, ambas se despidieron con lágrimas en los ojos.

Durante las siguientes semanas la soberana no dejó de consultar con personas del mar para saber si las tormentas habían afectado a la flota. Y sí, el viaje estuvo plagado de vicisitudes que los obligaron a tomar tierra en el puerto británico de Portland. En la violenta costa de Flandes, el mar se cobró como tributo una nao española de gran tonelaje y una carraca genovesa con la mayor parte del ajuar de Juana. Setecientas almas se fueron al fondo del mar con las joyas y las telas. Una vez en las costas holandesas saltó la sorpresa: no había ningún representante del conde de Flandes. Juana debió contentarse con conocer a su cuñada Margarita, que la recibió con calidez en la ciudad de Middelburg durante el tiempo que esperaron el intercambio de equipajes.

Felipe se encontraba en el Tirol y no mostró ninguna prisa en reunirse con su prometida. Era su modo expresar su desagrado por un casamiento en el que no había intervenido, convirtiendo a Juana en el blanco de la ira contra su padre. El romanticismo nunca se contó entre los puntos fuertes de su majestuosa hermosura, que había perdido a su madre cuando tenía solo cuatro años, quedando en medio del violento pulso entre los nobles flamencos de su familia materna y de los austriacos de su padre, Maxiliano. Los Habsburgo escondían muy poco sus ganas de comerse la casa Borgoña, como al final hicieron.

Juana tardó todavía un mes largo en llegar a Lille, donde se produjo el encuentro entre el príncipe flamenco y la castellana. El frío norteño y la escasez de comida causaron una sangría en las filas españolas, con más de la mitad del grupo muerto ese primer verano. La propia infanta enfermó con la dureza de la travesía antes de conocer a su futuro marido, aunque para ella mereció la pena por la calidad del paisaje que contemplaron sus misteriosos ojos verdes. Felipe era de mediana estatura, labio belfo, mofletudo, gran nariz y un cuerpo bien proporcionado, aunque mostraba una cojera más que visible. Su aspecto físico difícilmente lo haría hoy merecedor del apelativo de «hermoso» que le puso el rey de Francia, pero lo cierto es que en su época gozó de un inmenso éxito entre las mujeres por sus esmerados ademanes cortesanos. Aunque exhibía unos dientes cariados, el archiduque Felipe lo disimulaba con piezas de oro y con «las uñas más lindas que se vieron en persona», según el cronista Lorenzo de Padilla.

Juana no se pudo resistir a su sonrisa dorada. Ella, de la que el cronista francés Jean Molinet diría que era «de bello porte y graciosa manera», tampoco estaba de mal ver. Entre ambos estalló una fiebre erótica que los llevó a adelantar la fecha prevista para su matrimonio. Temiendo en vano que el amor huyera con una ráfaga de aire frío, la pareja reclamó al primer sacerdote a mano que les casara. Corría prisa empezar con las maniobras sexuales. Y esa fue justo la cadencia del matrimonio: arrebatos de pasión entremezclados con largas ausencias de Felipe. El sexo emergió en el horizonte de Juana como un mundo adictivo y lleno de riesgos. Pero, lo que es más grave, funcionó como detonante de su locura.

La sexualidad despertó alteraciones psiquiátricas tales como los celos hacia su marido. ¿Loca de amor o amor de loca? El psiquiatra Francisco Alonso-Fernández defiende que la coincidencia cronológica de ambos fenómenos —la locura y la historia de amor— ha llevado a la confusión en muchos análisis históricos. Esto es: la enfermedad de Juana no tuvo sus causas en su historia de amor, pero sí marcó su comienzo. Ella fue hasta entonces una niña normal, que no dio pruebas de sufrir ningún tipo de trastorno mental. Se la consideraba una joven seria, reservada y responsable.

La pasión inicial se consumió a la velocidad con que se derrite la cera de una vela cuando salió a la luz el comportamiento obsesivo de Juana. Daba comienzo una vida conyugal marcada por las infidelidades de Felipe, que iba de «banquete en banquete y de dama en dama», y por los arranques temperamentales de la terrible Fogosa, como era apodada en Flandes. Esto no preocupó en exceso a Isabel y Fernando, pero si bastante las inquietantes informaciones de que su hija estaba descuidando los deberes religiosos. Para confirmarlo, la reina envió a la corte flamenca a un fraile de su confianza, Tomás de Matienzo, que fue mal recibido por la infanta. «Yo le respondía que no venía yo a hacer inquisición sobre su vida», la tranquilizó el fraile, que encontró a Juana con «un corazón duro y crudo sin ninguna piedad» y abatida. La joven se hallaba triste, sola como un extraterrestre en un planeta ajeno y harta de llorar por «verse apartada de V. A. [su madre] para siempre». La archiduquesa vivía atemorizada por los ministros de su marido, que despidió a más de la mitad de los servidores que habían viajado con Juana.

El abandono de las prácticas cristianas iba en consonancia con su abstracción respecto al mundo. Se olvidaba durante varios meses de pagar a la veintena de criados que le quedaban y fijaba la mirada en el vacío como si no le interesara aquello que no estuviera relacionado con su atractivo marido. Si bien Felipe pendoneaba a niveles que incluso la más cabal mujer habría considerado inadmisibles, también cumplía ocasionalmente con sus obligaciones conyugales. En 1498 nació Leonor, el primer fruto del matrimonio, recibida por su padre con evidente indiferencia por su condición de mujer. El abuelo Maximiliano directamente se dio la vuelta cuando se dirigía al bautizo en Bruselas al saber que era niña.

Hubo que esperar dos años más para que el deseado varón llegara de la manera más imprevista. Cuenta la leyenda que Juana se retiró indispuesta de un baile y, pensando que era un problema de intestino, acudió a las letrinas para aliviarse. Allí descubrió que se trataba de un parto. Una forma gratuita de afirmar que el hombre más poderoso de su siglo nació entre heces. En realidad lo que dicen las crónicas es que alumbró en un retrete, que significaba una habitación privada, retirada, y por razones obvias lo hizo asistida por la plana mayor de las comadronas de palacio. Para que nada fallara, los monjes de una abadía próxima a Gante le prestaron un anillo que, según ellos, había llevado la Virgen María al dar a luz a Jesucristo.

La madre intentó que el niño se llamara Juan, en honor a su hermano, pero Felipe decretó que su nombre sería Carlos por su abuelo Carlos el Temerario. El muchacho estaba sano en apariencia, aunque ya se intuía esa mandíbula prominente que le impediría comer de manera adecuada, que le haría cecear y que ha pasado a la historia como el símbolo de antonomasia de los Habsburgo. Lo que se suele ignorar es que algunas fuentes describen a la madre con la cabeza aplanada y con prognatismo, de manera que puede que fueran los Trastámara los que legaron este rasgo a la familia imperial. A las dos criaturas regias les siguieron otros cuatro hijos que tuvo la pareja casi cada año desde que se conocieron. Todos ellos nacidos para ser reyes: Leonor, reina consorte de Portugal; Carlos, rey de España y emperador del Sacro Imperio; Isabel, reina consorte de Dinamarca; Fernando, archiduque de Austria y sucesor de su hermano al frente del Imperio; María, reina consorte de Hungría y Bohemia, y la desdichada Catalina, otra reina consorte de Portugal.

Verse colmada de futuros reyes no calmó el temperamento de la castellana. Cada vez más se sentía una joven triste y sola; sumida en la apatía y lejos de sus hijos, que fueron despachados a Malinas

con la familia materna de Felipe. Los usos de Borgoña, con su ritual
y su rígida organización, oprimían a la joven, mientras desde España sus padres le reclamaban que tomara parte activa en la corte para
contrarrestar la francofilia de su marido. «Este (Felipe) quería ser
francés y estar sobre las alas del rey de Francia y ha hecho paz con
él, y se contenta con que le devuelva tres pequeñas villas», se burló
el propio Maximiliano ante el embajador español del amor empalagoso de su hijo por los galos. La preeminencia de los consejeros
franceses barrió de sus puestos al puñado de españoles que aún
velaban por el bienestar de Juana.

Llega la tragedia: «Él me lo dio y Él me lo quitó»

Después de depositar a Juana en Flandes, la flota regresó a España
con Margarita a bordo. Si bien Juan era un príncipe bien educado,
Margarita no se quedaba atrás. Esta princesa culta y de un notable
atractivo acogió con alivio el enlace, puesto que había permaneci-
do hasta 1493 viviendo en Francia a la espera de cumplir la edad
necesaria para casarse con Carlos VIII, que le sacaba casi diez años
y unas cuantas cabezas de fealdad. En su ciega ambición, Maximiliano había concedido que su hija, apenas un bebé, se casara con el
heredero francés sin pararse a comprender el tamaño de tal crueldad. La impaciencia del rey galo, que no podía estar sin heredero, lo
llevó a anular el enlace, no consumado, para casarse con la duquesa
Ana de Bretaña, con quien Carlos sí podía compartir lecho.

Margarita vivió con humillación el nuevo matrimonio y quedó en la corte francesa como una ameba política. A su feliz regreso
a los Países Bajos le fue comunicado un nuevo acuerdo matrimonial: Juan apareció en su vida. Los desposorios se celebraron en Bruselas, en el palacio de Coudenberg, siendo representado el príncipe
español por el embajador Francisco de Rojas, un diplomático de la
máxima confianza de los reyes que hizo de cabeza de turco para

exponer el abismo cultural que existía entre la ostentosa corte flamenca y la austera corte española. Según una anécdota tan falsa como divertida, De Rojas fue el hazmerreír de los flamencos cuando tuvo que desnudarse parcialmente para escenificar con Margarita el rito del encamamiento, muy del gusto de estos lares, desvelando unas medias carmesíes rotas sujetas a los muslos por una precaria correa de cuero. El castellano pasó por el más cutre caballero que se había metido nunca en cama con una princesa tan remilgada.

La flota del almirante Enríquez trajo a Margarita en marzo de 1497 a las costas cántabras, tras salvar una tempestad que casi acaba con la vida de la joven, quien, según la leyenda, bromeó sobre su posible epitafio acordándose de que esta era su segunda boda: «Yace aquí Margarita, ¡infeliz ella! Pues dos veces casada, murió doncella». Los cronistas coinciden en la buena impresión que causó Margarita, que poseía una belleza delicada, una cabellera rubia y unos ojos levemente rasgados. «Si la vierais, creeríais contemplar a la mismísima Venus», avisó Mártir de Anglería. Estos mismos testigos masculinos se rindieron ante la calidad de su cutis y al hecho de que no usara ningún tipo de maquillaje.

La joven de ojos inesperadamente orientales fue escoltada por el rey Fernando hasta Burgos, cuya catedral no tenía nada que envidiar a las de París o Reims. La boda se celebró en el magno templo a primeros de abril de 1497 y se elevó como el evento más lustroso en la historia reciente de Castilla, incluyendo entre los invitados a Cristóbal Colón. Sumando todas las joyas regaladas, gran parte de ellas por la reina, se alcanzó la abrumadora cifra de 1.339 perlas medianas, 50 «perlas del tamaño de avellanas mondadas» y otras 48 «harto mayores».

Los invitados a la gran gala pasaron luego al Palacio del Cordón, perteneciente a los Velasco, donde, como si fuera un banquete nupcial moderno, los recién casados y los reyes cenaron en un estrado más elevado que el resto de señores. Los banquetes reales eran un espectáculo ritual, donde se buscaba sobrecoger los estómagos de los invitados con una grosera lista de los manjares de la zona. La comida venía escoltada desde la cocina para que nadie pudiera envenenar a los reyes. Tras el pantagruélico festín, Fernando sacó a bailar a Margarita y el príncipe, a su hermana María. Movieron juntos y revueltos el esqueleto al son de los juglares y los saltimbanquis. Aunque no todo fue alegría. La corte quedó espantada de las licenciosas confianzas que se tomaron con sus parejas los galantes flamencos que acompañaban a Margarita. Fuera por solidaridad multicultural o por los vapores del vino, un mancebo castellano se unió al jolgorio, sentándose en el regazo de las damas y tocando la falda de la recién casada. Un señor local le reprochó su comportamiento libertino en una discusión que casi se resuelve a puñetazos.

Isabel temía que la familiaridad pegajosa que se gastaban los reyes del norte mancillara la pureza de su corte sin terminar de comprender que, por aquella época, eran los extranjeros los que pensaban que los españoles y las españolas tenían costumbres más bien disolutas. Al noble polaco Nicolás de Popielovo, que visitó el país hacia 1484, le resultó del todo incomprensible que las españolas, en concreto las valencianas, mujeres «demasiado hermosas», tuvieran por hábito dar besos y abrazos para presentarse a los forasteros. En esta misma línea, Jerónimo Münzer se sorprendió de que las féminas vistieran «escotadas de tal modo que se les pueden ver los pezones; además todas se pintan la cara y usan aceites y perfumes, cosa en verdad censurable».

Esta visión sumaria sobre la frescura de las españolas se debía, en parte, a la falta de comprensión sobre lo que eran las reglas básicas del amor cortés, que tenía mucho de teatro y poco de acción. Este amor cortesano muy en boga en la Castilla medieval no giraba en torno a la seducción física, sino más bien se centraba en una serie de sobreactuados gestos que no pasaban de eso. Mucho ruido y pocas nueces, que los extranjeros más despistados vislumbraban por error como el comienzo de una bacanal diaria. Un borgoñón de paso por la corte se escandalizó al ver *in situ* cómo una joven coqueteaba a la vez con tres caballeros durante un banquete. «Hablaba al uno, lanzaba miradas al otro y tenía sus manos sobre el hombro del tercero», anotó el extranjero todavía con la calentura en el cuerpo. Lo que acertó a descubrir es que la joven no pasó con ninguno del inocente tonteo que, además, solo estaba limitado a festejos muy concretos en los que la reina accedía a que se mezclaran mujeres y hombres.

Eso sí, los extranjeros repararon que los españoles eran muy rigurosos con quienes practicaban la sodomía. La pena para los homosexuales pillados in fraganti era cortarles los genitales, atárselos al pescuezo y luego ahorcarlos, «porque en España, odiándose grandemente tal pecado, se castiga con mucha dureza por ser delito bestial y contranatural», en palabras de Münzer. Aún les pareció poco este tormento a los Reyes Católicos, que ordenaron en 1497 que los practicantes del vicio nefando fueran también quemados vivos en la hoguera.

Peleas de borrachos aparte, lo que verdaderamente empañó los festejos de la boda de Juan y Margarita fue la muerte de un joven pisoteado por su montura cuando participaba en un juego de cañas. Además, la hacanea que montaba el príncipe hizo un quiebro extraño y tiró al jinete a una acequia tras el banquete nupcial. No era buen vaticinio que el príncipe cayera así delante de su esposa, de los reyes y de toda la corte, pero se entendió el accidente como una mera anécdota. Las risas taparon el susto y los novios se retiraron a que la siguiente cabalgada de la noche resultara más satisfactoria. «Han consumado su matrimonio el ilustrísimo príncipe nuestro hijo y ella», presumió por carta un hinchado Fernando poco después.

Los príncipes podían haber vivido felices y comido perdices si no fuera por la viruela que Juan contrajo en Medina del Campo ese mismo verano. Al principio no se le dio la mínima importancia y, aprovechando una ligera mejoría, el séquito se trasladó hacia Salamanca, donde la ciudad obsequió a la pareja de recién casados con unas magníficas fiestas en el palacio de su antiguo tutor fray Diego de Deza. Juan se encontró tan fuerte como para ver una obra de teatro titulada *El triunfo del amor*, que terminó de levantarle el ánimo. Y puede que aún hubiera amor para Juan, pero no iba a gozar del triunfo.

Isabel y Fernando dejaron a su hijo a buen recaudo en Salamanca para acudir a la segunda boda de su hija mayor. Creían, como tantas veces en el pasado, que la cochambrosa constitución del príncipe absorbería los golpes. No fue así. Fray Diego de Deza avisó a mediados de septiembre a los reyes de que Juan andaba «con el apetito perdido» tras sufrir violentas fiebres. El rey viajó raudo a Salamanca, pero Isabel, que había quedado agotada tras el viaje, permaneció en la frontera con Portugal celebrando los festejos nupciales. Cuando lo vio con sus propios ojos, Fernando decidió ocultar a su esposa lo grave que estaba su ángel. Una mirada suya, penetrante, heladora, bastó para comprender que tras los días de placer suelen venir los de amargura. El príncipe reconoció a su padre que sentía cercana la muerte, y le rogó con gesto varonil (masculinidad tóxica, en el lenguaje actual) que acatase los designios de Dios. Solo lamentó que su «dulce madre» no fuera a estar en el adiós.

El aragonés se complació en escuchar en su hijo palabras propias de un anciano y, no sin llorar como un niño, se resignó a verlo morir el 4 de octubre de 1497. Falleció el príncipe de las Españas en brazos de su padre solo seis meses después de su boda con Margarita, a la que destinó sus últimas palabras: «A partir de ahora, mi alma habita dentro de ti». Hubo quien quiso vincular su amor extremo por ella con la causa de su muerte, pues muchos contemporáneos estaban convencidos de que el exceso de actividad sexual, motivado por los constantes y deseosos furores de su bella y joven esposa, habían impedido la recuperación completa del heredero cuando más necesitaba reposo. «Tanto los médicos como el rey aconsejan a la reina que, de vez en cuando, aparte a Margarita del lado del príncipe, que los separe y les conceda treguas, pretextando el peligro que la cópula tan frecuente constituye para el príncipe», dejó escrito Mártir de Anglería. Sin embargo, Isabel replicó tirando de liturgia que «lo que Dios ha unido no puede ser separado por el hombre». Ella no era nadie para meterse en los asuntos de cama de su hijo, que probablemente murió de una tuberculosis que arrastraba desde la niñez.

Juan fue sepultado en la capilla mayor de la Catedral de Salamanca, donde se pusieron tantas velas que hubo que traer cera de localidades próximas, y luego el cuerpo se trasladó a Santo Tomás de Ávila, bajo un mausoleo que lo mostraba con las manos desnudas, quitados los guanteletes en recuerdo a que no había muerto en combate. El duelo oficial en el reino duró cuarenta días, aunque el recuerdo de su pérdida sobrevivió a los años como señal de todas las expectativas fallidas que había colocadas en sus endebles hombros. A decir de Mártir de Anglería, había muerto «la esperanza de Castilla». Fernando esperó para darle la noticia a su mujer en persona. La reina cayó de rodillas y lloró con amargura, como lo hacen las madres que tienen la desgracia de sobrevivir a sus hijos. Aunque desgarrada, Isabel sostuvo para sus adentros el enorme dolor recurriendo a palabras de las Escrituras: «Él me lo dio y Él me lo quitó».

El lebrel del heredero, *Bruto*, no quiso separarse del sepulcro de su amo, del que solo se alejaba para hacer sus necesidades. Isabel, que tenía su propio perro llamado también con un nombre grecorromano (¡humanista hasta para eso!), *Héctor*, adoptó a la mascota de su hijo para que nunca le faltara un techo. Lo que no pudo hacer la reina fue adoptar a todos los criados y compañeros de infancia que quedaron partidos por la mitad. Muchos se metieron a frailes o siguieron al príncipe allí donde fue. Pedrico, mozo de espuelas conocido por ser el más andarín de Castilla, en su desesperación «anduvo con el alma todo lo que hay desde Salamanca hasta el infierno», lo que significaba, dicho en prosa, que se mató a cabezadas «saltándose los sesos».

En Ávila, donde Isabel no quiso volver por estar enterrado allí su hijo, se pregonó que las tiendas cerraran durante tres días y que sus habitantes fueran enlutados y sin portar lujo alguno. A los hombres de Burgos, donde se había casado el príncipe, se les prohibió afeitarse la barba, so pena de quince días de multa a los barberos que lo incumplieran, pues dejarse brotar barba salvaje era señal habitual de lamento por la muerte de un familiar o personaje ilustre. Por entonces era común usar prendas de color blanco como muestra de luto en Castilla, pero poco a poco se estaba generalizando para los momentos fúnebres el negro, símbolo de elegancia extrema por lo difícil que era obtener un tinte puro de esta tonalidad.

Castilla se secó muy pronto las lágrimas para volcarse en los preparativos del parto de Margarita, que en una suerte de milagro estaba encinta. Aguardando con ansiedad el acontecimiento, la corte acogió la peor de las noticias: «Margarita ha tenido un aborto en vez de la deseada prole. El parto esperado con ansias tan vivas no nos deparó sino una masa informe». Retirarse a un convento o volver a casarse, he ahí la cuestión para Margarita. Maximiliano eligió por ella y ordenó su regreso a Flandes. Se marchó con el pesar de haber perdido al amor de su vida y haber fracasado en la tarea póstuma que Juan le designó.

No se puede decir que los suegros velaran por la viuda. La reina debió pedir un préstamo a unos banqueros de Andalucía para costearse el viaje de vuelta a casa. Margarita fue casada con el duque de Saboya, cuyo porte atlético enamoró de nuevo a la viuda. Varonil, bebedor y cazador, de lo que no andaba tampoco muy sobrado era de salud. Como no hay dos sin tres, el matrimonio terminó precipitadamente con la muerte del saboyano en 1504 a causa de una fiebre palúdica. Margarita se quedó en Malinas para vestir santos o, en su defecto, para educar a los hijos de su hermano Felipe. La viuda de Juan de Trastámara y de Filiberto de Saboya fallecería en 1530, satisfecha con que al final sí dio un heredero a España: Carlos de Gante. Se convirtió ante la ausencia forzada de

Juana en el referente femenino de su sobrino, así como en la persona que lo convenció del valor de las mujeres gobernantes.

La peor pesadilla de Isabel

La muerte de Juan fue la primera de las tres cuchilladas de dolor consecutivas que recibió Isabel en un lustro. La siguiente tuvo por protagonista a su primogénita Isabel, cuyas celebraciones nupciales quedaron empañadas por el fallecimiento del heredero español. La infanta, que se parecía mucho a su madre en su carácter y su sentido espiritual, viajó con su esposo, el rey de Portugal, a ser jurada como heredera «en defecto de varón» por las Cortes castellanas. Las de la Corona de Aragón, sin embargo, rechazaron que una mujer pudiera gobernar en estos reinos, a pesar de la exhibición de fuerzas de castellanos y portugueses. Los aragoneses se limitaron a recordar que en toda la historia de su reino solo había existido un caso parecido, el de la reina Petronila, hija de Ramiro II el Monje, y que se había resuelto casándola con el conde Ramón Berenguer IV de Barcelona. Esta unión dinástica entre la casa de Barcelona y la de los reyes de Aragón tuvo por condición que Ramiro ejerciera de monarca solo hasta tener descendencia. Tal vez se podía recurrir a esta fórmula de nuevo, pero conseguirlo no iba a ser barato ni fácil para los Reyes Católicos.

Estaban la hija y sus padres negociando el precio con esas Cortes cuando Isabel alumbró por primera y última vez en el Palacio de la Aljafería de Zaragoza. Este antiguo palacio de recreo musulmán era una de las estancias favoritas de Fernando, que se sentía embriagado por la energía de su nombre original de Al Qasr al Surur, «El Palacio de la Alegría». Sin embargo, ese aciago 23 de agosto de 1498 se convirtió en un palacio de lágrimas. El nacimiento de un niño, al que se le puso el nombre de Miguel de la Paz, deshizo los obstáculos de las Cortes y llevó a muchos a soñar con una unificación de toda la península, pero la solución fue a costa de la pobre madre, que murió de sobreparto allí mismo, a los veintiocho años. La hija de Isabel había predicho que el parto la mataría, y así fue.

Como en el caso del embarazo de Margarita, la reina Isabel se tragó sus ganas de llorar y patalear ante tan grande tragedia para poder centrarse en lo urgente: conseguir que el frágil y enfermizo Miguel saliera adelante. No fue tampoco posible, a pesar de que la reina no se despegó de su sombra. El nuevo heredero murió de unas fiebres repentinas antes de cumplir dos años, en Granada. ¿Es que acaso la corona estaba maldita?

Manuel I de Portugal, todavía hambriento de infantas castellanas, no quiso renunciar al incierto sueño de la unión ibérica. Pensando en estrechar más los lazos entre ambos países, se casó con otra hija de los Reyes Católicos, María, cuya discreta existencia en la corte castellana dio paso a una vida poniendo huevos en Portugal. De este matrimonio nacieron diez hijos, entre ellos dos reyes de Portugal y una emperatriz alemana. Por lo demás, el protagonismo político de María, bondadosa, pía y nada risueña, se limitó a apoyar los proyectos de su marido de cruzada hacia Tierra Santa. A imitación de su madre, la reina portuguesa se rodeó de mujeres cultas a las que financió su formación y luego facilitó que se casaran en una escala que rozaba lo enfermizo. Enlazó entre damas y mozas de cámara a cerca de ochenta mujeres, y aún le parecieron pocas.

—Señor —le dijo un día a su marido—, traigamos más damas, que estas despachadas son.

—Así será —contestó el rey, sin poder contener la risa.

Tanto fue el cántaro a la fuente que la embarazada se rompió... La castellana murió en las complicaciones de uno de sus partos, tras lo cual el portugués contrajo matrimonio en 1517 con una de las hijas de Juana, otra infanta castellana a la que le tenía echado el ojo.

La última de las hijas solteras de los Reyes Católicos abandonó el nido en 1501, año en que Catalina, la más pequeña, se marchó a

Inglaterra con el propósito de hacer efectivo el matrimonio con el príncipe de Gales, Arturo Tudor, en la Catedral de San Pablo de Londres. La imberbe dinastía británica buscaba en este enlace, además de hacerle la pinza a Francia, una vía rápida para enjoyar su advenediza sangre, enturbiada por su atropellado ascenso al trono. Los seis reyes anteriores a Enrique VII, el tacaño fundador de la dinastía Tudor, habían sido asesinados o vencidos en combate.

El acuerdo con los Reyes Católicos se rubricó en unas accidentadas negociaciones que habían comenzado en 1477. El embajador de los Tudor, Thomas Langton, se presentó con toda la pompa encima en la itinerante corte de los reyes españoles para convencerlos de las ventajas de casar a los futuros herederos de sus respectivas casas. Tal fue el peso del muy caro discurso que la tarima que se construyó para la ocasión se vino abajo llevándose consigo al diplomático. Como si nada, el flemático embajador se levantó y prosiguió su plomizo discurso. Las conversaciones prosiguieron a lo largo de los años hasta que se cerró el acuerdo cuando los contrayentes todavía eran bebés.

Enrique VII estaba muy interesado en casar a su heredero con la hija de tan enorme reina como era Isabel. Llegó a afirmar que renunciaría a la mitad de su reino si Catalina contaba con las mismas cualidades que su madre. Sin embargo, tanto el viaje de Catalina como los detalles de la dote tardaron otros trece años en definirse. Años en los que la infanta aprendió francés para moverse en los ambientes cortesanos y se acostumbró, por consejo de la reina inglesa, a beber vino, pues «el agua en Inglaterra no es potable, y aunque lo fuera, el clima no permitiría beberlo». Explicación científica a la proverbial fiebre etílica de los británicos.

Pero nada preparó a la infanta para la sorpresa que le tenía guardado el arisco clima de Inglaterra. A una boda tan deseada, donde asombró a los presentes con una falda al estilo español con grandes aros redondos y un velo de seda blanca hasta la cintura, le siguió una tragedia inapelable. Los dos miembros de la pareja enfermaron de gravedad a los pocos meses de estar casados en el castillo de Ludlow, un lugar gris y más encantado que un cementerio comanche. Ella superó la enfermedad y regresó a Londres en un carruaje cubierto de tela negra enviada por su madre, mientras que el príncipe se quedaba atrás dormido para siempre.

El entierro se produjo en «el día de peor viento, frío y lluvia que he visto en mi vida», como describió un testigo del hecho. El rey, un hombre reservado que rara vez mostraba emoción en público, no pudo reprimir su intenso dolor y sollozos delante de sus cortesanos. Se cree que la pareja fue víctima del denominado sudor inglés, *sudor anglicus* o *pestis sudorosa*, una epidemia que no atacaba a los bebés ni a los niños pequeños y cuyas víctimas preferentes eran varones jóvenes, sanos y fuertes, de buena posición económica. Los síntomas podían confundirse con un proceso gripal (palidez, debilidad, estremecimiento, frío y accesos de fiebre), salvo porque pasados uno o dos días el sujeto o moría o mejoraba. El sudor excesivo también era otro de sus rasgos de identidad. Con la misma celeridad con la que llegó, «el sudor inglés» se marchó y no volvió a aparecer hasta décadas después, también concentrado en las islas, para desaparecer luego para siempre.

Sangre, lágrimas y, sobre todo, sudor. Catalina, tan parecida en intelecto a su madre, sudó la gota gorda tras perder a su efímero marido, pero de nervios, puesto que no tenía quien sustentara su pequeño séquito. Junto a la infanta habían viajado seis muchachas españolas que, a petición de los ingleses, debían ser «gentiles e hermosas o al menos por ninguna manera sean feas», y unos criados que, tal vez por compensar tanta belleza, parecían «pigmeos jorobados, esmirriados y descalzos de Etiopía», según el humanista británico Tomás Moro. Bocas feas y guapas que la alcalaína no podía alimentar con el raquítico dinero que le entregaba Enrique. El séquito fue muriendo de pena, de hambre y de indiferencia.

El papel de Catalina en Inglaterra se redujo a ser una viuda nada alegre que no hablaba inglés y no tenía recursos para mantenerse. Catalina pasó los siguientes siete años en un limbo diplomático y marital. Enrique VII bloqueó su regreso a casa dado que todavía se adeudaba parte de la dote del anterior matrimonio. Cuando se quedó viudo en 1503, pasó por su cabeza el casarse con la española, algo que horrorizó a Isabel, que rápido pidió al embajador que no permitiera siquiera que se pusiera sobre la mesa un enlace tan inmoral entre suegro y nuera. La reina castellana ordenó a su hija adolescente que hiciera las maletas para forzar una solución a su caso. Solo en el último segundo aceptó el rey inglés que la alcalaína se comprometiera con su otro hijo, el futuro Enrique VIII, que entonces tenía once años. Para su fortuna, Isabel no llegó a vivir el devenir de esta segunda boda, que, salvo porque la luna de miel no acabó esta vez en funeral, devendría en un infierno. Otras desgracias familiares no se las pudo perder.

9

LA FÍSTULA QUE MATÓ A ISABEL TRASTÁMARA

Las sucesivas muertes de Juan, Isabel y Miguel de la Paz dejaron la salud de la reina pendiendo de un hilo. Nunca volvió a ser la misma, sumida en la depresión y sin la energía de antaño. Eso sin olvidar que por el camino los reyes estaban perdiendo aliados, consejeros y parientes. En 1497, antes de que la muerte se lanzara a por sus hijos, Isabel enterró a su madre, la Loca de Arévalo, a la que no dejó de visitar siempre que tuvo ocasión. La hija sentía lástima por la vida que había sufrido su madre y sabía lo valioso que era gozar de una buena salud.

Isabel hacía ejercicio a diario y cabalgaba sin descanso. El mundo a caballo. Los partos no quebraron su salud y el cuadro más grave de fiebres, registrado con cuarenta y un años, pareció irse como vino. Sin embargo, a partir de 1496 ese semblante a prueba de disgustos entró en caída libre por un batido de razones más mentales que físicas. Mientras aumentaba de peso, sufría de retención de líquidos, dolores articulares y diabetes avanzada, Isabel se refugiaba más que nunca en la religión, convencida como estaba de que su destino, sufrimientos y logros obedecían al camino trazado por Dios. Por influencia de Cisneros, la reina se volvió cada vez más franciscana, más asceta y más enemiga de los lujos innecesarios. Declaró la guerra a la ropa cara, prohibiendo en toda Castilla primero el uso de paños de oro y plata y más tarde el empleo de seda en los trajes, lo cual levantó no pocas quejas en una industria textil que tras la conquista de Granada estaba en ascenso.

A falta de entretenimientos físicos como la caza o el cabalgar, Isabel siguió leyendo y escribiendo gracias a que remedió su vista cansada con una lente cóncava hecha a medida. No consta, a pesar de su fascinación por las letras, que leyera la obra de moda, *La Celestina* (1499), un libro entre el drama y la comedia, mezcla típica del país, que con más de ochenta ediciones en el siguiente siglo echó a rodar la picaresca española. Lo que la reina sí perdió por el camino fue su proverbial energía, la misma que llevó a Jerónimo Münzer a decir en voz alta que «parece mentira que una mujer pueda entender de tantas cosas». Ni el más sabio erudito sabe encontrarle sentido a la muerte de un hijo. Menos a la de dos.

El nuevo orden sucesorio, más que sacarla de su oscuridad, internaba a Isabel en un pozo de brea. El futuro estaba ahora en manos de Juana, de la que llegaban desde Flandes noticias alarmantes. No tanto por sus celos y su comportamiento imprevisible, sino porque el marido la trataba cada vez con más agresividad. Cuando uno de los consejeros de Felipe pidió a la archiduquesa su firma en un documento, Juana se negó porque deseaba consultar primero a sus padres. El archiduque la castigó por ello y le recordó que «no se demandaba vuestra firma y sello porque de ello haya necesidad, pues yo puedo en este caso asegurar que vos haréis lo que yo quisiere, más demandábase por vuestro honor», según escuchó decir Gómez de Fuensalida, embajador de los Reyes Católicos en Alemania y Flandes, que reparó en que nunca había visto «tanta cordura» en una mujer de tan corta edad sometida a tantas vejaciones. Lo mismo dijo el obispo de Córdoba, enviado como embajador especial, que certificó que estaba «muy cuerda y por muy asentada».

Los Reyes Católicos sufrían pensando que, con su hija convertida en un pelele, todo su legado corría el riesgo de acabar en manos de un príncipe extranjero tan indiferente al clima español como al sufrimiento de los últimos Trastámara. Recogió el cronista Lorenzo Padilla que a la muerte del pequeño Miguel de Paz en Bruselas solo les faltó descorchar el champagne: «Los archiduques se holgaron de esta nueva, como era razón». Mientras que Juana intentó guardar luto por la muerte de sus hermanos, el hermoso depredador empezó a presentarse sin pudor como príncipe de Asturias y a dar por hecho que iba a reinar en España. No es que eso le embriagara de euforia, pero era lo bastante inteligente para comprender el poder y dinero que estaban sobre la mesa.

Juana y Felipe acudieron con parsimonia a la península para ser jurados como herederos de Castilla y Aragón en las principales ciudades del país. El archiduque alegó falta de dinero para retrasar lo máximo el viaje, proponiendo que pagasen los Reyes Católicos los gastos si es que tenían tanta prisa. «Tiene más ganas de ir al infierno que a España», opinaba Gómez de Fuensalida. Quería marcar los tiempos, demostrar que mandaba él. Presionado por los embajadores, puso como última excusa que iba a esperar antes a que Juana, de nuevo encinta, alumbrara la criatura, cuando en realidad lo que buscaba era la manera de saludar por el camino al rey francés.

Una comitiva de cien carromatos inició en el otoño de 1501 la ruta hacia el sur sabiendo que el invierno los obligaría a resguardarse en Francia. Allí los esperaba una cantidad grosera de saraos y actividades regias. El monarca de este país, Luis XII, recibió en Bloise a Felipe con la coletilla de «he aquí un hermoso príncipe» y la propuesta de casar a su hija Claudia con su primogénito Carlos. El flamenco puso morritos ante la lisonjera retahíla de halagos, pero Juana, vestida adrede a la española, se negó a refrendar un acuerdo matrimonial de características tan perjudiciales para el otro lado de los Pirineos. Ella saludó al soberano galo con una reverencia, como una igual, mientras su marido hacía dos y por poco le besó los pies a su anfitrión… La castellana también rehusó aceptar, al contrario que su marido, la famosa moneda que los reyes franceses entregaban a sus huéspedes simbolizando su autoridad frente a los vasallos. Parecía que Felipe solo aspiraba a eso.

La alta velocidad que tomó la comitiva conforme se acerca-
ban a la corte francesa volvió a adquirir ritmo de tranvía oxidado
cuando dejaron atrás los Pirineos. La lentitud estaba causada en
parte por las maquinaciones de Felipe y en parte por la necesidad
de reforzar los caminos y los puentes al paso de un convoy tan
pesado. Si bien mejorar la conexión de sus reinos fue una de las
obsesiones de los Reyes Católicos, entonces España aún resultaba
demasiado áspera a ojos extranjeros. En muchas comarcas seguía
usándose con parcheos infames la red viaria que implementaron
los romanos. La mayoría de caminos eran estrechos e incómodos,
infestados de bandidos y con nauseabundas posadas donde solo se
podía intentar dar una cabezada. «Si quieres comer o beber tienes
que comprártelo en el camino y para el caballo no encontrarás ni
avena ni paja. Además, hay que dormir en el suelo y comer cebada;
[...] en resumen, que España es un país más bien malo», escribió
por esas mismas fechas Arnold von Harff, un peregrino alemán
que alcanzó Compostela hecho una piltrafa. El archiduque suscri-
biría cada palabra del alemán, aunque en su caso se alojó en los
palacios más lujosos.

El yerno que quería cazar jirafas en Granada

La nobleza castellana compitió entre sí a la hora de ofrecer la recepción más extraordinaria a los extranjeros. Los flamencos, encabezados por un pequeño ejército de 150 arqueros de Borgoña,
se sacudieron la primera mala impresión del país en Burgos, que
les deslumbró con las calles engalanadas de tapices, rebosantes de
gente, todas las campanas de la ciudad repicando al unísono y, desde lo alto del castillo, los ingenios disparando salvas. Aunque les
sorprendió para mal lo estrecho de sus calles, se maravillaron de
que por cada una de las que pasaron hubiera unos doce palacios.
Burgos era junto a Bilbao la puerta de salida de las mercancías

hacia el norte o, dicho con otras palabras, la más flamenca de las ciudades castellanas. El propio Felipe se sintió sobrecogido ante el inesperado lujo que les aguardaba en el Palacio del Condestable, que el cronista y músico Jean Molinet comparó en magnitud con los mayores de Bruselas.

En Valladolid fueron objeto de otro magnífico recibimiento y disfrutaron de corridas de toros, juegos de cañas, justas y visitas a los principales monumentos, mientras que en Medina del Campo, en pleno desarrollo de sus famosas ferias, Felipe decidió recorrer la ciudad de incógnito vestido a la española y con peluca, aunque escoltado de cerca por algunos de sus criados. Valiente, pero no mucho... El duque de Benavente les enseñó su colección de animales salvajes, envidia del resto de nobles, para saciar la imaginación de quienes creían ya entonces que África empezaba en los Pirineos. Entre estas bestias se contaba una docena de leones, un lobo, camellos y hasta un elefante, el cual murió un invierno debido al frío castellano.

En Segovia, los flamencos admiraron su acueducto. El cronista, como mal guía de la ciudad, no resistió la tentación de atribuirle a Hércules o al diablo su legendaria construcción en un solo día. No hacía mucho que los Reyes Católicos habían emprendido la reparación de varios de los 162 arcos, tan deteriorados que impedían el paso del agua, con un estilo gótico y no romano. El lujo y los monumentos no entendían de fronteras, pero sí las costumbres locales. En el corazón de Castilla dieron los forasteros con calles abarrotadas de «gentes desnudas que se azotan con varas», en palabras del viajero flamenco Antoine de Lalaing. Se trataba, obviamente, de la Semana Santa, aunque los recién llegados lo único que vieron era carne despelotada. ¿Serían ciertos los rumores sobre la sensualidad española?

El 25 de marzo de 1502 la comitiva flamenca se dirigió a Toledo, el lugar marcado para el reencuentro familiar. El archiduque cayó enfermo de sarampión en Olías, tras lo cual Fernando, sacudiéndose el molesto protocolo, visitó al enfermo. Quería saber cómo se las gastaba su yerno, al que no conocía más allá de las cartas. Padre e hija se fundieron en besos y abrazos en cuanto se reencontraron. Luego, Juana llevó de la mano a su padre hasta el alojamiento donde andaba convaleciente Felipe. La heredera española hizo las veces de intérprete, pues ni el archiduque conocía el español ni el monarca el francés en un encuentro privado para hablar del futuro de hombre a hombre. Resulta imposible saber de qué conversaron, solo que lo hicieron mucho rato y que las palabras estuvieron minadas. Fernando no volvería a tener a su yerno postrado en la cama mirándolo desde abajo, al menos a corto plazo. Los españoles advirtieron que el norteño miraba al este y al oeste cuando se dirigía a alguien, pero jamás al norte, de donde procedía.

Esta imagen negativa del archiduque que ha trascendido en España está muy condicionada por los cronistas de los Reyes Católicos. La tradición castellana lo ha presentado como un hombre ambicioso por encima de sus posibilidades, esclavo de sus consejeros hasta límites vergonzosos y hostil a la tierra de su mujer. Un palurdo de cejas finas al que no le gustaron ni el país ni sus habitantes, y cuya única ilusión, cazar jirafas y leones en Granada para sumarlos a su colección zoológica, se le chafó al descubrir que esos animales no vivían en ningún punto de la península. Estas lecturas torticeras de su personalidad han impedido explorar al joven refinado, sensible a las nuevas preocupaciones culturales, con voz propia en la laberíntica política europea del momento y resistente a las fuertes presiones de su padre Maximiliano, que aspiraba a convertir la casa de Borgoña, presente en lo que hoy es Holanda, Bélgica y Luxemburgo, en una filial de la poderosa dinastía Habsburgo. No resulta tan difícil de comprender que, al igual que los Reyes Católicos velaban por los suyos, el borgoñés remaba en favor de sus intereses más allá de la península.

Fernando y Felipe llegaron juntos a Toledo en un ambiente de aparente cordialidad, lo que no quita que fueran dándose algún que otro pellizco debajo de la mesa. Allí tuvo lugar el juramento de los príncipes ante las Cortes con arreglo a las leyes castellanas. Lo mismo hicieron unos meses después en la iglesia de San Salvador de Zaragoza como herederos de Aragón. Juana y su madre se reencontraron en la Ciudad Imperial seis años después de su partida. Aunque la reina estaba en horas bajas, la presencia de su hija inyectó savia en sus venas. Sin embargo, los Reyes Católicos no tardaron en descubrir que la mujer que había regresado a Castilla se parecía muy poco a la criatura temblorosa que había partido desde Laredo. No le quitaba ojo a su esposo, que, a su vez, no encontraba la ocasión para escabullirse de España. «Pícanle las venas de los pies, le hierve la sangre en el cuerpo y no puede estar quieto en ningún sitio, afirmando que debe marcharse cuanto antes», apuntó en una carta Mártir de Anglería, recién llegado de una embajada en Egipto donde, además de visitar las antiguas pirámides, sonsacó a los mamelucos el compromiso de respetar a los cristianos que visitaran Tierra Santa. Tanto entonces como después, sus majestades católicas mantendrían mejores tratos con el sultán que con su yerno.

Fernando trató de convencer a Felipe del peligro de regresar de manera tan precipitada a Flandes, con Francia en guerra abierta con España y Juana en avanzado estado de gestación. El archiduque, con cruel sonrisa de impaciencia, replicó que había prometido a sus súbditos que volvería en menos de un año, y así lo hizo, aunque aún se demoró meses en Francia, donde por poco muere tras sufrir «muy perniciosas fiebres», y luego en los territorios alemanes de su padre. Felipe se despidió el 19 de diciembre de sus suegros y de su mujer, vestida de luto no se sabe por qué. Los reyes pidieron a Juana que ella permaneciera en su país de cuna por motivos de salud y porque deseaban que conociera a sus futuros súbditos. La heredera no se mostró de acuerdo, pero de momento no le quedó más remedio que obedecer a su gigantesca panza. En marzo de 1503 alumbró a su segundo hijo varón, Fernando, tras lo cual exigió viajar junto a su marido.

Isabel cubrió con regalos millonarios a los miembros de la casa de Juana y metió a criados de su entera confianza en sus filas. De nada sirvieron tantos esfuerzos con una mujer que, como buena hija de su madre, era terca como una mula. Al estilo de las princesas Trastámara, Juana entró en estado de depresión, llorando durante horas, comiendo entre poco o nada, «meditabunda día y noche, sin proferir palabra. Y si alguna vez lo hace… es siempre en forma molesta», expresó Mártir de Anglería. Isabel pidió a los doctores de la corte que examinaran a su hija. Estos solo pudieron certificar que la enfermedad, fuera corpórea o espiritual, «va muy adelante». «Solicita solo por su marido, vive sumida en la desesperación, con el ceño fruncido», remató el cronista italiano.

La reina vivió de manera angustiosa el estado de deterioro de su hija y el ver cómo todos sus planes de sucesión, meticulosamente trazados junto a su marido, estaban estallando en cientos de trozos. Y cuanto más intentaba arreglarlos, más le fallaban las fuerzas. Su salud en rebeldía le atacó con fiebres prolongadas y aumentando su peso hasta dimensiones insalubres. Ya en 1495 Münzer había reparado en que era una mujer alta, «un tanto gruesa», y sobre su supuesta belleza solo se le había ocurrido la evasiva de que era «de agradable faz». El tiempo devoró sus huesos y escupió, en lugar de la delicada niña rubia que fue, a una señora marchita, con una toca propia de las monjas cubriéndole el cabello estropeado, bolsas en los ojos, papada a tres niveles y mofletes en expansión, tal y como la pintó Juan de Flandes en su retrato más célebre.

La aparición de úlceras la obligó a aparcar el caballo para desplazarse en litera. Mientras Fernando mantenía el ritmo acostumbrado, ella, solo un año mayor, empezó a quedarse atrás, guardando cama y cultivando nuevos males. No le ayudó en su mejoría el tener que lidiar con la peor cara de Juana. En pleno invierno, la heredera española intentó partir a Flandes sin equipaje y con ropa de verano. La retuvo como pudo en el patio del Castillo de La Mota (Medina del Campo) el arzobispo Rodríguez de Fonseca, que izó los puentes y avisó a la reina de inmediato. Juana se negó a regresar a sus aposentos y se instaló durante cuatro días en las cocinas exteriores.

Isabel acudió arrastrando su maltrecho cuerpo en litera desde Segovia a tranquilizar a su hija en medio de la plaza de armas. Allí halló una estampa que de algún modo debió recordarle a las trágicas locuras protagonizadas por su propia madre: medio desnuda, acampada debajo de una mesa, Juana exigía entre alaridos que la guardia bajara el puente levadizo para que pudiera irse. La heredera de Castilla se enfrentó a su madre con «palabras de tanto desacatamiento y tan fuera de las que una hija debe decir a su madre, que si yo no viera la disposición en que ella estaba, no se las sufriera en ninguna manera», según escribió la propia Isabel.

Mientras tanto, el archiduque trabajó en la sombra para que su mujer volviera a sus posesiones a través de métodos tan poco éticos que harían vomitar a una cabra, tales como enviar a España una supuesta carta escrita por su hijo Carlos, que aún no contaba cuatro años, rogando a su madre que regresara a casa. Cisneros convenció finalmente a la reina de que la mejor solución era entregar a la hija a su torturador. A Flandes arribó en la primavera de 1503, dejando en España bajo la custodia de los Reyes Católicos a su bebé recién nacido. Si en Flandes había abandonado sin pestañear a tres hijos de corta edad para seguir a Felipe, por uno solo no pensaba detenerse ahora. Nacido en el Palacio Arzobispal de Alcalá de Henares, el infante Fernando se quedó a cargo de sus abuelos maternos, que aprovecharon para moldear a su nieto más español. Isabel sacó sus uñas de abuela coraje y no «consentía que le alejasen de su vista» ni un segundo. En su testamento reservó una generosa partida para que el niño fuera criado en la península.

Lo más triste es que madre e hija no volverían a verse tras su precipitada salida de Castilla. Juana era incapaz de comprender el delicado momento por el que pasaba su madre, a quien la salud se le escurría de entre los dedos. Tal vez Isabel creía en su corazón que la pérdida de la razón de su hija era transitoria, pero la monarca nunca fue de las que dejaban que sus latidos marcaran la política. Tras analizar con frialdad la situación, empezó a buscar la fórmula legal para que, si Juana se encontraba ausente, mal dispuesta o incapaz, ejerciera la regencia de Castilla Fernando. Era una cláusula antihijas inestables y yernos ambiciosos, hecha a toda prisa. Los Reyes Católicos pidieron a su embajador que buscara la forma de trasladar al pequeño Carlos a España a base de sobornos o por la fuerza. Felipe descubrió la maniobra a tiempo, escandalizándose de que sus suegros hubieran caído tan bajo.

Flandes no calmó los ánimos de Juana. Felipe recibió a su esposa con frialdad y distancia, como el que se siente amargado por la llegada de sus padres en medio de una fiesta salvaje. La heredera española elevó la apuesta en sus celos hacia las mujeres que frecuentaba con descaro su marido. En una ocasión cazó a una dama de la corte tirándole la caña a Felipe y, en medio de las risas de las otras damas, la emprendió a golpes con la joven, de tez blanca y algo pecosa. Luego, con unas tijeras de coser desfiguró su cara.

La princesa reconoció que «dejé de tener el estado que convenía a mi dignidad» por culpa de unos celos desmesurados, los mismos que había tenido su madre sin que nadie la tachara de posesa. Esta asunción de culpas no evitó que Felipe abandonara el lecho, retirara de su lado a sus criadas moriscas y hasta injuriara a Juana de palabra y obra. Una de estas violentas discusiones acabó con la princesa defendiéndose «como una brava leona» cuando el archiduque la golpeó, según la narración de Fuensalida. Ni siquiera se ablandó el corazón helado del maltratador de Felipe al regresar un día a palacio herido en un pie tras una cacería, retirándose rápido a su habitación sin dar cancha a las atenciones de su mujer. La princesa respondió al desplante aporreando toda la noche el techo de la habitación de Felipe. Con un pequeño objeto punzante intentó romper las tablas del suelo para llegar hasta él excavando un túnel.

A la mañana siguiente, Juana prometió no probar bocado hasta que no regresaran los criados que su marido se había ido llevando de su lado. Felipe accedió a cumplir su deseo, aunque la amenazó con que no volvería a ver su lindo rostro si no se volvía más dócil. Todas estas broncas causaron un disgusto no pequeño en la corte española, en especial en Isabel, «que sufre grandemente, asombrada de la violenta reacción del norteño», en palabras de Mártir de Anglería. Las difíciles relaciones con su marido rasgaron los hilos que unían la mente de Juana con la realidad. Su nulo deseo de hablar con los embajadores le impidió conocer el alcance de la enfermedad de su madre, que avanzaba ajena a la política con paso inmisericorde. Tic tac, tic tac, tic tac… La reina se quedaba sin tiempo.

En julio de 1504, Fernando e Isabel enfermaron de fiebres en lo que parecía algo estacional. El rey se recuperó muy rápido y acudió a guerrear a la frontera con Francia, pero ella ya solo fue de mal en peor. Encerrada en Medina del Campo sin su marido, la salud de Isabel se vino abajo por las noticias que sabía y por las que, aislada, creía que se le estaban ocultando. Era obvio para el ojo humano que su hija se estaba internando en el corazón de las tinieblas y que su yerno era «más francés que el vino de Borgoña», como presumió el rey galo, pero no lo que iba a ocurrir con el proyecto político que habían construido los Trastámara durante décadas. Esa incógnita la turbaba hasta lo más dentro de sí.

Consciente del inevitable resultado de tanto dolor, Fernando escribió el 26 de septiembre a Felipe y Juana una secretísima carta pidiéndoles que viajaran a España cuanto antes. La reina se estaba muriendo. A los conventos que rogaban por su recuperación, Isabel les pidió que no perdieran el tiempo. No había nada que hacer por su cuerpo. Podían rezar, pero por la salvación de su alma.

Muerte entre ratones

Medina del Campo no era ningún pueblucho. Su feria la convertía en una de las villas más bulliciosas de Castilla. La soberana eligió alojarse en una casona palaciega junto a la Plaza Mayor en vez de en el Castillo de la Mota, que tan malos recuerdos le traía. La casona, infestada de ratones, requirió una buena mano de obra para adaptarla a la moribunda. En una época en la que los interiores de los grandes palacios eran muy desangelados, la única manera de mejorar las comodidades de las habitaciones era abrir una chimenea (cosa que no siempre era posible) o colgar de las paredes tapices para abrigarlas. En el caso de la última morada de la reina, los carpinteros hicieron nuevas ventanas para que entrara aire fresco y construyeron una pasarela para que los aposentos reales dieran acceso directo a la capilla.

La reina mantuvo la lucidez hasta el final y dictó durante días su testamento sin que Fernando estuviera presente. Luego añadió un codicilo. El texto, escrito en pergamino de cuero y firmado por la reina el 12 de octubre, exactamente doce años después de que las carabelas de Colón avistaran la costa americana, se cerró con siete cuerdas, una por cada testigo. En el documento Isabel sacaba pecho por sus aciertos, pero también reconocía errores, como el haber malversado fondos de la cruzada para otros fines o no haber apretado lo suficiente a los grandes nobles. Llevar la guerra contra el Islam a África y defender Gibraltar con uñas y dientes eran algunos de los deberes que dejaba al futuro heredero de España. A nivel material, la reina legó sus joyas y pertenencias personales a su marido, así como la mitad de las rentas y beneficios de las tierras descubiertas en el Atlántico.

Hasta casi el final se negó a permanecer postrada en la cama. El 23 de noviembre cedió el gobierno de Castilla a su marido, que acudió a la villa a esperar el cruel desenlace. Estuvo Fernando pero no sus hijos, ya muertos o ausentes. A su lado recibió los santos óleos con la única petición de que sus pies desnudos fueran cubiertos, de modo que el sacerdote tuvo que ungir sus extremidades a ciegas. Tres días después lanzó un último hálito con solo cincuenta y tres años (cierto que la esperanza de vida media estaba en treinta y pocos años para las mujeres) y el sabor agrio de quien piensa que su empresa ha quedado inacabada. Y eso que el camino andado no era precisamente corto. La historia tenía previsto que Isabel fuera una de tantas infantas vendidas al peso para cimentar alianzas, pero entre la torpeza de su hermanastro y sus propias cualidades terminó entrando en el Olimpo español como culmen de gobernantes.

Una reina a la que visten como santa, pero que, sin llegar a ser lo contrario, estuvo cargada de tantas contradicciones como cualquier otro humano. Enemiga de los abusos de los grandes, contribuyó como nadie al crecimiento de ciertas familias en detrimento del «poderío real absoluto». Católica a ultranza pero hostil a dejar que la Iglesia de Roma dictara normas en su reino a placer. Amante apasionada de la justicia, salvo cuando se trataba de su sobrina o de falsificar bulas... Defensora de la libertad de los indios, al tiempo que empleaba y hasta regalaba esclavos negros sin reparo alguno. A lo largo de su reinado se jactó de hacer lo contrario de lo que había visto ejecutar a su antecesor, aunque irónicamente a Enrique IV le debía muchas de las herramientas y conquistas que facilitaron sus inmensos éxitos.

Isabel recibió una Castilla dividida, menguada y presa de unas pocas cabezas y la devolvió robusta, con un pie en el Caribe y con la aristocracia a sus pies. Su sentido de la responsabilidad y su inteligencia obraron el milagro gracias a letrados y clérigos extraídos de sectores humildes. Le gustaba presentarse como el rigor encarnado, si bien no era el miedo, sino la colaboración lo que sacó adelante sus proyectos. Pero no unificó España, ni terminó con la violencia que inundaba territorios donde el poder de la corona era un susurro. Las aduanas internas y la multitud de leyes de cada región castellana hacían posible que un pueblo se estuviera muriendo de hambre mientras a pocos kilómetros otro estuviera con las despensas a rebosar.

Muchos de los problemas heredados de su hermanastro seguían intactos cuando el alma de la reina abandonó su cuerpo. Esto no fue impedimento para que la sociedad europea, al menos sus élites intelectuales, dedicaran un aplauso unánime a su reinado. «Su muerte ha causado tal pérdida a la cristiandad, que todos los cristianos deberían vestirse de luto para mostrar duelo», reclamó el cronista flamenco Antoine de Lalaing. «La pluma se me cae de las manos. Mis fuerzas desfallecen», añadió Mártir de Anglería. La admiración llegó a extremos tan elevados como para que en 1958 la Archidiócesis de Valladolid propusiera su beatificación como paso previo a hacerla santa. Aún hoy este proceso sigue abierto en los despachos del Vaticano.

En la avalancha de elogios que siguió a su muerte resulta casi imposible hallar críticas. ¡Casi! Porque un corregidor real sin pelos en la lengua dijo solo dos años después que «estos reinos habían sido muy mal gobernados y creía que la reina Isabel, según su mala gobernación, estaba en el infierno». Tal vez lo decía por la delicada situación económica del reino, donde el descomunal gasto en política exterior y militar, sobre todo en asuntos italianos tan ajenos a Castilla, ni siquiera los compensaba el impresionante aumento de ingresos (se pasó de 150 millones de maravedíes en 1480 a 314 millones en 1503). Igualar gastos con ingresos era el mismo reto que otros grandes estados europeos estaban enfrentando para pagar ejércitos cada vez mayores.

Los sefarditas expulsados tampoco se mostraban entusiastas de la soberana. Josef ha-Kohen defendió en 1575 que Dios había castigado su maldad con la muerte de sus herederos y su enfermedad: «La reina Isabel, la maldita, padeció hastío de su vida, y devorada la mitad de su cuerpo por una llaga perniciosa y fija que se llama cáncer, murió. Yahveh es justo». La causa de su muerte resulta un debate abierto. El abanico de posibilidades se mueve entre las secuelas de una diabetes avanzada, la sífilis, una simple infección de garganta o un tumor que le carcomió las entrañas. A juzgar por el secretismo, se especula con que se tratara de un cáncer de útero o de recto que, a causa del histórico recato de la reina, se negó a poner bajo el tratamiento debido.

Pedro le Moyne (Pedro el Monje), cronista del siglo XVII, afirmó sin dudas que se trataba de una fístula «en sus partes bajas» provocada por cabalgar en exceso en la guerra de Granada y se aventuró a decir que por pudor mantuvo este tumor en secreto sin que ningún médico lo llegara a ver nunca. «Murió al fin por su virtud», concluyó con más dudas que certezas. Dado que había pasado más de un siglo desde su fallecimiento, no es que resulte muy fiable la opinión del imaginativo Pedro, ni tampoco es posible que conociera tan bien sus partes vergonzosas como para hacer sentencias tan rotundas.

Fernando quedó atravesado en sus entrañas por el fallecimiento de su mujer, «el mayor trabajo que en esta vida me podía venir», el fin del dúo más exitoso de su tiempo. Un matrimonio forjado por la emoción inicial y sellado por la confianza mutua. Roto el hechizo que unía «dos cuerpos inmortales», el testamento de la reina estipulaba que, si bien la heredera del trono era su hija Juana, sería Fernando quien gobernaría Castilla en caso de que esta no quisiera o pudiera reinar hasta que el infante Carlos cumpliera veinte años.

El documento no solo especificaba de manera muy tajante que su sucesora era Juana, sino que, además, prohibía que «las alcaldías y gobernación de las ciudades e villas», los secretarios y los cargos públicos, fueran desempeñados por extranjeros porque así lo establecían las leyes castellanas. La difunta dejó dicho que si Felipe incumplía alguno de estos términos «ni él ni la princesa Juana serían obedecidos». Los Reyes Católicos intentaban de esta manera cerrar la puerta a que aquel borgoñón afrancesado invadiera el trono castellano. Lo que Isabel no podía imaginar era que, en su ausencia, la mayoría de nobles se iban a posicionar con Felipe antes que con Fernando.

El rey se despojó en público de sus dignidades en Castilla, mientras se proclamaba a Juana como reina propietaria en la Plaza Mayor de Medina del Campo. Inmediatamente después Fernando asumió el título de gobernador del reino ante la ausencia de su hija. ¡La reina ha muerto, larga vida al padre de la nueva reina! El cadáver fue amortajado con el hábito de san Francisco, símbolo de pobreza, y tomó el largo camino desde Medina del Campo a Granada, donde quería ser enterrada «sin demasías» pompas. Esto se tradujo en una comitiva fúnebre conformada solo por veinticinco personas de la capilla de la reina, quince cantores, un organista, nueve capellanes del rey, un alcalde de corte, cuatro alguaciles, dos reposteros de capilla, nueve reposteros de camas, tres reposteros de estrados, seis porteros, un copero, cinco ballesteros de maza, seis monteros de guardia, tres oficiales de representación, varios limpiadores de la plata, un aguador, cereros, barrenderos, un carnicero, un gallinero, caballerizos, acemileros, cocineros, más de treinta y cuatro mozos de espuelas y diez escuderos, entre otros oficios imprescindibles para organizar un sencillo enterramiento.

La comitiva avanzó cual horda mongola hacia su destino granadino en lo que fue una marcha dolorosa, no tanto por el fallecimiento como por las malas condiciones meteorológicas de un otoño frío y lluvioso. En Castilla no dejaron de caer chaparrones durante varias semanas. El féretro se movió como un paso de Semana Santa arrastrado por mulas y protegido por la luz de las antorchas cuando se retiraba el sol. Si bien Isabel no requirió los servicios del copero o de los cocineros, la multitud sí encontró enormes necesidades de alimentarse en un viaje que duró veintidós días. En Granada, los restos de la todopoderosa gobernante se guardaron dentro de una sencilla lápida de mármol rodeada de una verja de plata en el humilde convento de San Francisco, a la espera de que décadas después se acabara la construcción de la Capilla Real.

El gasto del traslado de los restos mortales alcanzó los 898.255 maravedíes, que era una cifra millonaria en contra de su fingido deseo de austeridad. Isabel estableció que, una vez sus deudas fueran abonadas, se debían pagar 20.000 misas por su alma, dedicar un millón de maravedíes a casar a doncellas menesterosas y la misma cantidad para que pudieran entrar en un convento mujeres pobres que de esta manera lo decidieran. En su devoto fetichismo, también pidió que doscientos pobres fueran vestidos para que fueran «especiales rogadores a Dios por mí». La reina buscaba tal vez la manera de redimir los pecados de juventud que guardaba en lo más hondo de su alma.

¿Juana la Loca o la Cuerda?

Felipe no se tomó a bien que la gobernación del reino correspondiera a Fernando y no a él. «Pues, ¿a qué ha de ir allá el rey, o para que le llamáis rey?, que llamarse rey y no tener reino, o ir al reino de que se llama rey y no mandar en él como rey, ¿qué será, sino como un niño gobernando?», escuchó decir al archiduque uno de sus consejeros. La corte flamenca, que contaba las horas para repartirse oficios y prebendas castellanas, acordó que Felipe no viajaría a España hasta que todo se aclarara.

Esa lentitud de reflejos permitió al tiburón que habitaba en Fernando prepararse para dar guerra a su yerno. El gobernador de Castilla convocó a principios de 1505 unas Cortes en Toro donde se juró a Juana y Felipe como nuevos soberanos solo para que, a continuación, los procuradores incapacitaran a la reina tras exponer «sus comportamientos anormales». Además, el nuevo gobernador logró que las Cortes aprobaran casi un centenar de normativas sobre derecho civil y otros menesteres, algunos pensados, como en el caso de los mayorazgos, para convencer a los grandes nobles de que su gobierno no era una amenaza para ellos. No conforme con la victoria, Fernando envió a Lope de Conchillos como secretario de Juana para que firmara su nombramiento, pero el embajador fue descubierto con las manos en la masa y el documento cayó en manos del archiduque.

Lope de Conchillos fue llevado el 23 de abril a la fortaleza de Villabona para torturarlo, demostrando muy poco aguante, pues «contó lo que sabía e incluso más que lo que le dijeron que dijese», según Fuensalida. Felipe prohibió el acceso de cualquier español a la reina propietaria de Castilla y la confinó en sus aposentos. A continuación, el flamenco denunció en nombre de su esposa cautiva la campaña propagandística que el rey de Aragón había puesto en marcha en Toro para demostrar que su hija estaba como una cabra. Si Fernando era diestro en el manejo de la propaganda y los bajos fondos políticos, pronto Felipe evidenció que se le daba rematadamente bien lo de zambullirse en el barro.

El archiduque publicitó una carta privada entre Juana y uno de los ministros flamencos que dejaba a Fernando a la altura del betún como padre por airear las intimidades familiares. En este documento privado, la castellana se quejaba de que «me juzgan que tengo falta de seso, y por ser cosa de tal calidad y maliciosamente dicha, hablad con el rey, mi padre, de parte mía, porque los que esto publican no solo lo hacen contra mí, sino también contra S.A. [Fernando el Católico], porque no falta quien diga que le place de ello a causa de gobernar nuestros reinos, lo cual no creo siendo su Alteza Rey tan grande y tan católico y yo su hija, tan obediente. Bien sé que el rey mi señor [Felipe] escribió allá por justificarse, quejándose de mí; pero esto no debiera salir de entre padres e hijos».

Para la batalla en Castilla, Felipe halló su principal apoyo en un noble llamado don Juan Manuel, antiguo embajador de los Reyes Católicos en la corte imperial, que comprendió «que en los tiempos de paz pocos son los que ganan y en los tiempos revueltos se hacen los hombres», palabras que le escuchó decir Fuensalida. Este aspirante a adulto trabajó entre las sombras para allanar la llegada del marido de Juana y ganarse a algunos de los pesos pesados de la nobleza castellana, véase el marqués de Villena (cómo no), el duque de Nájera o el duque de Medina-Sidonia, convencidos de que había llegado la hora de despachar al viejo aragonés de regreso a sus tierras.

Pesaba en su ánimo el resquemor que buena parte de la aristocracia había ido acumulando contra los Reyes Católicos y que miraba a Flandes como un lugar donde la nobleza podía moverse con mayor libertad. La disparatada situación legal de los Países Bajos, donde existían unos 700 códigos legales diferentes, hacía salivar a muchos nobles españoles con las lucrativas oportunidades que ofrecía tanta división. Otros tantos simplemente apoyaban a Felipe porque pensaban que su mujer estaba en condiciones de reinar.

Lo que ellos no sabían era que el archiduque no tenía la menor intención de dejar a Juana reinar. Durante un fuerte encontronazo con el embajador español, Felipe entró en ebullición: «Esté cuerda o loca la reina yo haré lo que a ella y a mí pertenecese y cobraré Castilla contra voluntad de quien me lo resistiere». Fernando prefirió morderse la lengua y mantuvo las conversaciones abiertas, pues sabía que el tiempo jugaba a su favor. A pesar del legendario amor que lo unía con Isabel, tardó menos de un año en buscarse a otra reina para afianzar nuevas alianzas. Un bulo difundido por los flamencos sostuvo que para redondear la traición a su esposa difunta la primera a la que le pidió Fernando la mano fue a Juana la Beltraneja, viva y coleando todavía en Portugal. Habría sido esta una manera desagradable de regresar al trono castellano a costa de su hija y de la legitimidad de toda su estirpe, si bien no parece una estrategia al alcance inmoral ni siquiera del calculador Fernando, entre otros motivos porque la Beltraneja ya no estaba en edad de darle descendencia, que era su principal razón para casarse. Lo que sí le pareció moralmente adecuado fue buscar una candidata en la corte francesa. Esto era peor que una infidelidad a ojos de Felipe.

Germana de Foix, sobrina del rey francés, fue la escogida por Fernando no tanto por su belleza, más bien lozana, como por su juventud. Le sacaba treinta y seis años. Se casaron en octubre de 1505 por poderes y luego celebraron en Dueñas la misa de velaciones, justo el mismo lugar donde había ocurrido la primera boda. Fernando perdió popularidad en Castilla con una boda tan temprana, pero ganó un aliado en Europa. Felipe palideció al ver a su amado Luis XII de Francia, que tantos piropos le había lanzado en el pasado, echado en los brazos de su suegro. Fernando y el rey galo cerraron una alianza que dejó al archiduque en una posición crítica. No solo se canceló el acuerdo de matrimonio entre su hijo Carlos y la francesa Claudia, sino que el gobernador castellano se garantizó un socio para atacar a Felipe en su retaguardia.

El archiduque contó hasta diez y luego enumeró a gritos todos los improperios que conocía contra su suegro. Primero le había privado de la corona castellana y ahora del amor de Francia. El otro abuelo, Maximiliano, intervino entonces para pedir a su hijo que se reconciliara con Juana, paso previo para llegar a una concordia con Fernando, que sujetaba la sartén por el mango. El fin del confinamiento de la reina titular de Castilla se escenificó en una fiesta donde el puntilloso embajador de Venecia, que llevaba esperando cinco meses para conocer a la española, reparó en «que era muy bella y con aspecto de sabia y prudente mujer». Ni pizca de loca. Con la reina liberada, el entendimiento era posible entre las dos partes. Fernando firmó el 24 de noviembre de 1505 con los embajadores de Felipe la Concordia de Salamanca, que establecía un gobierno conjunto en Castilla.

Como si Isabel soplara en dirección contraria desde el cielo, las acometidas de Felipe y Juana para tomar el timón del reino vivieron una interminable lista de imprevistos. La travesía hacia España se hizo esta vez por vía marítima, pero cuando las naves se encontraban ya en el puerto de Middelburg hubo que retrasar la partida. Una tempestad desconocida arrasaba el continente en esas fechas, helando desde el río Támesis hasta el Tormes. Solo alguien muy desesperado o muy osado querría seguir adelante: Felipe tenía un poco de ambas cosas. A la altura del estrecho de Calais, una tormenta azotó la carraca de los archiduques y los separó del resto de la flota, compuesta por cuarenta navíos con casi dos mil mercenarios alemanes a bordo. Algunos barcos embarrancaron en las playas del sur de Inglaterra, que casi era mejor que lo ocurrido en el buque real.

Este barco, llamado *Julienne*, se incendió tres veces, perdió el mástil principal y a poco estuvo de zozobrar. Tanto temió por su vida Felipe que se hizo colocar un odre hinchado bien cosido al cuerpo, con una inscripción en las espaldas que decía *Rey don Philipe*, para que le sirviera de salvavidas o, en su defecto, para que su cadáver quedara bien coronado. De esa guisa tan patética, permaneció delante de una imagen sagrada en la popa pensando en todo lo que había hecho para molestar a Neptuno. Su esposa, en cambio, se vistió con sus mejores ropas y se colocó sus joyas más valiosas para levitar por la cubierta como un hermoso espectro. La mayoría de la tripulación intuyó en la actitud de la castellana que se resignaba a morir junto a su amado, aunque también es muy posible que, con más experiencia marinera, Juana tuviera el pulso más templado que el resto de cortesanos. Embutido en aquel salvavidas casero, Felipe interrogó a su esposa si es que ella no tenía miedo:

—¿Por qué había de tenerlo? ¿Es que acaso se conoce de algún monarca que haya perecido ahogado?

Quizás hubo quien la creyó una loca al escuchar esa respuesta, si es que esta divertida anécdota realmente tuvo lugar, pero tenía razón: no se conocía ningún rey que hubiera muerto ahogado en el mar. Aunque tampoco se sabía de ninguno que muriera al cabo de solo dos meses de reinado por beber un vaso de agua demasiado frío. No se tenía constancia de ninguno hasta Felipe I.

La verganza de un Borgoña

La carraca principal de Felipe y Juana se refugió en las Islas Británicas. Los habitantes de Melcombe y de Weymouth, acostumbrados a que las visitas por mar fueran saqueos franceses, se unieron para atacar aquella amenazante embarcación de color negro calcinado

que había llegado a sus playas. La primera comitiva de bienvenida
la conformó una compañía de armas organizada a toda prisa para
defenderse de la invasión. No llegó la sangre al río. El noble al frente de estas tropas se percató rápido de la gravedad de los visitantes.
Los invitó a su casa y envió un aviso urgente a la corte.

La tempestad también había causado estragos en Londres. Un
viento infernal derribó un águila dorada de la torre de la Catedral
de San Pablo con tan mala puntería que cayó sobre el letrero del
águila negra que se encontraba en el camposanto. La rotura del ave,
símbolo por antonomasia de los Habsburgo, se interpretó como un
pronóstico siniestro sobre el futuro de Felipe y Maximiliano. Sin
embargo, para Enrique VII de Inglaterra aquella visita sorpresa no
tenía nada de mal agüero. Su relación con el soberano de los Países
Bajos era templada pero, a la vista de la estancia de tres meses en su
corte, sería amistad candente o no sería. El monarca inglés aprovechó la indefensión de Felipe para sacarle hasta los higadillos, en lo
que a acuerdos comerciales se refería.

Enrique, con fama de avaro, no escatimó en gastos para dejar
claro desde el principio que los herederos españoles estaban a su
merced. En el primer encuentro cerca del castillo de Windsor, el
inglés apareció ataviado de terciopelo de color púrpura y diaman-
tes hasta en los pies, rodeado de aristócratas que competían por ver
quién podía llevar más piedras preciosas y plumas sin parecer un
papagayo. En cambio, el flamenco iba montado en un caballo ala-
zán prestado, vestido de un austero traje de terciopelo negro, con
capucha negra y sombrero de este mismo color. Un testigo lo definió como «triste» en comparación con su compadre británico.

La que directamente no estaba en la recepción era Juana, que
se quedó atrás para recuperarse del mal del viajero o, más bien,
porque Felipe no quería que charlara con su hermana Catalina, que
vivía en las Islas Británicas a la espera de casarse con el heredero
británico. Al menos así lo interpretó el embajador veneciano, que
estaba convencido de que Juana odiaba en secreto a los flamencos

por todas las humillaciones pasadas y por las que estaban por venir. Como prueba de que Felipe consideraba un elemento sospechoso a su cuñada, rechazó varias veces la invitación de bailar durante una de las veladas, prefiriendo seguir hablando con Enrique sobre política que, en su caso, era básicamente sobre con qué concesión iba a tener que deleitar ahora a su anfitrión.

Juana tardó varias semanas en incorporarse a los festejos en Windsor, y lo hizo por la puerta trasera, casi a escondidas, a instancia del rey británico. El aplomo de la española impresionó mucho a Enrique VII, que percibió las gravísimas tensiones del matrimonio: «Cuando yo la vi, muy bien me pareció, y con buena manera y contenencia hablaba, y no perdiendo punto de su autoridad; y aunque su marido y los que venían con él la hacían loca, yo no la vi sino cuerda». Esto demuestra que Juana no iba por ahí echando espumarajos por la boca las veinticuatro horas del día, pero no basta para sostener que no estuviera loca, ni tampoco para lo contrario. Lo que veían quienes pasaban un breve rato con ella no puede desmentir lo que creían a pies juntillas sus familiares y acompañantes tras observarla a diario. Ni los testimonios de unos ni los de otros son esclarecedores, unos por incompletos y otros por parciales, pues eran los más próximos a ella los más interesados en mentir sobre su estado.

A Catalina y Juana se les permitió compartir muy pocos momentos de intimidad. Mártir de Anglería culpó a la condición mental de Juana, que «rechaza todos los halagos, [y] gusta de la oscuridad», pero es muy probable que fuera el marcaje de los hombres de terciopelo negro, los de su marido, el que evitó que las dos hermanas se quedaran a solas. El pulso nada silencioso entre Juana y Felipe explotó al final en Windsor. De hacer caso a Catalina, el marido sacó de manera tan «súbita y presurosa» del castillo a Juana que el rey de Inglaterra se sintió tentado a intervenir por la honra de la española. Sus consejeros lo disuadieron de meterse en asuntos matrimoniales de otros, de modo que le tocó disimular el portazo como si formara parte del itinerario oficial.

Felipe no estaba cómodo en la isla. En parte porque le estaban chupando la sangre y en parte porque desconocía lo que estaba ocurriendo en Castilla. Las malas condiciones climatológicas pospusieron una y otra vez su partida. El archiduque, además, cayó gravemente enfermo de unas fiebres que empezaban a ser frecuentes en él. Pidió que nadie informara a Juana de ello para evitar otro espectáculo. La flota no pudo salir hacia España hasta el 23 de abril de 1506, cuando el gobernador castellano estaba listo para recibir a su yerno.

Juana afeó a su marido que eligiera La Coruña como puerto de entrada, a sabiendas de que Fernando le esperaba en la costa cántabra. Felipe escogió esta región tanto por dar esquinazo a su suegro como por la gran cantidad de nobles gallegos que ya habían abrazado la causa felipista. El archiduque incluso barajó seguir recto hasta Andalucía, donde la aristocracia aún daba más palmas al ruido de jaleo, pero la reina protestó hasta que fue imposible silenciarla. A Juana la habían sitiado desde Flandes a La Coruña con la idea de que su padre estaba diciendo a los cuatro vientos que estaba loca y que no la quería en Castilla. La falta de noticias y cartas que tenía de él en los últimos seis meses la convencieron de que podía ser cierta la hostilidad paterna. Sin embargo, Fernando logró infiltrar a un enviado que le confirmó nada más bajar del barco que su padre la seguía amando como el primer día.

En su razonamiento interno, Juana culpaba a los consejeros, «los malvados», de las maliciosas decisiones de Felipe, al tiempo que quería impedir sobre todas las cosas la confrontación entre su padre y su marido. Mientras buscaba la manera de conjugar ambos deseos, se negó a participar en todas las ceremonias que permitieran a Felipe y a su séquito «gozar de la adoración del pueblo». Esta actitud amargó el paso triunfal de Felipe y su comitiva por Galicia. El hombre al mando de la compañía de mercenarios alemanes manifestó al emperador Maximiliano el sentir de los extranjeros: «El peor enemigo de mi señor [el rey] de Castilla, aparte del rey de

Aragón, es la reina. Es más mala de lo que puedo decir a Vuestra Majestad Imperial».

Los recién llegados comprendieron que el control de la Corona pasaba por anular a la hija y comprar al padre. Lo que no entraba en la mentalidad afrancesada de Felipe era que una mujer reinara por encima de él. A principios del verano de 1506, el Hermoso y el Católico se vieron frente a frente en Remesal, un cruce de caminos de la región zamorana. El joven acudió con un ejército de dos mil mercenarios alemanes en orden de batalla, tal vez creyendo que el viejo aragonés se preparaba para la guerra. «Es como si me quisiera prender y hacerme prisionero», anotó el aragonés al ver aquel despliegue. Pese a la insultante inferioridad numérica de sus huestes, Fernando exhibió un semblante alegre en contraste con el gesto enfurruñado de Felipe. Con tantos años de experiencia, el astuto estratega sabía distinguir una guerra que se puede ganar de una ya perdida de antemano.

El aragonés se acercó a su yerno desarmado y acompañado únicamente de unos pocos nobles de confianza, entre ellos su primo el duque de Alba. Vestía de riguroso negro y montaba en mula para resaltar su indefensión. Durante una entrevista en una ermita apartada, suegro y yerno pactaron en un ambiente íntimo la Concordia de Villafáfila, que entregó el gobierno a Felipe a cambio de un puñado de concesiones para Fernando, entre ellas varias relacionadas con los territorios de América. El precio que hubo de pagar el aragonés por esta salida airosa de Castilla fue una carta donde afirmó de manera cruel la incapacidad de su hija y la necesidad de que reinara por ella su marido:

> Que la dicha Serenísima reina nuestra hija en ninguna manera se quiera ocupar ni entender en ningún negocio de regimiento ni gobierno ni otra cosa, y aunque lo quisiere hacer será total destrucción y perdimiento de estos reinos, según sus enfermedades y pasiones.

No obstante, el aragonés ocultaba una escritura redactada ese mismo día en contra del acuerdo y donde aseguraba que jamás permitiría que «su hija fuera privada de su libertad y sus derechos». Por si faltó cinismo en ese juego de mentirosos, los grandes nobles besaron la mano de su anterior soberano antes de verle partir hacia Aragón. Los desplantes se habían ido acumulando contra el rey caído, al que casarse tan pronto con otra esposa le había restado apoyos en la península. En su retirada de Castilla varios aristócratas prohibieron a los moradores de las tierras que atravesó alojar al rey o atender a su séquito.

Fernando no ocultó su decepción por verse tratado como un perro abandonado: «Había pensado que después de treinta años de tanta familiaridad y amor mostrarían más sentimiento de mi partida». Más tarde tuvo lugar un segundo encuentro entre ambos soberanos en Renedo, cerca de Tudela del Duero, donde Felipe ignoró los consejos básicos que Fernando intentó darle sobre la mejor forma de conducir el gobierno. Mala cosa es hacer caso a las recomendaciones de tu enemigo… El aragonés decidió marcharse un tiempo no solo de Castilla, sino también de la península. Italia curaría sus heridas.

10

LA *VENDETTA* DE LOS BÁRBAROS

La profecía de «el rey de los últimos días» estaba muy vigente en Italia a finales de un siglo que había conseguido algo tan difícil como igualar en pesadillas al anterior. Ese rey mesiánico, «emperador del mundo», «el Encubierto», «el Murciélago», «el nuevo David», «el Rey León», habría de dominar el planeta justo a tiempo del Milenio, del día del triunfo sobre la Bestia. Los incrédulos podrían distinguir a ese rey elegido porque vencería a los musulmanes en España, recuperaría Jerusalén y sería papa en Roma para que «de allí en adelante cesarán las pompas de la Iglesia e tornarán los clérigos al tiempo y usanza que mandó San Pedro». Esta visión apocalíptica también era muy popular en España, donde muchos veían en Fernando a ese caudillo llamado a salvar la cristiandad. Italia no tardó en compartir con los españoles el mismo mesías.

Todavía con el disgusto en el cuerpo, Fernando el Católico abandonó Castilla a finales de verano de 1506 y se embarcó hacia Italia escoltado por ocho galeras. Era la primera vez que se alejaba de la Península Ibérica, pero no se puede decir que la tierra de Escipión y Julio César le fuera desconocida. Su familia había conquistado mediante las armas y la diplomacia Nápoles, Sicilia y Cerdeña. Él mismo era rey de Sicilia desde la adolescencia y, a pesar de sus buenas relaciones con el monarca de Nápoles, siempre se consideró el legítimo soberano de este reino que también ambicionaban los franceses. Precisamente el motivo del viaje de Fernando era poner orden sobre Nápoles tras expulsar de allí a los franceses y degustar la fama que se había granjeado como liberador de los italianos.

«Podemos mirarlo casi como un príncipe nuevo, porque de rey débil que era, llegó a ser, por su fama y gloria, el primer rey de la cristiandad», escribió Maquiavelo en *El Príncipe*, todo un elogio a las cualidades del aragonés y, sobre todo, un tributo al soberano que había atado la tormenta en Italia.

Una tormenta de mil demonios franceses

La península en forma de bota era antes de 1492 una infinidad de ciudades-estado independientes donde cinco de ellas se vanagloriaban de estar por encima del resto. La República de Génova, conocida por ser la prestamista de medio continente; la de Venecia, que se lamía las heridas de las acometidas turcas y prometía regresar pronto a la primera línea política gracias a su gigantesca flota de 3.000 galeras; el Reino de Nápoles, muy extenso y gobernado por una rama bastarda de la familia de Fernando de Aragón; el ducado de Milán, que tenía en los Sforza unos señores de una ambición desmedida y la Florencia de los Médici, una estirpe que, si bien no gobernaba como tal en esta república, controlaba el paradero de hasta la cucaracha más enterrada de su ciudad. El papa, al frente del gran reino que era Roma, se encargaba de mediar y malmeter entre estos estados bajo la única condición de que los trapos sucios, al final, se lavaran en casa.

Italia era una tierra fragmentada y, al mismo tiempo, rica, muy poblada y convertida en un laboratorio de ideas culturales y económicas para todo el continente. El capitalismo financiero más temprano había nacido en el seno de sus ciudades, que competían entre sí en ostentación y lujo, aunque cada vez se encontraban más rezagadas respecto a algunas urbes flamencas, castellanas y alemanas en el campo económico. Como a otras grandes civilizaciones, justo cuando les abandonó el favor del sol a los artistas se les ocurrieron hermosas formas de jugar con las luces marchitas. A mediados de la centuria, los Médici prendieron desde Florencia el Renacimiento, que no fue sino la vuelta a las esencias clásicas. La llegada de intelectuales griegos huyendo de los otomanos y las influencias de un comercio cada vez más conectado con Oriente contribuyeron a esta vorágine humanista.

Buena culpa de extender esta fiebre la tuvieron los Médici, una familia de comerciantes de lana y esclavistas elevada a banqueros predilectos del Vaticano y, con el tiempo, se hicieron con el timón en las sombras de Florencia. El gran Lorenzo de Médici era pésimo como prestamista, pero sabía de otros métodos políticos para obtener dinero. Meter mano en la caja pública permitió al florentino financiar sus grandes proyectos culturales y romper las últimas resistencias medievales. De su mano Florencia se erigió como la potencia bisagra entre los distintos estados. Su muerte en abril de 1492 hizo saltar por los aires la paz asistida en la que se encontraba Italia. Coincidiendo con los días de su fallecimiento, un rayo cayó sobre la cúpula de la Catedral de Florencia y varios leones del palacio se enfrentaron entre sí. Pero peor augurio fue que le sustituyera como patriarca Pietro de Médici «el Infortunado», que se mostró dubitativo y débil el suficiente tiempo como para que los depredadores cayeran sobre su amasijo de huesos. La familia entró en la más absoluta bancarrota. Italia le siguió el paso.

Los Sforza de Milán, gobernados en ese momento por un adolescente y por su ambicioso tío, Ludovico, cuyo apodo de «el Moro» define bien que no era muy apreciado por sus contemporáneos, fueron los primeros en abrir la puerta a los extranjeros. El noble de tez morena se fue apropiando con malas artes del gobierno familiar y se enfrentó a la dinastía reinante de Nápoles, que había entroncado con el joven duque, Gian Galeazzo Sforza, a través de un matrimonio con la princesa Isabel de Aragón. Para combatir a los familiares napolitanos de su sobrino, el Moro animó al rey de Francia a que se inmiscuyera en los asuntos italianos creyendo que sería fácil manipularlo. Los fortificados territorios norteños de los Sforza eran la entrada a la península y en ellos se sentía intocable. Esta creencia era más falsa que los cuernos de un vikingo, como iba a descubrir pronto.

El Reino de Francia percibió a lo lejos el olor a tarta recién horneada que alguien había colocado sin vigilancia en su ventana. Y allí se fue. El monarca que acometió esta aventura no era un caballero apuesto. Enfermizo por naturaleza y de constitución frágil, el rey Carlos VIII recibió una educación deficiente debido a las circunstancias en las que heredó el trono con trece años. Hasta su matrimonio con Ana de Bretaña, que completó la anexión de este ducado a Francia, no pudo el joven monarca sacudirse la molesta tutela que las distintas facciones galas trataron de ejercer sobre él. Inspirado por la obsesiva lectura en su infancia de libros de caballería, Carlos aceptó el reto que le fueron lanzando los muchos exiliados italianos de su corte que le reclamaban hacer efectivos los derechos dinásticos de la Casa de Anjou sobre Nápoles.

El muy odiado rey de Nápoles, Ferrante, era percibido como la pata más débil y apetitosa de los estados italianos. El reinado de este primo bastardo y cuñado de Fernando el Católico había comenzado con una larga guerra civil de seis años y ya no había conocido más que matanzas. El rey de Nápoles se había fraguado una perfecta reputación de hombre cruel después de que, en 1485, capturara y ejecutara a un grupo de conspiradores en medio de una boda en Castel Nuovo. Se decía entre susurros que embalsamaba los cadáveres de sus rivales para exhibir las momias en un grotesco museo privado. En definitiva, el monarca napolitano, un espíritu curtido en un cuerpo desgajado, no era de los que se achantara ante las amenazas.

En el invierno de 1493 el napolitano abrió negociaciones con su ancestral enemigo milanés para presentar batalla a los franceses en caso de invasión. Ludovico Sforza, que mantenía un doble y hasta un triple juego, no hizo feos a esta liga de naciones italianas sin terminar de decantar su lealtad hacia un lado u otro. La inesperada muerte de Ferrante el 25 de enero del nuevo año a causa de una apoplejía obligó al Moro a decidirse: con Francia hasta las puertas del infierno. Seis décadas de guerra iban a caer sobre Italia por la imprudencia de sus divididos estados.

El papa de Roma, que también era señor feudal de Nápoles, se opuso a que el rey galo asumiera este trono. Nombró sucesor al hijo de Ferrante, Alfonso II, y reclamó a Fernando el Católico que ayudara a su sobrino. Su hermana Juana, que actuó como lugarteniente en medio de la crisis, también solicitó su ayuda. No obstante, el monarca español se tomó su tiempo antes de actuar porque se fiaba tan poco del heredero de Ferrante, con más fama si cabe de libertino, cruel e inconstante, como del pontífice de turno. El santo padre, al que le tocó lidiar con estas ambiciones cruzadas, había nacido en Játiva y había perseverado desde la pequeña nobleza local.

En ese año tan trufado de hitos hispánicos, 1492, se produjo el ascenso del valenciano Rodrigo Borgia a la cabeza de la Iglesia tras la muerte de Inocencio VIII. Durante el cónclave que lo eligió como sucesor de san Pedro, la Capilla Sixtina fue equipada con comida y material para lo que podía durar semanas. Los cardenales y los criados tomaron asiento, mientras los centinelas cerraban las puertas y vigilaban que no entrara ni saliera ningún espía. Lo que pocos sabían era que los desagües de las letrinas servían como nauseabundo método para la fluida comunicación entre cardenales.

Rodrigo Borgia, sobrino del papa Calixto III, no era el preferido de ninguno de los grandes partidos italianos, ni el del que encabezaba el milanés Ascanio Sforza ni el del genovés Giuliano della Rovere, pero se benefició de que imperó el empate en los primeros escrutinios. El español se llevó el premio gordo gracias al apoyo postrero de Sforza, que cedió los votos de su facción a cambio de la vicecancillería de Roma, un poderoso cargo que había ejercido el propio Borgia durante décadas de manera exquisita.

Miles de romanos arribistas salieron a la calle esa noche con antorchas en la mano a celebrar la elección de Rodrigo al grito de «¡España! ¡España!». El nuevo papa Alejandro VI favoreció a los Reyes Católicos en sus empresas atlánticas y disparó la cantidad de cardenales españoles, pero no es que fuera un hombre muy apegado a la tierra, sino más bien a su numerosa estirpe. Su intachable trayectoria profesional como vicecanciller solo se había visto cuestionada en una ocasión, cuando, con motivo de su actitud desbocada durante una fiesta, el papa Pío II le había afeado que «os comportasteis como si fuerais un joven laico más».

La lujuria era un pecado que disfrutaba chupando hasta el tuétano. Entre las distintas amantes que frecuentaron su mullida cama, el pontífice favoreció con devoción a los hijos que tuvo con Vannozza Cattanei, una noble italiana casada cuatro veces y dueña de una popular taberna romana. Las criaturas resultantes fueron bendecidas de cargos y enlaces provechosos: a Juan, nombrado duque de Gandía, se le casó con una hija de los almirantes de Castilla; a César lo encauzaron hacia la vida religiosa, como su padre; a Lucrecia, casada tres veces, se la usó como as en la manga en las alianzas italianas de la familia; y a Jofré, el más pequeño, se le enlazó con una hija bastarda del duque de Calabria para aumentar el poder la familia en el sur de la península. El santo padre, además, adoptó en su cama a otra adolescente, Julia Farnesio, apodada «la concubina del papa», a la que trataba como su consorte y hasta colocó su rostro en el fresco de la Virgen María que, junto al Niño Jesús, decoraba su dormitorio en el Vaticano.

Ni Fernando ni Isabel terminaron de fiarse nunca de este antiguo súbdito de la corona aragonesa que siempre pedía a cambio algún favor para su prole ilegítima. Harta de tanto descaro, la reina castellana llegó a pedir al papa que «no mostrase tanto calor en las cosas del duque y sus hermanos». Esta mala reputación jugó en su contra cuando trató de advertir a las ciudades italianas y a los Reyes Católicos de la grave amenaza que se cernía sobre la cabeza de todos si los franceses cruzaban los Alpes. Pocos acudieron a combatir al francés junto a un pontífice que por su condición de supuesto extranjero (en realidad era más italiano que español tras vivir allí más de una vida) levantó desde el principio ampollas entre las más importantes dinastías italianas. Los españoles eran considerados por los italianos una raza contaminada debido a su convivencia con judíos y musulmanes, acusación que se usó para insultar al patriarca de los Borgia, catalogado de «catalán, marrano y circunciso» por su querido enemigo el cardenal Giuliano della Rovere.

Las barbaridades lanzadas contra el pontífice, luego alimentadas por los textos protestantes, alcanzaban como únicos límites la morbosa imaginación de los italianos, que era del tamaño de un lupanar romano. Se denunció desde que había alcanzado Roma comprando el cargo con cuatro mulas cargadas de plata, pasando por que se hacía servir por doncellas desnudas y hasta que estaba encumbrando de cargos a sus vástagos. No es que esto último fuera falso, salvo porque esa era la tónica general en los sucesores de san Pedro, dados a nombrar cardenales y obispos entre sus «sobrinos». La propia palabra nepotismo deriva de «nepote», que significa sobrino o nieto en italiano. La única diferencia es que esos atropellos los cometía ahora un clérigo no italiano, uno de los pocos que se coló en un siglo dominado por pontífices con nombres de espaguetis. El objetivo final de los Borgia era formar su propio reino familiar valiéndose del ejército papal. Eso resultaba el colmo para sus enemigos.

Un rey de caza, un fraile fanático y un duque venenoso

A pesar de la oposición de Roma, Carlos VIII emprendió la invasión de Italia al frente de un ejército de unos 20.000 hombres.

Una parte importante de estos soldados eran suizos, los mercenarios favoritos de Francia durante siglos. Cuando se le reprochó a un capitán suizo que con todo lo que había pagado Francia a su nación se podría construir un camino de baldosas pulido de París a Basilea, el mercenario contestó con altanería que con la sangre derramada por los de su país se podría llenar un canal desde Basilea a París.

Los alpinistas suizos fueron claves para trasladar, atados con cuerdas, los cañones franceses por las estrechas rutas de los Alpes donde las mulas eran demasiado aparatosas. Esto permitió al florido ejército de Carlos aparecer casi entero al otro lado de las montañas. A finales de junio de 1494, el ejército francés penetró en territorio de su aliado el duque de Saboya al calor de una serie de terribles señales del cielo. Tres soles brillaron en la noche de Apulia y la sangre brotó de los ojos de varias estatuas de la Virgen.

La Florencia de los Médici se encontraba presa de un fraile fanático llamado Savonarola, que predicaba contra la inmoralidad, el arte pagano, el derroche y la depravación de las familias nobles, por lo que no pudo apenas defenderse. Cuando llegó a la ciudad la noticia de que Pietro de Médici había acordado entregar varias regiones a los franceses, estalló una sublevación que la tomó contra el palacio de la familia siguiendo al pie de la letra las prédicas de Savonarola. El heredero de los Médici, un hombre descompuesto, puso pies en polvorosa sin molestarse en organizar ningún tipo de resistencia. El notable que se quedó al frente de la ciudad mantuvo la sangre fría y, ante las draconianas condiciones impuestas por los invasores, arrancó el papel al emisario y lo rompió delante del monarca, al que le dijo: «Puesto que nos pedís cosas tan deshonrosas, vosotros tocad vuestras trompetas, que nosotros haremos sonar nuestras campanas». Una nada sutil referencia a que iban a tener que enfrentarse a otro levantamiento popular si no era más generoso. Carlos, con pocas ganas de detenerse en Florencia, accedió a mejorar la oferta y siguió su camino.

Savonarola se reunió varias veces con Carlos, al que consideraba un elegido de Dios para acabar con las perversiones en Italia. Bajo su amparo, el fraile estableció en la ciudad un régimen teocrático donde Cristo sería el único rey y soberano de la ciudad. Los impuestos a los más ricos se dispararon, todo tipo de juego de azar fue prohibido y las mujeres intimidadas para que su vestimenta no fuera nada liviana. Además, se organizaron de forma periódica «hogueras de las vanidades» para quemar naipes, ornamentos y obras impías.

El papa prohibió predicar al fraile, pero esto solo consiguió que elevara el tono en sus discursos contra el Vaticano. El oscuro fraile justificó su desobediencia en que él no predicaba, solo hablaba a quien quería escuchar. Cuando Alejandro VI lo excomulgó, Savonarola ni se inmutó a la espera de que los más altos príncipes de Italia se pusieran de su parte y apoyaran un concilio contra el Pontífice. No obstante, lo que ocurrió fue que en el seno de la propia Florencia sus muchos opositores le hicieron un cisma en la cara. El pastor descarriado confesó ser un falso profeta tras una larga sesión de torturas. Al poco tiempo la voz del fraile se apagó con el fuego purificador de esas hogueras que tanto disfrutaba y Florencia recuperó una forma más convencional de república. El nuevo gobierno encargó al artista Miguel Ángel el *David* como símbolo de la lucha de los florentinos contra la tiranía. Contra la de los Médici y también la de los fanáticos religiosos.

Los Sforza de Milán colaboraron amablemente con los franceses, en parte para espantar la enorme desconfianza de Carlos respecto a Ludovico. Cuando en octubre de ese año el joven Gian Galeazzo Sforza cayó muerto en Pavía, corrió un primer rumor de que el uso inmoderado del coito había consumido al muchacho. Luego, un médico encontró síntomas compatibles con un envenenamiento y, por consiguiente, todas las miradas se giraron hacia su maquiavélico tío, que se convirtió en el nuevo duque titular de Milán en una escandalosa ceremonia donde primero fingió rechazar tal honor y luego lo aceptó por la urgencia de la situación. El

fallecido era primo hermano del rey de Francia, al que le encomendó la tarea de cuidar de su viuda y de sus hijos, por lo que hubo
muchas voces que pidieron castigar a el Moro por su más que
probable implicación en el fallecimiento. Carlos VIII tuvo que tragarse sus ganas de matarlo allí mismo, pero al final se inclinó por
mantener en el puesto al que, para su desgracia, era su aliado más
fuerte en una Italia en llamas.

El avance de los franceses fue descubriendo nuevos tipos de
horrores a Italia, que durante más de 250 años se había hecho la
guerra entre sí valiéndose no de ejércitos profesionales, sino de
soldados de fortuna que se vendían al mejor postor a través de un
contrato muy preciso (una *condotta*, de ahí el nombre de condotiero)
firmado con el reino, república o principado. Esa «guerra a la italiana», a pequeña escala, quedaría en la memoria colectiva como una
forma de lucha elegante y cortés, frente a la encarnizada «guerra a
la francesa» o «a la española», una forma cruda y pragmática de
combate. Ya no se trataba de endosar una derrota al enemigo, sino
de aplastarlo para que nunca más pudiera devolver el golpe.

Ciudades como Fivizzano serían saqueadas hasta los cimientos,
y murallas que se consideraban infranqueables cayeron en cuestión
de horas ante la crueldad de los cañones franceses, que en un pro-
digio de logística se movían casi a la misma velocidad que el resto
del ejército. Utilizar bronce en vez de hierro dio lugar a piezas más
ligeras y mortíferas para las que las defensas iban a necesitar una
renovación completa. Incluso allí donde eran bien recibidos los
invasores, la población sufría los estragos de un ejército hambriento
de oro, comida y mujeres.

Y de repente, España

Roma se preparó para recibir a los franceses, que se enseñoreaban
de la península en un desfile militar. Alejandro VI no sabía cómo le

iba a pagar el rey sus movimientos subterráneos, pero por si acaso llenó de cañones las fortalezas. Las calles de la Ciudad Eterna, abarrotadas de exiliados venidos del norte, fueron tomadas sin lanzar un solo tiro. Carlos VIII y un grupo de cardenales entraron por la puerta de Santa María del Popolo en medio de un sepulcral silencio. El propio de quien no sabe si está participando en un bautizo o un funeral. El rey galo se inclinó a última hora por lo primero, de modo que pactó con el papa un recibimiento amistoso en los apartamentos recién decorados del Vaticano, que los franceses encontraron de una belleza inigualable. Los frescos del palacio contenían, entre otras delicadezas, una representación de indios desnudos con tocados de plumas, tal y como Colón describió a los pobladores de las islas caribeñas.

Alejandro prometió al monarca que lo coronaría rey de Nápoles y facilitó la entrega de varias plazas fuertes que daban acceso al Regno, como era conocido el reino del sur. Para que las palabras no se las llevara el viento o algún cañonazo, Carlos exigió que César Borgia lo acompañara en su expedición haciendo las veces de legado apostólico, un sofisticado eufemismo para ocultar que viajaba en condición de rehén. Otro de los cautivos que se llevó de Roma fue el príncipe Djem, hermano del sultán turco Bayaceto II, que había caído preso de los cristianos hacía años. El joven príncipe había fallado en sus intentos por hacerse con el trono de su hermano, al que aborrecía, y había acabado pidiendo refugio a los caballeros de San Juan, una orden militar conocida por su odio irreconciliable a los infieles y por patrullar el Mediterráneo quemando las barbas al sultán (tampoco hacían feos a veces a las naves cristianas rebosantes de dinero). En un giro de guion propio de una telenovela turca, los monjes guerreros se decantaron por encarcelarlo y hacer las paces con el sultán. Enésima muestra de que la religión se podía contorsionar por un bien mayor.

Djem pasó de mano en mano hasta que se convirtió en el juguete del papa, que coqueteaba con la idea de usarlo contra su hermano. No está muy claro para qué lo quería Carlos VIII, pero sí que no le duró mucho vivo. Al cabo de un mes, el príncipe falleció por lo que, en apariencia, fue una pulmonía. Los cristianos accedieron a darle su cadáver a Bayaceto para que fuera enterrado por los ritos musulmanes. Eso sí, la subasta del cuerpo tardó cuatro años en materializarse y alcanzó una macabra cantidad de dinero, tal vez la mayor pagada nunca por un cadáver.

Fernando el Católico no pudo abstenerse más de intervenir en los asuntos napolitanos. Poco después de salir de Roma, Carlos se reunió con el embajador de los Reyes Católicos, Antonio Fonseca, para renovar los acuerdos por los que los españoles habían aceptado mirar a otro lado en Italia. «Lleva Fonseca la orden tajante de que llame la atención a Carlos sobre el capítulo referente a esto; y si no se aviene a ello, rompa ante sus mismos ojos el original del antiguo pacto proclamando las enemistades», escribió Mártir de Anglería. Y así cumplió Fonseca, que rasgó la capitulación de la concordia ante los ojos del monarca, «pues Vuestra Alteza ha quebrantado su palabra y borrado los capítulos, doy los demás por nulos».

Carlos no encontró resistencia en Nápoles, donde Alfonso II de Nápoles estaba perdiendo la cabeza y se le aparecían en sueños los barones hostiles a su padre. El rey cogió los ejemplares más valiosos de su biblioteca humanista, joyas y una pequeña fortuna en metálico y se marchó a Sicilia, donde falleció al cabo de un año sumido en su proceso de demencia. Su hijo Ferrante II, de veintisiete años, asumió la ruina del reino. Con lágrimas en los ojos se embarcó poco después a la isla de Ischia, a treinta millas de Nápoles, mientras el arsenal y las naves de la capital ardían a sus espaldas para que no cayeran en manos francesas.

Libre de aragoneses, el rey de Francia entró con euforia compartida por el pueblo llano en la capital el 21 de febrero de 1495. Lo hizo de manera informal, como quien regresa a su casa de un breve paseo. Los napolitanos quisieron fingir que estaban siendo liberados del yugo de un tirano, pero, en cuanto percibieron que los franceses no iban a perdonar un solo tributo, cambiaron el semblante. Muchos empezaron a echar de menos las arbitrariedades de Alfonso, que ahora parecían caricias en comparación con las coces de los invasores.

En abril, los Reyes Católicos formaron junto al papa una alianza santa con todos los estados italianos hostiles al galo «por la paz y la tranquilidad de Italia». Cuando el francés se enteró de la traición del papa, regresó a Roma en su búsqueda. Pero Alejandro ya no estaba allí. El pontífice optó por irse al Palacio Episcopal Orvieto pensando que allí podría defenderse mejor.

El rey de Francia, hinchado de orgullo, alardeó de que con su poder podría «romper aquella cadena, aunque fuese más fuerte que el diamante», en referencia a la alianza que se estaba formando contra él. No obstante, en vez de prepararse para el combate, se perdió en el catálogo de diversiones infinitas que ofrecía la Italia renacentista, lo que incluía vino, mujeres y sátiras teatralizadas de sus enemigos. Tal fue la reputación de pervertido de Carlos que se contaba que obligaba a vírgenes y a mujeres casadas a acostarse con él por la simple razón de que era la máxima autoridad.

Venecia, Milán y el papa se prepararon para desalojar del norte a los franceses, mientras las tropas españolas ayudarían desde Sicilia a que Ferrante II recuperara el trono. Con este propósito, Fernando envió un pequeño ejército a Sicilia pagado con los recursos de su mujer. El rey impuso a Castilla la tradicional política exterior de Aragón, esto es, guerra con Francia, alianza con Inglaterra y toda la leña puesta en el Mediterráneo. Isabel, que prefería desentenderse de los asuntos diplomáticos, bendijo esta estrategia afirmando que «la nación francesa había sido muy odiosa siempre para los castellanos», lo cual pasaba por alto el largo historial de alianzas entre ambos países. Cinco mil peones asturianos y gallegos de los muchos que estaban en el paro tras la guerra de Granada fueron puestos al mando de Gonzalo Fernández de Córdoba, un segundón de la nobleza castellana que había destacado en la última fase del conflicto contra los nazaríes.

Suscitaba muchas dudas la elección como general de este castellano que, con cuarenta y dos años, no había dirigido grandes contingentes y cuyos principales méritos eran cortesanos. Pero de lo que no cabían recelos era de su compromiso con la familia de Isabel, a la que había servido desde la contienda de su hermano pequeño contra Enrique el Impotente. Tanto que las leyendas románticas han apuntado a una posible aventura amorosa entre el cordobés y la reina. Esto es poco o nada probable, no solo porque el general era poco apuesto (debajo de su emblemático bonete estaba bastante calvo), sino porque parece que la gran estima que le cogió Isabel procedía de que su esposa, María Enríquez, había donado su ropa de cama la noche que se incendió el pabellón real frente a Granada. Por su parte, Fernando apreciaba buenos sus servicios por estar casado con una Enríquez y por ser hijo de otra.

No quita que el cordobés fuera un completo inexperto al frente de la primera fuerza expedicionaria que salía de España en muchos siglos. La guerra de Granada había tallado a una infantería muy eficiente en el uso combinado de picas, arcabuces, ballestas y espadas roperas, pero Italia, ensayo de todos los espantos modernos, era otra historia. Nadie esperaba gran cosa de una fuerza enviada para aguantar la posición en Calabria. Durante el primer encuentro en Seminara (junio de 1495), los bisoños españoles chocaron con la realidad de los disciplinados bloques de piqueros suizos. Los ejércitos rivales estaban mejor curtidos y asestaron una derrota a Fernández de Córdoba, que no supo coordinarse con sus aliados napolitanos. Las tácticas típicas de los choques entre jinetes moros y cristianos en la península, que consistían en amagar retiradas y luego contraatacar, fueron interpretadas por las tropas aliadas de Ferrante II como un auténtico derrumbe. Huyeron de verdad los napolitanos mientras el gallo francés se lanzaba en persecución de las gallinas. El rey napolitano quedó atrapado en los estribos de su caballo y se salvó de los mercenarios suizos porque un escudero le cedió su montura. Los españoles no habían podido entrar peor en combate.

Fernández de Córdoba ni se rindió ni se conformó con el discreto papel que le tenía reservada la historia. En esas fechas inició una serie de reformas militares para aclimatar su infantería a las necesidades italianas. Armados con rodelas (escudos pequeños) y espadas, los españoles aprendieron a infiltrarse entre las picas enemigas, que solían sujetar los soldados de mayor altura contra los que no podía competir en lo físico pero sí en habilidad. La polivalencia de la infantería española, que fue ganando más y más potencia de fuego, hizo que las lentas falanges suizas quedaran hechas una antigualla.

La otra baza desplegada por los Reyes Católicos contra sus rivales consistió en su red de diplomáticos. Fernando fue un dirigente pionero en el uso de embajadas fijas. Entre estos agentes hubo nobles, clérigos y hombres de letras, como los cronistas Alonso de Palencia o Mártir de Anglería. La corona llegó a contar con representantes residentes en Londres, Bruselas, Alemania, Roma, Venecia, Milán, Génova y otras ciudades italianas. El propio Fernández de Córdoba era antes que un militar un suave diplomático que supo convencer a los líderes italianos de que la política defensiva de los Reyes Católicos no suponía una amenaza para ellos. «Lo que se pueda hacer sin batalla no se haga con ella», dejó escrito el rey en su testamento.

Fernando puso un empeño obsesivo en que la comunicación más delicada entre sus agentes diplomáticos y espías se cifrara mediante un avanzado método que utilizaba los numerales romanos y arábigos. Estas innovaciones otorgaban a los reyes de España una ventaja sobre sus rivales, al tener la Corona oídos en todos los rincones de Europa y boca en las principales cortes. Sin embargo, nada era suficiente para el rey, siempre quejicoso con la lentitud en las cartas y lo ineficaz de la burocracia. «Heme maravillado que, estando vosotros ahí, las cosas que me cumpliría saber primero por vuestro aviso, las sé siempre primero por otra vía», protestó en cierta ocasión a sus enviados en Roma. Los embajadores, por su parte, se

CÉSAR CERVERA MORENO

quejaban del escaso dinero que les destinaba para sus labores, que incluían el participar en las fiestas holgadamente vestidos.

Incluso antes del desembarco de los españoles, Carlos VIII había comenzado a ceder terreno en todos los frentes. El Cabeza Loca se retiró hacia Francia tras ser coronado rey de Nápoles, dejando a solo 10.000 hombres atrás a cargo de Gilbert de Montpensier, lugarteniente con fama de no levantarse nunca de la cama antes del mediodía. A principios de noviembre Carlos alcanzó con dificultades la frontera después de que casi fuera capturado por milaneses y venecianos. Un simple criado lo defendió en combate hasta que llegó la guardia, pero una parte del botín de la campaña, formado por oro, plata, joyas y telas, se perdió sin más. Cuenta el médico de la época Benedetti que se dejó atrás «un libro en el que aparecían pintadas varias amantes del rey completamente desnudas», un álbum pornográfico para que Carlos rememorara sus muchas conquistas sexuales.

El rey presenciaría impotente desde Francia cómo el desconocido Fernández de Córdoba se transformaba en el Gran Capitán, casi una leyenda, al arrebatar todas las plazas fuertes de Nápoles a los franceses sin apenas bajas. El cordobés puso en práctica una guerra de guerrillas para sacar al virrey francés de los muros de la capital y permitir que Ferrante II recuperara el trono. El joven rey no vivió para disfrutarlo, pues poco después murió de unas fiebres violentas. A continuación, el cordobés entró triunfal en Roma, donde fue recompensado con nada menos que la Rosa de Oro por el papa.

El rey francés jamás consiguió volver a esa tierra de aventuras y erotismo que tanto le había maltratado. Carlos VIII murió en el Castillo de Amboise en abril de 1498. Su apodo de cabezudo se antojaría irónicamente letal. Saliendo de la habitación de la reina con la intención de contemplar el juego de la pelota en los fosos del castillo, Charles el de la Cabeza Gruesa sufrió un golpe en la cabeza con el dintel de una puerta de una galería en construcción. Aunque en un principio se recuperó para presenciar el juego de la pelota, mientras conversaba con su confesor cayó desplomado después de emitir palabras confusas. Solo nueve horas más tarde, murió a causa de una fractura en el cráneo. Como la pareja no dejó sucesor, la corona pasó a su primo, el duque de Orleans, que subió al trono con el nombre de Luis XII.

Una de las principales figuras de la Ilustración francesa, Voltaire, resumió siglos después la imagen negativa que dejó la fracasada incursión de Carlos: «Cuando los franceses de cabeza loca se fueron a Italia ganaron torpemente Génova, Nápoles y la sífilis. Luego los echaron de todas partes. Les quitaron Génova y Nápoles. Pero no perdieron todo, porque les quedó la sífilis». Esta enfermedad de transmisión sexual se apodó en Italia como el «mal francés» por la coincidencia de que llegara con los galos. El cardenal Ascanio Sforza, César Borgia y Giuliano della Rovere, entre otras muchas grandes figuras, contrajeron la enfermedad. Luego se atribuyó su origen a los viajes atlánticos de Colón y antes a los judíos, sin que haya sido posible establecer una hipótesis definitiva sobre su procedencia, probablemente africana.

El amor tórrido entre Luis XII y los Borgia

Fernando e Isabel firmaron una tregua con el rey de Francia y devolvieron todas las plazas conquistadas en Nápoles sin renunciar por ello a sus derechos dinásticos. Sin embargo, el papa tenía sus propios planes para el Regno. A la muerte de Ferrante, Alejandro nombró rey a Fadrique, tío del fallecido con ciertas amistades francesas, en vez de a Fernando o algún candidato español. Además, el papa casó a su hija Lucrecia con un hermanastro bastardo de Ferrante para colocar a los Borgia en dirección al trono napolitano.

La tórrida relación de los Borgia con los Reyes Católicos cambió coincidiendo con el escarceo que el pontífice inició con el nuevo rey de Francia, que el mismo día de su coronación se nombró a sí mismo duque de Milán. Los Borgia, los venecianos y Luis XII se unieron para hacer desaparecer a Ludovico Sforza en una ofensiva que mezcló política con venganza, si es que ambos campos no están siempre revueltos. Los Borgia no olvidaban la supuesta mano de los Sforza en el asesinato de Juan, el heredero del papa y su mano militar. El primogénito era un condotiero de carácter inestable y dado a ataques de ira, aunque también un inteligente conversador y un buen camarada en tiempos de guerra. Nombrado por Alejandro VI capitán general de los ejércitos papales, tomó parte en la conquista de Ostia junto a Gonzalo Fernández de Córdoba y en otras aventuras peninsulares.

Ese carácter de soldado fanfarrón e impulsivo lo llevó a burlarse durante una cena en el palacio del vicecanciller Ascanio Sforza, al que su padre le debía la triple corona, de todos esos «holgazanes» que se llenaban la barriga gracias a los Borgia, a lo que uno de los aludidos contestó recordando la bastardía del capitán. Juan abandonó con un portazo la residencia de Ascanio. En los siguientes días, Alejandro VI hizo arrestar al hombre que proclamó la injuria contra su hijo y lo condenó a la horca. El vicecanciller Sforza vio aquella escena como una ofensa hacia él y, según los rumores de la época, prometió vengarse.

Pero no era el único enemigo público que Juan Borgia cosechó durante sus salidas de tono y sus aventuras sexuales. El primogénito de los Borgia se veía en secreto con Sancha de Aragón y Gazela, la esposa de su hermano más pequeño, Jofré, y, lo que era más pecaminoso, con su hermana Lucrecia Borgia. O al menos eso era lo que iba diciendo por ahí su primer marido Giovanni Sforza, con el que la hija del papa se había casado en una escandalosa ceremonia en el Vaticano y tres años después se había separado tras una no menos polémica anulación donde el Vaticano alegó impotencia por parte del esposo. Ludovico aconsejó a su familiar que desmintiera este punto manteniendo relaciones en público con Lucrecia o con otra mujer, si bien él tenía otros planes para restituir su reputación sin ir enseñando el culo por ahí. Cuando el hijo mayor de los Borgia apareció ese mismo año flotando boca abajo en el Tíber, tanto el cornudo Jofré como el impotente Giovanni Sforza entraron en la abultada lista de sospechosos.

El 14 de junio de 1497 el capitán general papal de los ejércitos se separó tras una cena familiar de su guardia y acompañantes, entre los que estaba su hermano César Borgia, con la presunta intención de acometer una correría amorosa a la altura del palacio del cardenal Ascanio Sforza. Acompañado de un hombre de su guardia y de un individuo misterioso del que nunca se desveló su identidad, Juan se dirigió a la plaza de los Judíos de Roma, donde dio órdenes a su guardia de que lo esperase hasta media noche y que, si no había retornado a esa hora, regresara al palacio familiar. Juan no solo no apareció esa noche, tampoco lo hizo a la mañana siguiente.

El papa no se preocupó en exceso dada la costumbre de su vástago de perderse con mujeres de vida despegada. Pero esta vez era distinto. Poco después de iniciarse la búsqueda, el cuerpo de Juan, de veintitrés años, emergió hinchado de las aguas del Tíber con cuchilladas en la cabeza y el torso y con la garganta cortada. El cadáver llevaba encima 30 ducados de oro, por lo que se descartó el robo como motivo del asesinato. Un testigo dijo haber visto a dos individuos a pie y a otro a caballo, que parecía ser su jefe, arrojando el cuerpo al agua. Los malintencionados rumores apuntaron como autores del asesinato al propio Alejandro VI y al hermano de Juan, César Borgia, celoso del amor que Lucrecia habría profesado por Juan. La viuda de Juan, la castellana María Enríquez, era una de las que creían en esta teoría, como demostró al encargar un mantel de altar en el que aparecía César apuñalando a su hermano.

El canciller papal, el alemán Johann Burchard, afirmó que el pontífice «tras secarse las lágrimas, se consoló entre los brazos de madame Lucrecia, la causa del asesinato». Una apreciación disparatada que forma parte de la leyenda negra que pinta a esta familia como un nido de depravación. La realidad es que tras la muerte de su hijo, el papa se encerró en sus habitaciones sin comer durante tres días y se sumió en un espíritu reformador que lo llevó a renovar la Iglesia. El resultado de la comisión que creó para ello fueron dos gruesos volúmenes usados luego en el Concilio de Trento. También inició entonces el cambio de alianzas que lo llevó hasta los brazos del rey de Francia y que puso al cerebro de los Sforza en la diana. Solo un mes después del asesinato, el papa dio orden de interrumpir las investigaciones policiales porque era mejor callar para preservar la paz, según declaró. Su rápida reconciliación con los Sforza, a los que eximió de manera pública del crimen, fue una manera indirecta de señalar a sus antiguos aliados.

La alianza de Venecia, Francia y el papa avanzó por los territorios Sforza valiéndose más de traiciones desde dentro que de espectaculares combates. Ludovico Sforza era odiado por su pueblo y despreciado por la aristocracia milanesa. El Moro se sumergió en un estado de excitación, viendo enemigos en todas partes (en realidad, veía bien). Tampoco sirvieron de mucho los artificios militares que Leonardo Da Vinci ideó para él. Afincado en Milán desde 1482, el florentino era escultor, pintor, arquitecto, diseñador de festejos públicos y, no menos importante, ingeniero militar. Si Sforza contrató sus servicios fue más por su promesa de máquinas para sitiar, bombardear y minar ciudades que por amor al arte. Leonardo hizo prototipos de morteros, vehículos blindados, paracaídas, planeadores y «otros artilugios maravillosos y eficaces», pero no pudo salvar a su patrón. ·

El 31 de agosto de 1499 un derrotado Ludovico partió hacia Innsbruck acompañado de su familia y su tesoro personal. Luis XII entró en la ciudad montado en un caballo español y vestido con una capa blanca con flores de lis tras conquistar Milán en menos de veinte días.

Tres de los señores más poderosos de Italia se habían despeñado ante las ambiciones francesas en menos de un lustro con la colaboración del resto de magnates, que en una especie de ceguera

colectiva prefirieron creer que ellos no serían las siguientes víctimas del asesino en serie que era Francia. Aún Ludovico Sforza regresó a sus antiguos estados aprovechando el descontento de los
milaneses al año siguiente solo para constatar que estaba acabado.
Los catarros, la gota y la tristeza habían machacado el genio del
italiano, al que los franceses desarbolaron con más facilidad que la
primera vez. El Moro fue sorprendido cuando trataba de escabullirse disfrazado de fraile capuchino. Su escolta suizo le vendió por
una bonita cantidad de dinero. Luis XII no dejó pasar la oportunidad de exhibirlo en Lyon como si fuera un monstruo de feria antes
de confinarlo hasta su muerte en el castillo de Loches, en la Turena
francesa. Allí también fue a parar el cardenal Ascanio Sforza.

La venganza conjunta de Francia y los Borgia continuó más
allá de Milán. Luis XII deseaba terminar con su primer matrimonio, que le había sido impuesto por la dinastía de los Valois con la
intención de extinguir la rama de los Orleans, de modo que necesitaba de la anulación papal como quien respira. Su primera esposa, Juana, hermana de Carlos VIII, sufría de escoliosis, raquitismo y
era estéril. El rey se cuidaba muy poco de no insultarla en público,
a pesar del respeto que ella le reverenció durante los veintidós
años de desgraciado matrimonio. El papa Alejandro VI concedió
al final la anulación tras un proceso muy humillante para Juana,
que se retiró a Bourges para fundar una congregación femenina
que ayudara a los enfermos como ella. Allí murió con apenas cuarenta años. Se encontró sobre su cuerpo lacerado un singular cilicio: un trozo de laúd con cinco clavos de plata en recuerdo de las
cinco llagas de Cristo.

César Borgia se encargó de llevar a la corte francesa el valioso
documento que permitió a Luis casarse con la reina viuda, Ana de
Bretaña. El hijo mediano del papa no se benefició de forma inmediata de la muerte de su hermano, ya que sus títulos nobiliarios,
como el ducado de Gandía, pasaron al heredero del fallecido, pero
desde luego varió para siempre su papel en el tablero de juego.

César, hombre sin muchos escrúpulos morales, se convirtió en el nuevo ariete del papa para su plan de crear un gran estado Borgia en el corazón de Italia.

Los franceses bendijeron su carrera militar nombrándolo duque de Valentinois y concediéndole la mano de Carlota de Albret, hermana del rey de Navarra. Para ello, eso sí, debió renunciar al capelo cardenalicio, siendo la primera persona en la historia en hacerlo. Esto le hizo perder las enormes rentas eclesiásticas que le correspondían como cardenal, pero le hizo ganar fama universal. *Aut Caesar, aut nihil* («o César, o nada»), coreaban sus numerosos socios al paso de su caballo por Italia. El Valentino, como se le apodó por su título nobiliario, sometió a los señores independientes de la Romaña en una campaña con más bajos que altos, pues no era un general tan brillante como quería parecer. Con todo, el sueño de un gran ducado familiar estaba tomando forma.

Los Reyes Católicos manifestaron su enfado por la nueva alianza de los Borgia. En una caldeada áudiencia en Roma, los embajadores españoles intercambiaron con el papa graves acusaciones, hasta el extremo de que los primeros relacionaron la muerte de Juan Borgia con un castigo divino por el comportamiento disoluto del pontífice. «Más castigados por Dios han sido vuestros reyes, puesto que no tienen descendencia», contestó Alejando VI tirando también de golpe al bajo vientre. La amenaza física se puso sobre la mesa, como quien se desabrocha un botón del pantalón en previsión de que llega con apetito al postre. Los diplomáticos españoles pasaron las siguientes semanas resguardados en Roma, esperando a que los hombres del papa fueran en su búsqueda.

Mientras los franceses y los Borgia vivían en la cima del amor, el Gran Capitán regresó a España para fundirse en carantoñas con los reyes. Los monarcas cubrieron de reconocimientos al noble. No tanto por agradecimiento por las victorias del pasado, sino por las que esperaban que cosechara en el futuro. Los Reyes Católicos no buscaban un salvador para Italia: necesitaban un conquistador.

Con este fin enviaron al cordobés a finales de 1500 a vigilar el Mediterráneo ante la amenaza del turco, que se había envalentonado con la inestabilidad en Italia. La tensa paz entre los dos mundos se tambaleaba desde la muerte sin aclarar del hermano de Bayaceto II y fue Venecia quien hizo las veces de cabeza de turco. El sultán emprendió una enérgica ofensiva contra las posesiones venecianas en el mar Jónico y las costas albanesas y balcánicas. En auxilio de los venecianos, el Gran Capitán surcó el mar hacia Italia, despejó de otomanos la ruta del mar Jónico y obligó a estos a retirarse a la isla de Corfú, Zante y Cefalonia.

En contra de lo que decía la propaganda cristiana, muchísimos italianos compartían negocios comerciales con los otomanos, entre estos la venta de esclavos balcánicos para que trabajaran como criados en la península. Venecia era un socio preferente de los otomanos, cuando no sufrían sus ataques, pero no era el único. El propio Leonardo Da Vinci trabajó para el sultán turco en un proyecto de puente para unir el estrecho del Bósforo y varios artistas italianos sirvieron a la Sublime Puerta. Eso por no hablar de los habitantes de los territorios controlados por los musulmanes, que, una vez que pasaba el *shock* de la conquista, vivían igual de bien o de mal regidos por cristianos que por musulmanes.

El Gran Capitán persiguió a los musulmanes hasta su base de Cefalonia, una isla al oeste de la Grecia continental, donde se refugiaron 700 jenízaros (la infantería de élite del Imperio otomano). Durante el interminable asedio español, los turcos usaron un garfio para atrapar y elevar a García de Paredes, un aventurero extremeño conocido por su gran envergadura como el Sansón extremeño, al interior de su muralla. Una práctica muy habitual en los asedios de la época, que era posible gracias a una máquina provista de garfios que los españoles llamaban «lobos», con los cuales enganchaban a los soldados por la armadura y los lanzaban contra la muralla como si fueran peluches de los recreativos. El «gigante extremeño» consiguió zafarse de las ataduras en lo alto de la fortificación. Allí resistió, en una zona protegida del paseo de ronda de la muralla, el acoso de los otomanos durante tres días, donde a cada instante «parecía que le aumentaban las fuerzas con la dificultad». «Ya a los turcos les pesaba haberlo subido arriba», afirmaría asombrado el Gran Capitán. Una vez reducido, los turcos respetaron la vida del extremeño con la intención de usarlo para intercambiar prisioneros. No en vano, el español escapó por su propio pie y se unió al combate poco antes de la rendición turca.

La sangrienta tarta de Nápoles.

El triunfo contra los otomanos fue posible gracias a que España y Francia respetaron la paz en Italia. Sin necesidad de llegar a las manos, los monarcas de ambos países hallaron una solución en el *Regno* para satisfacción de todos. De espaldas al papa, los Reyes Católicos y Luis XII de Francia acordaron por el Tratado de Granada la partición de Nápoles en dos. El acuerdo se hizo público en el verano de 1501, cuando toda Italia pensaba que España y Francia iban a volver a colisionar. En vez de guerra lo que comenzó fue una carrera por hacer efectivos los puntos del tratado desplegando tropas en la mitad que le correspondía a cada país. El único problema fue que Nápoles ya tenía un soberano, Fadrique I, que montó una defensa desorganizada a base de soldados sacados de oscuras mazmorras. Cargado de rencor contra los Reyes Católicos, aceptó al fin la honrosa salida que le dieron los franceses para ostentar el ducado de Anjou, lo cual redondeó la broma del destino de que los Anjou nunca volvieron a reinar en Nápoles, pero los aragoneses sí en Anjou.

Al papa no le quedó más remedio que ratificar la partición de Nápoles y unirse a la campaña. Es más, con ese instinto sobrehumano que les salvó de tantas trampas enemigas, los Borgia tomaron el verano anterior la precaución, si es que un asesinato tiene algo de cauto, de soltar lastre en sus intereses en Nápoles. El segundo marido de Lucrecia, Alfonso de Aragón, fue primero víctima de un atentado en la escalinata de la basílica de San Pedro y poco después apareció estrangulado en su cama por un lugarteniente de César Borgia llamado Don Michelotto. La orden vino probablemente del Valentino, hambriento de venganza porque su cuñado había intentado matarle con una flecha, y no hizo sino confirmar el creciente gusto de los Borgia por la sangre. La viuda se casó ahora con Alfonso de Este, heredero del ducado de Ferrara, alianza que favorecía los planes familiares de extender su dominio a la Toscana y Bolonia. Este italiano se reveló como un excepcional militar, maestro artillero, que era lo que más necesitaban en ese momento los franceses y los Borgia.

En paralelo al destructivo paso francés desde el norte, el Gran Capitán se puso en marcha desde el sur el 5 de julio de 1501 para tomar posesión de la mitad española de Nápoles. Lo hizo con menos estruendo que los galos, tirando de viejas amistades y de su palabra de seda, pero también él se topó con piedras pesadas en el zapato. La vieja ciudad medieval de Tarento tardó cinco meses en rendirse.

En su interior se halló el hijo del depuesto Fadrique I, quien reclamó partir a Francia junto a su padre. Sin embargo, los Reyes Católicos se negaron a que Luis XII tuviera dos herederos napolitanos por el precio de uno. El Gran Capitán despachó hacia la Península Ibérica al joven duque de Calabria, que estaba a punto de cumplir catorce años, para que residiera en el Castillo de la Mota. Los reyes no lo trataron como un prisionero de Estado, o no al menos la reina, que con ternura maternal le vio como un hijo más y le sentó en sus rollizas piernas. El duque no olvidó el gesto de la reina, a la que siempre recordó como una madre dulce. Cuando faltó ella, en noviembre de 1512 protagonizó en Logroño un intento de fuga en dirección a Francia que Fernando desbarató ejecutando a sus cómplices y enviándolo preso al Castillo de Játiva, donde las comodidades le fueron suministradas a cuentagotas. El rey lo perdonó en su testamento y pidió que fuera liberado.

En última instancia, la repartición de Nápoles era para los Reyes Católicos una manera de ganar tiempo. Un arreglo que tenía visos de durar menos que la lluvia de verano. Como todos los planes hechos en la comodidad de las cancillerías, en cuanto se puso en práctica sobre el terreno aparecieron las fricciones. Los reyes sabían que Francia, con más tropas, acabaría resolviendo las desavenencias a la tremenda, pero de momento no les quedaba otra opción que asumir una postura defensiva. «Si servicio nos deseáis hacer, procurad y buscad todos los medios de concordia», le rogó por esas fechas Fernando al Gran Capitán. Aquella carta llegó demasiado tarde.

Fernández de Córdoba se reunió a lo largo del verano de 1502 varias veces con el comandante francés, el duque de Nemours, un apuesto noble sin experiencia militar, para solventar con palabras los roces que se estaban creando en la línea divisoria. Los franceses escucharon las quejas, pero tenían tomada ya la determinación de quedarse con toda la tarta. Con muy pocos efectivos a su cargo, la mayoría de sus oficiales aconsejaron al Gran Capitán que se replegara a Sicilia. Él se negó a esta decisión, que hubiera hundido la moral española, pues confiaba en que el valor de la infantería castellana podía compensar la inferioridad numérica sobre los franceses. El general castellano accedió a replegarse, pero hacia la Barletta, y a distribuir sus tropas en guarniciones a lo largo del litoral. La maniobra española fue interpretada por Nemours como un acto de cobardía.

Los franceses se mostraron incapaces de sacar a los españoles de la Barletta, puerto de gran importancia estratégica. Se sucedieron las ofensivas y las contraofensivas sin apenas cambios territoriales, y también una serie de duelos caballerescos que causaron un lento goteo de heridos entre las ya de por sí mermadas tropas españolas. Faltaban pocos y parió el yerno... Lo que los franceses y los españoles no conseguían desempatar en batalla creyó poder resolverlo

Felipe el Hermoso, que de manera unilateral pactó una tregua en Nápoles con el rey de Francia. El marido de la heredera castellana ofreció la retirada de los españoles a cambio de que su hijo Carlos se casara con Claudia, la heredera francesa. Luis XII cumplió con su parte del trato y redujo el envío de tropas a Nemours, mientras que el Gran Capitán esperó, antes de arquear una sola ceja, a que sus soberanos le dieran nuevas instrucciones. «No hagáis caso de las cartas del príncipe, antes bien, cuando Felipe os escribiera de la paz, apretad más reciamente la guerra», le ordenó Fernando. Dicho y hecho.

El ejército de los Reyes Católicos pasó a la ofensiva a principios de 1503, luego de que se unieran a sus filas dos millares de peones gallegos y asturianos procedentes de la Península Ibérica. La renovada ofensiva española desembocó en una carrera de los dos ejércitos por llegar el primero a la localidad de Ceriñola, en el interior de Nápoles, lo que el Gran Capitán logró invocando la cualidad tan propia de las legiones romanas de marchar casi al trote. Los rigores de esta tierra tan árida llevaron al extremo la salud de la infantería, en especial la de los mercenarios alemanes, que al no estar acostumbrados al calor extremo se iban desmayando por los caminos. Fue necesario turnarse para llevar a los más perjudicados en caballo.

Los españoles eran en Ceriñola cerca de 9.000, con una caballería mínima, frente a los 9.500 franceses, cuyo grueso eran los hombres de armas con sus caballos blindados y colmados de adornos. El genio cordobés sabía que la elección del terreno podía ser clave para contrarrestar la fuerza de los jinetes franceses. La localidad estaba rodeada por un barranco en una de sus partes y bañada por viñedos en sus alrededores. Como si hubiera hecho inventario de cada piedra en el terreno, el comandante español calculó, con acierto, que la caballería pesada tendría problemas al cargar sobre lo que solo en apariencia era un terreno llano. Para completar su plan, estableció una trinchera en la zona frontal de su campamento, guarnecida con estacas y garfios.

Los españoles decidieron ofrecer batalla el 28 de abril de 1503. A pesar de su superioridad numérica, los franceses recelaron hasta el último momento de aceptar la invitación. Apenas quedaban horas de luz ese día y era evidente que el Gran Capitán se guardaba varias cartas bajo la manga. «No sirvo bien al rey, pero muriendo en el campo salvaré mi honor», decidió el duque de Nemours al final del consejo de guerra donde varias voces lo acusaron de cobarde. En la fugaz batalla (duró poco más de una hora) se desarrollaría un suceso que acabaría por repetirse innumerables veces en las siguientes décadas: la inconsciente y abnegada fe de los franceses en la potencia de su caballería los llevó a estamparse contra la disciplinada infantería española, que en una posición de ventaja rechazó al impetuoso enemigo y luego se lanzó en su persecución.

Después de la batalla, el cadáver de Nemours apareció desnudo y tan destrozado por los tiros de arcabuz que un paje suyo tuvo que reconocerlo por un lunar que tenía en la espalda. Fernández de Córdoba consintió que sus restos fueran escoltados al campamento enemigo. La rapidez con la que el español se impuso ese día en combate llevó al embajador veneciano en Roma a afirmar con acidez que «los asuntos de España van prosperando». El protagonismo de la infantería, sobre todo de los arcabuceros españoles, confirmó el cambio de los tiempos bélicos.

Otro hecho inédito se produjo en la frontera entre Cataluña y Francia cuando Fernando el Católico, que llevaba ocho años ausente de su reino, y su primo el duque de Alba no solo repelieron un ataque francés contra el Castillo de Salses, en el Rosellón, sino que se internaron en territorio francés hasta Narbona. Los españoles pasaban a la ofensiva por una vez. El rey de Francia reclamó una tregua para recuperar el aliento, pero Fernando, sabiendo que tenía a su rival contra las cuerdas, la rechazó con toda la cortesía que fue capaz de escenificar.

La bilis de Rodrigo Borgia

El Gran Capitán y su ejército entraron entre apáticos festejos en la ciudad de Nápoles, acostumbrada a ver desfilar un nuevo rey o virrey cada pocos meses. El siguiente objetivo del general castellano fue la plaza fuerte de Gaeta, al noroeste del *Regno*, que hacía las veces de último reducto galo. Las esperanzas francesas de arrebatar Nápoles a la Corona de Aragón parecían perdidas, pero solo era un espejismo. Como otras tantas veces en la historia de los enfrentamientos entre España y Francia, el rey Luis XII se sacó un formidable ejército de la chistera para levantar el sitio de la Gaeta. Los españoles se vieron en problemas para rendir esta ciudad fortificada considerada «la llave de Nápoles», y donde el Gran Capitán por poco pierde la vida al ser bombardeada su tienda.

A principios de agosto se ordenó el repliegue español hacia el este del río Garellano, en cuya orilla contraria esperaban los galos. Esta guerra al ralentí perjudicó los intereses hispánicos. Mientras que los franceses tenían acceso a suministros a través del mar, los españoles sufrieron desde el principio la escasez de comida y las insalubres condiciones de la zona. La pantanosa posición española extendió las epidemias, entre ellas lo que entonces se llamaban fiebres tercianas (hoy paludismo), que también afectaron a Gonzalo Fernández. La desesperada situación se prolongó durante seis meses de desgaste y, al mismo tiempo, de mudanza en Roma.

El 5 de agosto de 1503 el cardenal Adriano da Cornetto, que había sido secretario personal de Alejandro VI, invitó al papa y a César Borgia a un banquete en su residencia campestre. El día siguiente a la cena, el papa vomitó la comida junto a grandes cantidades de bilis y sufrió fiebre toda la noche. Su médico le realizó sangrías, pese a lo cual solo mostró intermitentes fases de mejoría antes de fallecer diez días después. La hipótesis del envenenamiento se difundió rápido por Roma. Alimentó los rumores el nauseabundo aspecto del cadáver de Alejandro VI, que, ya fuera por el calor o la mala conservación, se puso negro y «la lengua se salió de la boca». El cuerpo estaba tan hinchado que fue necesario encajarlo a golpes en un arcón y trasladarlo a la iglesia de San Pedro, donde fue escondido para que a la multitud no le diera por buscarle los cuernos. «Afirman haber visto siete diablos a su alrededor en el momento de su muerte; de repente su cuerpo se puso a hervir y empezaron a salirle espumarajos por la boca, como un caldero puesto al fuego», escuchó decir el marqués de Mantua a un testigo del funeral.

César Borgia también se vio afectado por aquella cena y no pudo reunirse con su ejército en Nápoles para apoyar a los españoles, a cuya sombra ahora le había dado por cobijarse. El hijo empezó a dar palos de ciego a partir de la muerte de su padre. Con él aún convaleciente, los Borgia no pudieron influir lo suficiente en la elección de un pontífice de su facción. Pío III, un hombre íntegro pero desgastado por la edad, fue elegido como el candidato de consenso. Se estimaba que iba a vivir poco, pero nadie calculó que su salud estuviera tan tocada. Falleció ese mismo mes a causa de la ulceración de una de sus piernas, aunque no faltaron tampoco rumores sobre su asesinato. Su puesto lo ocupó Giuliano della Rovere, enemigo público número uno de los Borgia, se impuso por mayoría aplastante con el nombre de Julio II. Tanto franceses como españoles, que contaban con dieciséis votos, quedaron satisfechos con la elección hecha por el Espíritu Santo. Ambos bandos creían poder atraerlo a su lado.

En el cónclave más breve de la historia (duró menos de diez horas), el propio César Borgia le dio su respaldo a este hijo de unos humildes tejedores de Génova a cambio de la promesa de mantener el mando de las fuerzas papales y sus posesiones en la Romaña. Apoyar a uno de los mayores enemigos de Alejandro VI en vida fue el error político más grave de su carrera. Maquiavelo se dio cuenta enseguida: «Borgia se deja llevar por la confianza imprudente que tiene en sí mismo, hasta el punto de creer que las promesas de otros son más fiables que las suyas propias». Julio II prometió que dirigiría la Iglesia con la rectitud y fortaleza de un roble (en italiano *rovere*), el símbolo de su familia, lo que suponía empezar por cortar las ramas torcidas.

El santo padre se negó a vivir en los apartamentos de los Borgia rodeado del «peor y perverso recuerdo» de esta familia. No solo se mudó un piso más arriba del palacio, sino que ordenó la detención de César y la confiscación de los bienes de los Borgia. César huyó a Nápoles, donde fue apresado y enviado a España por el Gran Capitán, que no tenía intención de ofender al nuevo papa. «¡Santa María, cómo soy engañado!», exclamó el prisionero. También de allí escapó descolgándose de una cuerda del castillo a donde los Reyes Católicos lo habían apartado. Con las manos rotas por soltarse antes de tiempo, el hijo del fallecido papa viajó a Navarra a reclamar la protección de su cuñado, el rey Juan D'Albret. La increíble fuga de César dio con sus huesos en la guerra civil que enfrentaba en Navarra a los agramonteses (la Casa D'Albret) contra los beamonteses (aliados esta vez con Fernando). Es decir, el Borgia se metió de lleno en una causa contra los intereses de los Trastámara.

Sumar un nuevo enemigo íntimo no mejoró la esperanza de vida del príncipe. El hijo del antiguo papa perdió las últimas fuerzas durante el asedio a la villa de Viana. César se lanzó a su persecución con un grupo de jinetes sin percatarse de que su guardia no lo seguía. El 12 de marzo de 1507, César fue masacrado en la Barranca Salada durante un combate. Creyéndolo muerto, los soldados navarros lo dejaron desnudo bajo un peñasco y huyeron con su armadura y su caballo mientras el príncipe de Maquiavelo se desangraba en el barro. ¿Se trataba de una emboscada dirigida contra él? Es posible. Puede que el propio rey navarro sacrificara a su cuñado con tal de mejorar las relaciones con Francia y con Castilla.

El cadáver de César, de treinta y un años, fue enterrado en la iglesia de Santa María, en Viana, con el epitafio: «Aquí yace en poca tierra/ el que toda le temía/ el que la paz y la guerra/ en su mano la tenía». A mediados del siglo XVI, el obispo de Calahorra consideró un sacrilegio la permanencia de los restos de un personaje de tal catadura. Mandó enterrarlos frente a la iglesia en plena Rúa Mayor, «para que en pago de sus culpas le pisotearan los hombres y las bestias». En 1945 fueron exhumados los restos de nuevo.

Del resto de hijos de Alejandro, Jofré Borgia actuó con discreción hasta el final de sus días, y ni siquiera elevó la voz cuando se especuló que su primera esposa estaba en tratos amorosos también con el Gran Capitán, mientras que Lucrecia hizo justo lo contrario: insistió en vivir rompiendo todas las vallas del jardín. Al igual que en España, muchas nobles italianas distaban de ser las niñas sumisas que esperaban las normas formales. Gobernar sus casas, organizar la retaguardia, emprender iniciativas económicas o hacer de intermediarias diplomáticas eran algunas de las tareas que asumieron las aristócratas más avispadas. Para aquellas que adquirían demasiada notoriedad en estas labores caía una retahíla de insultos casi siempre de naturaleza sexual. A Lucrecia, de porte delicado, cabellera rubia y ojos color avellana, se la cantó como la más lasciva de las hembras justo porque quiso ir más allá que ninguna. En vida de su padre, ejerció como gobernadora de Spoleto y se puso al frente del Vaticano durante una salida del pontífice fuera de Roma. Esto era escandaloso no por quién era su padre, sino por su condición de mujer.

En el ducado de su tercer y último esposo, Ferrara, creó un imperio empresarial con proyectos de drenaje destinados a mejorar los pastos de la zona y la construcción de una fábrica de *mozzarella*. La bella hijísima era muy capaz de gestionar el gobierno durante las frecuentes aventuras militares de su marido el duque artillero. Alfonso de Este, a pesar de sufrir de sífilis, sobrevivió quince años a Lucrecia, que murió tras dar a luz a su octavo hijo en 1519. Sus súbditos en Ferrara la recordaron con afecto como «La madre del pueblo».

El río que cambió la historia entre España y Francia

La caída de los poderosos Borgia obligó a franceses y españoles a pactar una pausa en el combate. Ambas fuerzas enviaron tropas a vigilar la elección del nuevo pontífice; luego, trataron de recordar quién tenía a quién sujeto del cuello cuando se paró el combate. A finales del verano de 1503 los franceses intentaron cruzar el río Garellano uniendo un grupo de barcazas cerca del puente de Sessa. En una defensa más que agónica, los españoles resistieron el ataque durante días. La fe ciega de Gonzalo Fernández de Córdoba y de sus oficiales en mantener la posición entre aguaceros y lodo fue recompensada con el envío de un ejército de refuerzo a la cabeza del condotiero italiano Bartolomeo d'Alviano, orgulloso y ronco, uno de los capitanes más notorios de su tiempo.

Tras simular un repliegue hacia el Volturno, el cordobés hizo creer al marqués de Saluzzo, sustituto del malogrado duque de Nemours, que la contienda estaba llegando a su fin. En invierno todos los ejércitos de la época solían pasar a la defensiva. Saluzzo relajó la vigilancia, movió soldados hacia la retaguardia e incluso autorizó una tregua navideña para los días 25 y 26 de diciembre. Los franceses no esperaban ya una ofensiva enemiga y la mayoría de sus mandos se zambullían entre cortesanas en Gaeta.

La verdadera intención detrás del falso repliegue español era, sin embargo, salvar el río en otra posición mediante un improvisado puente de pontones ensamblados entre sí, los cuales fueron fabricados de forma secreta en el castillo de Mondragone. Las piezas del puente se trasladaron en mulas hasta el lugar del cruce, donde fueron unidas apresuradamente bajo las instrucciones del ingeniero y capitán Pedro Navarro, un aventurero español con mil y una andanzas encima.

El 28 de diciembre, el día de los Santos Inocentes, el puente se encontraba listo y Gonzalo Fernández de Córdoba puso en marcha su inocentada. La velocidad con la que se ejecutó el paso a la otra orilla sería clave para que los 15.000 españoles sorprendieran a los 25.000 hombres entre infantes y caballería del marqués de Saluzzo. Al frente de una avanzadilla de jinetes ligeros, D'Alviano pilló desprevenidas a las principales fortificaciones francesas, con algunos guardias todavía borrachos tras la noche anterior. En última instancia cruzó el Gran Capitán delante de los lansquenetes alemanes, una unidad mercenaria que Fernando el Católico exigía en todos sus ejércitos junto a españoles e italianos, porque «no se puede encontrar ni un solo capitán experimentado, en cualquier país, que aconsejara el empleo de tropas solamente españolas contra ningún ejército que cuente con un considerable número de soldados alemanes».

Justo tras el paso de los coloridos lansquenetes el puente cedió y cundió el pánico entre las tropas españolas. El temor se acrecentó aún más cuando el caballo de Gonzalo Fernández de Córdoba trastabilló y lanzó al general contra el barro. El accidente no tuvo mayores consecuencias ni influyó en el auténtico choque que se estaba produciendo en la vanguardia. D'Alviano avanzó trazando un arco hasta el puente de la Mola, que abría el camino hacia Gaeta. Sin luz, bajo una tormenta y con los españoles pisándoles los talones, el repliegue de Saluzzo devino en otro desastre. En total, los franceses registraron 8.000 bajas entre prisioneros y muertos en el Garellano. Uno de los caídos fue Pietro de Médici, el todopoderoso heredero de Florencia ahora venido a capitán de una pequeña unidad francesa. Se hundió en las aguas del río debido al peso de su armadura. El epitafio grotesco de lo que les estaba ocurriendo a las grandes casas italianas.

A los pocos días, los franceses que consiguieron llegar a la ciudadela de Gaeta también capitularon. Sin apenas combates, el Gran Capitán había disuelto en ácido a su enemigo. En marzo de 1504 Francia reconoció la soberanía del rey aragonés sobre Nápoles y le cedió el título simbólico de rey de Jerusalén (reliquia de la conquista de la ciudad por los cruzados en el siglo XI). Ahora ya no había excusa para que «el rey de los últimos días» no fuera hasta Tierra Santa a tomar posesión.

La jubilación forzosa del Gran Capitán

Fue entonces cuando Fernando el Católico se decidió a viajar a Italia con su joven esposa tras ser expulsado de malas maneras de Castilla. En noviembre de 1506 entró en Nápoles, una ciudad de 100.000 almas, como el héroe militar que en este caso no era, para congraciarse con las distintas facciones de su Parlamento como el cínico que sí que era en todos los escenarios. El rey de Aragón planeaba desde hacía tiempo arrestar y sustituir al Gran Capitán como virrey de Nápoles, pero no le quedó más remedio que confiar en su lealtad hasta que se resolvieran los combates. Temía que el castellano, casado en segundas nupcias con una hija del felipista duque de Nájera, pudiera alzar Nápoles en favor del bando de su yerno. Además, Fernando no compartía con el virrey su política de reparto de mercedes entre los ganadores de la guerra. El rey tenía en los tiempos de paz otros planes para Nápoles, cuya nobleza, fuera la profrancesa o la proaragonesa, necesitaba de su lado. Por todas estas razones, Fernando adornó a González de Córdoba con varios títulos nobiliarios y le prometió la encomienda de la Orden de Santiago justo para luego darle boleto como virrey.

Frente a las acusaciones de haber despilfarrado su dinero, el rey aragonés reclamó a Gonzalo claridad en sus cuentas. En una anécdota que es falsa, pero que ha dado lugar a la expresión «las cuentas del Gran Capitán», el cordobés contestó ofendido: «Por picos, palas y azadones, cien millones de ducados; por limosnas para que frailes y monjas rezasen por los españoles, ciento cincuenta mil ducados; por guantes perfumados para que los soldados no oliesen el hedor de la batalla, doscientos millones de ducados; por reponer las campanas averiadas a causa del continuo repicar a victoria, ciento setenta mil ducados; y, finalmente, por la paciencia de tener que descender a estas pequeñeces del rey a quien he regalado un reino, cien millones de ducados». Una respuesta que probablemente nunca dijo, pero corresponde a la típica del soldado español de la época: fiel pero orgulloso, desapegado de lo material, valiente hasta la temeridad, violento y desafiante.

Lo que sí es cierto es que las cuentas no agradaron al perspicaz monarca, que consideraba desproporcionados algunos gastos. El rey retiró al Gran Capitán con discreción para vivir pacíficamente en España, lo cual era el peor insulto que se le podía hacer a un guerrero. Al principio el rey le otorgó una voz destacada en su corte, pero, cuando el conde de Ureña lo halló en España, dijo del cordobés que «le parecía muy semejante a una nave muy grande (...) que casi se anegó en las pesadas rocas de la envidia». No se adaptó nada bien a las guerras subterráneas de palacio, donde la mayor victoria era empujar a otro cortesano por las escaleras.

Nápoles no resultó la ciudad de oro que algunos habían imaginado y sí un volcán dormido de agraviados. El primero de los virreyes que nombró el monarca para sustituir al Gran Capitán fue su sobrino Juan de Aragón, quien se encontró graves dificultades para ganarse, ya no el corazón de los napolitanos, si acaso el apéndice. Desde luego no ayudó la insistencia de Fernando en instaurar en la punta de Italia la Inquisición en los mismos términos que funcionaba en Castilla. Los tumultos derivados de esta medida terminaron con su sustitución como virrey por Ramón Folch de Cardona, tan buen burócrata como militar sin imaginación. Al catalán, que ejerció el cargo durante doce años, lo apodaría el nuevo papa como la «Señora Cardona» debido a que parecía más un pulido caballero que un aguerrido general.

Claro que Julio II parecía más un leñador que un pastor de almas. El nuevo papa se negó durante años a reconocer a Fernando como único rey de Nápoles. En la festividad de san Pedro, cuando era tradición que el pontífice recibiera del rey de Nápoles un caballo blanco a modo de triunfo, el santo padre aceptó dos corceles, uno español y uno francés, para no desairar a ninguna de las partes. Al aragonés no le importó demasiado la ambigüedad del pontífice, pues sabía que tarde o temprano iba a necesitar su ayuda en la fogata de alianzas y rivalidades en la que se había transformado Italia.

Antes de regresar a España, Fernando se reunió con Luis XII en Savona, donde se celebró durante cuatro días la amistad entre los dos países y se pidió que el Gran Capitán comiera junto a los monarcas, pues «a quien reyes vence, con reyes merece sentarse». Al final de la comida, el monarca se quitó una cadena de oro que llevaba en el cuello y se la impuso al cordobés. Este tipo de encuentros de altos vuelos requerían una gran confianza entre ambos bandos y suponían una grata novedad para el arte diplomático. Durante la Edad Media hubieran sido inimaginables ante el riesgo de que una parte tomara presa a la otra, pero en los nuevos tiempos los reyes cristianos querían representar la ficción de que todos ellos eran parientes, lo que no dejaba de ser verdad en muchos casos. Eran una gran familia europea de hermanos, primos, tíos y sobrinos casados entre sí. ¿Y qué hace toda buena familia? Pues reñir y luego reconciliarse.

Julio II se lanzó de golpe a domeñar a los señores de la Romaña que, ante la caída de los Borgia, habían imaginado un futuro libre del Vaticano. Eso no iba a ocurrir mientras el corazón del papa bombeara sangre como fuego escupe un dragón. Luis XII palideció ante la noticia de que el mismísimo papa, ataviado con una brillante armadura, estaba dirigiendo las tropas en persona, apuntando con sus manos los cañones y lanzando improperios a los soldados más timoratos como si fuera una verdulera. Muchos empezaron a comprender que el nombre de Julio lo había asumido por el dictador romano Julio César y no por algún santo primitivo.

El rey de Francia se preguntó con rabia si es que aquel malnacido genovés había bebido demasiado. La respuesta era que sí: el italiano tenía fama de beber en exceso, pero más la iba a tener de «papa guerrero» o «papa terrible» una vez se propuso llevar hasta sus últimas consecuencias su grito de *fuori i barbari* (fuera los bárbaros) de Italia, lo cual empezó haciendo de la manera más contradictoria.

El milagro que salvó a Venecia

La primera víctima de la política del papa contra los no italianos fue Venecia, para lo cual formó una gran liga con Francia, el Sacro Imperio Romano, España y el ducado de Ferrara. Todos estos actores compartían el anhelo de querer quedarse con partes de la república, y todos fueron seducidos por el papa para lograrlo a bajo precio. Venecia era, más allá de Roma, el último estado fuerte e independiente que sobrevivía en la península. Un ducado senatorial ostentoso, cada vez más grande en sus dominios continentales, y tan admirado como envidiado por el resto. Su relación de amor-odio con el Imperio otomano enriquecía su comercio de mercancías orientales y le situaba a ojos del resto de italianos como un colaborador del Anticristo.

Julio II dio un plazo de veinticuatro horas a Venecia para devolver a Roma los territorios que consideraba suyos en Terraferma, que no era una tierra enferma sino las ciudades venecianas de Padua, Vicenza y Verona, o extinguiría a la fuerza la «codicia insaciable de los venecianos y su sed de conquista». El pontífice empezó por la excomunión del estado entero y se preparó para la guerra. Los embajadores en el Vaticano clavaron como respuesta un documento de protesta en las puertas de San Pedro en el que prometían defenderse. Una serie de catástrofes naturales pareció advertirles de que, en efecto, la Providencia había dictado su completa destrucción. La ciudad de Candia, en Creta, fue arrasada por un terremoto; la ciudadela de Brescia recibió el impacto de un terrible rayo; el archivo de Venecia se vino abajo sin explicación y el arsenal de la capital voló por los aires, destruyendo una docena de galeras y buena parte de la pólvora almacenada.

La guerra por la destrucción de Venecia empezó como tal en abril de 1509. El impresionante ejército veneciano fue deshojándose ante tan grande jauría de enemigos. Si bien Fernando el Católico se mantuvo en un segundo plano, Luis XII quiso lucirse dirigiendo en persona sus ejércitos. En cuestión de dos semanas, los territorios italianos de Venecia se vieron reducidos a una pequeña franja costera en torno a la capital. El histórico estado se encontraba a un leve golpe de su destrucción cuando los venecianos obraron un milagro o, a decir con más precisión, el emperador Maximiliano I sumó un error a su larga colección de meteduras de pata.

El padre de Felipe el Hermoso ejerció durante más de tres décadas como cabeza del Sacro Imperio Romano Germánico, aunque formalmente no pasó de rey de romanos a emperador hasta 1508. El grandilocuente cargo, en cualquier caso, era más nominal que efectivo. Su poder dependía del dinero y las tropas que sus distintos estados quisieran ceder al emperador Habsburgo. Maximiliano, amante del lujo, se pasó la vida mendigando recursos a su imperio feudal, que ni era sacro ni era romano, y tratando de rascar territorios en el norte de Italia. Maquiavelo lo definió como «un príncipe ligero, inconstante, sin dinero y casi sin consideración» y era tenido por un hombre extravagante por sus contemporáneos. Se contaba que el Habsburgo viajaba a todas partes acompañado por el ataúd con el que quería ser enterrado después de que en 1501 quedara herido de gravedad en una pierna al caer del caballo. Esto le causó dolor crónico y lo sumió en un estado depresivo. Allí por donde iba, sus costumbres y su querencia por los grandes fastos provocaban la carcajada de otros príncipes, que no encontraban concordancia entre las raquíticas fuerzas militares que conseguía convocar y la aparatosa imagen que gustaba proyectar.

Mientras Luis XII regresaba a Francia a celebrar que Venecia había quedado postrada, el muerto demostró que estaba muy vivo.

Cuando los venecianos contraatacaron en Padua, las tropas imperiales resultaron engullidas por las de la Serenísima. Las villas de
alrededor se sublevaron contra los alemanes sin que Maximiliano,
siempre con agujeros en sus bolsillos de armiño, pudiera hacer nada
para remediarlo. El embajador español se alarmó de encontrar «tan
poco concierto y tan poco dinero y tan poco poder y gobierno en
el emperador y sus cosas». Para excusarse, el Habsburgo culpó a su
aliado francés del fracaso.

Como ya tenía lo que quería, Julio II cambió de parecer como
quien pasa rápido las páginas de un libro muy aburrido. El papa se
inclinó ahora por perdonar a Venecia, a la que ofreció una humillante paz en unas negociaciones donde los embajadores no pudieron siquiera entrar en la Ciudad Eterna al estar excomulgados.
Custodiado por un ejército de cardenales, Julio recibió finalmente
a los enviados venecianos en un trono instalado junto a la basílica
de San Pedro. Se arrodillaron ante el santo padre, besaron sus pies y
fueron obsequiados, para que no quedara duda de lo que debían
hacer, con unas varas de fustigarse. El pontífice proclamó que «si
Venecia no hubiera existido sería preciso crearla», lo cual no dejaba
de ser irónico si se tiene en cuenta que por poco hubo que volver
a crearla por su culpa.

En consecuencia, el rey francés estalló de cólera y comenzó
los preparativos de un cisma religioso para alejar a Francia de las
veleidades de aquel pontífice que por la noche era francés y por la
mañana se despertaba veneciano. Luis XII intentó convencer a Fernando para que él también se uniera a un falso concilio para elegir
a otro papa, el cual curiosamente sería presidido por un cardenal
español. Sin embargo, el aragonés prefirió mantenerse del lado de
Roma bajo la condición de ser al fin reconocido como rey de Nápoles. «Desengañad a Su Santidad que yo no he de hacer la dicha
Liga sin que Su Santidad me otorgue la investidura», ordenó el rey
aragonés a su embajador en Roma. Cuando meses después Julio II
quedó atrapado por los franceses en Bolonia, enfermo y colérico,

fue la llegada de tropas españolas, turcas y albanesas, estas dos últimas al servicio de Venecia, lo que salvó su triple corona. Al papa no le quedó más opción que dar a sus aliados un cheque en blanco. Fernando fue investido como rey de Nápoles.

La «Señora Cardona» se fue a la guerra

En cuanto el papa abandonó Bolonia, no sin dar las gracias a la población por su cariño, la proximidad de los franceses llevó a estos mismos lugareños a rebelarse y cubrir de excrementos una mastodóntica estatua de bronce del pontífice que había tallado Miguel Ángel. Dado lo colosal de la estatua, es poco probable que los lugareños se pusieran a jugar el fútbol con la cabeza, como dice una anécdota novelada, pero sí lo es que sus enemigos fundieran ese bronce hecho chatarra e hicieran un cañón llamado «La Julia», nombre que ponía en cuestión la virilidad del papa, para usarlo contra Roma.

El legado Alidosi, favorito íntimo del papa, salvó de milagro la vida en Bolonia, no así en Rávena, donde acudió a explicar lo sucedido al pontífice. Alidosi y el sobrino del papa, el duque de Urbino, que dirigía los ejércitos papales, se acusaron entre sí de lo sucedido en Bolonia. Cuando ambos se encontraron en la calle, el de Urbino lo apuñaló en la cabeza con una daga para ganar la discusión antes de que sus hombres lo remataran ante la pasividad del séquito del cardenal. El papa cayó en una breve pero intensa depresión por la acumulación de reveses. En agosto de 1511 parecía que iba a morir, pero se restableció tomando copiosos tragos de alcohol y una serie de remedios prescritos por él mismo. Al igual que desdeñaba a sus generales en la guerra, estimaba que el mejor médico estaba frente a su espejo.

Aunque Fernando era partidario de mantener la paz en Italia, no le quedó otra que unirse a la nueva liga papal, esta vez junto a

Venecia e Inglaterra, para expulsar a los franceses. «Yo soy el sarraceno contra el que se dirige el papa», ironizó el rey francés, que se preparó para defender Milán y Bolonia. Para su fortuna contaba por una vez con el más brillante comandante Gastón de Foix, cuñado de Fernando el Católico. Apuesto, temerario e inteligente, Gastón era conocido por sus contemporáneos como el «Rayo de Italia» y superaba por mucho al resto de generales desplegados. Así se pudo comprobar cuando el general francés se plantó en dos días a pocos kilómetros de Bolonia, recorriendo diez veces la distancia que la liga antifrancesa había andado en una semana, como Antonio Muñoz Llorente calcula en su obra maestra *Carlos V a la conquista de Europa*.

Bajo un manto de nieve, el galo alcanzó con sigilo Bolonia, que estaba siendo sitiada sin mucha fortuna por los españoles. Ni siquiera la explosión de una gigantesca mina en sus murallas logró abrir una brecha limpia para asaltar la plaza antes de que llegaran los franceses. La mina lanzó por los aires una capilla pegada a la parte sur de las murallas. El edificio entero voló durante unos segundos eternos en los que los asombrados defensores pudieron ver a los atacantes enfrente para luego caer casi sin daños en el mismo punto. Esta prodigiosa carambola, que impidió el saqueo de la ciudad, es celebrada aún hoy como un milagro en la ciudad.

El ejército aliado se retiró de Bolonia con cara de pocos amigos cuando los franceses hicieron acto de presencia. A continuación, Gastón de Foix se dirigió a recuperar Brescia, que se había levantado en armas a favor de Venecia. Los franceses se esmeraron en un concienzudo saqueo de dos días, donde hombres, mujeres y niños fueron violados, torturados y asesinados. La muerte de más de 10.000 personas hundió por completo el leve prestigio que conservaban los franceses en Italia. Con la población ardiendo de odio contra ellos, el comandante francés recibió la orden de no alargar más el conflicto: debía aniquilar al patán que estaba capitaneando las fuerzas rivales antes de que sus adversarios acertaran sustituyéndolo.

El jefe de los ejércitos aliados no era otro que la «Señora Cardona», a pesar de las peticiones a Fernando para que colocara en su lugar al Gran Capitán, que entonces sufría las molestias de una jubilación forzosa. En la corte española, el cordobés había buscado sin éxito que se cumpliera su nombramiento como maestre de la Orden de Santiago. Los venecianos le pidieron en negociaciones secretas que comandara sus ejércitos, si bien el cordobés se decantó por darle una segunda oportunidad a Fernando. No le sirvió de nada. El distanciamiento definitivo con la Corona se produjo con motivo del intento del noble de casar a su hija Elvira con el condestable de Castilla. El rey se opuso porque prefería desposarla con un nieto bastardo suyo, lo cual tampoco se produjo. El Gran Capitán se sintió muy dolido por esta interferencia que derivó en que la hija quedara descompuesta y sin novio.

Las maniobras por traer al cordobés de vuelta cayeron en saco roto. Cardona acudió al frente de los españoles y sus aliados a la batalla de Rávena, en abril de 1512, para estrellarse con eficiencia burocrática. Desde el principio el catalán se movió varios pasos por detrás de su enemigo y con la lentitud que le imponía el pesado cortejo que arrastraba consigo. Este no solo estaba formado por objetos y carros, sino por personas con opiniones radicalmente distintas. El catalán era víctima de las desavenencias de un consejo de guerra integrado por un coro que desafinaba. Cada uno tiraba de una manga hasta que dieron de sí la prenda. Los dos hambrientos y helados ejércitos se encontraron al fin en Rávena, donde Cardona acudió para plantear una defensa a cara de perro. Pedro Navarro, conocedor de las tácticas del Gran Capitán, sugirió a su superior que esperara a los franceses parapetados en una serie de trincheras excavadas. El virrey de Nápoles dio su visto bueno a una estrategia que, por los profundo de las trincheras, dejó esta vez encerradas a las fuerzas aliadas.

Durante ocho horas se produjo una pugna más propia de las trincheras de la Primera Guerra Mundial que de finales del Renacimiento. Concentrar tantas explosiones en tan poco espacio provocó una cantidad monstruosa de muertos. Con Alfonso de Este de su lado, los franceses contaban con la mejor y más precisa artillería desplegada. Ante los bombardeos, la caballería aliada entró en pánico y dejó a la infantería luchando en solitario, aunque lo mismo se podría decir en el sentido contrario. «Todos vamos a morir por la vergonzosa obstinación y la malignidad de un marrano», pronunció un capitán italiano de caballería a la vista de que estaban encajonados. Los infantes españoles soportaron la lluvia artillera escondidos en la tierra como si fueran hormigas y luego combatieron en una gran melé.

Los soldados de estos primitivos tercios se impusieron en su duelo particular con los lansquenetes alemanes y salieron del campo de batalla en orden. Su reputación militar quedó intacta a pesar de la derrota en Rávena, que dejó 11.000 muertos en el bando hispánico, la más sangrienta en Italia desde hacía siglos. Algunos de los grandes capitanes españoles, entre ellos Pedro Navarro, descabalgado por un arcabuz francés, fueron hechos prisioneros. Fernando intentó liberarlo primero mediante una operación especial y luego por vía diplomática, pero al final no pagó el rescate fijado en 20.000 escudos de oro. El capitán navarro se sintió tan agraviado por el tiempo que pasó preso que gustoso pasó a servir a Francia.

La victoria francesa habría sido casi completa de haber durado unos minutos menos el combate. Mientras perseguía a los soldados más rezagados, Gastón de Foix, que iba despelotado con la celada bajada, se empeñó en desalojar de un camino elevado a una compañía de españoles que formaba un erizo de picas y arcabuces. El sobrino del rey se abalanzó contra los españoles que, bien situados, descabalgaron al francés y lo llenaron de puñaladas. Sin su comandante, las tropas francesas quedaron en una suerte de letargo. Luis XII lloró la muerte de su sobrino de veintidós años mientras parte de sus ejércitos en Italia eran licenciados. Sin tener claro quién había perdido más ese día, el rey Fernando felicitó a sus embajadores por «su» victoria. La suya, que no la de sus ejércitos. Ambos bandos se proclamaron vencedores en Rávena y ambos se sintieron perdedores.

La mala marcha de la campaña llevó a los aliados de Fernando a exigirle que embarcara cuanto antes al Gran Capitán para reemplazar a Cardona, que abandonó el campo de batalla sin haber desenvainado la espada. El rey pareció hacerles caso y movilizó al cordobés. Con entusiasmo espídico, Fernández de Córdoba se deslomó en la tarea de congregar un ejército en Antequera para viajar a Italia. Lo hizo a costa de su hacienda y pidiendo favores a viejos camaradas. Pero tampoco entonces llegó a partir, pues al cabo de los días el rey suspendió la operación con el pretexto de que ya no era necesaria. El militar se retiró un poco más pobre y más frustrado a Loja, donde Fernando destinaba de forma puntual a espías para que le contaran qué tramaba su viejo servidor.

Lo que maquinaba a grandes rasgos era su muerte. En el verano de 1515, la salud del Gran Capitán entró en barrena. Las fiebres cuartanas que contrajo en la ribera del Garellano fueron consumiendo su salud. Su estado anímico tampoco ayudó en su recuperación. Ya no pudo volver a montar a caballo y apenas podía caminar sin ayuda. El 2 de diciembre de ese año, el cordobés falleció en su casa de Granada rodeado de su círculo familiar. El cadáver fue sentado durante un día entero en una silla para que los vecinos y familiares lo contemplaran. Su viuda construyó en Granada el monasterio de San Jerónimo, donde fue sepultado adornado con banderas ensangrentadas de las batallas de Ceriñola y Garellano. La suntuosa tumba fue expoliada por las tropas napoleónicas en el siglo XIX.

La guerra siguió en Italia al margen de viejas y nuevas glorias. En contra de lo esperado, Cardona se sobrepuso del desastre de Rávena y se hizo con la República de Florencia, que devolvió a los Médici. El virrey acabó con la última república realmente ciudadana que sobrevivía en Italia para convertir Florencia en un territorio bajo protectorado español. Maquiavelo, que había ejercido misiones diplomáticas para el régimen ciudadano, fue destituido y torturado, aunque luego trabajó para la retornada dinastía. Muchos de los contrarios a los Médici se refugiaron en la cercana ciudad de Prato, que fue saqueada con una saña atroz por los españoles durante veintiún días que parecían sacados de un cuadro de El Bosco. Además, Maximiliano I se unió al bando del papa a cambio de que en Milán fueran restablecidos los Sforza en la figura del primo de su mujer, Maximiliano Sforza, que era hijo de Ludovico. Miles de muertos, ciudades saqueadas, dinastías desangradas... para que al final, dos décadas después de empezar el incendio en Italia, las mismas familias acabaran sentadas en los mismos tronos.

De pronto, Julio II cayó en la cuenta de que Fernando podía ser tan bárbaro o más que su homólogo francés, por lo que boicoteó desde dentro la Santísima Liga con un acercamiento entre Venecia y Francia. Si no cambió una cuarta vez de parecer fue porque lo alcanzó la muerte en 1513. Un ataque de disentería lo mató cuando estaba sumido en los preparativos de las nuevas campañas. Resulta complicado entender de dónde sacó tanta fuerza este septuagenario que no solo fue un incansable guerrero, sino también un ávido reformador de la Iglesia. Recogiendo el guante de su odiado predecesor español, Julio reunió en Letrán a representantes de Cristo de todo el mundo para limitar «los alardes de ostentación» de los cardenales y reformar las instituciones de la Iglesia.

Ostentaciones que empezaban con las del propio papa, obsesivo coleccionista de arte antiguo y el mecenas que convirtió a Roma en la capital mundial de la cultura y el bullicio. «Si hay un infierno, Roma está construida sobre él», diría Lutero, que la visitó durante este papado para comprar indulgencias con el fin de salvar el alma de su padre. La actual basílica de San Pedro se inició bajo el impulso de Julio, aunque su primera idea era la remodelación de un templo que se estaba cayendo a pedazos. Miguel Ángel, al que le confió la tarea de pintar el techo de la Capilla Sixtina, representó al papa en su gran sepulcro como Moisés con cuernos demoníacos. Una lectura literal del texto bíblico que describe al profeta bajando del monte Sinaí con una faz «cornuta», aunque también una referencia al impulsivo fuego del santo padre. Cuenta una divertida y falsa anécdota que el artista quiso en una ocasión representar otra estatua de Julio II con un libro en la mano, lo cual encendió una de sus arrebatadoras respuestas:

—No soy hombre de letras. Dejaos de libros y poned una espada en la mano.

Su heredero en la silla de san Pedro fue Juan de Médici, León X, con una política en apariencia más favorable a la paz. Al accidentado cónclave donde se le escogió, que incluyó una pausa para que terminara un eclipse solar poco propicio, Juan acudió con una fístula anal muy dolorosa que requería la atención diaria de un médico. Esto hizo pronosticar que, si resultaba elegido, sería un breve y anecdótico pontificado. Y ciertamente la fístula sobrevoló su cabeza (no en términos geográficos) durante todo su paso por el cargo, pero el sentir tan cercana su muerte en vez de paralizarlo lo espoleó para reinar rápido y dejar un bonito cadáver. El de Italia.

El sofisticado hijo de Lorenzo el Magnífico, otro chiflado del arte y el latín, concedió el capelo cardenalicio a un número récord de amigos y familiares y llevó al siguiente nivel los planes urbanísticos de Julio. El nuevo papa tal vez habría querido dedicarse a tiempo completo al cultivo de las artes plásticas, como sus ancestros, pero en la Italia renacentista el precio de hacer cultura se pagaba con sangre. Era más contemplativo que su predecesor, pero no menos belicoso. León siguió en medio, o donde le diera mejor sombra, de una red de alianzas sagradas que se creaban y desplomaban como castillos en el aire.

En cuestión de pocas semanas franceses e ingleses pasaron de llevarse las manos al cuello para estrangularse a hacerlo para abrazarse. Enrique VIII firmó la paz con Francia y casó a finales de 1515 a su hermana adolescente con Luis XII, cuya esposa había muerto

sin darle más que herederas. A él tampoco le quedaba tiempo para
más. Solo tres meses después de la boda, María, descrita por el embajador de Venecia como «un paraíso: alta, delgada, de ojos grises, y
dueña de una palidez extrema», robó los últimos alientos de vida
del rey. Le sustituyó en el maltrecho trono su sobrino Francisco I
de Angulema, un portentoso caballero que desde el primer día
decidió que al otro lado de los Alpes estaba el patio de su recreo. De
sus aventuras. De sus romances. De sus glorias. Y al final, como
ocurrió con sus antecesores, de sus miserias.

Fernando apenas vivió para contemplar el nuevo amanecer en
Italia de esos aspirantes a cambiarlo todo para que nada cambiara.
El nuevo rey de Francia le parecía «más peligroso que el otro», pero
no contaba con los recursos ni el tiempo para oponerse a él. Con
instrucciones de hacer una política defensiva, Cardona siguió en el
cargo de virrey hasta 1522, tiempo en el que cimentó un vínculo
que duró dos siglos entre España y Nápoles. Para cerrar las bocas de
quienes aún lo tildaban de mal militar, el catalán amagó con tomar
Venecia con una andanada de disparos en dirección a la ciudad. El
más temerario de los condotieros de la Serenísima, D'Alviano, cayó
en su trampa.

El 7 de octubre de 1515 los españoles aplastaron a los venecianos al noroeste de Vicenza. Los infantes se ganaron en Italia la fama
de imbatibles y también la de fanfarrones. A la frase de que *Dios era
fatto Spagnuolo* («Dios se hizo español»), surgió la burla. Los españoles fueron calificados como unos bravucones que no vencían por
su habilidad, sino porque eran más numerosos. Las comedias de la
época empleaban con frecuencia al personaje del capitán español
retratado como un cobarde bocazas que huye cuando se presenta la
primera dificultad en el combate.

Ni franceses ni españoles se libraban de la consideración de
salvajes que estaban estropeando el refinado humanismo italiano
con sus guerras y sus traiciones. Como máximo, los intelectuales
napolitanos concedieron, con la boca llena de comida y las muñe-

cas repletas de pulseras de oro, que la de España era «una barbarie generosa». Pero lo cierto es que si el humanismo triunfó por el mundo no fue a pesar de España, sino precisamente gracias a que España propagó el Renacimiento, si es que ese término sigue vigente, con todas sus bendiciones y maldiciones por el globo. Lo que no cabe olvidar es que la era de los prodigios artísticos de Florencia, Roma, Milán o Venecia también fue la de la pólvora, los saqueos industriales y los papas convertidos en bárbaros.

11
LOS ÚLTIMOS TRASTÁMARA

La heredera castellana mostró un tímido interés en conocer la colección de animales exóticos del duque de Benavente, lo que en aquel semblante inexpresivo significaba el máximo entusiasmo posible. Digamos que estaba dispuesta a hacer la visita de rigor, lo cual ya era mucho. A la altura de los orgullosos pavos reales del noble, sin embargo, Juana pica espuelas, salta el foso del castillo y deja atrás a sus acompañantes. Aquella mujer que hace unos segundos parecía rozar el coma inicia al menor descuido de su guardia una cabalgada frenética en dirección a un punto en el horizonte donde piensa que se encuentra su padre. Ninguno de los aristócratas puede expresar con palabras su sorpresa. Se limitan a mirarse con incredulidad pensando que, con la fuga de una princesa de su propio reino, ya lo han visto todo en esta vida.

Felipe, que estaba en una corrida de toros, hace un alto en su festín de festividades para organizar la búsqueda. Su esposa es hallada en casa de una mujer, de oficio tahonera, a la que no le cabe en su cuerpo un centímetro más de estupor al ver quién ha entrado por su puerta. La guardia alemana rodea la finca y el marido la cubre de súplicas, pero ella se resiste a salir durante horas. El archiduque no se atreve a utilizar la fuerza delante de tantos testigos. Asume que, por el momento, tendrá que volver sin ella a Valladolid. Y entonces, cuando el flamenco está dando la vuelta, la reina reacciona con la misma pulsión inesperada con la que comenzó la escapada: lo sigue de vuelta a la corte, que ya apenas se distingue de una prisión para ella.

Juana no estuvo en Remesal ni en Renedo, a pesar de que el rey Fernando insistió en ver a su hija antes de marcharse de Castilla. Su marido no quería que padre e hija conversaran, por ejemplo, sobre el estado del tiempo, lo caro que estaba el cereal en el reino o lo bonitos que estaban los flamencos ahorcados en verano. El archiduque redobló la vigilancia tras el intento de fuga y continuó con el plan para atar a su esposa. La maniobra de Felipe pasaba por hacerse jurar en solitario rey de Castilla y reducir a su mujer a la insignificancia política. Luego sería fácil encerrarla en algún alcázar lejos de las miradas de los curiosos. «Es la más malaventurada mujer nació, que le valdría más ser mujer de un labrador», se lamentaba desde la lejanía el secretario real de Fernando.

Para incapacitar a su esposa tenía la declaración del padre sobre su locura y el apoyo de muchos señores y obispos, no así el de los procuradores de las ciudades, cuya oposición a postrar las Cortes a sus deseos frustró la ruta de la camarilla flamenca. Los representantes de las ciudades conocían la aversión que causaban los recién llegados en el pueblo llano. «El pueblo de España que es bestial puede sublevarse, diciendo que quieren el gobierno de la reina», advirtió el embajador veneciano. En un tiempo de carestía, el paso de Felipe y su ejército de extranjeros estaba causando estragos en los pueblos donde paraban a por suministros. En uno de Orense esta tensión llegó tan lejos que gallegos y alemanes se enzarzaron en una batalla con varios muertos que hubo de parar el archiduque en persona.

Cerrada esta opción para obtener la corona, Felipe pidió a los grandes magnates que fueran ellos quienes incapacitaran a su esposa. Muchos se prestaron encantados a cambio de una bonita cifra, mientras que otros, como el almirante de Castilla, pidieron antes ver a Juana. No sin renegar una y mil veces, el archiduque accedió a que el aristócrata se viera con su mujer, que se encontraba ese día en compañía de Cisneros, vestida de negro y con unos capirotes que le cubrían la cabeza. Transmitía oscuridad y pena, pero el almirante apreció que no estaba trastornada. El procurador de Toledo, Pedro López de Padilla, coincidió en esta primera impresión, aunque en cuanto rascó en la superficie se disiparon sus dudas: «Las primeras palabras eran las de una persona en su juicio, pero al seguir hablando parecía como si se saliese de la razón». En lo que había consenso es en que la reina no pensaba colaborar con los planes de marido, no por las buenas.

Así estaba el rompecabezas legal cuando el 12 de julio de 1506 Felipe se las arregló para conducir a su esposa hasta el Palacio del Marqués de Astorga, situado en Valladolid, donde los procuradores de las ciudades la emboscaron por sorpresa. Juana protestó, pero las súplicas de los presentes doblegaron su resistencia. Felipe prefería reinar en solitario, pero si no había otro remedio tampoco iba a causarle muchas molestias hacerlo en nombre de ella. Bastaba con mantenerla amordazada y bien guardada. Juana juró ese día como reina titular de Castilla, dando comienzo a un reinado vacuo de cincuenta y un años. Felipe I asumió la gobernación efectiva en su nombre, iniciando un intenso reinado de tres meses. Reír la última le iba a costar muy caro a la castellana.

Una partida de tenis letal

Amoríos, desenfrenos y cacerías conformaron el programa de gobierno del rey. Juan Manuel se elevó como su principal consejero, su fontanero en los asuntos más espinosos, mientras que Cisneros, al que Felipe no apreciaba pero sí respetaba por su experiencia política, permaneció en la corte como la voz paternal que convenía no ignorar. El resto de la plantilla real lo completaban casi por entero alemanes, flamencos y conversos, que se impusieron en la subasta de oficios y títulos iniciada por el rey para gran descontento de los grandes de la tierra. El que los flamencos «arramplaran con todo lo que pudieron», como expresó Mártir de Anglería, respondía a la necesidad de Felipe de rodearse de personas de su confianza y, sobre todo, al estado catastrófico de las cuentas reales.

Fernando había dejado seca la caja de contabilidad durante sus fallidas maniobras para hacerse con la gobernación. Se adeudaba más de un año a las tropas fijas y a muchos miembros de la Administración. Felipe no estaba en condiciones de pedir más dinero a las Cortes y solo podía acudir a ingresos alternativos para sufragar al abultado grupo de soldados y amigos que lo acompañaba desde el norte. Para su fortuna, la conquista de América había empezado a ser rentable para la corona, que se reservaba el quinto real (un 20 por ciento) de todo el oro que venía de las Indias. Justo entre 1504 y 1515 se alcanzó el punto culminante en el envío de remesas de oro procedentes de América. Esto concedió al archiduque una bocanada de aire que duró unos minutos. En cuestión de cinco meses, la disparatada corte de Felipe gastó lo mismo que los Reyes Católicos en todo un año.

Quienes no se plegaron a los caros planes del nuevo rey sufrieron su ira. Felipe exigió a Andrés Cabrera y Beatriz de Bobadilla que entregaran el Alcázar de Segovia. Esta medida no solo iba en contra del testamento de Isabel, que pedía buenas recompensas para sus fieles servidores, sino que estaba concebida con la mala baba de disponer de una fortaleza donde encerrar a Juana. Los marqueses se prepararon para resistir lo que Felipe gustara arrojar contra ellos. El flamenco envió tropas alemanas al mando de Juan Manuel para apoderarse de la fortaleza, al tiempo que comenzaba el traslado de Valladolid a Segovia de su esposa. Los marqueses se rindieron antes de que la sangre llegara al río Eresma.

Pero el mayor incendio político que afrontó Felipe en su breve reinado vino desde el Santo Oficio. El rey reclamó al inquisidor general fray Diego de Deza, antiguo preceptor del príncipe Juan, que paralizara los procesos en marcha hasta que él tomara las riendas del trono. Al calor del juego de tronos, el tribunal había entrado en un estado de hiperactividad con el inquisidor de Córdoba, Diego Rodríguez Lucero, disparando a todo lo que se movía. En un mismo auto de fe condenó a muerte a 130 personas e incluso encausó al venerable fray Hernando de Talavera. El monarca pidió investigar los desmanes del tribunal, tras lo cual sus enemigos extendieron el rumor de que los conversos habían comprado su voluntad. Dado que el tribunal gozaba de una gran prédica entre los castellanos, su paralización no hizo sino empeorar la percepción de ese extranjero que solo sabía quemar cuentas.

El monarca gastó las energías de su breve reinado en ajustar cuentas en vez de atender la grave crisis que sufría Castilla. A la muerte de Isabel siguieron años de malas cosechas y hambruna. Fernando resolvió la falta de cereal trayendo grandes remesas en barco desde Sicilia, Flandes y hasta Turquía, pero Felipe, con su preocupación por los anillos de poder, descuidó el estómago de los castellanos y abrió la puerta a que los pueblos fueran «sitiados por la peste». La temida epidemia se extendió por España favorecida por la sequía y la falta de poder real, hasta eclosionar y mostrar su peor cara entre 1506 y 1507. Definido este último como «el año de la peste», no dio sino la razón al viejo refrán de que «el año del siete toma tu capa y vete». Y fue lo que hizo una marabunta de españoles. Los testimonios describen cómo las masas de desarraigados recorrían en fúnebres cortejos los caminos huyendo de las sucesivas oleadas de muertos. Vivían y morían en los caminos, plagados de fosas comunes, donde viejos y jóvenes compartían el mismo suelo.

La propia corte se marchó de Valladolid acechada por la peste. Se instaló primero en Tudela de Duero y luego en Burgos, donde también se reportaron casos de la enfermedad. En el viaje hacia allí el rey observó un gran cometa, que algunos interpretaron como presagio de que las cosas iban de mal en peor. Al preguntar a su médico por el significado del fenómeno astronómico, el doctor apuntó que traía «pestilencia o muerte de príncipes». Una explica-

ción que al rey le hizo mucha gracia: «Guarde Dios a mi padre y a
mí, de los demás que haga lo que fuera servido», respondió entre
carcajadas. La suerte estaba echada…

El flamenco, que mostraba «santo horror a los asuntos de Estado», dejaba la tarea de preocuparse a sus consejeros. Él prefería diver-
tirse. El 16 de septiembre de 1506 Felipe se encontraba jugando un
partido de pelota (un primitivo tenis que se practicaba con las manos) en el palacio de la Casa del Cordón cuando cayó enfermo. Al
beber un vaso de agua fría tras una partida contra un capitán vizcaíno
sintió las primeras fiebres. En la corte se habían puesto de moda estas
bebidas «nevadas» (refrigeradas con nieve), lo que sumado a que estaba sudando, se entendió como el origen de un pequeño resfriado.
El flamenco no le dio la menor importancia. Al día siguiente salió de
caza como si nada, pero su estado fue agravándose hasta presentar un
cuadro de neumonía. Uno de sus médicos anotó la rápida evolución
de la enfermedad en una carta: «Estábase con la calentura y con sentimiento en el costado, y escupía sangre. Y se le hinchó la campanilla,
que decimos úvula, tanto que apenas podía hablar».

Los médicos flamencos pidieron consejo a los españoles ante
un cuadro tan desconcertante, aunque ni unos ni otros hallaron una
solución a tiempo. El día 23 el estado del enfermo era ya de extrema gravedad e hicieron aparición unas manchas pequeñas, entre
coloradas y negras, por todo el cuerpo. Perdía por momentos el
conocimiento y cada vez costaba más despertarlo. Falleció el rey,
con tan solo veintiocho años y el ánimo demolido por el caos en el
que se encontraba el gobierno. Su muerte prendió un sinfín de
rumores en Castilla. ¿Enfermo o envenenado?

No hay una sola prueba que apunte a un envenenamiento más
allá de la multitudinaria lista de personas que deseaban que un rayo
fulminara a Felipe en el sitio. El máximo beneficiado de la muerte
era Fernando, a quien muchos aristócratas miraban como su salvador. La liviana nobleza castellana ya estaba desencantada con el rey
extranjero que había entronizado y buscaba una alternativa. No le

gustaba ni un pelo la invasión de consejeros flamencos, ni que los cargos locales se los estuvieran repartiendo entre ellos, a excepción de un colmado don Juan Manuel. Que alguno de ellos deslizara ciertos polvos en su bebida es un argumento que suena verosímil, aunque no es lo que creyeron sus contemporáneos. La pulmonía o la forma neumónica de la peste fue la explicación que sus médicos encontraron más plausible para sus síntomas. La enfermedad merodeaba por la ciudad castellana y el monarca nadó a su encuentro entre excesos y aventuras amorosas.

Juana no se separó ni un segundo de la cabecera donde estaba su marido. Solo con mucho esfuerzo consiguieron despegarla del cadáver, que fue vestido con sus mejores galas y sentado como si estuviera vivo en un trono. A continuación, se procedió a rellenar con perfumes su cuerpo y a enviar su corazón a Flandes, donde fue colocado en una caja junto a la tumba de su madre, en Brujas. Los restos fueron transportados en un doble ataúd de plomo y madera por sus más fieles servidores hasta la catedral. El cuerpo fue enterrado de manera provisional en la Cartuja de Miraflores, a pocos kilómetros de la ciudad, debido a la irrupción de la peste. Pero aquí solo comenzó su periplo.

Juana realizó visitas frecuentes a Miraflores y exigió abrir su féretro para cerciorarse de que seguía ahí. Una vez destapada la tumba se dedicaba a besar los pies y abrazar las rodillas de un cadáver que no olía a rosas. «No se distinguía bien si tenía rostro de hombre, porque envuelto en vendajes impregnado de ungüentos y embadurnado todo es espesa cal, nos parecía estar viendo una cabeza de yeso», anotó Mártir de Anglería, que no se quiso perder el espectáculo.

De la noche a la mañana Juana recordó a los presentes que el deseo de Felipe era ser enterrado en Granada. La reina se pasó por el arco del triunfo las advertencias del obispo de Burgos sobre la prohibición legal de desenterrar los cuerpos hasta que pasaran mínimo seis meses y procedió a levantar la tumba. El cuerpo se cargó en un carruaje vestido con ricos paños de oro y seda que, tirado por cuatro caballos de Frisia, partió una noche escoltado por obispos y altas dignidades. Juana, embarazada de ocho meses, inició el 20 de diciembre una esperpéntica gira por los helados pueblos de Castilla al frente de «una turba de clérigos».

«Está todo el mundo escandalizado con esta partida, porque ha sido muy dañosa para todos con este disparate que ha hecho la Reina, no hay chico ni grande que ya no diga que está perdida y sin ningún seso», concluyó Lope de Conchillos, fiel secretario de Fernando.

Juana, la viuda de España

Un viajero del norte de Europa anotó la costumbre que las viudas españolas tenían de tirarse de los pelos, gritar y lamentar de manera ruidosa la pérdida de sus parientes durante los entierros, «y si no hacen eso ellas mismas, alquilan mujeres para que lo hagan, las cuales muestran el mismo sentimiento que las otras habrían de mostrar. Parece ser que su dolor es más grande en la apariencia que en el corazón». Al contrario, en el caso de Juana, lo desconcertante era que la viuda de Felipe I mostrara un gesto impávido y que no derramara una sola lágrima tras su muerte.

Lo único que parecía desvelar a Juana «labios sellados» era el bienestar del cadáver de su marido, el cual permanecía custodiado cada segundo para que no se fuera a fugar. Los traslados se realizaban solo de noche, añadiendo más oscuridad a la comitiva, aunque apenas se pudo avanzar hacia Granada debido a lo impracticable de los caminos en invierno. En cuatro jornadas de viaje alcanzaron Torquemada, pequeña villa a veinte kilómetros de Palencia, donde se redobló la guardia. «En el templo parroquial guardan el cadáver soldados armados, como si los enemigos hubieran de dar el asalto a las murallas. Severísimamente se prohíbe la entrada a toda mujer», escribió Mártir de Anglería. Juana vivía obsesionada con que los flamencos se fueran a llevar lo que quedaba de su marido al norte.

La «odisea macabra» se detuvo en esta villa durante cuatro meses hasta que Juana dio a luz a la última de sus hijas, Catalina, a la que bautizó así por aquella hermana pequeña que vivía en Inglaterra, también triste y alejada de sus familiares. Más allá del parto, se desconoce por qué Juana eligió Torquemada para una estancia tan larga; unos especulan que fue por huir de la peste y otros porque no había allí alojamiento para tanto moscón que le seguía. Buena parte de la comitiva real se dispersó en esos meses de abulia. La reina de Castilla reanudó por sorpresa el cortejo hacia el sur, pero, apenas atravesado el río Pisuerga, ordenó parar junto al monasterio de monjas cistercienses de Santa María de Escobar, a las que no quitó ojo.

Ni siquiera la muerte de su marido la liberó de los celos enfermizos. Al saber de la presencia de las religiosas, la viuda de España se negó a entrar en el espacio que ocupaba el monasterio. Pidió que abrieran el féretro de Felipe a campo abierto en medio de la noche para comprobar que seguía todo en su sitio. Durmió en una casucha en el campo y su séquito a la intemperie, pues, se interpretó, prefería una pulmonía a dormir bajo el mismo techo que otras mujeres. Cierto que instalarse en tiendas era algo bastante común en la corte de los Reyes Católicos, pero no el esquivar los templos sagrados. La siguiente parada fue Hornillos de Cerrato, una aldea tan minúscula que obligó a reducir todavía más la corte fúnebre en los cuatro meses que estuvo allí. Menos bocas que alimentar, menos salarios que pagar... En eso Juana estuvo muy atinada. Medio millar de cortesanos salieron en desbandada del país con una mano delante y otra llena con lo que pudieron saquear de la cámara del difunto.

El comportamiento de Juana fue visto con suma inquietud por los que se iban y por los que se quedaban. «En la confusión no hay cosa cierta, su alteza está muy mal», escribió un embajador al Consejo Real desde Hornillos. No obstante, hay quien ha querido buscar una explicación política a las extrañas acciones de la reina.

Según estas lecturas interesadas, la única razón por la que alargó el enterramiento de su marido fue para evitar que la casaran con el rey de Inglaterra, Enrique VII, que al saber de su viudedad llenó la corte castellana con solicitudes para entroncar con tan divina hija de Isabel. Mientras estuviera insepulto el cuerpo, Juana no podía contraer un nuevo matrimonio. El rey inglés, sin embargo, no aceptó el no por respuesta. Presionó al padre y hasta sopesó enviar a alguien a su rescate. Finalmente, se tomó mal el rechazo y le dio por llamar «el usurpador de Castilla» a Fernando, al que culpaba de que no se fuera a celebrar el matrimonio.

Pero incluso los que defienden que estos extravagantes actos seguían una estrategia política deben reconocer que la apatía de Juana para atender otros asuntos que no fueran el cadáver de su marido resulta desconcertante, inexplicable e impropia de una hija de Isabel la Católica. No basta justificar esta inactividad en que estaba a merced de un mundo dominado por los hombres, porque lo mismo se podría haber dicho de su madre, que nunca se conformó con una excusa tan vaga. De haber querido gobernar, nadie hubiera impedido a Juana hacerlo y no le hubieran faltado los colaboradores bien intencionados. La abstracción de su mente en un instante tan crítico para Castilla encuentra una difícil explicación.

Aunque el muy cabal Cisneros se hizo cargo del gobierno de «la república de España», en palabras de un cronista del periodo, incluso él tenía las manos atadas. Precisaba al menos de la firma de la reina para actuar en su nombre, y ella se negaba a tratar con el pequeño grupo de letrados que presidía Cisneros. Por el reino cundió el pánico ante el temor a que volvieran los tiempos agitados de Enrique el Impotente donde cada cual hacía lo que le venía en gana. Por lo pronto, el prelado ordenó a los nobles que no acudieran con séquitos armados cerca de Juana, a la que el duque de Nájera planeó secuestrar con el pretexto de lograr su «liberación».

La reina mantenía inerte el gobierno y solo expidió un puñado de órdenes tras la muerte de Felipe. Una de ellas para revocar todas las mercedes concedidas por su marido, pero el resto centradas en el bienestar del exquisito cadáver. Insistió hasta lo demencial en que se adelantara a los miembros de su capilla real el salario de un trimestre entero, lo cual hizo hervir la sangre al resto de cortesanos que llevaban meses sin recibir su paga. La explicación a tal acto de amor hacia la música es tan sencilla como que Juana necesitaba a los músicos para las exequias diarias que celebraba con la misma pompa como si Felipe acabara de morir. Los otros que recibieron lo adeudado de manera puntual fueron los alabarderos y monteros de Espinosa que guardaban el cadáver durante la gira por Castilla. La partida en la que más dinero gastó durante su reinado fue en cera para iluminar el féretro de su marido. Una cantidad de 577.775 maravedíes que sirvió para que no faltaran velas encendidas, tantas que, a decir Mártir de Anglería, «nos ha dado un color de etíopes». Esta obsesión por el fuego causó incendios tanto en la iglesia de Torquemada como en la de Hornillos, donde a punto estuvo de quemarse el ataúd.

Que la reina fuera incendiando iglesias por Castilla al frente de un grupo de etíopes solo aumentó la impresión de caos. La peste campaba a sus anchas por la meseta, mientras la nobleza desenterraba sus viejas hachas de guerra. En Toledo se enfrentaron los partidarios del conde de Fuensalida y los del conde de Cifuentes. En Ponferrada, el conde de Lemos asaltó la ciudad a cuenta de su vieja reclamación patrimonial. En Segovia, Andrés Cabrera recuperó el Alcázar. Y en Andalucía, el duque de Medina-Sidonia trató de apoderarse de Gibraltar. Toda la obra de los Reyes Católicos se tambaleaba.

Ni siquiera en el Consejo Real presidido por Cisneros remaban todos a una; Juan Manuel y el duque de Nájera pedían que fuera Maximiliano, el padre de Felipe, quien se hiciera cargo de la regencia hasta la mayoría de edad de Carlos de Gante. El Habsburgo veía con buenos ojos esta proposición indecente e inició los preparativos para viajar a la península. Pero, como tantos proyectos en su vida, Maximiliano habría de renunciar antes de empezar la quijotada ante la carísima acumulación de contratiempos que conformaban su corte. Mientras tanto, Cisneros decidió escribir en secreto a Fernando pidiéndole su retorno incondicional. El aragonés se hizo el loco, en un sentido diferente del de su hija, antes de intervenir en los asuntos de un reino que le había echado a patadas. Prosiguió como si nada su viaje de ida y vuelta a Italia durante un año entero.

Las chifladuras del reinado de Juana terminaron en el verano de 1507. Al puro estilo del Séptimo de Caballería, el aragonés apareció en el horizonte para terror de sus enemigos y consuelo de sus amigos. Fernando tomó contacto con la península a través de Barcelona y Valencia, aunque apenas se detuvo en estas ciudades de su corona, pues pasó rápido hacia la meseta. «Si no fuera por Castilla el rey sería mendigo porque de los reinos de Aragón no obtiene casi nada», justificaba el embajador Guicciardini sobre lo prioritario que era el reino de su mujer para Fernando. En Barcelona, de hecho, ni siquiera se bajó del barco ante el temor de que pudiera contagiarse de la peste. Fue la última vez que estuvo en aquella urbe que tanto había marcado su vida.

Cuando se supo que su padre estaba de camino, Juana levantó con premura su campamento de Hornillos para ir a su encuentro. Padre e hija se vieron en Tórtoles de Esgueva, territorio burgalés, el 29 de agosto. Juana se sintió dichosa de entregar los negocios del reino en los hombros de su padre. Los presentes atestiguaron las muestras de cariño que intercambiaron padre e hija tras reencontrarse en unas circunstancias tan dramáticas. El gobernador estaba decidido a aplicar un *damnatio memoriae* sobre el reinado de Felipe, lo cual iba a incluir tarde o temprano a su hija, aunque por el momento no se atrevió a interrumpir la parafernalia funeraria que seguía llevando consigo transcurrido casi un año desde la muerte de su marido. Cada día celebraba un funeral igual de aparatoso que el día anterior. Cada día volvía a morir Felipe. Cada día volvía a resucitar. En presencia de su padre, la reina montó en cólera al saber que se pretendía usar la iglesia de Santa María del Campo, donde había instalado de forma rutinaria el cadáver de su marido, para un acto de entrega del capelo a Cisneros, un reconocimiento que Fernando había tramitado con el papa para agradecer al viejo confesor de Isabel su lealtad. La ceremonia se desplazó a una villa cercana después de que Juana retirara por su cuenta y riesgo los tapices y adornos.

Fernando pastoreó a su hija hacia Burgos y luego Valladolid, donde se negó a entrar por su aversión a las grandes ciudades. No era el tipo de hostilidad de Gengis Kan, que las imaginaba un sitio que debilitaba al guerrero, sino la de una mujer de aspecto descuidado que evitaba los recintos amurallados. Sin sospechar que allí habría de vivir el resto de su vida, Juana accedió a ir a Tordesillas junto a su hija Catalina. Las puertas se cerraron con estruendo a sus espaldas. La reina vació su equipaje en el rudo palacio real levantado por Enrique III con espléndidas vistas al río Duero. El féretro de Felipe fue colocado en el cercano monasterio de Santa Clara para que la reina pudiera visitarlo cuando quisiera. Es falsa la leyenda de que desde su ventana podía contemplar la tumba, aparte de que al cabo de los días perdió interés en el muerto. Lo visitaba solo una vez al año, en Semana Santa, y ya pareció no importarle que una comunidad de monjas custodiara sus restos. Cuando en 1525 el cuerpo fue trasladado a Granada, Juana comprendió lo que estaba sucediendo y «no sintió nada», según afirmó su carcelero.

El gobernador de Castilla dictó el internamiento de su hija a través de una resolución fechada a principios de 1509, aunque ella nunca dejó de ser la reina de pleno derecho. Juana permaneció recluida allí durante cuarenta y seis años bajo el convencimiento general de que no estaba en sus cabales. ¿Era solo un bache o la cumbre de una enfermedad mental que ya no iba a remitir? En pocos años, había perdido a dos hermanos, una madre y un marido torturador. Es imposible distinguir cuánto había en ella de enajenada y cuánto de víctima del poder. Sobre todo de la ambición de los hombres de su vida, su padre, su marido y su hijo. Y también de su madre, que esperaba sumar un fiel agente español en Bruselas sin preocuparse por los problemas matrimoniales que esto le acarreó. Del mismo modo es complicado identificar si Fernando ordenó que no recibiera visitas y no se comunicara con el exterior o si aquel aislamiento se lo impuso ella misma.

Tampoco es que en esa época se pudiera hacer mucho por los enfermos mentales más allá de encerrarlos, ni siquiera en España, que era el país con la red de institutos más avanzada en esta incierta ciencia. Hacia 1409, se había fundado en Valencia el primer centro psiquiátrico con una organización terapéutica a iniciativa del padre mercedario Juan Gilabert Jofré. Este fraile tomó esta decisión al ver que la chusma perseguía y apedreaba a un enfermo mental. Se llevó al hombre herido a su convento para curarlo de manera adecuada y puso la semilla para el primer manicomio del mundo.

Jofré llegó a ser conocido en toda Europa por los métodos de tratamiento que usaba en este centro, que incluían la retirada de las ataduras a los dementes y el inicio de la laborterapia, actividades de trabajo para mantener ocupada la mente de los pacientes. Con posterioridad al de Valencia se construyeron hospitales para dementes en Zaragoza, Sevilla, Valladolid, Palma de Mallorca, Toledo y Granada, algunos de ellos encargados por los propios Reyes Católicos. Por descontado, Juana no fue llevada a estos centros, sino al lugar más discreto posible, porque «no se puede dejar que hable con nadie pues convencerá a cualquiera», como expresó uno de sus carceleros.

¿Hablar de qué? ¿Qué es lo que temían los familiares de Juana que pudiera revelar una loca?

La ira del rey

Escudado con un buen contingente de veteranos de las guerras italianas, el gobernador a perpetuidad del reino llevó a cabo un desfile por las ciudades castellanas con el único objetivo de vanagloriarse de su victoria. Como en otras ocasiones, el rey no resolvió las rebeliones con grandes baños de sangre, sino con guante blanco. A los revoltosos más resistentes, como el marqués de Villena o el duque de Nájera, los apaciguó con una mezcla de amenazas, promesas de amistad y algunas concesiones. No fue posible ni deseable hacer lo mismo con el traicionero Juan Manuel, que se marchó a Flandes cuando vio la melena al viento del rey asomarse por el mar. El noble más fiel a Felipe I habría de jugar un importante papel en la crianza de su hijo Carlos.

Para terminar de convencerse de que la suerte celestial le favorecía, el retorno de Fernando coincidió con el reverdecimiento de los campos tras un invierno al fin lluvioso. Solo las plagas de langosta en Andalucía impidieron al gobernador de Castilla cantar victoria. Langostas de seis patas y también de dos. El monarca se las vio y deseó con una confederación de nobles en la zona, y en especial con el marqués de Prieto, sobrino del Gran Capitán, que había extendido por Córdoba las llamas de la rebelión en réplica a los excesos del inquisidor Lucero. El pueblo asaltó el Alcázar de los Reyes Cristianos para liberar a los presos que esperaban juicio y linchar a Lucero, que escapó ileso a lomos de una mula. Con desproporcionada dureza, los hombres del rey hicieron ejecutar a los responsables de aquel asalto infame en una represión que afectó al castillo familiar. El marqués de Prieto fue desterrado a perpetuidad de su propio señorío. Para que no pudieran acusarle de arbitrario, el rey también destituyó a Lucero y ordenó revisar las condenas que había dictado con la ligereza de unas bermudas en verano. El inquisidor general, Diego de Deza, fue sustituido en Castilla por Cisneros, que suavizó algunos de los procedimientos del tribunal.

En la región de Sevilla, donde el duque de Medina-Sidonia se había desmelenado, actuó el rey con igual contundencia ahorcando a los esbirros y salvando a los cuervos. Los pequeños pagaban las consecuencias de los desafíos de los grandes: la clemencia que Fernando esgrimía con unos era un hacha con los otros. En marzo de 1508, ordenó ahorcar y desmembrar en Burgos a un tal Pedro de Tordesillas, antiguo portero de la casa de Juana, solo por alardear ante cierta dama de que le gustaría matar al rey con un puñal. Cierto que planear un atentado contra el monarca era un delito muy grave, pero en este caso llamarlo conato de magnicidio sería muy generoso, más bien una bravata de taberna, aparte de que el portero en cuestión gozaba de la gratitud supuestamente eterna de los reyes. Así se la habían trasladado por haberse acordado de sacar al príncipe Juan del campamento en llamas de Santa Fe cuando ellos decidieron huir ligeros de equipaje durante la guerra de Granada. Ya se sabe que, como lamentaría un noble del siglo entrante, «los reyes no tienen los sentimientos y la ternura en el lugar en donde nosotros los tenemos».

De Italia, el rey no trajo solo soldados, sino más fiebre humanista a una península que no cabía más en sí de gozo cultural. El reinado de los Reyes Católicos, que abolieron los aranceles para importar libros extranjeros e impulsaron la imprenta, despertó definitivamente la pasión renacentista de los españoles. Los nobles se apuntaron a la moda cultural con auténticos fanáticos de la lengua de Tiberio, como ese marqués de Denia que a los sesenta años decidió aprender latín «porque le avergonzaba ignorar lo que sabían los jóvenes». Lo mismo hicieron los clérigos. Cisneros emprendió uno de los proyectos más ambiciosos del periodo con la Biblia políglota, donde un equipo de expertos dispuso por primera vez juntos los textos bíblicos en hebreo, griego, latín y arameo. Un hito cultural que fracasó en lo comercial. De los 600 ejemplares que se imprimieron se vendió solo una parte minúscula. Para la Universidad de Alcalá de Henares, que fundó con un aire moderno en contraposición a Salamanca, Cisneros intentó reclutar a los mejores maestros del continente, entre ellos al humanista por antonomasia, Erasmo de Róterdam. Poco aficionado a viajar, el filósofo y sacerdote holandés justificó con arrogancia en una carta a su amigo

Tomás Moro las razones por las que rechazó la oferta: *Hispania non placet*. Los españoles querían más a los humanistas que los humanistas a los españoles.

Cisneros permaneció al lado de Fernando durante todo el gobierno castellano. El clérigo se encargó de recordar, como un Pepito Grillo irritante, que Isabel había insistido en su testamento en la importancia de llevar la guerra religiosa al otro lado del Estrecho, foco de piratas y de exiliados nazaríes. En 1497, todavía en vida de la reina, se había tomado Melilla gracias a «ciertas diferencias de los moros». La división entre musulmanes marcó el camino para avanzar hacia otras ciudades costeras. El gobernador de Castilla cedió a las peticiones de Cisneros, que encabezó en persona la toma de Orán en 1509 vestido con el capelo rojo y la cruz bien sujeta en la mano para bendecir a las tropas, las cuales financió con los fondos de su propia sede. La inversión se vio de sobra compensada tras el minucioso saqueo de la ciudad que hoy está al noreste de Argelia. El millonario botín lo integraron joyas, oro, plata y 8.000 cautivos. En un alarde de masculinidad sacerdotal, el cardenal expresó que «el olor de la pólvora le resultaba más dulce que los perfumes de Arabia», aunque no era cierto. Un ejército de 15.000 soldados en campaña no iba soltando perfume, por lo que a las primeras de cambio regresó a la península. El apocalíptico prelado abandonó África tras sus desavenencias con los mandos militares, en especial con los veteranos de Italia, que a ojos de Cisneros actuaban con una saña indistintiguible de un yihadista musulmán.

El cardenal dejó la ciudad avituallada para aguantar tres meses y regresó a Alcalá de Henares con un elefantiásico botín para el que, diría su primer y exagerado biógrafo, fue necesario tirar un lienzo de las murallas con el fin de que entraran camellos cargados de libros árabes, candelabros de mezquitas y grandes cerrojos de plata. A Orán le siguió la conquista de Bugía, Trípoli y luego varios tropiezos. Fernando, saludado por el papa con el recargado título de «fortísimo atleta de Cristo», quería llevar la cruzada hasta Jerusalén para cumplir con su papel de nuevo David. Esta pretensión religiosa lo llevó a olvidar por una vez su proverbial prudencia. El Desastre en Djerba (1510) puso los pies en el suelo a los españoles. El calor, la falta de agua y la inexperiencia de García Álvarez de Toledo, primogénito del duque de Alba, descarrilaron el intento de tomar esta inhóspita isla frente a Túnez. Más de 4.000 hombres murieron durante una improvisada marcha por el desierto, entre ellos Álvarez de Toledo. Cuando en 1511 las guerras contra Francia reclamaron toda la atención, Fernando estuvo encantado de aplazar su sueño africano sin fecha a la vista. Preparó una gran expedición hacia África que se propuso encabezar en persona solo para enviarla a última hora contra los franceses y, por supuesto, sin él a bordo. Donde dije sarracenos digo galos…

El rey ya no era un chaval, a pesar de que despachaba los negocios a la velocidad de una computadora. Le faltaba una parte de sí mismo, su media naranja, su socia, su aliada, su confidente. La nueva esposa del aragonés jamás podría ocupar ese hueco. Úrsula de Foix, llamada comúnmente Germana, se esforzó por ganar protagonismo político en Italia y luego en España, sin irritar a los castellanos, que la veían como una mala copia de la todopoderosa Isabel. La joven era de un atractivo más bien discreto, afeada por cierta cojera, que algunos, como el cronista de ese siglo Pierre de Brantôme, consideraban una extraordinaria cualidad sexual pues «tales mujeres son muy deliciosas, por cierto movimiento y agitación que no se encuentra en otras». Y eso sí, la francesa era alegre, festiva y abierta.

Tampoco es que el viudo fuera un Adonis una vez había sido despojado de su juventud y sus esperanzas. La edad había sido cruel con el aspecto de Fernando. Un embajador inglés reparó en que la pérdida de un diente le hacía cecear, sufría de estrabismo en el ojo izquierdo y los reveses le habían hecho rudo como un leño seco. Era un cincuentón tirando a bruto casado con una joven resplandeciente que, en lo que fue una venganza del destino para un contumaz infiel, despertó sus celos más primarios. El rey ordenaría en el verano de 1515 que Antonio Agustín, vicecanciller de Aragón y figura en ascenso en la política española, fuera encerrado en el castillo de Simancas «porque requirió de amores de la reina Germana», aunque muchos sospecharon que con quien mantuvo relaciones secretas fue con la corte flamenca. Daba lo mismo, ambas infidelidades eran igual de graves para un monarca al que se le acababa el tiempo para procrear.

Tener un hijo con la joven Germana era una urgencia, pues temía que en la Corona de Aragón también se le colara otro extranjero empalagoso. Como fruto de estos intentos nació en mayo de 1509 un varón llamado Juan, que murió a las pocas horas. Germana no sería capaz de dar más hijos a Fernando, pero le entregó algo más valioso aún. Un reino. El de Navarra. Cuando los ejércitos de su marido mataron a su hermano Gastón de Foix en la batalla de Rávena, Fernando, especialista en el arte de transformar desastres en victorias, encontró una mina de oportunidades. Muerto su cuñado, el rey aragonés presentó sus argumentos para reinar en Navarra o, para ser más exactos, usurpó los de su mujer.

La Corona de Navarra era un viejo sueño de los Reyes Católicos que primero habían intentado cumplir mediante pactos matrimoniales y luego manteniendo inertes a sus soberanos. El reino pirenaico vivía prensado por las ambiciones de aragoneses, castellanos y franceses, pero se las arreglaban a pesar de todo para mantener cierta independencia. Los reyes navarros Juan de Albret y Catalina de Foix, con un toque de sangre Trastámara y otro de francesa, procuraron moverse en la neutralidad durante las disputas entre los colosales vecinos para evitar que les salpicara el aceite hirviendo. Sin embargo, tras la muerte de su primo Gastón les resultó imposible abstraerse de la serie de catastróficas desdichas que les colocó en el pelotón de los fusilados. El apoyo de Francia a esta rama de la casa Foix había sido un obstáculo para mantener buenas relaciones con los reyes de Navarra, pero ahora el rey galo no tenía la menor intención de alinearse con la otra prima, Germana, por lo que ofreció una alianza a los navarros que no podían rechazar.

Fernando convenció a su joven esposa para que reclamara por las armas el trono pirenaico antes de que la propuesta francesa se materializara en el envío de tropas. El rey aragonés desplegó una agresiva campaña propagandística donde aireó los términos de la alianza con puntos exagerados y otros directamente falsos. Además, recicló de manera torticera una bula que había pedido antes al papa Julio II, enemigo de Francia para tildar de infieles a los navarros por haberse aliado con los franceses. Aunque en la bula no se excomulgaba a los reyes de Navarra, pues ni siquiera se nombraba ese reino, Fernando la enarboló para titularse rey de Navarra por derecho de conquista, porque, según quería interpretar, el papa había dado autorización para apoderarse de todos los territorios y las propiedades de los enemigos de la Liga Santa.

El aragonés encomendó la «cruzada» contra Navarra a su primo el duque de Alba, un experto en lo que hoy se llamaría guerra de contrainsurgencia y uno de los castellanos en los que más confiaba. El 19 de julio de 1512 el duque cruzó la frontera, a la altura de Salvatierra, por una ruta poco habitual. Las fuerzas reunidas por Castilla sobrepasaban los 13.000 efectivos, la mayoría vascos, sin contar una pequeña fuerza de navarros dirigida por Luis de Beaumont, conde de Lerín. Aragón, por su parte, participó en las operaciones con un ejército encabezado por el hijo ilegítimo de Fernando, Alfonso de Aragón, arzobispo de Zaragoza. Pero casi se tarda más en enumerar a los participantes en la campaña que el tiempo que le costó a Fernando dejar noqueada a Navarra.

La guerra devino en una auténtica *blitzkrieg* que, en cuestión de mes y medio, tenía sometido al reino entero. La velocidad de invasión impidió que Francia pudiera ayudar a su nuevo aliado, en parte porque esperaba un ataque de los ingleses y españoles en su reino que nunca ocurrió. De hecho, el contingente de británicos acuartelado en el País Vasco bajo el mando del conde de Dorset descubrió a la vez que los franceses que el verdadero objetivo de Fernando estaba en el lado sur de los Pirineos. El maestro del disimulo que era el aragonés cargó las tintas contra el mando inglés, que se negó a hacer de carabina, para calmar el enfado de su aliado y cuñado Enrique VIII: «Muchos españoles tenemos nuestras sospechas, o estamos completamente seguros, de que algunas personas que sirven en el ejército inglés mantienen acuerdos secretos con el francés». Franceses, navarros e ingleses estaban de acuerdo en una única cuestión: todos habían sido burlados por el aragonés.

En otoño, Juan y Catalina trataron de recuperar su reino a través de tres ofensivas simultáneas: una en Guipúzcoa, otra en la Baja Navarra y otra en el valle del Roncal. Las tres estaban destinadas a fracasar. El duque de Alba resistió los asaltos en Pamplona a manos de tropas francesas, navarras y mercenarios albaneses y alemanes. El rey depuesto estaba convencido, tal vez por inexperiencia militar, de que los gigantescos lansquenetes alemanes que formaban parte de su ejército derrotarían con facilidad a los jóvenes defensores de la plaza, mucho más bajos de estatura. «Sé mejor que vos el esfuerzo de los mancebos españoles. No os engañéis con la gran estatura del cuerpo de los alemanes. En Rávena murieron el triple que los españoles», le advirtió el jefe francés La Palisse, veterano de las guerras de Italia.

Cuando se calmó el ruido de los cañonazos, el gobernador anunció ante las Cortes castellanas reunidas en 1515 que Navarra quedaría anexionada a este reino. Decidió vincular Navarra a la Corona de Castilla, en vez de a Aragón, debido a la estrecha relación económica que había entre ambos territorios y, sobre todo, porque este reino presentaba menos obstáculos legales.

La de Navarra fue la última gran empresa de Fernando, que, frente a los numerosos líos que siguieron llamando a su puerta, se acostumbró a responder con un lacónico «ya se verá». Le empezó a atormentar la idea de que él, que tanto había querido combatir a los infieles, se había pasado la vida luchando contra otros cristianos. La política defensiva de su ocaso fue un reflejo de su desgaste mental. La ausencia de caras amigas estaba haciendo mella en su ánimo. Solo Germana de Foix y su nieto Fernando amortiguaban los ecos de los palacios vacíos. El hijo menor de Juana era un chico despierto, con una memoria superdotada, que hasta en la forma de caminar imitaba a su abuelo. Compartía con él el nombre, el natalicio (los dos nacieron un 10 de marzo) y el carácter curioso. Al nieto le gustaba pintar, esculpir, fundir cañones, probarlos después y, sobre todo, ir a cazar con el rey. El gran Fernando veía en el pequeño Fernando a un segundo hijo, e incluso le obsequió con juguetes que habían pertenecido al difunto Juan.

La soledad de la vejez lo es menos junto a la familia, justo lo que a Fernando le había ido desapareciendo por culpa de ese depredador de masas llamado política. Su hija María estaba demasiado ocupada haciendo herederos portugueses como para prestar atención a su padre; Juana, cautiva, desarmada y loca en Tordesillas, y el resto de los hijos o estaban muertos o algo peor. Catalina, su más querida hija, lidiaba con demonios que cada año se iban haciendo más gruesos.

Lady Alcalá de Henares

Mientras contaba los días para casarse con el príncipe Enrique, Catalina vivió en Durham House, una triste casona con vistas al gris Támesis, bajo la vigilancia de la dueña de la casa (y de la infanta), Elvira Manuel, designada carcelera y criada. Los años no fueron fáciles ante la atenta mirada de esta intrigante señora, hermana de don Juan Manuel, y ante una escasez de recursos que no daba ni para comprar alimentos en buen estado. El matrimonio con el príncipe de Gales dependía de la concesión de una dispensa papal porque el derecho canónico prohibía que un hombre se casara con la viuda de su hermano.

La concesión de la bula se pospuso sucesivamente en lo que se debatía sobre el himen de la viuda. Sobre si lo tenía o no. Las criadas de la infanta defendían que «quedó como de acá fue» tras una noche de boda con Arturo donde no había ocurrido nada para decepción de Catalina, lo cual daría más crédito a los rumores sobre la homosexualidad de este. Un fantasioso cronista británico, en cambio, presentó al desaparecido príncipe de Gales como una máquina de repartir sexo: Arturo había salido de la habitación nupcial pidiendo cerveza porque «esta noche he estado en mitad de España, un sitio muy caliente, y el viaje me ha dejado seco». Una imagen de macho alfa que liga muy poco con el chico delgado, de lánguidos cabellos y voz aguda del que hablan los textos.

Fernando reclamaba al papa que la dispensa debía mencionar el dato de que Catalina era virgen para evitar futuras discusiones, en tanto los ingleses insistían justo en lo contrario. Como santo Tomás, estaban dispuestos a meter los dedos donde fuera necesario para demostrar que el matrimonio sí se había consumado y, por tanto, faltaba la mitad de la dote por pagar. Finalmente, el prolongado pleito sobre la virginidad de la infanta determinó que el primer matrimonio no era válido incluso si hubiese «quizá» tenido conocimiento carnal de su primer esposo y, en consecuencia, Catalina podía iniciar sin obstáculos legales la siguiente desgracia de su vida.

Ni con esas el rey dejó de martirizar a Catalina. Se negó a pagar las facturas de la viuda hasta que sus padres aflojaran el dinero comprometido en su dote. Los muebles de la casona se gastaron, los tapices se deshilacharon y la ropa se convirtió en harapos. La española vivió la tacañería de su suegro con la salud arrojada por un balcón. Catalina desarrolló, a la fuerza, virtudes como la paciencia y la discreción. En honor a su dramática madre, llevó al extremo el ayuno religioso a modo de silenciosa protesta, entrando en una espiral de depresiones que los médicos españoles achacaron a que era virgen, de modo que solo un buen coito y un marido diestro en el amor podrían revertirle el gesto mustio. Sin atreverse a tanto, Enrique VII pidió al papa en nombre de su hijo que obligara a Catalina a comer. El pontífice respondió con una misiva en la que daba facultades al prometido de la española para terminar como fuera con esos ayunos extremos, «porque es el hombre quien manda en la mujer».

Frente a tal elevada acumulación de agravios, Catalina imploró ayuda a su padre, que la despachó con lisonjeras palabras de ánimo y poco más. «Solo Dios sabe la tristeza que invade nuestro corazón cuando pienso en tu desgracia y penosa vida. Os amamos más que cualquier padre ha amado a su hija», la consolaba por esas fechas su padre sin acompañar las palabras de ninguna acción. La única solución que se le ocurrió a Fernando fue enviar credenciales a su hija para que ejerciera de embajadora suya. Esta fue la primera vez que una mujer ostentaba ese cargo y permitió a Catalina volver a la corte, ya no como viuda, sino como agente político de otro país. La castellana aprendió a escribir en código secreto y la importancia del disimulo en la política. Esto la colocó en primera línea para beneficiarse del cambio de reinado que estalló en 1509.

Cuando el fundador de los Tudor pereció tras sufrir fiebre reumática, fatiga y depresión, el nuevo rey, Enrique VIII, decidió no alargar más la agonía de Catalina, con la que se desposó en Greenwich el 11 de junio. El amor limó el resto de detalles o, como el monarca confesó a su suegro, «si todavía estuviera libre, la escogería a ella por encima de cualquier otra». En los primeros años de matrimonio, era habitual encontrar a la pareja de enamorados yendo a cabalgar, a cazar y hablando de temas diversos: política, teología, literatura… De ser una princesa harapienta Catalina pasó a ser una gloriosa reina que con su recato actuaba como bálsamo en las fiestas de la caótica corte. La pareja real era de las pocas en Europa que cenaba junta y hasta invitaban a amigos al festín, lo que era casi siempre preludio de la intrincada ceremonia del coito. Se procuraba no dejar nada a la improvisación en una cuestión de Estado tan elevada como es el sexo regio. Si Enrique quería yacer con su esposa debía convocar formalmente a sus *Grooms of Chamber* para que lo escoltaran a través de un pasillo privado desde sus aposentos a la habitación de la reina, donde siempre tenía una cama preparada. Los servidores del rey hacían guardia mientras duraba el sexo. La intimidad no imperaba cuando la concepción de un heredero estaba en juego.

El marido estaba por entonces muy lejos de la mole de grasa con la que ha pasado a la historia. Este caballero de 1,88 metros destacaba en las justas, la caza y las partidas de pelota. Fue además un músico completo, escritor y poeta, así como un ávido apostador y jugador de dados. Un amante de la vida al que se le atragantó lo de tener hijos. Pese a la buena sintonía inicial entre Catalina y el monarca, la sucesión de embarazos fallidos enturbió la convivencia. En 1511 dio a luz a un niño llamado Enrique, que falleció 52 días después de su nacimiento dejando a los padres destrozados. Catalina estuvo embarazada por lo menos siete veces entre 1509 y 1518, pero solo la futura María I alcanzó la mayoría de edad. Estudios modernos han especulado con la posibilidad de que Enrique contagiara la sífilis a su esposa y fuera la causa de sus fallidos embarazos. Otra teoría es que la anorexia nerviosa que la reina pareció desarrollar en su juventud afectaba a su capacidad de llevar a buen puerto los partos. Los ayunos que practicaba supusieron un peligro nutricional tanto para ella como para los vástagos que engendró.

A pesar de su desgracia, Catalina siempre se mostraba radiante de cara al público, cuidaba de cada detalle de palacio, recibía a embajadores junto a su marido, lo aconsejaba en materia internacional e incluso introdujo modas higiénicas y estéticas traídas de España. En coherencia con su lema personal «humilde y leal», Catalina elegía los productos de cada comida junto al cocinero real y cosía las camisas de su marido, así como hábitos eclesiásticos y telas para los altares de algunas iglesias. En 1513 el rey la nombró regente del reino en lo que él viajaba a luchar contra Francia. La reina lidió con una incursión escocesa que desembocó en la batalla de Flodden Field, donde murió el mismísimo rey de esta nación. Catalina tuvo que reclutar tropas, recaudar dinero, expedir órdenes judiciales y se puso al frente de un ejército levantado a las afueras de Londres, aunque no fue necesario que entrara en combate. Su comportamiento guerrero tuvo gran impacto entre sus contemporáneos e hizo que, cuando Enrique volvió a casa, le perdonara los actos de deslealtad de su padre.

Catalina mantuvo su rol como intermediaria con España hasta la muerte de Fernando, lo cual permitió provechosos tratados mercantiles con castellanos y flamencos, pero más de una vez las maquinaciones de su padre le ocasionaron un problema doméstico. El rey, sensible e inteligente para otras cosas, exhibía un carácter cada vez más impulsivo y colérico en la política. A raíz de las dos veces que su suegro le dejó en la estacada durante su lucha contra los franceses, sonó por primera vez la idea de divorciarse de Catalina, que, con prudencia, se distanció de los círculos españoles para no empeorar las cosas. Fernando vivió con amargura el progresivo cortejo que la Francia de Francisco I desplegó alrededor de Enrique VIII, quien pronto demostró que ni era hombre de una misma esposa ni soberano de una misma alianza. El pacto anglo-español llegó a su fin en 1514, coincidiendo con la pérdida de protagonismo de la reina.

Enrique se convenció de que no iba a darle más herederos. A partir de ese año, comenzó un romance con Elizabeth Blount, una de las damas de la reina. Al bastardo resultante de esta aventura, Enrique Fitzroy, lo reconoció como hijo suyo y le brindó varios títulos. Ante tal humillación, Catalina reaccionó sin levantar la voz y con la dignidad regia que tan popular la estaba haciendo en Inglaterra. Su personalidad le había granjeado las simpatías de los grandes nobles, clérigos e intelectuales del reino. Entre las muchas relaciones extramatrimoniales donde mojaba el real churro Enrique, una marcó un antes y un después, la que mantuvo con Ana Bolena, la seductora y ambiciosa dama llamada a provocar un cisma en Inglaterra.

En este sentido, el cine anglosajón ha tendido a retratar a Catalina como la belleza marchita e hispánica (morena y de piel oscura) que se vio solapada por la exuberancia sajona de Ana. Nada más lejos de la realidad. Catalina era de facciones rubias tirando a rojizas y hermosa a pesar de los sucesivos embarazos; mientras que Ana Bolena, educada en Malinas y París, tenía ojos oscuros, cabellos negros y no existe consenso sobre el tipo de belleza que ostentaba. La dama, eso sí, sabía deslumbrar gracias a su elegancia, a su agudo ingenio y a su aire misterioso. Ciertos rumores maliciosos apuntaron a que sufría una malformación en su mano izquierda (tenía seis dedos o, para ser más preciso, cinco y un pequeño muñón) y en la barbilla, donde mostraba una hinchazón que mantenía cubierta de cintas alrededor del cuello. Así lo dejó escrito un sacerdote exiliado, que por las circunstancias personales tenía gran interés en difamarla. Sin embargo, ningún otro contemporáneo mencionó estas malformaciones. Solo el poeta y diplomático Thomas Wyatt escribió a fines del siglo XVI que se había encontrado una uña diminuta en el costado de su dedo meñique y que en su cuerpo había algunas verrugas menores.

Ana Bolena se mostró desinteresada al principio con las atenciones del rey, pero con sus reparos se aseguró de que Enrique no la usara como un entretenimiento pasajero. Tras descartar a su hermana, el rey se emocionó con aquella mujer que se había atrevido a decirle que no. La quiso no solo hacer su amante, sino también su reina. Ana empezó a ocupar el asiento de la española en los banquetes, a lucir sus joyas, a vestir ropa púrpura, color reservado para la realeza, y hasta contaba con su propio dormitorio en palacio. No tardó en exigir a su tortolito que pusiera fin a su matrimonio. Enrique propuso al papa una anulación matrimonial basándose en que Catalina sí había consumado el matrimonio con su hermano, por lo que fue incestuoso haberse casado con ella. «No descubrirás la desnudez de la mujer de tu hermano» (Levítico), citó el cardenal Wolsey para respaldar los argumentos del rey. La respuesta bíblica de los partidarios de Catalina fue un fragmento del Deuteronomio que animaba justo a un hermano a casarse con la mujer del otro si no habían tenido hijos y este había fallecido. Enrique rechazó tal pasaje argumentando que este, a diferencia del que él citaba, solamente era aplicable entre los judíos, no los cristianos.

El papa Clemente VII sugirió, como medida salomónica, que Catalina podía retirarse a un convento para dejar vía libre a un nuevo matrimonio del rey. Pero quien creyera que la reina iba a aceptar esta posibilidad era porque no conocía un milímetro de piel a la corajuda hija de Isabel, una mujer que creía que «solo por medio de fatigas se llega al reino de los cielos». La reina no iba a permitir sin luchar que su hija María fuera declarada bastarda, que era lo que Bolena le reclamaba a Enrique para acabar «con el orgullo de ese rebelde linaje español». A diferencia de su marido, Catalina sostenía que su niña estaba legitimada para gobernar el reino inglés y, de hecho, no existían leyes que prohibieran a las mujeres ostentar la corona, simplemente nunca había ocurrido en su historia.

El 18 de abril de 1529 se celebró en Blackfriars un paripé de juicio donde comparecieron tanto Enrique como Catalina, quien entró con teatralidad en el tribunal flanqueada por cuatro obispos y un gran número de damas. La reina se negó a hablar con el tribunal que debía determinar la validez de su matrimonio. Se limitó a arrodillarse ante su marido, sentado en un magnífico trono, para reclamarle que actuara con justicia hacia la que hasta hace poco tiempo había sido su amante, esposa y gran confidente. La reina planteó su asombro por los súbitos escrúpulos a la hora de yacer con ella de su marido, los cuales no había mostrado en casi veinte años de matrimonio. Dicho esto, la castellana se levantó y salió del tribunal sin hacer caso a las llamadas que requerían su presencia. El discurso recibió aplausos de gran parte del público.

La intervención del sobrino de Catalina, Carlos de Gante, no hizo sino enfangar aún más el asunto. Intuyendo que nada sacaría de Roma, Enrique VIII tomó una decisión radical: rompió con la Iglesia católica y se hizo proclamar «jefe supremo de la Iglesia de Inglaterra». No es que se hubiera convertido de la noche a la mañana en protestante, un grupo disidente a Roma al que había criticado por escrito con tanta contundencia que el papa le dio el título de «defensor de la Fe», pero ante el seísmo que Lutero había provocado en Europa se subió al carro en marcha. Todo aquel que permaneciera fiel al papa no solo sería considerado hereje, sino acusado de alta traición. En 1533, el arzobispo de Canterbury declaró nulo el matrimonio con Catalina y el soberano se casó con Ana Bolena, a la que el pueblo denominaba «la mala perra».

La pareja se consolidó con la noticia del embarazo de Ana, que los astrólogos y magos anticiparon que era un niño. Se equivocaban. Nació otra niña, llamada Isabel, condenada también a una infancia traumática. Enrique privó a Catalina del derecho a cualquier título salvo al de princesa de Gales, en reconocimiento a su estatus de viuda de su hermano Arturo, y la desterró a casonas cada vez más húmedas, cada vez más apartadas, donde tenía prohibido comunicarse de forma escrita. Sus vestidos, joyas y enseres fueron entregados a la nueva reina.

La nacida en Alcalá de Henares siguió presentándose con su título regio. No se opuso a que la despojaran de castillos, lujos y bienes materiales, salvo cuando el rey envió a uno de sus esbirros a por el traje que había usado su hija María para su bautizo. Por su hija, MA-TA-BA. La castellana se encerró con el vestido en su habitación, mientras los hombres de su marido lo revolvían todo y encerraban a sus criados. El enviado real se marchó tal cual vino, sin comprender de dónde sacaba tanta tenacidad aquella avejentada señora que sumaba solo cincuenta años cuando murió, pero parecía haber vivido un centenar. El 7 de enero de 1536, antes de fallecer, Catalina escribió una carta a su esposo donde le perdonaba por sus errores: «Por mi parte, os lo perdono todo, y deseo rezar a Dios para que os perdone también. Por lo demás os encomiendo a nuestra hija María, suplicándoos que seas un buen padre para ella, como siempre he deseado».

El color negro de su corazón, indicio tal vez de que sufrió algún tipo de cáncer, propagó por Inglaterra el rumor de que la hija pequeña de los Reyes Católicos había sido envenenada por orden del rey. Contribuyó a esta idea el hecho de que, según la tradición, Enrique VIII se vistió de amarillo chillón para celebrar una gran fiesta y confesó su gran alegría pues «ahora que la vieja bruja ha muerto no hay temor de guerra en Inglaterra». Ana Bolena pudo cantar victoria, al menos durante unas semanas. Coincidiendo con la muerte de Catalina, sufrió un aborto de un hijo varón. El monarca ni siquiera se tomó la molestia de ir al lecho de la parturienta a consolarla. Solo unos meses después, Ana fue decapitada en la Torre de Londres acusada sin pruebas de emplear la brujería para seducir a su esposo, de tener relaciones adúlteras con cinco hombres, de incesto con su hermano y de conspirar para asesinar al rey. Dice el anecdotario popular que cuando Enrique la amenazó con la contundencia de sus ejércitos y de su largo poder, la dama caída se sintió muy poco intimidada al acordarse de su miembro viril: «La espada del rey no pasa de ser una simple navaja».

La cuestión de fondo es que Enrique VIII se había prendido de una dama de compañía llamada Jane Seymour. El día después de la ejecución de Ana contrajo matrimonio con ella y engendró a su único hijo varón, el príncipe Eduardo. El rey se casó otras tres veces tras la muerte de Seymour. Ni siquiera consumó el siguiente matrimonio con Ana de Cleves, a la que llamaba en privado «la yegua de Flandes» por su escaso atractivo. El envejecido y obeso soberano se divorció de nuevo, como el que ficha distraídamente por la mañana en la oficina, para casarse con Catalina Howard, a la que también decapitó. Al estilo «Dr. Jekyll y Mr. Hyde», Enrique VIII tornó con los años hacia un carácter violento y tiránico, ya fuera por la sífilis o por un accidente que le afectó a la cabeza.

El 17 de enero de 1536 el rey sufrió un impacto durante una justa que le dejó inconsciente por más de dos horas y derivó en dolores de cabeza e insomnio. Aquel suceso coincidió con una de las represiones más crudas contra los católicos y la ejecución de Ana Bolena. Ese mismo accidente redujo su movilidad a causa de una herida en el muslo mal curada. Falleció en 1547, cuando todavía seguía casado con su sexta esposa, Catalina Parr. Paradójicamente, la muerte de Eduardo VI de Inglaterra, a los quince años de edad, por una tuberculosis, forzó que la corona pasara sucesivamente a las hijas marginadas del rey. María, hija de Catalina de Aragón, e Isabel, hija de Ana Bolena.

Los avaros heredarán la tierra

Fernando fingió durante años que el paso del tiempo era ajeno a él. Salvo por ciertas calenturas que le obligaron a guardar cama alguna vez, gozó de un buen estado físico casi hasta el final. Sobrevivió a su primera esposa más de doce años, conoció a seis papas y a cuatro reyes de Francia gracias a una salud recia que le permitió cazar con pasión y mantenerse al pie del cañón en su frenética actividad sexual. Quería un heredero español a cualquier precio e incluso sopesó entregarle la sucesión a su nieto Fernando por encima de Carlos de Gante, ese remoto nieto flamenco. Si al final desechó esta vía fue porque temía que al favorecer a su nieto preferido consiguiera condenarlo y, además, no quería desmembrar ni un trozo de su obra. «Hace más de setecientos años que nunca la Corona de España estuvo tan acrecentada ni tan grande como ahora», respondió cuando su consuegro Maximiliano propuso dividir en dos la herencia española.

El rey acudió a todo tipo de combustibles para mantener el ritmo sexual con su joven esposa. Entre estos vigorizantes hubo testículos de toro, canela, nuez moscada y una sarta de remedios que rozaban lo permitido por las leyes de Dios. Se atribuye a un potaje preparado por el cocinero francés de la reina que le dieron en Carrioncillo, un pueblo cerca de Medina del Campo, estar cerca de llevarlo ante el Creador en 1513. Ese día los médicos llegaron a darle por desahuciado en un achaque donde perdió el juicio y dijo cosas sin sentido. Se pudo recuperar del trance, pero ya nunca fue el mismo. Empezó a aborrecer los negocios y a centrarse en la caza, que se prescribía como fuente de salud y deporte.

El mito cuenta que la razón de su declive no fue otra que el pasarse a un afrodisiaco todavía más peligroso, la mosca española, un escarabajo verde brillante que una vez muerto, seco y reducido a polvo se empleaba desde la Antigüedad como sustancia vasodilatadora. Esta teoría se basa en que la cantárida era una sustancia muy peligrosa, tanto que se solía usar como veneno, pero está descartada a la luz de investigaciones modernas que han demostrado que la enfermedad cardiaca del viejo rey no era el sueño de una noche calurosa de verano, sino que se había cocido a fuego lento. Lo que mató al rey fue un corazón envejecido y castigado por una dieta terriblemente rica en colesterol. Las crónicas describen a un monarca al que cada vez le costaba más respirar y que se cansaba con actividades que tres años antes realizaba con la energía de un mozo. A veces no podía mantenerse en pie por sí mismo y debía desplazarse en una silla de caderas.

El otrora movimiento anfetamínico de la corte se redujo a unos pocos destinos según las estaciones y las oportunidades de caza. En el invierno de 1515, la comitiva se desplazó hacia el sur con el rey arrastrando ese esqueleto maltrecho para asistir al capítulo de las órdenes de Calatrava y Alcántara en el Monasterio de Guadalupe, del que era maestre conjunto. A la altura de Plasencia, cuenta el cronista Galíndez de Carvajal que el monarca se topó con una anciana y santa mujer que predijo que no iba a morir hasta que ganase Jerusalén. Era la misma profecía que sor María de Santo Domingo, la «beata de Piedrahita», le había lanzado años antes y en la que el rey creía con desesperación. Esta mujer iletrada, protegida de Cisneros, sufría «raptos» durante los que respondía con erudición a las preguntas más complejas sobre teología y hasta se arrancaba con bailes místicos en las ocasiones especiales.

Animado por estas profecías que lo pintaban como casi indestructible, el rey salió a cazar por los campos de Extremadura cuando las últimas fuerzas se le empezaron a escapar. Cayó abatido en el pequeño pueblo de Madrigalejo, a las puertas de Trujillo. En un primer momento rechazó confesarse o recibir los sacramentos, a pesar de las advertencias de los médicos. No fue hasta que su aliento se convirtió en un hilillo de aire cuando comprendió que la profecía no se iba a cumplir. Su mujer y sus deudos acudieron al pequeño pueblo a darle un último adiós. También lo hicieron las aves carroñeras, con Adriano de Utrecht, embajador de su nieto Carlos, a la cabeza. «No viene sino a ver si muero. Decidle que se vaya, que no me puede ver», dijo el moribundo, que al final aceptó despachar con el sabio y viejo clérigo sobre lo que iba a pasar cuando él no estuviera.

En el testamento que redactó a última hora apenas dio explicaciones sobre sus actos políticos. Fernando nombró heredera de todos sus estados a su hija Juana que, ante su manifiesta incapacidad para reinar, habría de ceder la gobernación de los reinos a su primogénito, Carlos. Mientras este se desplazaba a España, el aragonés determinó que Cisneros asumiera el cargo de gobernador de Castilla y que su hijo natural Alonso ejerciera el puesto en la Corona de Aragón. A su querido nieto Fernando, de trece años, no pudo dejarle más que unas cuantas rentas del Reino de Nápoles y, eso sí, el regalo de que su hermano Carlos no pudiera verlo como un rival. Esto facilitó que luego el mayor colocara al pequeño en otras tierras Habsburgo, dándose la paradoja de que el hijo de Juana criado en España reinó en el extranjero y el que se crio en el extranjero lo hizo en España. Como tributo a su fama de agarrado, apenas dejó limosnas ni dinero para liberar cautivos. Si su primera mujer pidió 20.000 misas por su alma y que se vistieran 200 pobres, él se conformó con la mitad de ambas cosas. Porque tampoco es que dejara un gran tesoro para pagar estos gastos, sino más bien abalorios que incluían muchos objetos de bronce procedentes de las Indias.

Fernando el Católico murió alrededor de las dos de la mañana del 23 de enero de 1516, en una casa «desguarnecida e indecorosa». Estaba a pocas semanas de cumplir los sesenta y cuatro años. Su cuerpo, muy deshecho, fue llevado a Granada, donde estaba enterrada su primera mujer, lo cual fue una retorcida confirmación de que Germana de Foix había ocupado un lugar secundario en su vida. No en vano, el moribundo pidió a su nieto que cuidara de la viuda, «pues no le queda, después de Dios, otro remedio sino solo vos». Carlos se tomó al pie de la letra las palabras de su abuelo. Entre nieto y abuelastra brotó el romance prohibido en su primer encuentro en Valladolid. La relación dio como fruto una niña llamada Isabel, en 1518, cuya paternidad fue tradicionalmente cuestionada por la mayoría de historiadores hasta que la profesora Regina Pinilla Pérez de Tudela se topó hace no muchos años en el Archivo de Simancas con el testamento de Germana. La viuda de Fernando dejaba su joya más preciada, un collar de 133 perlas gruesas, «a la serenísima Doña Isabel, Infanta de Castilla, hija de su majestad del Emperador, mi señor e hijo».

Antes de que el romance con su abuelastra derivara en rumores más dañosos, el rey Carlos decidió poner tierra de por medio. Germana de Foix se casó en 1519 con el marqués de Brandeburgo, que además de derrochador era tan mal marido como para apalizar a la pobre francesa delante de criados y extraños. Según el cronista Santa Cruz —dado al cotilleo más subterráneo—, siendo 5 de julio de 1525, el alemán de treinta y tres años llegó corriendo por la posta a ver a su mujer Germana, que estaba en Valencia, «y con el quebranto y cansancio que había llegado no se había abstenido de llegar a la reina con la moderación que convenía, antes se había habido muy destempladamente con el vicio de la carne». Juan de Brandeburgo murió a consecuencia del salto del tigre con el que acometió a su esposa tras un largo y fatigoso viaje.

En terceras nupcias, Germana de Foix se comprometió con el duque de Calabria, el príncipe napolitano que tantos años había estado preso de los Reyes Católicos. El embajador polaco, Dantisco, se burló de un enlace que se consideró indigno por la diferencia de edad y el enorme grosor que había alcanzado el cuerpo de la novia:

> Este buen príncipe, que cuenta entre sus antepasados ochenta reyes de la Casa de Aragón, forzado por la penuria, ha venido a caer con esta corpulenta vieja, y a dar un escollo tan famoso por sus naufragios.

La tercera boda de la reina de corazones prendió una oleada de burlas por Castilla y Aragón. Francesillo de Zúñiga, bufón y autor de la crónica más ácida del reinado, vinculó la creciente obesidad de Germana al terremoto que se produjo en Granada durante la luna de miel de la pareja. Según Francesillo, no se supo si había sido un terremoto o los gritos de la reina Germana, que del susto saltó de la cama y «hundió dos entresuelos y mató un botiller y dos cocineros que debajo dormían». No obstante, esta unión entre la festiva Germana y otro amante de la buena vida y la cultura convirtió su residencia en el Reino de Valencia en una pequeña corte a la italiana. Entre cultura renacentista, poemas picantes y obesidad mórbida se apagó la francesa antes de cumplir los cincuenta años.

El ataque del gato demoniaco

Los reyes Trastámara eran ya polvo, un episodio extinguido en los libros de historia, a excepción de una irreductible superviviente que había resistido el avance de los flamencos, los alemanes y hasta de los cuerdos: Juana I de Tordesillas. Durante los primeros siete años se encargó de vigilar a la reina propietaria de Castilla Luis Ferrer, riguroso como una punta de flecha, quien más que un cuidador era un carcelero con el único objetivo de evitar la fuga de una mujer que, según observaba, era en «todo locura y desvarío».

Veinticuatro monteros de Espinosa y doce damas velaban por la seguridad de la reina. El cerero mayor recibió permiso para «darle soga» si fuera necesario, lo que venía a significar que podía obligarla a comer y a vestirse de manera adecuada. No parece que tuviera mucho éxito en ninguna de las dos tareas, pues Juana inició un viaje hacia el desvarío que la desfiguró el aspecto físico a base de ayunos y poco aseo. O tal vez Ferrer y el rey consiguieron justo lo que pretendían. En 1510, su padre la mostró en ese estado lastimoso a un grupo de nobles seleccionado para que no quedara duda de su incapacidad.

A la muerte de Fernando, los guardias asaltaron el palacio y, junto con el pueblo de Tordesillas, hicieron pagar a Ferrer su maltrato contra Juana. El aragonés fue reemplazado en el puesto de vigilancia por el caballero Hernán Duque de Estrada. El trato se hizo más amable y Juana pudo pasear a pie y a caballo por los alrededores del palacio. Sin embargo, los rumores sobre un presunto enamoramiento de Juana y Hernán precipitaron su relevo por los marqueses de Denia (y condes de Lerma) a partir de 1518. Hubo sospechas de que estos nobles maltrataron a la reina y le suministraron la comida a cuentagotas, lo cual no parece muy verosímil si se tiene en cuenta que murió con setenta y cinco años, más vieja y lozana que ninguno de sus padres o de sus hijos. Ella se defendió con huelgas de hambre y, al menos en una ocasión, descalabró a dos criadas lanzándoles un barreño encima.

El padre la visitó tres veces, su hijo un mínimo de doce y dos su nieto Felipe II. Tal vez una cifra escasa, pero suficiente para constatar que el tratamiento que recibía era lo bastante respetuoso. En su primera visita a España, Carlos de Gante se reencontró con su madre después de más de una década sin verse. Sobre el terreno no decidió cambiar ni un ápice de las condiciones de su régimen, aunque entendió que era cruel que su hermana más pequeña, Catalina, de diez años, estuviera criándose en un ambiente tan tóxico. La niña vestía de tal modo que nadie la tomaría como una de las nietas de los Reyes Católicos o siquiera con una noble rural.

Carlos dispuso que Catalina fuera sacada de su cautiverio en secreto e incorporada a la corte con el tratamiento de infanta de España. Los servidores del rey penetraron de noche en la cámara de la infanta, haciendo un hueco en su pared, y la sacaron de Tordesillas para llevarla a Valladolid. «¡Me han robado a mi hija!», clamó al enterarse la madre de su enésima pérdida. Su enloquecida reacción llevó a Carlos a consentir que su hermana pequeña regresara con su madre, aunque exigió que tuviera su propia cámara y recibiera el servicio que le correspondía a su dignidad. Los carceleros de Juana no cumplieron con lo acordado.

El marqués de Denia, Bernardo de Sandoval y Rojas, obligó a Catalina a firmar varias cartas donde aseguraba que estaba bien tratada, en un tiempo en el que era objeto de vejaciones constantes. Como si aspirara a ser la madrastra malvada de un cuento, la marquesa se presentaba en público con sus hijas postergando a la infanta de España a un segundo plano. Ellas lucían las joyas y vestidos que le enviaba Carlos a Catalina. Sin más compañía que la de su madre, a la infanta no le quedaba otra diversión que mirar desde la ventana a la gente que pasaba hacia la iglesia. A veces echaba monedas allí para que los niños fuesen a jugar bajo su ventana.

El trato a Juana era igual de humillante, encerrada en una cámara sin ventanas, sin posibilidad de salir del palacio y con sarna cada dos por tres. Catalina comunicó en agosto de 1521 a su hermano que no la dejaban siquiera pasear por el corredor que daba al río: «Y la encierran en su cámara que no tiene luz ninguna». Las condiciones mejoraron cuando el cautiverio real se transformó en secuestro comunero. Al caer Tordesillas en manos del movimiento que se rebeló contra el poder de Carlos, los rebeldes comuneros dieron más libertad de movimiento a Juana y la trataron como lo que de hecho era: la legítima heredera de los Reyes Católicos. Afortunadamente para la causa del rey, los comuneros no la sacaron de su apatía en los sesenta y cinco días que permaneció la villa bajo su control. Juana se dejó querer y sacó provecho a su presencia, pero no firmó nada. Se limitó en última instancia a pedir que «no la revolviese nadie contra su hijo». Aquella era la mejor de las pruebas de que su locura no era tan honda como a Fernando y Carlos les convenía.

El 2 de enero de 1525 la infanta Catalina marchó a la corte de Lisboa a casarse con el rey Juan III, el príncipe azul que rescataría a la Cenicienta de Tordesillas. Ya nunca volvió, siendo una importante figura de la historia de Portugal hasta su muerte en 1578. Si la salud mental de Juana tenía posibilidad de mejorar, la soledad y las duras condiciones del encierro lo impidieron. Los años la hicieron más violenta aún con el servicio y la sumergieron en un estado de aletargamiento. También empeoraron sus problemas con la comida: mandaba que depositaran los platos en la puerta para que, cuando le viniera el hambre, pudiera comer sentada en el suelo. Después arrojaba la vajilla contra la pared o la escondía en los armarios y detrás de los baúles. En la fase final de su vida, la esquizofrenia se movió en el terreno abonado durante años por la melancolía y las paranoias. Las idas y venidas, los dramas familiares y las muertes dejaron exhausta su salud mental.

En 1552 Felipe II destinó al padre jesuita Francisco de Borja para que triunfara allí donde una lista interminable de confesores habían fracasado, intentando que cumpliera con sus deberes religiosos. La primera vez que la visitó el jesuita logró que se confesara, pero a la siguiente vez la encontró peor que nunca, obsesionada con que las damas que la atendían eran brujas que ensuciaban el agua bendita, escupían a los símbolos religiosos y le impedían confesarse. Según se mire, fue un truco de una persona cuerda para que despidieran a unas criadas ingratas o un exabrupto irracional de una loca contra el servicio. A otro jesuita que la atendió le declaró su terror a un gato tenebroso que se había comido a varios familiares, a sus padres incluidos, y ahora la había confundido a ella con su almuerzo. Casi parecía que estaba describiendo a su marido, que en paz descansaba. Los religiosos sugirieron que necesitaba un exorcismo, pero sus familiares se negaron a someterla a tal humillación.

No solo la mente de la reina de Castilla se estaba descalabrando. Las piernas de Juana se ulceraron y la fiebre y los vómitos aparecieron de forma crónica. La muerte entre gritos de dolor la alcanzó en 1555, el mismo año que el hombre que reinaba en su nombre, su hijo Carlos, abdicó de todos sus reinos. La única hija viva de los Reyes Católicos recibió la extremaunción sin haberse confesado. La última Trastámara se fue a la tumba con sus pecados guardados a buen recaudo.

Epílogo
BIENVENIDO, MÍSTER CARLOS

Después de unas turbulentas Cortes en Toledo que costaría distinguir de un estanque lleno de pirañas, Carlos de Gante, emperador del Sacro Imperio Germánico y el rey de la corona española, quiso desprenderse del olor a refriega con una tranquila jornada de caza por los bosques de El Pardo. Corría el año 1539, ecuador del reinado, pasados ya los peores años y tal vez también los mejores. El hombre más poderoso de Europa se separó unos metros de su guardia persiguiendo un venado y apareció no se sabe dónde. El emperador se encontró en aquellas lindes con un humilde labrador castellano que, sin advertir con quién estaba hablando, rechazó prestarle su burro. A Carlos le resultó gracioso el aire bravucón del castellano y quiso recabar su opinión sobre los reyes que había conocido. «Soy muy viejo, señor, he conocido ya cinco reyes. Conocí al rey don Juan II siendo ya mozuelo de barba, a su hijo don Enrique, al rey don Fernando, al rey don Felipe y a este Carlos que tenemos ahora», contestó.

No contento con la respuesta, el nacido en Gante interrogó al lugareño sobre quién había sido el mejor de todos. «Del mejor —respondió el anciano—, por Dios que hay poca duda: el rey don Fernando fue el mejor que ha habido en España, que con razón le llamaron el Católico. De quién es el más ruin, no digo más sino que por mi fe harto ruin es este que tenemos, y harto inquietos nos trae, y él lo anda, yéndose unas veces a Italia, otras a Alemania y otras a Flandes, dejando su mujer e hijos, y llevando todo el dinero de España: y con llevar lo que montan sus rentas, y los grandes tesoros que le vienen de las Indias, que bastarían para conquistar mil mundos, no se contenta, sino que echa nuevos pechos y tributos a los pobres labradores, que los tiene destruidos. Pluguiera a Dios se contentara con solo ser rey de España, que aún fuera el rey más poderoso del mundo». Carlos salió trasquilado de este encuentro con la Castilla profunda, y dice la moraleja que suele acompañar el cuento que, a partir de ese día, tomó buena nota de los consejos del labriego.

Esta anécdota novelada es una muestra más de la enorme huella que dejó Fernando, y en general los Reyes Católicos, en el imaginario popular. Se dice que Felipe II siempre se acompañaba de un retrato de ambos reyes y que cuando pasaba al lado del cuadro de su abuelo decía con los ojos empapados de nostalgia: «¡Se lo debemos todo a él!». Isabel y Fernando no solo fueron unos reyes patrios que precedieron a dos dinastías extranjeras con problemas para comprender el país, sino que fueron monarcas de una cercanía insoportable. Al ser tan viajeros y preocupados por los detalles de cada pueblo y cada ciudad hicieron que cualquier español pudiera reunirse, si se lo hubiera propuesto, en audiencia con ellos o, como aquel campesino en Barcelona, elevarles sus quejas en forma de cuchilladas en la nuca.

Los últimos Trastámara entregaron a los Habsburgo un reino saneado y con la deuda controlada. Ni es cierto que expulsar a los judíos lastrara el desarrollo industrial del país ni lo es que la dependencia de productos manufacturados condenase a España al subdesarrollo. En un contexto de sociedades agrícolas, los países ricos eran los que tenían superávit gracias a la exportación de materias primas y productos agrarios. Punto. Si España llegó a sufrir «un cortocircuito de modernidad», lo cual ni siquiera está claro, simplemente fue por el efecto de la gravedad (todo lo que sube tiene que bajar) o por razones relacionadas con reyes más postreros. La herencia estaba libre de venenos.

La situación política también estaba en calma, aunque ya sonaba de fondo el runrún de un levantamiento en Castilla. El nuevo rey, Carlos I, desembarcó con estruendo en el pueblo pesquero de Tazones, Asturias, donde los habitantes confundieron a los flamencos que llegaron a sus costas con barcos piratas que venían a esquilmar la península. No iban muy desencaminados, pero por el momento accedieron a guardar los aceros frente a aquella corte que empezó a repartirse los títulos locales como si fueran naipes. Luego vendrían las revueltas, los insultos contra un rey que apenas hablaba castellano y un largo proceso de adaptación para Carlos, que de alguna manera concluyó dejándose enterrar vivo en Cuacos de Yuste. No obstante, ni él ni el resto de Habsburgo renunciaron nunca a los intereses contrapuestos de su imperio europeo. Esto no hizo sino fomentar entre los españoles un recuerdo maravilloso sobre el tiempo de los Reyes Católicos, una arcadia que ya no iba a regresar donde los españoles eran gobernados por otros españoles.

Cada sociedad y cada tiempo han necesitado desde entonces centrarse en una faceta u otra de los monarcas más mitificados de nuestra historia. Fanáticos, nacionalistas, feministas, justicieros, genocidas, divinos, fachas... La cantidad de etiquetas presentistas, unas positivas y otras negativas, apenas aciertan a dibujar hoy lo que fueron los últimos reyes medievales del país y también los primeros modernos. Reyes que dejaron a España y a la Europa cristiana, que llevaba un siglo acumulando moratones contra los musulmanes, en una posición privilegiada para encarar la Edad Moderna, pero también unos seres humanos con una inmensa cantidad de errores, pecados y tareas pendientes sobre su conciencia. Ni pudieron ni quisieron ser santos modélicos, ni tampoco demonios sedientos de sangre. Tanto monta, monta tanto. La virtud como el pecado.

BIBLIOGRAFÍA SELECCIONADA

ALONSO-FERNÁNDEZ, Francisco, *Historia personal de los Austrias españoles*, Fondo de Cultura Económica, Madrid, 2000.

ALVAR EZQUERRA, Alfredo, *Espejos de príncipes y avisos a princesas*, Fundación Banco Santander, Madrid, 2021.

ÁLVAREZ PALENZUELA, Vicente Ángel (coord.), *Historia de España de la Edad Media*, Ariel, Barcelona, 2011.

AZCONA, Tarsicio, *Isabel la Católica: vida y reinado*, La Esfera de los Libros, Madrid, 2004.

—, *Juana de Castilla, mal llamada la Beltraneja: 1462-1530*, La Esfera de los Libros, Madrid, 2007.

BALLARÍN AUDINA, Andrea, *Prácticas y representaciones del poder femenino en el Renacimiento: Catalina de Aragón*, Universidad de Zaragoza, Zaragoza, 2014.

BELENGUER, Ernest, *Los Trastámara*, Pasado & Presente, Barcelona, 2019.

CARABIAS TORRES, Ana María, *Beatriz Galindo y Lucía de Medrano: ni maestra de reinas ni catedrática de derecho canónico*, Universidad de Salamanca, S/F.

COLÓN, Cristóbal, *Relaciones y cartas de Cristóbal Colón*, Biblioteca Virtual Miguel de Cervantes.

CUNILLERA, Teresa, *La España de Isabel*, Lunwerg Editores, Barcelona, 2014.

DE HABSBURGO, Catalina, *Las Austrias*, La Esfera de los Libros, Madrid, 2005.

DE PALENCIA, Alonso, *Crónica de Enrique IV*, traducción castellana por A. Paz y Meliá, Biblioteca Digital de Castilla y León.

DEL PULGAR, Hernando, *Crónica de los Señores Reyes Católicos Don Fernando y Doña Isabel de Castilla y de Aragón*, Biblioteca Virtual Miguel de Cervantes.

DEYERMOND, Alan, *Historia de la literatura española: La Edad Media*, Ariel, Barcelona, 1995.

ELIPE, Jaime y VILLAGRASA BLASCO, Beatriz, «El fin de un mito: causas clínicas de la muerte de Fernando el Católico», *STVDIVM: Revista de Humanidades*, n.° 24.

ENRÍQUEZ DEL CASTILLO, Diego, *Crónica del rey don Enrique el Quarto de este nombre (1787)*, Biblioteca Digital de Castilla y León.

ESLAVA GALÁN, Juan, *Los Reyes Católicos*, Planeta, Barcelona, 2004.

—, *La conquista de América contada para escépticos*, Planeta, Barcelona, 2019.

FERNÁNDEZ ÁLVAREZ, Manuel, *Juana la Loca: 1479-1555*, Diputación Provincial de Palencia-La Olmeda, Palencia, 1994.

—, *Isabel la Católica*, Austral, Barcelona, 2003.

FERNÁNDEZ DE OVIEDO Y VALDÉS, Gonzalo, *Historia general y natural de las Indias, islas y Tierra Firme del mar Océano*, Real Academia de la Historia, Madrid, 1854.

FISAS, Carlos, *Historias de reyes y reinas*, Planeta, Barcelona, 1998.

FLETCHER, Catherine, *La belleza y el terror*, Taurus, Barcelona, 2021.

GARCÍA CÁRCEL, Ricardo, «La opinión histórica sobre Isabel la Católica», Actas de la VIII Reunión Científica de la Fundación Española de Historia Moderna, S/F.

GARCÍA FANTINI, Matías, *Médicos, parteras y sanadores en la España de Isabel de Castilla*, Editorial Letra Minúscula, Barcelona, 2021.

GÓMEZ ARAGONÉS, Daniel, *Toledo, biografía de la ciudad sagrada*, La Esfera de los Libros, Madrid, 2022.

KAMEN, Henry, *Poder y gloria: los héroes de la España imperial*, Austral, Barcelona, 2010.

——, *Fernando el Católico*, La Esfera de los Libros, Madrid, 2016.

LADERO QUESADA, Miguel Ángel, *Los últimos años de Fernando el Católico*, Fundación Tatiana Pérez de Guzmán El Bueno, Madrid, 2016.

LYNCH, John, *Historia de España. Edad Moderna: Crisis y recuperación, 1598-1808*, Crítica, Barcelona, 2005.

MARAÑÓN, Gregorio, *Ensayo biológico sobre Enrique IV de Castilla y su tiempo*, Austral, Barcelona 2000.

MÁRQUEZ DE LA PLATA, Vicenta, *Los hijos de los Reyes Católicos*, Aguilar, Madrid, 2012.

MARTÍN, José-Luis, *Enrique IV de Castilla: Rey de Navarra, Príncipe de Cataluña*, Nerea, San Sebastián, 2003.

MÁRTIR DE ANGLERÍA, Pedro, *Décadas del nuevo mundo*, Editorial Maxtor, Valladolid, 2012.

MORALES MUÑIZ, Carmen y CARO DOBÓN, Luis, «La muerte del rey Alfonso XII de Castilla», *Hidalguía*, número 358, 2013.

MUÑOZ LORENTE, Antonio, *Carlos V a la conquista de Europa*, Nowtilus, Madrid, 2015.

PÉREZ, Joseph, *La España de los Reyes Católicos*, Cambio 16, Madrid, 1992.

PRADOS DE LA ESCOSURA, Leandro y ÁLVAREZ NOGAL, Carlos, *Spanish economic growth, 1850-2015*, https://library.oapen.org/bitstream/handle/20.500.12657/27869/1002135.pdf?sequence=1

QUERALT DEL HIERRO, María Pilar, *Isabel de Castilla: Reina, mujer y madre*, Edaf, Madrid, 2012.

RAMÓN GÓMEZ, Juan, *Breve historia de Cristóbal Colón*, Nowtilus, Madrid, 2012.

SEGURA GRAÍÑO, Cristina, *Utilización política de la imagen de la reina Juana I de Castilla*, Archiviana, Madrid, 2003.

SOLÉ, José María, *Apodos de los reyes de España*, La Esfera de los Libros, Madrid, 2007.

TORRES FONTES, Juan, *Estudio sobre la «Crónica de Enrique TV» del Dr. Galíndez de Carvajal*, CSIC, Madrid, 1946.

TREMLETT, Giles, *Isabel la Católica. La primera gran reina de Europa*, Debate, Barcelona, 2017.

VALLEJO-NÁGERA, Juan Antonio, *Locos egregios*, Editorial Dossat, S. A., Madrid, 1978.

ZALAMA RODRÍGUEZ, Miguel Ángel, *Juana I en Tordesillas: su mundo, su entorno*, Ayuntamiento de Tordesillas, Tordesillas, 2010.

—— y VANDENBROECK, Paul (directores), *Felipe I el Hermoso: la belleza y la locura*, Fundación Caja de Burgos, Burgos, 2009.